번암집

한국고전번역원 한국문집번역총서

번암집 8

樊巖集

채제공 지음
蔡濟恭

양기정 옮김
전백찬

일러두기

1. 이 책의 번역 대본은 한국고전번역원에서 간행한 한국문집총간 235~236집 소재 《번암집(樊巖集)》으로 하였다. 번역 대본의 원문 텍스트와 원문 이미지는 한국고전종합DB(http://db.itkc.or.kr)에서 확인할 수 있다.
2. 역주는 내용이 간단하면 간주(間註)로, 길면 각주(脚註)로 처리하였다.
3. 한자는 필요한 경우 이해를 돕기 위하여 넣었으며, 운문(韻文)은 원문을 병기하였다.
4. 문장 부호는 '한글 맞춤법'에 규정된 용법을 따랐으며, 그 밖에 새로 만들거나 용법을 달리하여 사용한 부호는 다음과 같다.

   「 」: ' ' 안의 재인용을 나타낼 때 사용한다.

   『 』: 「 」 안의 재인용을 나타낼 때 사용한다.

   《 》: 책명 및 각주의 전거(典據)를 나타낼 때 사용한다.

   〈 〉: 편명, 작품명, 논문 제목을 나타낼 때 사용한다.

   …… : 번역문에서 원문의 '云云'을 처리할 때, 각주에서 긴 인용문을 처리할 때, 각주의 표제어가 네 어절 이상일 경우 생략되는 말을 처리할 때 사용한다.

   - - : 본문에서 소자(小字) 원문 주(註)의 처음과 끝에 사용한다.

차례

번암집 제28권

서계 書啓

번암집 제29권

번암집 제30권

계 啓

번암집 제31권

계 啓

번암집

제28권

서계 書啓

어필로 써서 정승에 제수하여 승지가 와서 비망기를 전유한 것에 대해 붙여 올리는 서계[1] 무신년(1788, 정조12)

御筆拜相承旨臨宣備忘記附上書啓 戊申

전하께서는 어찌하여 이런 천번 만번 가당치도 않은 명을 내리시는 것입니까, 어찌하여 이런 천번 만번 가당치도 않은 명을 내리시는 것입니까. 신이 오늘날까지 목숨을 보전하고 있는 것은 모두 전하께서 다시 살려 주신 은혜인데, 이제 한목숨 끊어지기 전에 밤낮으로 염두에서 떠나지 않는 것은 "은덕에 보답하고 싶지만 그 은덕이 하늘과 같아 한량이 없도다.〔欲報之德 昊天罔極〕"[2]라는 여덟 글자뿐입니다. 이런 천부당만부당한 명이 홀연히 천번 만번 가당치도 않은 신에게 내릴 줄을 생각이나 했겠습니까.

어필의 묵색(墨色)은 밝게 빛나고 신선의 약물(藥物)이 앞장을 서며, 돈유(敦諭)는 정중한 가운데 사관(史官)이 직접 와서 전하였습니다. 이 같은 영광과 은혜는 실로 전적(典籍)에도 실려 있지 않습니다. 그런데 욕되이 폐고(廢錮)되어 버린 신이 어떻게 이런 대접을 받을 수 있겠으며, 어떻게 감히 이런 대접을 감당할 수 있겠습니까. 심장이 마구 떨리고 정신이 아득하여 성상의 유지(諭旨)에 우러러 무엇이라

1 어필로……서계 : 1788년 2월 11일에 올린 것이다.

2 은덕에……없도다 : 《시경》 〈소아(小雅) 육아(蓼莪)〉에 "아버지는 나를 낳으시고, 어머니는 나를 기르셨다. 나를 다독이고 나를 기르며, 나를 자라게 하고 나를 키우며, 나를 돌아보고 나를 다시 살피며, 출입할 땐 나를 배에 안으셨다. 은덕에 보답하고 싶지만 그 은덕이 하늘과 같아 한량이 없도다."라는 말이 나온다.

답해야 할지 모르겠습니다. 엎드려 눈물만 흘리며 오직 바라는 것은 빨리 죽는 것뿐입니다.

답하기를,

"'알았다. 지금 여러 신하가 너무 허둥대니 한바탕 웃음이 나올 정도이다. 이런 무리들에 대해 어찌 말할 것이 있겠는가, 어찌 말할 것이 있겠는가. 내가 재작년에 내린 연석(筵席)의 하교를 믿을 수 없다고 하니, 이 무리들은 스스로 처벌받아야 할 죄로 들어간 것이다. 나라에 법과 기강이 있는데 어찌 이런 일이 있단 말인가. 경은 염려하지 말라. 새로 제수된 후에 사양하는 상소를 올리는 것은 또한 상부(相府)의 상례이니, 비답을 받들기를 기다렸다가 다시 재촉하려 한다.' 라는 뜻으로 전유하라."

하였다.-비망기[3]가 권수 하 제1판에 보인다.-

3 비망기 : 대본에는 '備忩記'로 되어 있는데, 문맥에 근거하여 '忩'을 '忘'으로 바로잡아 번역하였다.

다시 올리는 서계[4]

再書啓

신이 새로 제수하시는 명을 들은 이후로 오장(五臟)이 무너져 내렸습니다. 몇 줄의 서계는 거칠고 초솔하여 놀랍고 두려운 마음과 감격하여 눈물 흘리는 심정을 만에 하나도 형용하지 못하였습니다. 비록 오직 빨리 죽고 싶은 마음임에도 한결같이 황공하여 더욱 몸 둘 바를 모르겠습니다. 이번에 사관이 공경히 성상의 유지를 받들고 누추한 신의 집에 거듭 이르렀는데 훌륭한 말씀이 두 번이나 거론되었으며, 작년 연석(筵席)에서 내린 하교에서 또한 이것을 간곡하게 반복하여 말씀하셨었습니다. 신이 비록 목석(木石)같이 완고하지만 어찌 눈물이 다하여 피를 흘리지 않을 수가 있겠습니까. 더구나 불초한 신 때문에 조정에 또다시 분란이 야기되었으니, 신이 비록 만번 주륙을 당해도 그 죄를 갚을 길이 없습니다. 상부(相府)에서 상소를 올리는 규례는 신 같은 사람에게 고려할 만한 것이 아니니, 속히 국법에 따라 처벌받아 사사로운 의리에 편안할 수 있기를 바랄 뿐입니다.

전교하기를,

"'사관을 보내자마자 승지가 부질없이 돌아왔으니 경의 처신이 마땅한지 알지 못하겠다. 하물며 대의와 관계되니, 평탄하든 험난하든 무엇을 꺼리는가. 임금으로 하여금 장전(帳殿)에 왕림하여 경이 오

4 다시 올리는 서계 : 1788년(정조12) 2월 11일에 올린 것이다.

기를 기다리게 하였다. 경 또한 신하인데, 이런 지경에 이르러 감히 금오(金吾)로 물러나 마치 평상시에 대명(待命)하는 것처럼 하는가. 이런 지경이니 이후로는 임금과 나라가 없다고 하여도 될 것이다. 경은 모름지기 헤아려 보라. 나는 많은 말을 하지 않겠다.'라는 뜻으로 다시 전유하고 기어코 함께 들어오도록 하라."

하였다.-법을 공포하고 내린 전교와 친히 연영문(延英門)에 나아가 내린 전교 및 사관, 승지, 정경(正卿)을 각각 보내어 내린 전유가 모두 권수 하 제1, 2, 3판에 보인다.-

우의정을 사직하는 상소에 대한 비답을 받든 후에 올리는 서계[5]

右議政辭疏承批後書啓

신이 혈성(血誠)을 쏟아서 죽음을 무릅쓰고 올린 사직 상소가 정성이 부족하여 끝내 우러러 성상을 감동시키는 데 이르지 못하였습니다. 그러나 비지(批旨)는 융숭하고 정중하여 책망과 면려가 모두 지극하니 이것이 어찌 더럽고 천한 신하가 얻을 만한 것이겠습니까. 몹시 두렵고 부끄러워 며칠이 지나도록 안정하지 못하였습니다. 이번에 사관이 엄숙히 와서 조정에 나오라는 뜻으로 전유하였습니다. 신의 몸은 진실로 전날 비지 중에서 하교하신 바와 같이 신의 것이 아니니, 신이 어찌 감히 다시 머뭇거리는 짓을 일삼아 임금의 명에 태만히 한 죄를 불러들이겠습니까.

다만 신이 수일 이래로 유행하는 독감에 거듭 걸려서 오한과 발열이 번갈아 일어나고 밤새도록 신음하며 앓고 있으니, 관디(冠帶)를 갖추고 달려 나갈 가망이 전혀 없습니다. 이는 사관이 눈으로 직접 보았으니 어찌 감히 말을 꾸며 대어 으레 병을 핑계 대는 상투적인 짓을 본받겠습니까. 침상에 엎드려 두려움에 떨며 무슨 말씀을 아뢰어야 할지 모르겠습니다.-사직 상소가 권23 제4판에 보인다.-

답하기를,

5 우의정을……서계 : 1788년(정조12) 2월 19일에 올린 것이다.

"'알았다. 경이 조섭하기 편하도록 내일 차대는 또한 이미 뒤로 물려서 정하였다. 경은 안심하고 잘 조섭하여 하교를 기다렸다가 조정에 나오도록 하라.'라는 내용으로 다시 전유하라."

하였다.

윤시동이 상소하여 비난한 것 때문에 사관이 교지를 선포하여 위로하고 면려한 것에 대해 붙여 올리는 서계[6]

因尹蓍東疏詆史官宣旨慰勉附上書啓

신이 어제 연석에서 물러난 뒤에 냉담(冷痰)과 협식(挾食)[7]으로 실낱 같은 목숨이 마치 한시도 견디지 못할 듯하였습니다. 약물을 대 주신 덕분에 다행히 목숨이 끊어지지 않았지만 현재 정신이 혼몽하여 스스로도 살피지 못하는 상태입니다. 천만뜻밖에 문득 사관이 와서 임했다는 말을 들었습니다. 오락가락하는 정신으로 더욱 허둥지둥하여 상도

6 윤시동(尹蓍東)이……서계 : 1788년(정조12) 11월 26일에 올린 것이다. 이날 형조판서 윤시동이 조덕린(趙德鄰)의 죄명을 탕척(蕩滌)하라는 정조의 명령에 반대하여 상소를 올렸는데, 이 상소에서 "정승의 자리는 임금의 잘못을 바로잡아 구제하는 것이 책무(責務)인데, 지금 도리어 영남(嶺南)의 유생들을 앞세우고 자신은 후원자가 되어 임금의 마음을 시험하고 종용했습니다. 그리고 흉악한 괴수가 조덕린을 호소사(號召使)로 천거한 사실을 알고도 이를 빙자하여 중히 여겨, 연석(筵席)에서 아뢰고 수의(收議)할 때 심보를 감추지 못하였습니다. 저 우상(右相)은 장려하여 발탁하신 선왕(先王)의 은덕을 받았고 재차 등용하신 전하의 사랑을 받았는데 어찌 차마 이렇게 한단 말입니까. 아, 세월이 누차 바뀌고 세도(世道)가 변하여 온갖 기괴한 일이 있었지만, 또 어찌 기사년(1689, 숙종15)과 무신년(1728, 영조4)의 잔당들이 다시 치성하여 기회를 엿보고 그 음흉한 계획을 행하여 우리나라를 어지럽힐 줄을 생각이나 했겠습니까."라고 하였다.《日省錄 正祖 12年 11月 26日》 우상은 번암이다.

7 냉담(冷痰)과 협식(挾食) : 냉담은 한담(寒痰)과 같은 말로, 본래 담이 있는 데다 한사(寒邪)를 받거나 비신(脾腎)의 양기가 허하고 한습이 성해서 생기는 증상이고, 협식은 몸에 한기가 있을 때 생기는 식체(食滯)로 오슬오슬 추우면서 열이 나고 콧물이 흐르며 음식을 먹지 못하고 간혹 게우고 설사하며 헛배가 부르는 증상이다.

를 잃었다는 사실도 깨닫지 못한 채 이불 속에서 부복하여 간신히 성지를 읽고는 비로소 윤시동이 상소하여 신을 탄핵했다는 것을 알았습니다. 이에 성상께서, 신이 처신하는 의리 때문에 깊은 마음을 번거롭게 쓰셨으며, 전교의 내용 가운데서 거듭 성상의 특별한 지우(知遇)에 보답하라고 깨우치시니 신은 머리를 조아리며 목이 쉬도록 울었습니다. 이 한목숨 기구하여 또 조정에 평지풍파를 일으켜 우러러 지존께 근심을 끼치니 더욱 한탄스럽습니다.

아아, 본래 신의 행실에 법도가 없어 걸핏하면 무함(誣陷)에 걸리고는 하였는데, 이제 또 애초에 상관없는 일 때문에 이런 망극한 무함에 걸려들어 죽기를 바랄 뿐이니, 도리어 어찌 관직에 나아가고 말고를 논하겠습니까. 그러나 신이 비록 곤경에 처해 있지만 특별히 통한(痛恨)스러운 점이 있습니다. 엎드려 생각건대 전하의 모든 정사는 선대왕(先大王)의 뜻을 조술(祖述)하는 데서 나오지 않은 것이 없습니다. 그러므로 이 일을 처분할 때도 선왕(先王)의 마음을 자신의 마음으로 삼겠다고 하교하셨습니다.-이 일은 바로 조덕린(趙德鄰)의 관작(官爵)을 회복해 주는 일이다.- 어찌 신임 의리(辛壬義理)[8]의 큰 원칙에 대해 혹시라도 소홀히 여기는 점이 있었겠습니까.

지금 그 상소의 내용이 감히 말해서는 안 되는 것에 미쳤으니 전하로 하여금 더 이상 교령(敎令)을 내릴 수 없게 하려는 것으로, 이는 전하

8 신임 의리(辛壬義理) : 신축년(1721, 경종1)과 임인년(1722)에 걸쳐 노론(老論)과 소론(少論) 사이에 훗날 영조(英祖)가 되는 연잉군(延礽君)의 세제(世弟) 책봉과 대리청정(代理聽政) 문제를 둘러싸고 대립하다 신임옥사(辛壬獄事)가 일어났다. 당시에 노론이 내세운 명분을 말한다.

를 붙잡아 두려는 의도입니다. 저들은 유독 신하의 분수로 보아 절대 감히 말해서는 안 된다는 것을 생각하지 않는단 말입니까. 신이 충정(衷情)에 북받쳐 감히 전하의 앞에서 숨기지 않아 본죄(本罪) 이외에 다시 한 가지 죄를 더하였습니다. 하지만 또한 어찌 걱정하겠습니까. 사지(四肢)를 움직일 수가 없어서 금오(金吾)로 달려가 부복하지 못하고 집에서 석고대죄하며 처벌이 내리기를 공손히 기다릴 뿐입니다.-윤시동의 상소 뒤에 내린 비망기가 권수 하 제8판에 보인다.-

알았다고 답하였다.

대사헌 김재순의 상소로 인하여 도성을 나간 뒤에 올리는 서계[9]

因大司憲金載順疏出城後書啓

상소에 대한 비답이 권수 하 제8판에 보인다.

신의 형편이 어찌 감히 한순간이라도 도성 안에서 죄를 무릅쓰고 있을 수가 있겠습니까. 그런데 마침 천신(賤臣)의 질병이 극도로 심해져 기식이 거의 끊어지려 하니 반걸음도 움직일 수가 없어 집에 누워 있은 지 드디어 사흘이 되었습니다. 염치를 잊고 법도를 무너뜨린 죄는 만번

9 대사헌……서계 : 1788년(정조12) 11월 29일에 올린 것이다. 이에 앞서 27일 대사헌 김재순(金載順)이 상소를 올려 조덕린(趙德鄰)의 죄를 논하고, 이어 윤시동(尹蓍東)에게 내린 서용하지 말라는 명을 환수하기를 청하면서 "대신(大臣)의 서계 중에 감히 '전하를 붙잡아 두려 한다.'라는 한마디 말로써 시비를 현란하게 하고 임금을 손에 쥐고 희롱하였으니, 그 무엄한 말이 더욱더 놀랍고 한탄스럽습니다. 그러나 빠져나가려고 꾸며 댄 말에서 그의 진심을 볼 수 있으니 '전하를 붙잡아 두려 한다.'라는 한마디 말은 다른 사람에게 해당하는 것이 아니라 바로 그 사람에게 해당하는 말입니다."라고 번암을 비판하였다. 이 상소에 대해 정조는 "서계(書啓)의 자구(字句)를 끄집어내어 대신에 대해 마음껏 비방하였으니, 이러고도 조정에 아직도 나라의 기강이 있다고 하겠는가. 어제 우상(右相)의 서계를 보았는데 내용이 분명하고 강직하여, 보다가 나도 모르게 정신이 번쩍 들었다. 위에서는 발휘(發揮)하였고 중간에서는 사리를 밝혔고 아래에서는 방어하였으니, 서계 하나의 힘이 천 근의 무게와 맞먹을 만하였다. 이러한 풍모(風貌)와 기력(氣力)이야말로 옛사람에 견줄 만하니, 요즘 사람들이 본다면 모두 부끄러워 얼굴이 붉어지고 두려운 마음이 들 것이다. 그런데 오히려 무슨 마음으로 이처럼 수다스럽단 말인가. 중신의 도당(徒黨)이 어쩌면 이렇게도 많은가. 앞에서는 함부로 비유하는 잘못이 있었고 뒤에서는 거리낌 없이 말하는 죄를 범하였으니, 언관(言官)으로 대우할 수 없다. 대사헌 김재순에게 속히 삭직의 법을 시행하라."라는 비답을 내렸다. 《正祖實錄 12年 11月 27日》

죽어도 속죄하기 어려운데, 태의(太醫)는 병상 곁을 떠나지 않고 진귀한 약재는 도로에 계속 이어졌습니다. 이 같은 은혜와 영광이 재앙을 부르고 화란을 재촉할까 진실로 더욱 걱정됩니다.

지난번 대간(臺諫)의 언급이 계속해서 나와 죄를 성토하는 것이 더욱 엄정하여 심지어 신하로서 차마 들을 수 없는 말까지 있었습니다. 신은 당황스럽고 두려운 마음으로 가마에 실려 도성을 나와서 여사(旅舍)에서 죽은 듯이 엎어져 감히 자신도 돌보지 못하는 상황에서 공경히 명소패(命召牌)를 들이고 오직 처벌을 기다렸습니다. 그런데 사관이 먼저 와서 도성으로 들어올지를 써서 들이라고 전유하여 명하였으며, 근밀한 신하가 공경히 별유(別諭)를 받들고 와서 여사에서 석고대죄하는 가운데 선포하였습니다.

마음을 열어 하교하신 별유는 글자마다 은혜로운 말씀이었습니다. 더욱이 "추악하고 악독한 무리〔醜毒〕", "초야로 숨었다.〔遯荒〕"라는 등의 하교[10]는 마치 옛날 대신이 참소와 무고를 만나서 조정에 편안히

10 추악하고……하교 : 1788년 11월 28일 정조가 번암에게 내린 별유에 "이처럼 참소하는 말들이 왁자지껄하여 불길처럼 일어나는 것을 미워하였는데, 눈 한번 깜짝할 사이에 뭇사람의 비방이 사방에서 이르러 경으로 하여금 끝내 눈길을 뚫고 초야로 숨게 하는 일이 있었다. 추악하고 악독한 무리들의 해가 예로부터 그러하였는데, 저들이 협박과 모욕으로 몰아붙이는 데 대해 나는 느슨하고 천천히 대응하여 저들이 강포(强暴)해져 결렬되는 형세에 이르게 하려고 한다. 이것이 이른바 편안히 있으면서 상대가 지치기를 기다린다는 것이니, 경이 어찌 수고할 것이 있겠는가. 요즘의 일에 대해 말하면 앞으로 나아가야 할 뿐 뒤로 물러나서는 안 된다. 내가 또 경을 위해 매우 마음과 힘을 다하여 용광로를 설치해서 금철(金鐵)에 불을 붙여 모두를 녹여 주조하여 평평탕탕(平平蕩蕩)하게 일을 과감히 해 나간다면, 나와 경이 함께 그 이로움을 누릴 것인데 무엇을 두려워하고 걱정하는가."라고 하였다. 《日省錄 正祖 12年 11月 28日》

있을 수 없는 경우같이 하셨습니다. 그러나 평소에 인망이 가벼워 조정에서 있고 없고를 논할 것조차 없는 신 같은 자가 어찌 감히 이런 우악한 예우를 감당하겠습니까. 머리를 땅에 조아리며 다만 피눈물을 흘릴 뿐입니다. "평평탕탕(平平蕩蕩)", "함께 그 이로움을 누릴 것〔共享其利〕"이라는 하교는 선대왕께서 원대한 계책으로 한 세상을 교화하시던 성대한 뜻을 우리 성상께서 계승하셨다는 것을 더욱 우러러 알 수 있었습니다. 그러니 신이 어찌 낮은 자리에서라도 받들어 티끌 같은 보답이나마 하고 싶지 않겠습니까.

그러나 죽을 날이 임박한 듯하고 고치기 어려운 병에 걸려서 궐문에 거듭 들어가지 못하니 어찌하겠습니까. 생각이 이에 미치자 견딜 수 없어 목이 멥니다. 아아, 신은 죄로 보면 죽어 마땅하고 병으로 보면 죽을 날만 기다리고 있습니다. 남들과 견주지 말고 묵묵히 땅속으로 들어가야 마땅할 뿐입니다. 성상의 전유(傳諭)가 내렸는데 움직일 방법이 없으니 땅에 엎드려 눈물을 흘리며 오직 빨리 죽기만을 바랄 뿐입니다.

답하기를,

"'알았다. 나 또한 대략 선왕께서 법도를 세우신 의리를 알고 있으니, 근일의 처분을 어찌 그만둘 수 있겠는가. 경을 상신으로 뽑은 것은 정말로 일반적인 격식에서 벗어났으니, 이것이 바로 중신(重臣)의 차자(箚子) 가운데 「백 년 이래로 어찌 이런 일이 있었겠습니까.」라고 한 것이다.[11] 백 년 동안 없었던 일을 이제 거행하면서 어찌 한순

11 중신(重臣)의……것이다 : 제학(提學) 김종수(金鍾秀)가 1788년 11월 29일 올린

간의 생각으로 지레 결정하겠는가. 그러니 나는 결코 경을 포기하지 않을 것이다. 내가 경을 버리지 않을 줄을 분명하게 알면서 좌우에서 번갈아 공박하는 것은 힘써 대항하여 승부를 가리려는 것과 다름이 없으니 이는 절대로 신하의 분수로 감히 할 수 있는 일이 아니다. 임금을 위협하여 붙잡아 둔다는 지목[12]은 그저께 일로 보면 조금 지나친 감이 있지만, 어제와 오늘 일로 보면 너끈히 비슷하지 않은가. 이것이 내가 조정의 신하들을 위하여 탄식하여 깊이 근심하는 까닭이다. 「비궁(匪躬)」 두 글자가 빈청(賓廳)의 편액에 쓰여 있다.[13] 지금에 이르러 경이 수모를 받고 곤욕을 치른 것이 경이 나오고 안 나오고는 관계가 없다. 경이 만약 비궁이라는 이름을 돌아보고 그 의미를 생각하여 나라를 위하여 자신을 돌보지 않는 것이 신하의 도리임을 안다면, 달려 나오는 데에 한나절도 걸리지 않을 것이다.

차자에서 "신이 조덕린의 일에 대해 그동안 연석에서 아뢸 때 신의 소견을 다 바치고서 생각을 돌이키는 성덕(盛德)이 있으시기를 밤낮으로 간절히 기다렸습니다. 한번 중신이 상소한 뒤로부터 상신의 서계와 사헌부 대간의 상소가 차례로 나왔는데, 그 기세가 아주 세차고 뜻이 매우 어긋나서 더할 나위 없었으니, 아, 우리나라 백 년 이래로 어찌 이런 일이 있었겠습니까."라고 한 것을 가리킨다. 《日省錄 正祖 12年 11月 29日》

12 임금을……지목 : 번암이 1788년 11월 26일에 올린 서계에서 "지금 그 상소의 내용이 감히 말해서는 안 되는 것에 미쳤으니 전하로 하여금 더 이상 교령(教令)을 내릴 수 없게 하려는 것으로, 이는 전하를 붙잡아 두려는 의도입니다."라고 언급한 것을 가리킨다. 《日省錄 正祖 12年 11月 26日》

13 비궁(匪躬)……있다 : 창덕궁 남빈청(南賓廳)의 이름이 비궁당(匪躬堂)이다. '비궁'은 신하가 국사를 돌볼 때 자신의 안위는 생각하지 않고 오직 국사에만 힘을 다한다는 의미이다. 《주역》 〈건괘(蹇卦) 육이(六二)〉에 "왕의 신하가 충성스레 직간하는 것은 자기 한 몸을 위해서가 아니로다.〔王臣蹇蹇, 匪躬之故.〕"라고 한 데서 온 말이다.

많은 말을 할 것이 없다. 경은 모쪼록 자임하여 사람들이 그 틈을 엿보지 않게 하라.'라는 내용으로 데리러 간 승지는 다시 전유하고 도성에 들어올지를 즉시 알아 오라. 명소패는 다시 사관을 보내어 전해 주게 하라."

하였다.

승지가 돈유를 전하자 다시 올리는 서계[14]

承旨傳宣敦諭再上書啓

신은 병중에 정신이 맑았다가 흐렸다가 하니 아침에 올린 몇 줄의 서계도 그 글이 꿈속에서 떠든 잠꼬대와 다름이 없었습니다. 지극한 은혜에 비록 감격하였지만 신의 마음속 뜻을 보이지 못하니 몹시 두렵고 부끄러워 어찌해야 할지 모르겠습니다. 그런데 돈유가 또 내려서 말씀이 간곡하시니 신처럼 죄를 짓고 죽음을 앞둔 자가 어떻게 이런 큰 은혜와 두터운 예우를 받겠습니까. 병석에 누워 눈물조차 말랐습니다.

아아, '비궁(匪躬)'이라는 두 글자의 하교는 실로 신 같은 무리가 감히 감당할 수 없지만, 그렇다고 신이 힘쓰지 않은 바가 아니라고 말할 수도 없습니다. 지금 성상의 칙교를 받든 상황에서, 어찌 감히 더욱 나라를 앞세우고 자신을 뒤로하려는 생각을 하지 않겠습니까. 다만 엎드려 생각건대 신이 명색이 대신인데도 관계도 없는 일을 가지고 억지로 말을 꾸며 내어 맹렬한 공격과 표독한 칼날로 잔약한 몸을 집중하여 공격하니 대적할 수가 없습니다. 옛날에 어찌 이런 광경이 있었겠습니까. 신이 하루아침에 눈을 감고 죽는다면 아무 일도 없을 것입니다. 그러나 닷새 동안 땀을 내지 못하였는데 오히려 죽지 않으니,[15] 이 또한 매우 괴이합니다. 여사(旅舍)가 비록 차갑지만 또한 죽음

14 승지가……서계 : 1788년(정조12) 11월 29일에 올린 것이다.

15 닷새……않으니 : 송 철종(宋哲宗) 연간에 추호(鄒浩)가 간관(諫官)으로 있을 때 철종이 황후 맹씨(孟氏)를 폐하고 현비(賢妃) 유씨(劉氏)를 황후로 책봉하자, 추호가 황후 폐립(廢立)의 잘못된 처사에 대하여 극간(極諫)하다가 신주(新州)로 유배를 가게

을 기다리기에는 충분하니 다시 성문으로 들어갈 가망은 결코 없습니다. 은혜를 외면하고 신칙을 저버린 죄는 형벌도 오히려 가벼울 것입니다. 오직 바라는 것은 속히 처벌을 내려 주시는 것뿐입니다.

답하기를,

"'알았다. 경을 위하여 조정에 나오게 하였고 아울러 나라를 위하여 경을 나오게 하였다. 조정의 형편과 세도(世道)에 대하여 특별히 교서를 내려 거듭 관리들에게 고했는데 따르지 않으니 비록 도성에 있다 한들 교화가 미치지 않는 먼 곳과 무엇이 다르겠는가. 내가 바야흐로 대궐 문에 법을 걸어 놓고 절박한 마음으로 교화에 힘쓰고 있다. 이런 의지를 가지고 있으니 어찌 끝내 이루기 어렵겠는가. 그러나 진실로 이런 분란을 그치게 하려면 경부터 거취를 정하여 여러 신료를 선도해야 하니, 이 일이 어찌 목전의 급선무가 아니겠는가. 경은 반드시 오늘 당장 도성으로 들어와 병이 조금 낫기를 기다렸다가 영상(領相), 좌상(左相)과 함께 조정에 나와서 나의 면유(面諭)를 듣고 태평한 세상을 만들려는 나의 정치를 함께 도우라.'라는 내용으로 그대는 전유하고 성안으로 들어오거든 즉시 복명하라."

하였다.

되었다. 유배 도중에 친구인 전주(田晝)를 길에서 만나 눈물을 흘리자, 전주가 정색하고 추호를 책망하기를 "그대가 간관으로서 아무 말도 하지 않고 그대로 도성에서 벼슬을 하고 있다 할지라도 한질(寒疾)에 걸려 땀을 내지 못할 경우에는 닷새 만에 죽을 것이다. 어찌 유독 영해(嶺海) 밖의 지역만이 사람을 죽게 할 수 있겠는가. 바라건대 그대는 이 일 정도로 자만(自滿)하지 말게나. 선비가 당연히 해야 할 일은 여기에 그치지 않네." 라고 하였다는 고사에서 온 말이다.《宋史 鄒浩列傳》

전유를 받든 뒤에 다시 올리는 서계[16]

傳諭後再書啓

신은 어제저녁에 죄를 무릅쓰고 서계 한 통을 올려서 처벌이 내리기를 밤새도록 두려움에 떨면서 두 손을 공손히 모은 채 기다렸습니다. 그러나 새벽을 알리는 북소리가 들리자마자 성상의 유지(諭旨)가 또 내려와 천한 신의 거취를 가지고 마치 아버지가 자식을 가르치듯 간곡한 말씀으로 교시하셨습니다. 신은 부축을 받아 일어나 머리를 조아리며 눈물만 흘릴 뿐이었습니다. 더욱이 거듭 고하신 하교를 다 읽어 보지 않더라도, 성상의 뜻이 대궐 문에 법을 걸어 두고 분란을 그치게 하시려는 데서 나왔다는 것을 또한 우러러 헤아릴 수 있었으니, 신은 공경히 송축하여 마지않습니다.

다만 신이 거취를 정하는 것이 분란을 그치는 급선무라고 여기시니, 이는 삼가 생각건대 성인(聖人)의 생각에도 천에 하나는 잘못이 있는 것이 아닌가 합니다. 신이 어리석어 죽을죄를 지었으니 속히 성지(聖旨)를 내려 신의 죄를 드러내고 직책을 삭탈하여 많은 사람의 노여움에 사과하신다면, 분란의 단서는 그치기를 기약하지 않아도 저절로 그칠 것이고 화합은 이르게 하려 하지 않아도 저절로 이를 것입니다. 조정에서 어찌 지극히 쉬운 일이 아니겠으며, 가장 먼저 해야 할 정사가 아니겠습니까.

만약 그렇게 하지 않고 신을 재촉하여 도성으로 들어가고 조정으로

16 전유를……서계 : 1788년(정조12) 12월 1일에 올린 것이다.

나가게 하신다면, 신이 염치를 잃게 되는 것은 우선 논하지 않더라도, 분란의 종식을 도모하며 조정의 화합을 기대하는 것이, 아마도 뒤로 물러나면서 앞으로 나가기를 바라는 것과 비슷할 것입니다. 신은 그것이 이렇다는 것을 분명히 알고 있으니, 어찌 다만 명을 거역하는 것을 두려워하고, 세도가 더욱 어지러워지는 것은 염려하지 않겠습니까. 성상의 칙교가 내려도 움직일 방도가 없는데, 승지는 지키고 있고 태의(太醫)는 곁을 떠나지 않으니, 신은 더욱 송구스럽고 황공합니다. 엎드려 바라건대 즉시 명을 거두어들이고 이어 어리석어 바꿀 줄 모르는 신의 죄를 다스려 주소서. 천만번 지극한 마음으로 기원합니다.

답하기를,

"'알았다. 총애가 극진할수록 보답하기 어렵고, 예우가 융숭할수록 맞추기가 막막하다는 말은 마치 경이 현재 직면한 상황을 위해 준비해 둔 말 같다. 나만큼 경을 아는 이가 없고 나만큼 경을 두둔하는 이가 없으며, 내가 이렇듯 고심하고 도타이 부르는데도 경은 어찌하여 선뜻 마음을 바꾸고 분연하게 일어나 오직 나라와 공공을 위해 정성을 바치려 하지 않는가. 비록 수천 개의 입이 참소를 하고 수만 장의 글이 무함을 하더라도, 한 걸음 한 걸음 앞으로 나아가 한결같이 곧게 나아간다면, 뱃속에 그득히 화란을 품고 머리에 악독한 음모를 지닌 채 경을 향해 불리한 짓을 하던 저들이 서로 다투어 무기를 버리고 명을 따르기에도 겨를이 없을 것이다. 이런 이치는 매우 분명한데, 평소 법도를 지닌 경이 어찌하여 이처럼 주저하고 머뭇거려서 보고 듣는 사람들에게 의혹만 불어나게 하는가. 또한 경에게 거듭하여 간곡히 할 말이 있다. 버젓이 앉아서 은례(恩禮)를 맞는 것은 옛사람이 경계한 바이다. 정리(情理)는 정리이고 분수는 분수인데, 반 시각을 지체하면 반 시각만큼 분의(分義)를 무너뜨리는 혐의가 있게 되고, 한 시간을 지체하면 한 시간만큼 의리를 무너뜨리는 걱정이 있게 된다. 구구하게 작은 신념을 지키는 것은 단지 한 개인이 마음에 품은 고고한 절개일 뿐이다. 경이 이 말을 듣는다면 진실로 즉시 길을 떠나리라는 것을 알지만, 깊은 밤에 찬 공기를 쐬면 조섭하는 데 방해될까 염려된다. 성문은 명소(命召)만 전해 준 뒤에 잠그게 하였으니, 경은 부디 아침을 기다려 집으로 돌아가라.'라는 내용으로 그대는 다시 전유하라."

하였다.-그리고 다시 구전(口傳)으로 하교하기를 "경이 도성에 들어오지 않아 내가 장차 병이 나겠다. 경이 어찌 나로 하여금 병이 나게 할 수 있는가." 하였다.-

별유와 구전 하교가 연이어 내리자 사관을 통해 올리는 서계[17]

別諭口敎連下因史官書啓

신은 고금에 드문 은혜를 입고서도 왕명을 태만히 한 죄가 쌓여 곤궁한 사람이 돌아갈 곳이 없는 것처럼 하루 종일 석고대죄하고 있습니다. 성문 닫는 시각을 미룬 채 사관이 엄연히 와서 별유를 궁궐로부터 전하였습니다. 은혜와 영예가 이르자 마을이 놀라 들썩였으니, 세상에 드문 하교와 특별한 대우는 모두 신하가 천고(千古)에 임금에게 받은 적이 없는 것이었습니다. 신이 대체 어떤 사람이기에 이런 하교와 대우를 받는 것입니까. 죽을 곳을 모르겠다고 하는 것은 진실로 군더더기 말입니다. 이 지경에 이르고 보니 감히 다른 것을 생각할 겨를이 없습니다. 더구나 사관이 전한, 구전으로 유시하신 말씀을 듣고 정신과 혼백이 놀랍고 두려워 스스로 안정할 수 없었습니다. 신하 된 처지에서 어찌 감히 일각(一刻)이라도 지체할 생각을 하겠습니까. 성문이 열리면 공손히 병든 몸을 이끌고 사제(私第)로 돌아가서 병이 혹시라도 조금 낫기를 잠시 기다렸다가 차자(箚子) 한 통을 지어 올려 전후로 은혜를 저버리고 왕명을 태만히 한 죄를 청하겠습니다.-별유와 선법 전교(先法傳敎)가 모두 권수 하 제8, 9판에 보이고, 차자가 권23 제9판에 보인다.-

알았다고 답하였다.

17 별유와……서계 : 1788년(정조12) 12월 1일에 올린 것이다.

원소에서 도성 밖으로 급히 돌아왔을 때 승지가 선유하자 인의하여 견책을 청하고 이어 소회를 아뢰며 올리는 서계[18]

기유년(1789, 정조13)

自園所馳還城外承旨宣諭後引義請譴仍陳所懷書啓 己酉

신이 원소(園所)의 역사를 감독하던 중에, 여론의 배척하는 말이 맹렬히 일어나 대신(大臣)의 죄를 엄히 성토했다는 소식을 듣고는 정세(情勢)가 위축되어 감히 버젓이 지방에 있을 수가 없었습니다. 그리하여 밤낮으로 달려서 돌아와 도성 밖에서 머리를 조아리고 있었습니다. 하지만 금령(禁令)이 준엄하여 녹사(錄事)가 금문(禁門)을 한 발짝도 들어갈 수 없으므로, 밀부(密符)를 가진 채 하루 종일 서로 버티다가 마침내 물러나서 돌아올 수밖에 없었습니다. 신이 여사(旅舍)에서 방황하며 성상께서 계신 곳을 바라볼 뿐 어떻게 해야 할지를 몰랐는데, 경고(更鼓)가 세 번 울리고 난 뒤에 성문 닫는 시각을 미룬 채 승지가

18 원소(園所)에서……서계 : 1789년(정조13) 10월 14일에 올린 것이다. 당시 정조의 이복동생인 은언군(恩彦君) 이인(李䄄)이 역적으로 몰려 강화에 유배되어 있다가 정조의 묵인 아래 도성에 들어와 머무르고 있었다. 왕대비인 정순왕후(貞純王后) 김씨(金氏)가 언문(諺文) 교서를 내려 은언군의 토죄(討罪)를 명하고, 그를 강화도로 돌려보내게 하자, 금부 당상과 포도대장이 정순왕후의 교서를 받든 대신(大臣)의 지휘를 받아 은언군을 강화로 압송하였다. 이 소식을 들은 정조는 궁궐을 나와 은언군을 만류하러 쫓아갔다가, 정순왕후가 교서를 내리자 마지못해 궁궐로 돌아왔다. 이 사건이 발생하자 정언 신기현(申驥顯)이 이날 상소를 올려, 임금에게 품의하지 않고 독단적으로 은언군을 강화로 돌려보낸 금부 당상과 대신 들을 중죄로 처벌할 것을 주장하였다. 《正祖實錄 13年 10月 14日》

엄연히 와서 정중하고 은혜로운 하교를 선포하고 신과 함께 들어오라는 내용을 전유하였습니다. 머리를 땅에 조아리니 죽을 곳을 더욱 모르겠습니다.

아, 신은 명색이 대신(大臣)으로서 나라의 역적[19]을 토죄(討罪)하지 못한 채 지금까지 어물어물하고 있으니 그 죄는 죽더라도 용서받을 수 없으며, 자전(慈殿)[20]의 하교가 준엄하였는데도 미처 처의(處義)하지 못하였으니 그 죄는 피할 수 없습니다. 신이 신의 죄를 이처럼 명확하게 아니, 이번에 성상께서 유시하여, 사람들이 지목하여 배척한 것과는 관계없다고 곡진하게 해명해 주셨으나, 신이 스스로 처신하는 방도는 영상(領相)과 조금도 차이가 없습니다. 사람들이 영상을 지목하여 배척한 것은 곧 신 자신을 지목하여 배척한 것과 같으니, 신하가 이러한 죄명(罪名)을 지닌 처지에서 의분(義分)이 중하다는 것만을 알고 감히 염치를 무릅쓰고 나아갈 계책을 세울 수 있겠습니까. 임금이 시사(視事)하는 것은 하늘의 명을 받은 것이며 조종(祖宗)의 부탁을 받은 것입니다. 신들의 거취가 대체 얼마나 중요하기에, 그것에 따라 시사를 정지하거나 정지하지 않으려는 것입니까. 어리석은 신이 죽을죄를 무릅쓰고 삼가 생각건대, 성인(聖人)의 말씀이 이 점에서 타당성을 얻지 못한 듯합니다. 신이 비록 석고대죄하고 있는 상황이지만 어리석은 충심(忠心)에 북받쳐 죽음을 무릅쓰고 번거롭게 아뢥니다. 삼가 바라건대 내린 명을 환수하라고 속히 명하고 이어 신이 은혜를 저버리고 국가를 저버린 죄를 다스려 신하의 분수를 면려하소서.

19 역적 : 정조의 이복동생인 은언군 이인을 가리킨다.

20 자전(慈殿) : 영조의 계비(繼妃) 정순왕후 김씨를 가리킨다.

답하기를,

"'알았다. 다소간 하고 싶은 말은 김 판부사(金判府事)가 붙여 올린 서계에 대한 비답에 있으니 경이 다 들어 알았으리라고 생각한다. 시임 대신이나 원임 대신을 막론하고 비록 처의를 같이하려고 하지만, 경은 6일부터 그제까지 연이어 역사(役事)를 감독하는 곳에 있었는데 이처럼 깊이 인책하고 이처럼 달려와 대죄(待罪)하고 있으니, 너무도 부당한 경우에 가깝지 않은가. 물러나는 것은 함께하되 나아가는 것은 함께하지 않는다고 한 고인(古人)의 경계가 비록 있지만, 이것도 처의를 똑같이 하더라도 거취까지 똑같이 하지는 않는다는 뜻이다. 여러모로 보고 이리저리 생각해 보아도 경에게 무슨 떠날 만한 의리가 있겠는가. 시사에 대해 취품하지 말도록 하고 약원(藥院)을 임시로 감하(減下)한 지가 이제 며칠이 되었다. 이러한 상황에서 이러한 조치를 환수할지는 어찌 경의 거취에 달려 있지 않겠는가. 경이 붙여 올린 서계 중에서 진달하여 권면한 말에 대해서는 감격할 줄을 모르는 것은 아니나, 돌아오도록 재촉하기에 급하여 경의 뜻을 들어줄 수가 없으니 「기뻐하기만 하고 그 실마리를 찾지 않는다.〔悅而不繹〕」[21]라는 혐의를 내가 피하지 않겠다. 영상은 조정에 나아온 지가 벌써 오래되었으나, 경이 아직도 나와서 명에 응하지 않고 있기 때문에 인접(引接)할 수가 없으니, 또한 어찌하여 현인(賢

21 기뻐하기만……않는다 : 공자(孔子)가 "법으로 바르게 해 주는 말은 따르지 않을 수 있겠는가. 그러나 자신의 잘못을 고치는 것이 중요하다. 완곡하게 해 주는 말은 기뻐하지 않을 수 있겠는가. 그러나 그 실마리를 찾아내는 것이 중요하다. 기뻐하기만 하고 그 실마리를 찾아내지 않으며 따르기만 하고 그 잘못을 고치지 않는다면, 나는 그를 어떻게 할 수가 없다." 하였다. 《論語 子罕》

人)이 나아오는 것을 방해한다는 탄식을 생각하지 않는가. 나머지 말은 남겨 두었다가 만나거든 나눌 것이니, 즉시 도성으로 들어와서 그대로 입시하라.'라는 뜻으로 승지를 보내어 전유하게 하라."

하였다.

다시 올리는 서계[22]

再書啓

신이 어제 왕명을 어기는 죄를 범하고서 붙여 올린 서계를 통해 외람되이 소회를 진달하고 보니, 밤새도록 황공하여 처벌을 기다릴 뿐이었습니다. 방금 승지가 다시 와서 은혜로운 하교를 선포하였습니다. 천신(賤臣)의 거취에 대해 곡진하게 굽어살펴 주시니, 이끌어 주는 가르침은 봄날같이 따뜻하고 책려해 주는 뜻은 별과 해같이 밝았습니다. 죄를 지은 천한 신이 어떻게 이러한 대우를 받을 수 있겠습니까. 너무나 감격스럽고 황공하여 눈물이 옷깃에 가득하였습니다.

아, 신의 처의(處義)는 며칠 전 남이 배척한 말 때문에 비로소 이런 결정을 내린 것이 아닙니다. 지난번 연석(筵席)에 나갔을 때 대례(大禮)를 마치고 난 뒤에 즉시 사직 단자(辭職單子)를 올리겠다는 뜻으로 이미 진달하였으니, 신이 마음속에 이 한 가지를 스스로 생각해 둔 지는 벌써 시일이 오래되었습니다. 6일부터 그저께까지 연이어 역사(役事)를 감독하는 곳에 있었다는 이유를 들어 사람이 지목하여 배척한 것과는 관계가 없다고 하신 것으로 말하면, 모든 곳을 빠짐없이 꿰뚫어 보는 밝은 성상께서도 살피지 못하신 부분이 있는 것입니다. 자전(慈殿)의 하교가 한번 내린 뒤로 대신들이 성토(聲討)를 늦추었으니, 그 죄는 주벌을 받아도 용서될 수 없습니다. 하지만 삼가 듣건대 포청(捕廳)의 문안(文案)에 근본 맥락이 뚜렷하게 밝혀져 있다고 하

22 다시 올리는 서계 : 1789년(정조13) 10월 14일에 올린 것이다.

니, 샅샅이 조사하고 철저히 캐내서 신(神)과 인간의 분노를 조금이나마 해소하는 일을 시일이 이미 오래되었다고 해서 소홀히 해서는 안 되는 것이 명백합니다. 신이 이러한 원한과 울분을 품고서 위로 성상의 마음을 감격시키지 못하였으니, 속히 중임(重任)을 체차받고 이어 상법(常法)에 의해 처벌받음으로써 본심(本心)을 밝힐 수 있을 뿐입니다. 시사(視事)에 대해 취품하지 말도록 한 것과 약원(藥院)을 임시로 감하(減下)한 일은 성스러운 조정의 크게 잘못된 조처입니다. 신의 거취를 어찌 그 사이에서 더불어 논할 수 있겠습니까. 성상의 하교가 거듭 간곡하게 내렸어도 마음을 바꿀 길이 없습니다. 신의 죄가 이 지경에 이르렀으니, 만번 죽음을 당해도 더욱 마땅합니다. 땅에 엎드려 두려워 떨며 무엇을 아뢰어야 할지 모르겠습니다.

답하기를,

"대명 계사(待命啓辭)에 대한 비답과 함께 즉시 전유하고 기어코 함께 들어오라."

하였다.

사관이 다시 와서 간곡한 성상의 유지를 전하자 붙여 올리는 서계[23]

史官又臨聖諭諄複附上書啓

신이 돈독하게 면려하는 하교에 대해 외람되이 서계를 붙여 올리는 짓을 혼미하여 변동할 줄 모르니, 그 죄를 논하자면 무거운 형률을 받기에 합당합니다. 하지만 사관이 다시 찾아와 전한 간곡한 하교는 갈수록 더 돈독해졌으며, 들여보냈던 어부(御符)를 다시 전해 주도록 명하시니, 신이 목석이 아닌 이상 어찌 감읍하지 않겠습니까. 다만 신이 대례(大禮)를 마친 뒤에 사직 단자를 올리겠다고 아뢴 말은 성상께서도 반드시 기억하고 계시리라 생각되며, 동료 상신(相臣)도 이미 직접 들었습니다. 그런데 지금 일이 너무도 급박하고 성상의 유지가 너무도 황공하다는 이유로 처음의 견해를 내팽개친 채 염치를 무릅쓰고 명을 받든다면, 이것이 어찌 위로는 군부(君父)를 속이고 아래로는 자기 마음을 저버리는 행동이 아니겠습니까. 만약 시종일관 가엾게 여겨 주시는 성상의 은택을 입어 신의 직명(職名)을 체차받고 중추부(中樞府)의 직함에 붙여진다면, 신은 삼가 즉시 명에 달려가서 시임과 원임 동료들과 함께 연석(筵席)에 나가 비망기(備忘記)를 환수해 주실 것을 우러러 청하고는 이어서 바로 사가(私家)로 물러 나와 죽을 때까지 여유롭게 살 것입니다. 이것 이외에는 땅에 엎드려 눈물을 흘리며 아뢸 바를 모르겠습니다.-함께 오라는 비망기〔偕來備忘記〕, 서계를 올린 뒤

23 사관이……서계 : 1789년(정조13) 10월 14일에 올린 것이다.

에 내린 전교, 비망기가 모두 권수 하 제13, 14판에 보인다.-

답하기를,

"'경의 이 말은 조금 헤아림이 부족하다. 경은 대관(大官)이다. 대관을 체차하거나 해면(解免)하는 일을 어찌 가볍게 논의할 수 있겠는가. 더구나 경에 대해서는 전혀 체차하거나 해면할 만한 명분이 없으니 더 말할 것이 있겠는가. 다시 이처럼 전유하니 안심하고 들어오라.'라는 내용으로 데리러 간 승지가 즉시 전유하고 이어 함께 들어오라."

하였다. 그리고 또,

"'어젯밤에 원역(園役)의 상전(賞典)에 대해 하비(下批)하는 일로 밤새도록 수응(酬應)하였는데, 날이 밝은 뒤로도 경들의 일 때문에 지금까지 쉬지 못하고 있으니, 너무 수고롭지 않겠는가. 아울러 모쪼록 그리 알라.'라는 내용으로 일체 전유하라."

하였다.

좌의정에 다시 제수되어 사관이 선유한 뒤에 올리는 서계[24]

경술년(1790, 정조14)

重拜左議政史官宣諭後書啓 庚戌

신이 근자에 외람되이 약원(藥院)에 봉직하면서 다행히 익추(翼瘳)[25]의 경사를 보았는데, 얼마 되지 않아 은혜로운 해면(解免)을 입었습니다. 칩거하려는 소원을 이루었으니, 뛰며 기뻐하던 터에 더욱 절실하게 감축하였습니다. 그런데 뜻하지 않게 보상(輔相)에 거듭 임명하는 명이 홀연 천만 가당치 않은 신의 몸에 미쳤으니, 놀랍고 떨려서 정말 땅을 뚫고 들어가고 싶은 심정이었습니다. 사관이 엄연히 찾아와 은혜로운 유지가 외람되이 신에게 이르니, 책려해 주시는 뜻이 보통을 훨씬 뛰어넘었습니다. 신이 머리를 조아리며 봉독하매 눈물이 얼굴을 뒤덮는 것만 느낄 뿐이었습니다.

아, 신이 만약 나아가 국가에 보답하고 세도(世道)에 도움이 된다면, 신의 생사를 돌보지 않고 앞으로 나아가는 마음을 가지고 어찌 비난을

24 좌의정에……서계 : 1790년 1월 19일에 올린 것이다.

25 익추(翼瘳) : 《서경》 〈금등(金縢)〉에 "공이 돌아가 축책(祝冊)을 금등의 궤 안에 넣으시니, 왕이 이튿날 병이 나으셨다.〔公歸, 乃納冊于金縢之匱中, 王翼日乃瘳.〕"라고 한 데서 온 말로, 단시간에 병이 낫는 것을 뜻한다. 주(周)나라 무왕(武王)이 병이 났을 때, 주공(周公)이 태왕(太王), 왕계(王季), 문왕(文王)의 세 영혼에게 자신이 대신 죽게 해 달라고 기도하였는데, 사관이 그 일의 시말(始末)을 축책에 기록하고 그것을 쇠사슬로 묶어 봉한 금등의 궤 속에 넣어 보관하였다. 그러자 이튿날 무왕의 병이 바로 나았다. 여기서는 정조의 병이 속히 완쾌되었음을 이른 말이다.

아랑곳하지 않은 채 속히 보답하고자 하지 않겠습니까. 하지만 앞서 중서(中書)의 자리에 오래 있었고 임금의 신임도 두터웠지만, 흐리멍덩하여 하는 일 없이 녹(祿)만 먹으며 한 가지 계책도 내놓지 못한 것은 성명(聖明)께서 잘 아시는 바이며 온 조정이 비웃고 손가락질하는 바입니다. 더구나 지난겨울에 성상의 은혜로운 부름을 여러 번 어기며 죄를 받아도 한사코 뉘우치지 않았으니, 이는 역적의 뿌리가 뽑히기 전에는 실로 얼굴을 들고 다니고 싶지 않아서 그런 것입니다. 스스로 생각건대 엉성한 자질은 아직도 옛 모습 그대로이며, 의리에 어두운 것도 지난겨울과 다름이 없습니다. 그런데 은혜에 감격하는 마음만을 갑자기 임금의 명령을 따르는 계책으로 삼는 일을 신이 비록 지조가 없지만 어찌 차마 할 수 있겠습니까. 성상의 유지가 내렸어도 받들어 따를 길이 없습니다. 오직 바라건대 속히 일정한 법에 따라 처벌하여 개인의 의리에 편안하도록 해 주소서.-사직 상소가 권23 제22판에 보인다.-

알았다고 답하였다.

대간의 평론이 있은 뒤에 사관을 통해 올리는 서계[26]

臺評後因史官書啓

신은 정세(情勢)가 위축되고 질병이 깊어졌습니다. 신의 간절한 심정을 낮은 곳의 말도 다 들으시는 성상께 아뢰려고 하였으나, 정신이 혼미하여 몇 줄의 상소조차 짓기 힘들어 완성하지 못하고 있었습니다. 마침내 저녁에 이르러 천만뜻밖에 와서 기다리라는 명이 내렸고, 이어서 사관이 엄연히 찾아와 별유(別諭)를 전하였습니다. 별유는 글자마다 은혜로운 말씀으로 상례(常例)를 훨씬 뛰어넘는 것이었습니다. 신이 놀라 일어나 봉독(奉讀)하니 수없이 흘러내리는 감격의 눈물을 이루 다 닦을 수 없었습니다. 신의 정세가 막힌 가운데 신의 마음이 놀랍고 다급하여 붙여 아뢰는 계사에다 감격스러운 진정(眞情)과 간절히 기원하는 정성을 다 표현할 수 없었습니다. 삼가 마땅히 짧은 차자를 이어 올려서 신의 사사로이 맺힌 심정을 다 아뢸 것입니다.-돈유(敦諭)가 권수 하 제14판에 보이고, 해직을 청하는 차자가 권23 제26판에 보인다.-

알았다고 답하였다.

26 대간의……서계 : 1790년(정조14) 3월 14일에 올린 것이다. 전날 부사직 권유(權裕)가 상소를 올려 윤선도(尹善道)의 후손 윤지눌(尹持訥)이 한림 권점(翰林圈點)에 든 것을 비판하면서 그 일을 주관한 좌의정 번암을 비난하였다. 이로 인해 권유는 창원부(昌原府)에 유배되는 형벌을 받았다. 《正祖實錄 14年 3月 13日》

금오에서 대명할 때 사관의 선유를 받들고 올리는 서계[27]

17일

胥命金吾史官宣諭時書啓 十七日

어제 내린 은혜로운 비답을 통해 매우 엄하게 가르치고 꾸짖어 주시니, 신은 두려움과 번민으로 가슴이 메어 죽고 싶었지만 그럴 수도 없었습니다. 그럴 즈음에 다시 춘당대(春塘臺)의 고관(考官)으로 임명하는 명이 내렸습니다.[28] 신은, 정세가 몹시 위태롭고 병은 억지로 나아가기가 매우 어려운 형편이므로 금오(金吾)의 문 밖에 실려 와서 대명(待命)한 채 공경히 엄한 처벌이 내리기를 기다리고 있었습니다. 사관이 거듭 찾아와 "집으로 돌아가 조섭하다가 후일 차대(次對)에 참석하겠다는 내용으로 서계를 올리는 것이 마땅할 것이다."라는 말씀까지 전하였습니다. 사랑하여 살려 주고자 하는 뜻이 말씀에 성대하게 담겨 있으니, 신은 자리에 엎드려 감읍하며 무어라 말씀을 올려야 할지를 모르겠습니다. 신은 세상을 등진 것이 아니니, 만약 체차하여 직명(職名)을 해임하고 특별히 한 달의 휴가를 주어 편의대로 조섭할 수 있게 해 주신다면, 병이 조금 낫기를 기다렸다가 즉시 조정에 나아가 죽은 목숨을 살려 주신 은혜에 머리를 조아려 사례할 것입니다.

27 금오에서……서계 : 1790년(정조14) 3월 17일에 올린 것이다.

28 춘당대(春塘臺)의……내렸습니다 : 1790년 3월 20일 춘당대에서 거행할 문신의 전강(殿講)과 제술(製述) 및 무신의 시사(試射)에서 번암은 문신 제술의 시관(試官)으로 임명되었다. 《日省錄 正祖 14年 3月 20日》

답하기를,

"'알았다. 방금 집으로 돌아간다는 보고를 들었다. 편의대로 조섭하게 해 달라는 말은 비록 다행스러우나, 아직도 체차하여 해임해 달라는 말을 부주(附奏)에서 다시 꺼냈으니, 경이 나를 대하는 것이 어찌 그리도 내가 경을 대하는 것만 못한가. 종전에 있었던 다소의 정세에 대해 요사이 거듭하고 또 거듭해서 은혜와 예우를 베풀고 질책과 면려를 보여 더는 인의(引義)를 일삼을 것이 없는 상황이다. 그런데도 체차해 달라느니 해임해 달라느니 하는 말을 이와 같이 빈번하게 하니 옛 대신(大臣)들이 자신을 돌보지 않고 국사에 심력을 다했던 의리와 어긋나지 않겠는가. 처의(處義)와 분의(分義)는 원래 적절히 시행할 수 있는 때가 각기 다르다. 경은 잘 알아서 택하라.'라는 뜻으로 다시 사관을 보내어 전유하게 하라. 이어서 차도가 있으면 조정에 나아올지를 알아오도록 하라."

하였다.

다시 올리는 서계[29]

再書啓

아침에 사관이 찾아와 선유(宣諭)하여 대명(待命)하지 말라는 전교를 삼가 받들었으나, 지은 죄가 지극히 중하여 감히 선뜻 집으로 돌아가지 못하고 머리를 조아리며 견책을 기다리고 있었습니다. 방금 사관이 거듭 와서는 다시 성상의 유시를 전하였습니다. 성상의 말씀이 갈수록 더욱 간곡하고 간절하니, 신이 비록 돼지나 물고기처럼 우매하지만 그래도 지각이 조금이나마 있으니, 어찌 스스로 감격하여 심력(心力)을 다하는 의리를 바칠 것을 생각하지 않겠습니까. 비록 그렇지만, 분의(分義)를 중시하면 처의(處義)에 때로 방애가 되고 처의를 중시하면 분의를 때로 돌아보지 못하게 됩니다. 신하의 거취가 예로부터 어려운 것은, 애당초 모두 이 두 가지에서 중도(中道)를 얻기가 쉽지 않기 때문입니다. 아, 지금 신이 근심하고 있는 '처의'라는 두 글자가 뱃속에 가로놓여 있어 털어 버릴 수 없는 상황입니다. 그러므로 성상께서 비답을 통해 분의상 그렇게 해서는 안 된다고 반복하여 깨우치고 꾸짖으시지만, 신은 융통성 없이 미련하여 이를 바꾸지 못하니, 그 죄를 논하자면 중한 형벌을 받더라도 오히려 가볍습니다. 하지만 신은 나라와 기쁨, 근심을 함께하는 신하로서, 성명(聖明)께서 위에 계시니, 신이 장차 어디로 가겠습니까. 만일 긴 휴가를 얻어 병이 죽음에 이르지 않게 된다면, 감히 나아가 성상을 뵙고 마음속 간절한 생각을 다 말씀드리지

29 다시 올리는 서계 : 1790년(정조14) 3월 17일에 올린 것이다.

않겠습니까. 하지만 그것이 언제가 될는지는 또한 헤아릴 수 없습니다. 구름 낀 하늘을 우러르매 그리운 마음을 이길 수 없습니다.

답하기를,

"'알았다. 즉시 집으로 돌아가 안심하고 조리하라.'라는 뜻으로 다시 사관을 보내 전유하게 하라."

하였다.

조진정의 무함과 비난으로 인해 용산으로 달려 나갔을 때 승지가 별유를 가지고 와서 전하자 인의하여 견책을 청하는 글[30]

因趙鎭井誣詆迸出龍山承旨齎傳別諭引義請譴

신이 외람되이 상소 한 통을 올려 위태롭고 간절한 심정을 대략 아뢰었는데, 두 손을 모아 축원하는 것은 오직 속히 직명(職名)이 체차되어 분수에 따라 전원(田園)으로 돌아가는 것이었습니다. 그런데 천만뜻밖에 청재(淸齋)가 막 끝났을 무렵에 특별히 별유(別諭)를 내려, 승지가 강교(江郊) 10리 밖에까지 받들어 와서 전하였습니다. 은혜와 영예가 미치니 마을 사람들이 모두 고무되었습니다. 더구나 별유의 말씀이 간곡하고 자상하였는데, 정해진 분수와 인정(人情)을 가지고 꾸짖고, 반드시 부르겠다는 것을 준칙으로 삼아 타이르셨습니다. 신은 오장(五臟)이 무너져 내릴 듯 마음이 아파 곧장 땅을 파고 들어가려 해도 그럴 수 없었습니다. 신하의 거취는 나아갈 수 있거나 없는 두 가지 사이에 있습니다. 위에서 돈독하게 면려하거나 꾸짖고 타이르면 간혹 나아갈 수 있습니다. 아래에 있는 자도 간혹 은혜로운 예우에 감격하거나 신하로서의 분의(分義)에 마음이 동요되면 부득이 마음을 먹고 명을 받드

30 조진정(趙鎭井)의……글 : 1790년(정조14) 5월 22일에 올린 서계이다. 이에 앞서 5월 12일에 정언 조진정이 상소를 올려 번암이 관각(館閣)의 관원으로 자신과 가까운 권평(權坪)과 최현중(崔顯重)을 추천한 일, 처남인 오대익(吳大益)을 구원(救援)한 일, 구상(具庠)의 처벌에 관한 일, 번암을 모욕한 선비의 처분에 관한 일 등을 제기하여 번암을 공격하였다. 《承政院日記 正祖 14年 5月 12日》

는 경우가 있습니다. 지금 신의 처지가 결코 얼굴을 들고 외람되이 나아갈 수 없으니, 아녀자나 어린아이에게 물어도 필시 그렇다고 할 것입니다. 신이 비록 어리석지만 어찌 은혜로운 예우에 감격할 줄 모르겠으며, 신하로서의 분의에 어찌 마음이 동요되지 않을 수 있겠습니까. 하지만 한낱 감격하고 동요되는 마음 때문에 사유(四維)[31]의 중대함을 돌아보지 않는다면 세도(世道)에 해가 되는 것이 어찌 끝이 있겠습니까. 신에게는 변동할 길이 없고 죽음만이 있을 뿐이니, 속히 중한 처벌을 받기를 바랄 뿐입니다.-조진정(趙鎭井)에 대한 처분 전교와 돈면한 별유, 인의(引義)하여 물러났을 때에 내린 별유, 함께 오라는 별유, 집으로 돌아간 뒤에 내린 전교가 모두 권수 하 제15, 16, 17판에 보인다.-

답하기를,

"알았다. 상소에 대한 비답을 전달한 뒤의 거취를 보고서 다시 돈면(敦勉)하는 조치를 취하겠다."

하였다.

31 사유(四維) : 나라를 유지하는 데 필요한 네 가지 대강령(大綱領)으로, 예(禮), 의(義), 염(廉), 치(恥)를 이른다. 《管子 牧民》

상소에 대한 비답을 받든 뒤에 올리는 서계[32]

上疏承批後書啓

신은 글솜씨가 보잘것없고 성의가 모자라서 아침에 올린 한 통의 상소를 윤허받지 못했을 뿐만 아니라, 수백 마디 반복되는 비답에서 위로해 주시는 가르침과 책려해 주시는 뜻이 자상하고 간절하였습니다. 상신(相臣)이 사직하는 상소가 예로부터 많았지만, 이처럼 융숭한 비답은 실로 드물게 보았습니다. 신은 한편으로는 두려워서 떨고 한편으로는 감격하여 울면서 더욱 어찌해야 할지 몰랐습니다. 만약 성상의 비답에서 신을 융숭히 우대해 주신 뜻을 끄집어내어 하나하나 사례를 올리려고 한다면, 비록 신이 마음을 다하고 혀가 닳도록 사례해도 반 푼어치도 감사의 심정을 형용할 수 없을 것입니다. 그중에 무엇보다 "지금까지 나의 노력이 공허한 데로 돌아가게 할 것이다.〔從來費力歸他鬱卓越〕"라고 하신 몇 구절을 읽고서, 신이 비록 우둔하지만 또한 우리 성상께서 천지 만물을 길러 주시는 덕의(德意)를 어찌 전혀 모를 수 있겠습

32 상소에……서계 : 1790년(정조14) 5월 22일 저녁에 올린 것이다. 그날 아침에 번암이 상소하여, 조진정(趙鎭井)이 올린 상소의 무함(誣陷)을 변론하고 이어 정승의 직임을 체차해 주기를 청하였는데, 그에 대한 정조의 비답에 "지금 만약 남들이 비난할 때마다 일일이 대꾸하려고 한다면, 비록 경이 강건한 정력(精力)을 지녔다지만 분주히 대응하기에 겨를이 없어 뜻을 달리하는 자들이 경을 배척하려고 꾸민 교활한 계책에 말려들게 되리라 생각된다. 이는 경에게도 무익할 뿐만 아니라, 지금까지 어렵사리 보살펴 왔던 나의 노력마저도 공허한 데로 돌아가게 할 것이다. 그렇게 되면 결국 경은 나를 저버리는 셈이 될 것이니, 경이 어찌 차마 그렇게 하겠는가."라는 말이 있다.《樊巖集 卷24 辨趙鎭井疏誣仍乞遞解相職疏》

니까. 하지만 신처럼 못난 사람은 그 직책을 묻는다면 다리와 팔과 심장과 척골(脊骨) 같은 역할이라 하겠지만, 그 재주를 돌아보면 단지 미치고 어리석으며 쓸모없는 일개 노추(老醜)일 뿐이니, 설령 신이 조정에서 머무른다고 해도 달리 성상의 교화(敎化)를 도울 가망은 없습니다.

지금 치욕이 한꺼번에 닥치고 세도(世道)가 더욱 험난한 상황에서, 만약 그동안 신을 다시 살려 주신 성상의 은덕을 저버리지 않고자 한다면, 한번 물러나야만 이른바 "부처의 은혜에 보답한다.〔報佛恩〕"라는 데 가까울 것이니, 어느 겨를에 다른 생각을 하겠습니까. 성상께서는 "어찌 차마 나를 저버리랴.〔寧忍負予〕"라고 하교하셨지만, 신은 모질게 성상을 저버리기로 스스로 마음에 결단하였습니다. 천지 사이에 임금의 은혜를 잊고 나라를 저버렸던 경우를 예로부터 지금까지 낱낱이 꼽을 수 있지만, 신보다 더한 자는 없었습니다. 말이 여기에 이르니 신도 모르게 목 놓아 길게 울부짖을 뿐입니다.

만약 성상께서 신을 가련하게 여겨 정승의 직임을 체차하고 중추부의 직함에 붙여 주신다면, 신은 삼가 마땅히 성상의 하교에 따라 당일로 도성에 들어가 즉시 숙배할 것입니다. 구구한 신의 간절한 바람은 오직 이것뿐입니다. 신이 오시(午時)쯤 비답을 받든 뒤에 마땅히 답하는 계사를 올려야 했으나, 별유(別諭)에 대한 부주(附奏)를 올리자마자 잇달아 다시 서계를 올리는 것은 불경(不敬)한 짓에 가깝다고 제멋대로 생각하였습니다. 그래서 녹사(錄事)로 하여금 명소(命召)만 봉납하게 하여 변동할 수 없다는 뜻을 피력하려고 했던 것입니다. 회답하신 하교를 삼가 받들고 보니, 성상의 의혹을 초래하였습니다. 송구스러울 뿐만 아니라, 어리석어 사리를 모른다는 사실이 여기서 더욱 드러났으니, 속히 엄한 견책을 받아 조금이라도 속죄할 수 있기를 바랍니다.-무함을 변론하는 상소가 권24 제1판에 보인다.-

답하기를,

"'잘 알았다. 날이 새기를 기다려 경이 붙여 올린 서계를 보고는 경이 여전히 힘써 응하지 않으려는 것을 알았다. 이것은 모두 나의 정성이 신뢰를 받지 못한 까닭이니, 스스로 돌이켜 보매 부끄러운 마음만 더할 뿐이다. 중추부의 직함 운운한 것으로 말하자면, 내가 반드시 허락하지 않으리라는 것을 알면서도 이처럼 말했으니, 타당한지 모르겠다. 경은 부디 헤아리라.'라는 내용으로 데리러 간 승지로 하여금 즉시 전유하게 하라."

하였다.

다시 올리는 서계[33]

再書啓

신이 어젯밤에 붙여 올린 서계에 대한 비답에서 "경이 힘써 응하지 않으려는 것은 나의 정성이 신뢰를 받지 못한 까닭이다."라고까지 말씀하시니, 신은 황공하고 답답하여 죽고 싶어도 죽을 수 없었습니다. 신이 만약 조금이라도 변동할 수 있는 상황이라면 간곡하게 내려 주신 성상의 하교를 어찌 감히 받들지 않겠습니까. 하지만 염치가 지극히 중하니 조금도 변동하기 어렵고, 먼 곳으로 귀양을 가거나 엄한 형벌을 받는 것은 모두 감수할 바입니다. 명소(命召)를 오래도록 머물게 하는 것은 더욱 신의 죄를 더하는 일이므로 이에 감히 만번 죽음을 무릅쓰고 봉납합니다.

전교하기를,

"'경이 조정에 나아오는 일과 도성에 들어오는 일은 나의 정성이 신뢰를 받지 못하고 나의 말이 양해를 얻지 못하였으므로 참으로 선불리 거론할 일은 아니지만, 경은 서울 집에 들어와서 머무르지도 않고, 금오(金吾)에 대명(待命)하지도 않고 있다. 나는 경을 불러 맞이하는 공경한 예를 힘써 행하지만, 경은 줄곧 자신이 더럽혀질까 피하듯이 떠나려고만 하여 강촌(江村)의 별서(別墅)에서 한 걸음도 옮기지 않고 있으니, 나도 너무 피곤하고 고달프지 않겠는가. 분의(分義)

33 다시 올리는 서계 : 1790년(정조14) 5월 23일에 올린 것이다.

라는 것은 천지(天地)에 불변하는 법칙이며 고금(古今)에 통용되는 의리인데, 여기에 조금 흠결이 있으면서 오히려 자기의 분의를 다했다고 할 수 있겠는가. 그리고 또 취하여 깨우쳐 줄 일 한 가지가 있다. 경의 상황을 재작년에 처음 정승에 제수되었을 때와 비교해 보면 경중(輕重)과 난이(難易)의 정도가 과연 어떠한가. 만약 그때에 비해서 가볍고 수월하다면, 전에는 힘써 명에 응하고 지금은 굳게 거부하는 것이 옳은지 모르겠다. 대체로 요즘의 일로 말하면 물러나지 말고 나아와야 하니, 경이 취사(取捨)하라.'라는 내용으로 다시 승지를 보내어 전유하고, 이어서 명소를 전한 뒤에 그와 함께 들어오게 하라."

하였다.

준엄한 칙유로 인하여 올리는 부주[34]

因飭諭截嚴附奏

신이 삼가 성상의 유지를 받들고 보니, 말씀이 더욱 엄중하여 다 읽기도 전에 오장(五臟)이 무너져 내렸습니다. 신이 어리석고 완고하여 일찍이 성의(誠意)를 믿고 감동하는 돼지나 물고기[35]만도 못했던 것이 어찌 전혀 지각이 없어서이겠습니까. 실로 큰 원칙이 앞에 있어 마음대로 허물어뜨릴 수 없었기 때문입니다. 비록 그렇지만, 신이 머무르는 곳에서 한 걸음도 나아가지 않은 것으로 인해, 이미 성상께서 수고로이 칙유하시게 하였습니다. 신이 만약 초심(初心)을 굳게 지킨다면, 강가나 성 밖을 또한 어찌 가리겠습니까. 신은 근래 평소 앓던 적기(積氣)가 다시 발동하여 바야흐로 신음하고 있습니다. 내일 만약 조금 나아진다면 들것에 몸을 싣고 숭례문(崇禮門) 밖으로 마땅히 나아갈 것입니다. 신이 황공해하고 떨면서 성상의 유지를 받드는 것이 이 정도에 그칠 뿐입니다. 이 밖에 무어라 아뢰어야 할지 모르겠습니다.

34 준엄한……부주 : 1790년(정조14) 5월 26일에 올린 서계이다.

35 성의(誠意)를……물고기 : 《주역》 〈중부괘(中孚卦) 단(彖)〉에 "돼지와 물고기가 길함은 신의가 돼지와 물고기에 미친 것이다.〔豚魚吉, 信及豚魚也.〕"라고 한 데서 온 말로, 신의가 지극하면 미물(微物)도 믿게 하고 감동시킬 수 있다는 말이다.

승지가 선유한 뒤에 다시 올리는 서계[36]

承旨宣諭後復上書啓

신이 방금 승지가 전한 별유(別諭)를 받들고 보니, 꾸짖는 말씀이 준엄하여 신하가 감히 들을 수 있는 것이 아니었습니다. 신이 세상에 태어나 우리 임금을 저버린 것이 이 지경에 이르렀으니, 오직 바라는 것은 바로 죽어 아무도 모르게 되는 것뿐입니다. 마음은 두려움에 떨리고 정신은 달아나 없어져 몇 줄의 부주(附奏)조차 완성할 수 없지만, 삼가 마땅히 놀란 혼(魂)을 수습하고서 다시 상소 한 통을 올려 간곡한 심정을 거듭 토로해야 하는 상황입니다. 땅에 엎드려 눈물을 흘리니 무어라 아뢰어야 할지 모르겠습니다.-상소가 권24 제7판에 보인다.-

알았다고 답하였다.

36 승지가……서계 : 1790년(정조14) 5월 24일 올린 것이다. 내용 중에 언급한 상소는 이날 올린 〈별유가 있은 뒤에 정승의 직임을 해면해 주기를 거듭 청하는 상소〔別諭後申乞解相疏〕〉를 가리킨다. 《樊巖集 卷24》

상소에 대한 비답을 받든 뒤에 데리러 온 승지를 통해 올리는 부주[37]

陳疏承批後因偕來承旨附奏

신이 피눈물을 흘리는 심정으로 상소를 올리고서 성상의 윤허를 공경히 기다리고 있었는데, 한밤중에 강교(江郊)로 사관(史官)은 명소(命召)를 받들고 찾아왔고 승지는 성상의 비답을 공경히 전해 주었습니다. 하지만 체직을 허락하지 않으셨을 뿐만 아니라, 하교는 더욱더 융숭해졌으니, 신은 감격하면서도 답답하여 실로 무어라 우러러 대답해야 할지 모르겠습니다. 그 내용 중에 "은혜로운 예우를 앉아서 받는다.〔坐受恩禮〕"[38]라고 하신 말씀을 신하로서 어찌 차마 들을 수 있겠습니까. 나라에 일정한 법도가 없으면 모르겠지만, 그렇지 않고 보면 엄한 형벌을 신처럼 어리석고 완고한 자에게 베풀지 않고서 다시 어디에 베풀겠습니까. 마음이 떨리고 불안하여 말씀을 다 아뢸 수 없어 땅에 엎드려 눈물만 흘립니다.

37 상소에……부주 : 1790년(정조14) 5월 24일에 올린 서계이다.

38 은혜로운……받는다 : 이날 올린 상소에 대해 정조가 비답에서 "은혜로운 예우를 앉아서 받는 것이 일상이 된 경이 어젯밤의 별유를 보고서도 마음을 바꿀 방도를 생각하지 않는 처사가 고인(古人)이 의리에 대처했던 일에 비추어 볼 때 과연 식견 있는 자들의 사적인 논평을 피할 수 있겠는가."라고 한 것을 가리킨다.《日省錄 正祖 14年 5月 24日》

별유와 구전 하교가 모두 매우 놀랍고 두려워 사저로 돌아간 뒤에 올리는 서계[39]

別諭口敎俱極驚惶還入私次後書啓

신이 머리를 땅에 조아리며 대죄(待罪)하던 중에 사관이 찾아와 성상의 유지를 전하였는데, 신의 거취에 대해 지시하고 인도해 주신 말씀이 자세하고 간곡하였습니다. 심지어 "여러 하교는 마땅히 기주(記注)에 싣지 말도록 하라."라는 하교까지 내리시니, 눈물이 쏟아지며 죽을 곳을 더욱 모르겠습니다. 지신(知申 도승지)이 전해 준 구전 하교(口傳下敎)를 듣고서는 놀랍고 두려워서 정신과 혼이 달아나 사라졌습니다. 상황이 이러한 지경에 이르렀으니, 신이 어찌 감히 즉시 사저로 돌아가 며칠 병을 조리한 뒤에 한번 궐에 나아가서 그동안 신이 지은 죄를 국법으로 감처(勘處)해 주기를 청하지 않겠습니까. 마음은 어지럽고 가슴은 답답하여 무어라 아뢰어야 할지 모르겠습니다.

답하기를,

"잘 알았다. 대신(大臣)이 집으로 돌아갔으니, 얼마 전에 내렸던 구전 하교는 비지(批旨)에서 말한 대로 기주에 싣지 말라. 대신이 이미 며칠 내로 조정에 나오겠다고 부주(附奏)로 대답하였으니, 데리러 간 승지는 물러가라."

하였다.

39 별유와……서계 : 1790년(정조14) 6월 4일에 올린 것이다.

정승의 직임에 다시 제수된 뒤에 승지가 선유하고 함께 입궐하도록 하자, 붙여 올리는 서계[40]

復拜相職承旨宣諭偕來附上書啓

신이 지난날 올렸던 한 통의 상소는 그 마음을 되돌아보면 비록 어리석은 충심(忠心)을 함부로 담았지만, 그 내용을 보면 저절로 억측으로 귀결됨을 면하기 어려웠습니다. 신하 된 자로서 이러한 죄과에 빠졌으니, 만약 먼 곳으로 유배 가거나 엄한 형벌을 받는 것을 면한다면 어찌 도리이겠습니까. 성상의 도량이 하늘처럼 커서 신을 한결같이 포용해 주셨습니다. 하교를 내려 단죄(斷罪)한 것은 도끼로 베어 처단하는 것보다 준엄하였으나, 결국은 은혜로운 파직의 조치를 내려 국법을 특별히 굽히셨습니다. 신은 도성 문을 달려 나와 여사(旅舍)에서 석고대죄하며 밤낮으로 합당한 형률을 속히 받기를 바라고 있었습니다. 그

40 정승의……서계 : 1790년(정조14) 11월 27일에 올린 것이다. 앞서 11월 14일에 번암이 상소를 올려, 대역죄로 파주(坡州)에 유배되어 있던 화완옹주(和緩翁主)가 유배지를 빠져나와 도성으로 오다가 적발된 일을 언급하였다. 정조는 자신에 대한 번암의 의심을 억측이라고 꾸짖고 좌의정에서 파직하였다가, 27일에 이르러 서용하라는 명을 내리고 다시 좌의정에 제수하였다. 이날 데리러 간 승지가 전한 유지(諭旨)에 "전에 한 말에 어찌 깊은 뜻이 있었겠는가. 경은 알고 있는 것은 남김없이 아뢰는 의리를 본받았으나, 나는 간언을 다 따라 주는 미덕을 발휘하지 못하였다. 내가 지금 자책하고 있으니, 경에게 무슨 허물이 있겠는가. 그러나 경이 첫 번째와 두 번째 차자를 올리고, 세 번째의 차자를 올리기까지 했는데, 내용이 갈수록 심해져서 나의 뜻을 받들어 따를 생각이 없었다. 이것은 경이 나를 너무나 알지 못한 것이었지만, 이미 지나간 일을 운운할 필요가 뭐 있겠는가."라는 내용이 있다. 《日省錄 正祖 14年 11月 14日, 27日》

런데 천만뜻밖에 갑자기 다시 정승의 직책을 제수하는 명을 받들었습니다. 은혜로운 하교를 성대히 내려 의혹을 극진히 풀어 주시며, 승지가 엄숙히 찾아와 함께 들어오도록 명하기까지 하니, 신은 정신이 아득하고 마음이 떨리는 가운데 땅을 뚫고 들어갈 수 없는 것이 한스럽습니다.

아, 신은 임금을 형편없이 섬기고 침묵하여 용납되기를 구하였으니, 어찌 일찍이 알고 있는 것은 남김없이 아뢰는 의리를 본받은 적이 있겠습니까. 그런데도 지금 전하께서는 신에 대해서는 넘치도록 장려와 칭찬을 베풀면서 성상 스스로에게는 모자람이 있는 듯이 행동하시니, 이것은 진실로 신이 황공하고 부끄러워 죽고자 하는 까닭입니다. 그리고 "나를 너무나 알지 못한 것이다."라는 하교에 대해서는 신이 비록 만번 죽을죄를 지었으나, 또한 아뢸 것이 있습니다. 지금 전하를 아는 자로 말하자면, 신만 한 사람이 없다고 신은 생각합니다. 전하의 정령(政令)과 행동은 한결같이 이치를 따르시는데, 고인(古人)은 "오직 명철한 군주만 이치로써 설득할 수 있다."라고 하였습니다. 무릇 난적(亂賊)을 토벌하고 기강을 엄숙하게 하는 일은 천하의 이치가 이것을 벗어나지 않으니, 신이 전하를 깊이 아는 까닭에 이치로써 설득하기를 두 번 세 번에 이르도록 그칠 줄 몰랐던 것입니다. 그런데 지금 성상께서는 "나를 모른다."라는 말씀으로 반복하여 신을 훈계하고 꾸짖으시니, 신은 이에 너무나 억울하고 부끄럽기 그지없습니다.

비록 그렇지만, 신이 조정에 나아가기 어려운 뜻과 고질(痼疾)이 되어 버린 병은 몇 줄의 서계를 통해 다 아뢰기 어려운 점이 있으므로, 삼가 마땅히 정신과 혼을 수습하고 상소 한 통을 지어 올림으로써 인자한 하늘 같은 성상께서 신의 처지를 애처롭고 가엽게 여겨 속히 체직해 주시기를 바랄 뿐입니다.-상소가 권24 제21판에 보인다.-

사직 상소에 대한 비답을 받든 뒤에 올리는 부주[41]

辭疏承批後附奏

신이 피눈물을 흘리며 상소를 올리고 공손히 윤허를 기다리고 있었는데, 방금 승지가 엄숙히 찾아와 성상의 비답을 전해 주었습니다. 신의 어리석음을 근심하여 개도(開導)하는 하교를 내리기까지 하셨고, 신의 질병을 가련히 여겨 조섭(調攝)하는 방도에 편하게 해 주셨습니다. 성상께서 직명을 개차(改差)해 주지 않으셔서 매우 놀라 어쩔 줄 모르는 상황에서, 갈수록 융숭해지는 성상의 은혜를 어떻게 갚아야 할지도 모르겠습니다. 머리를 땅에 조아리니 눈물이 교차하여 흐릅니다. 신이 어찌 감히 다시 사사로운 의리를 제기하여 성상께 번거롭게 아뢸 수 있겠습니까. 다만 엎드려 생각건대, 성상의 하교가 화내지 않고서 베푸는 가르침[42]에서 나왔음에도, 신은 망녕된 생각과 지나친 염려 끝에 말을 가려서 할 줄 모르는 죄를 저질러 이에 더욱 달아날 곳이 없는 처지가 되었으니, 여사(旅舍)에서 석고대죄한 채 감죄(勘罪)해 주시기를 이전처럼 기다릴 뿐입니다. 황공하고 불안하여 무어라 아뢰어야 할지 모르겠습니다.

41 사직……부주 : 1790년(정조14) 11월 28일에 올린 서계이다.

42 화내지……가르침 : 정조가 내린 하교가 온화하면서도 은혜로운 가르침이었다는 말이다. 《시경》 〈노송(魯頌) 반수(泮水)〉에 "부드러운 얼굴로 웃음을 띠고, 화내지 않으면서 가르침을 베푸네.〔載色載笑, 匪怒伊教.〕"라고 한 데서 온 말이다.

답하기를,

"'잘 알았다. 경은 어찌하여 떠나려고만 하는가. 성문 닫는 것을 경을 위하여 잠시 보류하고 근시(近侍)를 직차(直次)에서 보냈다. 이와 같은 특별한 대우와 은례(恩禮)를 베풀었으니, 잠시도 지체하지 말고 조정에 나오는 것이 바로 경이 당장 취해야 할 태도이다. 많은 말을 하지 않겠으니 경은 잘 이해하라.'라는 내용으로 다시 데리러 간 승지로 하여금 전유하여 기필코 당일로 도성에 들어오게 하고, 이어 함께 서울 집에 따라가게 하라. 내일 다시 돈면(敦勉)하겠다."

하였다.

서상을 조문한 일을 칭찬하는 유지를 받든 뒤에 올리는 서계[43] 신해년(1791, 정조15)

弔徐相褒諭後書啓 辛亥

신은 을미년(1775, 영조51) 12월 3일에 고(故) 상신 서 영부사(徐領府事)와 함께 집경당(集慶堂)에 입시했던 자입니다.[44] 그 날짜가 돌아오

43 서상(徐相)을……서계 : 1791년(정조15) 12월 4일에 올린 것이다. 서상은 서명선(徐命善)을 가리킨다. 번암과 서명선은 평소 사이가 매우 좋지 않았다. 1786년 9월 11일 판중추부사 서명선이 올린 상소에 번암을 역적으로 칭한 내용이 있을 정도였다. 1791년 9월 13일 서명선이 세상을 떠나자, 정조는 시장(諡狀)을 기다리지 말고 시호(諡號)를 내려 주게 하였다. 시호를 의논하여 정하면서 우의정인 번암이 서경(署經)을 해야 하는데도 조정에 나오지 않자, 정조는 《명의록(明義錄)》을 가져다 번암에게 보여 주게 하면서 "경은 이 책을 모르는가?"라고 유시하였다. 이로 인해 번암이 비로소 조정에 나와 서경하였고, 12월 3일에는 서명선의 집으로 찾아가 조문하였다. 《正祖實錄 15年 12月 4日》《日省錄 正祖 15年 12月 4日》

44 신은……자입니다 : 1775년 11월 20일 연석(筵席)에서 영조가 세손(世孫)으로 하여금 대리청정하게 하려고 하자, 좌의정 홍인한(洪麟漢)이 "동궁께서는 노론(老論)과 소론(少論)을 알 필요가 없으며, 이조 판서와 병조 판서를 알 필요가 없으며, 조정의 일에 이르러서는 더욱 알 필요가 없습니다."라고 하였다. 12월 3일에 부사과 서명선이 상소를 올려 홍인한의 무례함을 지적하고 동궁을 반대하는 무리를 처벌할 것을 주장하였다. 영조는 당일로 서명선을 집경당으로 불러 직접 상소를 읽게 한 뒤에 크게 칭찬하였다. 정조는 즉위한 뒤에 서명선을 신임하여 발탁하였으며, 홍봉한(洪鳳漢), 홍인한, 김귀주(金龜柱), 김상로(金尙魯), 정후겸(鄭厚謙) 등 자신을 반대했던 무리를 처단하고, 그들의 죄상을 기록하여 1777년에는 《명의록》을, 1778년에는 《속명의록(續明義錄)》을 간행하였다. 《英祖實錄 51年 11月 20日》《正祖實錄 1年 3月 29日, 2年 2月 27日》

자 성상의 마음에 감회가 일어나셨습니다. 이에 어제 친히 제문(祭文)을 지어 고 상신의 영궤(靈几)에 치제(致祭)하셨으니, 이것은 《명의록(明義錄)》의 큰 의리(義理)를 우주에 게시하여 시간이 오랠수록 더욱 준엄하게 하려는 조치입니다. 신은 평소 다급한 상황에서도 《명의록》을 생각하고 곤궁한 상황에서도 《명의록》을 생각하니, 신이 죽기 전에는 마땅히 《명의록》 세 글자의 도움을 받아 성상을 섬길 따름입니다. 이 외의 일 가운데 무엇이 신의 가슴속에 둘 만한 것이 있겠습니까. 더구나 신과 고 상신은 지난날 비록 서로 원만하게 지내지는 못했지만, 그것은 신 개인의 일에 속할 뿐입니다. 성상께서 감회가 일어나 의리를 밝히시는 이날을 맞이하여 어찌 감히 7, 8년 전에 설왕설래했던 원한을 돌아보면서, 다른 사람들은 가는데 신은 가지 않을 수 있겠습니까. 신이 고 상신에게 가서 조문한 것은 고 상신을 생각해서일 뿐만 아니라, 《명의록》을 중요하게 여기기 때문입니다. 이것은 참으로 신하의 직분상 당연하니, 어찌 일찍이 혹시라도 사람이 능히 하기 어려운 일에 가까운 적이 있었겠습니까.

그런데 천만뜻밖에 사관(史官)이 엄숙히 찾아와 성상의 유지를 전하였는데, 예상치 못했던 칭찬이 글자마다 융숭하여 못난 천신(賤臣)이 감히 마음 편히 받들 수 없었습니다. 땅에 엎드려 아홉 번 머리를 조아리니 황공하여 흐르는 땀이 등을 적셨습니다. 신은 마침 잇몸에 통증이 일어나서 살고자 하는 의지가 없는 쇠약한 형편이라 부주(附奏)를 올려 사례하는 일도 뜻대로 할 수 없으니, 황공한 심정을 더욱 금할 수 없습니다.-전유(傳諭)가 권수 하 제18판에 보인다.-

장단에 부처되었다가 용서를 받은 뒤에, 중추부에 다시 부직하고 특별히 사관을 보내어 전한 별유에 대해 붙여 올리는 서계[45] 임자년(1792, 정조16)

長湍付處蒙宥還付西樞特遣史官傳宣別諭附上書啓 壬子

신의 죄는 신이 스스로 알고 있습니다. 비록 자공(子貢)[46]에게 혀를 빌린다고 해도 어찌 스스로 해명할 말이 있겠습니까. 속히 국법의 처분을 받는다면 혹시라도 신의 분수를 조금이나마 편안히 하고 무너진 기강을 조금이나마 떨칠 수 있으리라 생각했습니다만, 우리 성상께서는 신의 우매함을 가련히 여기고 신의 본정(本情)을 살펴 차마 신에게 엄한 형벌을 내리지 못하고 부처(付處)하는 처벌을 가벼이 내리셨습니다. 전하께서 신을 다시 살려 주신 것이 어찌 한두 번뿐이겠습니까마

45 장단(長湍)에……서계 : 1792년 12월 2일에 올린 것이다. 당시 번암은 양주(楊州) 서면(西面) 검암(黔巖), 즉 지금의 은평구 구파발에 와 있었다. 10월 4일의 인견(引見)에서 비변사 당상 서유린(徐有隣)이, 윤영희(尹永僖)와 신기현(申驥顯)의 역모를 거론한 뒤에 종질인 윤영희를 비호한다고 좌의정 번암을 공격하였다. 이에 번암이 물러나 사직소를 연속으로 올리고, 10월 8일에 마침내 도성을 나가 대죄(待罪)하니, 정조가 삭탈관작(削奪官爵)하여 문외출송(門外黜送)하라고 명하였다. 10월 10일에는 정조가 대간(臺諫)의 합계(合啓)에 따라 번암에게 풍천(豐川)에 중도부처(中途付處)하는 처벌을 내렸는데, 출발할 때 압송을 맡은 도사(都事)에게 밀지(密旨)를 내려 장단에 유배하도록 조치하였다. 그런 뒤에 11월 9일에는 석방하라는 명을 내렸고, 11월 25일에는 직첩(職牒)을 돌려주라는 명을 내렸으며, 12월 1일에는 판중추부사에 제수하였다. 《正祖實錄 16年 10月》《日省錄 正祖 16年 12月 2日》

46 자공(子貢) : 공자의 제자인 단목사(端木賜)이다. 언변에 능하였다.

는, 기전(畿甸)으로 바꾸어 유배하는 것은 전에 들어 보지 못한 은전(恩典)이었습니다. 아침저녁으로 눈물을 흘리며 스스로 허물을 되새길 뿐, 어찌 감히 고향으로 돌아갈 마음을 먹을 수가 있었겠습니까. 그런데 두 달이 채 못 되어 석방하라는 명령과 직첩(職牒)을 돌려주라는 하교를 열흘에서 보름 상간에 거듭 내리셨고, 지금 내리신 중추부에 다시 부직(付職)하라는 은전은 더욱이 어찌 꿈에서인들 상상했던 일이겠습니까. 병상에 누워 숨을 헐떡이는 처지이면서도 한 가닥 실낱같은 목숨이 남아 있기에 죽기 전에 짧은 글을 삼가 지어 스스로 지은 죄를 곧바로 아뢰려고 하였으나, 황공하여 주저하느라 감히 하지 못하고 있었습니다.

그런데 천만뜻밖에도 사관(史官)이 명을 받들고 30리 밖 황량한 객점(客店)으로 말을 달려와 장문(長文)의 별유(別諭)를 전하였습니다. 병석에 있던 신은 놀랍고 두려워 정신이 달아났다가 한참 뒤에야 마음을 진정하고 엎드려 공경히 읽어 보았습니다. 꾸짖고 가르쳐 주신 것은 금으로 된 저울로 물건을 달듯이 조금의 어긋남도 없었으며, 면려하고 경계해 주신 것은 자애로운 아버지가 아들을 가르치듯이 모두 지성(至誠)에서 나왔으니, 이것이 어찌 죽을죄를 지은 신 같은 자에게 합당하겠습니까. 융숭한 은혜와 남다른 사랑은 천지(天地)가 그 광대함을 잃어버린 것이고 하해(河海)가 그 깊음을 잃어버린 것입니다. 살아서는 목숨을 바치고 죽어서는 결초보은한다는 것도 오히려 상투적인 말일 것입니다. 눈물이 다하자 피가 이어서 흐르니 다시 무슨 말씀을 드리겠습니까. 성상의 하교 중에 "나와서는 충성을 다할 것을 생각하고 물러나서는 임금의 허물을 바로잡을 것을 생각하라.〔進思盡忠 退思補過〕"[47]라고 하신 여덟 글자를 평생의 사명으로 삼아야 할 뿐입니다.

다만 지금은 심한 추위로 인해 병이 더쳐서 반걸음을 옮기는 것도 전혀 바랄 수 없는 형편입니다. 본래 그렇지 않다면, 신이 어찌 "그동안의 조처는 그대를 옥으로 만드는 것이었다."라는 성상의 하교에 대해 감히 함부로 의리대로 처신하려고 하겠습니까.

정신이 혼미하여 바야흐로 오락가락하는 가운데 몇 줄 부주(附奏)를 올리나, 그래도 속마음을 다 아뢰지 못하였으니 추위가 조금 풀리거든 서울 근처로 나아가 다시 글을 올려서 먼 지방으로 유배하는 처벌을 내려 달라고 청할 것입니다.-장단에 부처되었다가 용서를 받은 뒤에 직첩을 되돌려 주는 비망기, 서용하여 중추부에 부직하는 전교, 돈면하는 전교가 모두 권수 하 제18, 19판에 보인다.-

답하기를,

"잘 알았다. 지난 그믐날 이전에 경을 황량한 곳으로 유배를 보낸 것은 한편으로는 국사(國事)를 위해서였고 한편으로는 세도(世道)를 위해서였다. 하지만 그것이 또한 어찌 국사만을 위하고 세도만을 위해서였겠는가. 또한 하나도 경을 위해서였고 둘도 경을 위해서였다고 하겠다. 경은 국사, 세도와 경의 몸을 별개의 것이라고 보는가? 그렇지 않다면, 나의 본의(本意)가 진실로 경을 잠시 힘들고 수고롭게 하여 경으로 하여금 마음을 경동(驚動)시키고 성질을 굳게 참아

47 나와서는……생각하라 : 1792년(정조16) 12월 2일 정조가 내린 별유에 "지금 이후로는 나아가 충성을 다할 것을 생각하고 물러나 임금 허물을 바로잡을 것을 생각하는 방도에 더욱 힘을 쓰라. 많은 사람의 비방은 자신의 허물이라 받아들이고, 중첩하여 내린 처분은 그대를 옥으로 만들기 위한 것으로 생각하라."라는 내용이 있다. 《日省錄 正祖 16年 12月 2日》

서 능하지 못한 바를 보완하는 효과를 거두게 하려는 데서 나온 것임을 경은 필시 나의 자세한 해명이 없더라도 이해할 수 있으리라 생각한다. 아침에 사관을 보내고 저녁에 경기 감사를 달려가게 하면서, 돌아오는 행렬이 오늘을 넘기지 않고 사현(沙峴)[48]을 넘어오기를 바라고 바랐는데, 방금 붙여 올린 서계의 말을 보고 병이 난 줄을 알게 되어 더욱 마음을 졸인다. 더구나 살을 에는 추위가 기승을 부리는 지금, 늙은 몸으로 불안하게 지내던 터이니, 어찌 그렇지 않을 수 있겠는가. 돌아오기를 재촉하는 하교는 우대하는 예(禮)에 모자람이 있고, 그대로 머무르게 두는 것은 더욱 도리에 어긋날 듯하다. 이에 더 재촉하기도 어렵고 더 재촉하지 않기도 어려워서 다만 사관을 보내 경의 건강이 어떠한지를 묻고 아울러 애타게 기다리는 나의 마음을 전한 다음 조금 차도가 있기를 기다렸다가 함께 와서 도성에 도착하거든 먼저 복명하게 하였으니, 경은 그리 알라."

하고, 이어 전교하기를,

"성문을 그대로 열어 두고, 내린 본초(本草)를 즉시 가서 전하라."

하였다.

48 사현(沙峴) : 지금의 무악재이다.

별유가 내린 뒤에 도성 문 밖에 나아가 죄를 청하며 올리는 서계[49]

別諭後進詣都門外請罪書啓

오늘 낮에 내리신 별유(別諭)는 천고에 드문 특별한 예우(禮遇)요, 융숭한 은혜였습니다. 길을 가던 나그네들도 서로 그 소식을 전하며 모두들 감탄하였습니다. 신은 병으로 매서운 추위가 두렵고 실낱같은 목숨은 곧 끊어지려는 처지이기에 끝내 곧바로 달려갈 수 없었습니다. 부주(附奏)를 대충 지어 올리고 보니, 정신없는 잠꼬대나 마찬가지이므로 북쪽으로 조정을 바라보며 두려워하고 있었습니다. 그런데 갑자기 파발마가 달려와서 경기 감영에 내린 전교를 보여 주었습니다. 차원(差員)이 먼저 모이고 도신(道臣)이 잇달아 왔으며 역마와 역졸 들이 황폐한 객점의 판자문 앞에 가득하였습니다.

다시 살려 주신 은혜로 겨우 숨이 붙어 있는 신이 이런 상황에 이르러 어찌 감히 다른 것을 돌아볼 수 있겠습니까. 비록 길에서 쓰러져 귀신이 되더라도 또한 영광일 것입니다. 날이 어두워진 뒤에 횃불을 밝혀 앞에서 이끌게 하고 가마를 타고 길을 떠났는데, 특별한 예우에 더욱 황공하였으며 역마도 충분히 빌려 탈 수 있었습니다. 밤 2경 무렵 행렬이 홍제(弘濟)의 주막에 이르렀을 때 숨이 끊어질 듯하여 앞에 있는 고개를 넘을 수 없었습니다. 어쩔 수 없이 급히 온돌방에 들어갔는데, 옷을 채 벗기도 전에 사관이 또 별유를 받들고 이르렀습니다.

49 별유가……서계 : 1792년(정조16) 12월 3일에 올린 것이다.

별유에 담긴 간곡한 말씀이 어느 것인들 진심을 보이신 것이 아니겠습니까마는, 다만 늙고 병들어 너무도 보잘것없는 신에게 세도(世道)와 국사(國事)에 관련이 있다고 하신 것은 성상께서 말씀하는 가운데 심사숙고하다 한번 나온 실수인 듯합니다. 신은 삼가 다 읽기도 전에 정신이 달아날 것만 같았습니다. 신이 어떻게 감히 이러한 하교를 감당할 수 있으며, 신이 어떻게 감히 이러한 예우를 받들 수 있겠습니까. 매서운 추위를 당하여 불안하게 지내는 사정을 염려하고 건강을 묻게 하며 겸하여 애타게 기다린다고 유시하시니, 신이 목석이 아닌 다음에야 어찌 마음으로 감격하여 비 오듯 눈물을 흘리지 않을 수 있겠습니까. 도성이 눈에 들어오니 성상에 대한 그리움이 더욱 깊어집니다. 삼가 마땅히 편의대로 조섭하다가 문자를 지을 수 있는 상황이 되면, 도성 문 밖에 나아가 엎드려 직접 글을 올려서 스스로 달아날 수 없는 죄를 지은 데 대한 벌을 받기를 청하겠습니다.-전교가 권수 하 제20판에 보인다.-

답하기를,

"'잘 알았다. 대신(大臣)이 이미 서울과 가까운 곳에 와서 머무르고 있다는 소식에 참으로 기쁘다. 하지만 사현(沙峴)은 큰 고개이다. 고개의 동쪽과 서쪽은 주 부자(朱夫子)가 비유한 성의(誠意)와 정심(正心)의 관문과 다름이 없으니, 경은 모름지기 이 관문을 넘어선 뒤에야 나라만 알고 공사(公事)만 아는[50] 대신이 될 수 있을 것이다.

50 나라만……아는 : 한나라 가의(賈誼)가 올린 상소에 "교화가 이루어지고 풍속이 정해지면 신하 된 사람들이 군주만 알 뿐 자신은 잊고, 나라만 알 뿐 자기 집은 잊으며, 공사만 알 뿐 사사는 잊게 될 것입니다."라는 말이 있다. 《漢書 賈誼傳》

조금 차도가 있기를 기다렸다가 나아오도록 하라.'라는 내용으로 다시 전유하고, 그대는 먼저 사정을 알아보고 와서 복명하라."

하였다.

상소에 대한 비답을 받든 뒤에 올리는 부주[51]

陳疏承批後附奏

신은 밤낮으로 대죄(待罪)하는 처지이니, 어찌 감히 염치를 무릅쓰고 소장을 올려서 마치 사직이라도 하듯이 하겠습니까마는, 신이 입은 은혜가 천고(千古)에 드물어서 일신(一身)의 염치는 돌아볼 수 없습니다. 이미 들것에 실려 도성 문 밖에 이르고 보니, 다시 한번 상소를 올려 충심(衷心)을 아뢰지 않을 수 없었습니다. 하지만 병든 몸으로 추위를 무릅쓰느라 병이 더쳐서 정신을 전혀 수습할 수 없었기에 구구하게 아뢴 말씀 중에 천에 하나도 제대로 진달하지 못하였으니, 마치 잠꼬대를 아뢴 것과 같습니다. 땅에 엎드려 황공해 하며 더욱 용납될 곳이 없는 듯이 있었는데, 성문 닫기를 보류한 채 사관(史官)이 찾아와 성상의 비답을 전하였습니다. 비답의 말씀은 간결하고 근엄하여《서경》의 전모(典謨)[52]만큼이나 돈독하였고, 종지(宗旨)로 말하자면 "마음을 안다.〔知心〕"라는 두 글자가 첫머리와 끝에서 반복되었으니,[53] 신

51 상소에……부주 : 1792년(정조16) 12월 5일 올린 서계이다. 당시에 번암은 서부(西部) 반석방(盤石坊) 연지계(蓮池契)의 사저에 돌아와 있었다.

52 전모(典謨) :《서경》의 〈요전(堯典)〉, 〈순전(舜典)〉의 전(典)과 〈대우모(大禹謨)〉, 〈고요모(皐陶謨)〉의 모(謨)를 합해서 부르는 말로 옛날 성현의 말씀 또는 경전(經典)의 글을 뜻한다.

53 마음을……반복되었으니 : 정조가 내린 비답의 앞부분에 "오직 그 마음을 아는 까닭에 돌봄과 예우도 이것에서 연유하였고, 책망과 면려도 이것에서 연유하였다.〔惟其知其心矣, 眷待緣於是, 責勉緣於是.〕"라는 말이 있고, 뒷부분에 "선비도 오히려 마음을

하가 임금에게 이러한 예우를 받았다는 것은 예로부터 들어 보지 못했습니다. 감격하여 눈물을 흘리는 가운데 황공하고 부끄러워 죽고 싶은 지경에서 어떻게 처신해야 할지 몰랐습니다.

방금 각신(閣臣)이 객사(客舍)에 와서 다시 성상의 유지를 전하면서 병상(病狀)을 묻고 다시 동정(動靜)을 물었습니다. 성상께서 신에게 쏟는 간곡한 마음은 갈수록 더욱 정성스러워집니다. 이런 상황에 이르러 신의 몸을 어찌 감히 신의 것이라 하겠습니까. 삼가 마땅히 며칠 조섭하다가 일어나 움직일 수 있게 되면 곧바로 대궐로 달려가 망극한 은혜에 사은하겠습니다. 곧바로 집으로 돌아오니, 신의 마음이 조금 편안해졌습니다.-상소가 권25 제24판에 보이고, 위로하며 안부를 묻는 전교가 권수 하 제20판에 보인다.-

알았다고 답하였다.

알아주는 사람을 위하여 장차 제 몸을 아끼지 않거늘, 경이 어찌 차마 지척에서 작은 지조를 지키려고 옹졸하게 처신한단 말인가.〔士猶爲知心, 且不惜軀, 卿忍規規於咫尺循墻之守耶?〕"라는 말이 있다. 《正祖實錄 16年 12月 4日》

차자를 올려 금령을 거두어 줄 것을 청하였다가, 이내 꾸짖는 하교를 받자 금오로 달려가 엎드려 대죄하면서 올리는 서계[54]

箚請收還禁令旋因責敎走伏金吾待罪書啓

신이 다시 입궐하여 성상을 뵈니, 물러나 죽어서 구렁텅이를 메우는 신세가 되더라도 무슨 여한이 있겠습니까. 수차(袖箚) 한 통은, 삼가 종사(宗社)를 지키고 성상을 보호하는 대의리(大義理)이자 대징토(大懲討)에 스스로 입각해 올린 것이었습니다.[55] 신의 정성이 지극하지 못하여 성상께서는 비지(批旨)를 끝내 내리지 않고, 이어 문(門)에서 차자를 막으라는 명을 내리셨습니다. 신의 어리석은 충심(忠心)이 더욱 격렬해져서 성상의 잘못을 바로잡는 차자를 외람되이 올리려고 하였는데, 병조와 승정원은 거듭 금령(禁令)이 내렸다는 이유로 끝내 들이도록 허락하지 않았습니다. 명색이 대신(大臣)의 차자인데 궐 밖에서 떠도는 것은 국가의 체모에 크게 관계되는지라 오늘 오후에 환수하여 왔습니다. 지금 꾸짖는 하교를 받고 보니, 말씀이 매우 준엄하였으므로 황공하여 떨리는 가운데 몸 둘 곳이 없습니다. 금오(金吾)의

54 차자를……서계 : 1792년(정조16) 12월 12일에 올린 것이다.

55 수차(袖箚)……것이었습니다 : 1792년 12월 8일 연석에서 번암이 정조에게 직접 차자를 올렸다. 당시 은언군(恩彦君) 이인(李裀)의 일에 대해 언급하지 말라는 금령이 있었으므로 부득이 직접 올린 것이다. 그 차자의 내용은 역모(逆謀)의 모든 근원이 은언군에게 있으니, 은언군을 속히 국법에 의거하여 처단하라는 것이었다. 《正祖實錄 16年 12月 8日》 은언군은 정조의 이복동생으로 당시 강화도에 유배되어 있었다.

문 밖으로 달려와 엎드려 공손히 엄한 형벌을 기다립니다.-차자가 권25 제32판에 보인다.-

화성의 유영에서 영의정에 특별히 제수되고 돈유가 이어 내리자 사관을 통해 올리는 부주[56] 계축년(1793, 정조17)

在華城留營特授領議政敦諭繼降因史官附奏 癸丑

전하께서 어찌하여 이런 과분한 은명(恩命)을 내리며, 어찌하여 이런 잘못된 생각을 하십니까. 신의 실상과 장단점은 몇 년 동안 신에게 일을 맡겼을 때 남김없이 다 드러나서 맑은 조정에서 백관의 숫자를 채우기에도 부족하다는 것을 성상께서 훤히 알고 계시니, 어찌 신이 말씀드릴 필요가 있겠습니까. 그리고 신은 살날이 얼마 남지 않은 나이라서 일을 당하면 쉽게 잊고, 말을 하면 착란하게 되는 경우가 많으니, 육신은 있으나 그 내면은 이 세상 사람이 아닙니다.

화성 유수(華城留守)에 제수하신 것은 더욱 세상에 드문 은혜였습니다. 비록 염치를 무릅쓰고 명을 받들었으나 마음은 고달프고 사업은 잘못되어 낮이나 밤이나 오직 처벌이 내리기만을 기다리고 있었습니다. 이번에 영상(領相)에 제수하는 은혜로운 명을 내리시리라 어찌 꿈엔들 생각이나 했겠습니까. 그런데 갑자기 궁궐에서 명이 내려오니 신은 오장(五臟)이 떨려서 밤에 눈도 붙이지 못하였습니다. 방금 사관(史官)이 또 별유(別諭)를 받들고 장남헌(壯南軒) 안에 근엄하게 이르렀습니다. 절하고 꿇어앉아 별유를 읽고 나니 두려움이 진정되지 않습니다. 신이 비록 늙어서 정신이 흐리지만 아직 한 가닥 숨이 남아 있으니, 어찌 한번 조정에 나아가서 영상의 자리에 만분의 일도 적합하지

56 화성의……부주 : 1793년 5월 26일에 올린 서계이다.

않은 실상을 우러러 진달한 뒤에 물러나 시골로 돌아가 죽고 싶은 소원을 이루고 싶지 않겠습니까. 하지만 구구한 신은 참으로 놓아 버릴 수 없는 신념이 있습니다. 이것은 몇 줄의 부주로 다 말씀드릴 수 없으므로, 삼가 부내(府內)의 집에 돌아가 엎드려 진심을 다 써서 아뢰겠습니다. 조정에 나아가고 임무를 교대하는 일은 의논할 수 있는 것이 아닙니다. 성상께서 계신 곳을 우러러 바라보매 눈물만 쏟아지듯 흐릅니다.-돈유가 권수 하 제23판에 보인다.-

알았다고 답하였다.

영의정을 사직하는 상소에 대한 비답을 받든 뒤에 사관을 통해 올리는 부주[57]

領議政辭疏承批後因史官附奏

신이 어제 올린 상소 한 통이 우리 성상의 마음을 슬프게 하리라는 것을 어찌 몰랐겠습니까. 하지만 신은 망녕되이 생각건대, 성상의 마음을 슬프게 하는 것은 황공한 작은 일이고 의리를 밝히는 것은 천지(天地)의 큰 법도입니다. 작은 일로 큰 법도를 방해하는 것은 군주를 섬기는 제일(第一)의 의리가 아니므로, 마침내 감히 다른 것은 돌아볼 겨를이 없이 진심을 피력하여 상소하였던 것입니다.

방금 사관이 달려와서 성상의 비답을 전하였는데, 말씀이 매우 비통하고 가르침이 명백하고 절실하였습니다. 신이 받들어 읽다가 목이 메어 소리를 제대로 내지 못하였습니다. 아, 전하께서 지키시는 신념과 신이 견지하는 소신은 범범하게 보면 다른 듯하지만, 그 귀추를 돌아보면 전하의 고심(苦心)과 정성이 그 사이에 어찌 차이가 있겠습니까. 그렇지만 옛날의 대신(大臣)은 도(道)로써 나아가고 물러났습니다. 신이 감히 옛사람에 견주는 것은 아니지만, 명색이 대신입니다. 진언하여 윤허를 받지 못한 상황에서 얼굴을 버젓이 들고 앞으로 나아가 은명

57 영의정을……부주 : 1793년(정조17) 5월 29일 올린 서계이다. 번암이 전날인 28일에 올린 사직 상소에서 사도세자(思悼世子)를 무함한 자들과 역모에 관련된 은언군(恩彦君) 이인(李䄄)을 처단할 것을 논하였다. 번암은 이 상소에서, 선세자(先世子)에 대한 무함이 깨끗이 씻겨 징계와 토죄가 크게 시행되기 전에, 만일 다시 관복을 찾아 입고 반열의 한가운데에 선다면 이는 의리를 잊어버리고 부귀를 탐하는 것이라고 하였다.

(恩命)에 숙배하는 것은 결코 신하의 의리와 분수로 볼 때 감히 할 수 있는 일이 아닙니다. 속히 준엄한 처벌을 내려 신하의 도리를 독려하소서.-8월 8일에 반포하여 보인 금등(金縢)에 관한 연설(筵說)[58]이 권수 하 제24판에 보이고, 사직 상소가 권26 제1판에 보인다.-

58 금등(金縢)에 관한 연설(筵說) : 금등은 비밀리에 간직된 왕실의 문서나 서적을 의미하는 말로, 1793년 8월 8일 정조가 희정당(熙政堂)에서 시원임 대신(時原任大臣), 문무(文武) 경재(卿宰), 삼사(三司)의 제신(諸臣)을 소견하여 지난 5월 28일 번암이 올린 상소 문제를 언급했던 일을 가리킨다. 정조는 그 자리에서 영조가 지었다는 금등의 글을 공개하고 번암이 올렸던 상소의 정당성을 피력하였다. 영조는 사도세자를 죽게 한 뒤에 그 일을 후회하며 "피 묻은 적삼이여 피 묻은 적삼이여, 오동나무 삭장(削杖)이여 오동나무 삭장이여, 누가 천추의 안금장(安金藏)인가? 나는 귀래망사지대(歸來望思之臺)를 후회하노라."라는 글을 지어 당시 도승지로 있던 번암으로 하여금 정성왕후(貞聖王后) 신주(神主)의 욕석(褥席) 아래에 몰래 숨겨 두도록 했다. 정조가 즉위한 초기에 번암이 정조에게 이 사실을 아뢰어 두 사람만 알고 있었는데, 정조가 이때에 이르러 비로소 신하들에게 공표하였다.《樊巖集 卷首下 金縢頒示筵說》 영조가 지었다는 금등의 글에 나오는 '피 묻은 적삼'과 '오동나무 삭장'은 사도세자가 정성왕후의 장례 때에 사용했던 최복(衰服)과 삭장을 가리킨다. 사도세자가 정성왕후에 대한 효심이 깊어 장례를 마친 뒤에도 장례 때 입었던 최복과 삭장을 지니고 있었는데, 이것으로 인해 김상로(金尙魯)와 숙의(淑儀) 문씨(文氏)의 무함을 받는 빌미가 되었다. 안금장은 당(唐)나라 측천무후(則天武后) 때의 충신이다. 당시에 태자(太子)로 있던 예종(睿宗)이 반역을 꾀한다는 무고(誣告)가 일어나자 태자의 측근들이 모두 형신(刑訊)을 견디지 못하여 거짓으로 자백하였으나, 안금장만이 태자의 무함을 밝히기 위해 칼로 자신의 배를 갈라 창자를 꺼내어 보임으로써 태자의 결백을 주장하였다.《新唐書 安金藏列傳》 귀래망사지대는 한나라 무제(武帝)가 자신의 장자(長子)인 여태자(戾太子)를 추모하며 지은 누대이다. 여태자는 권신(權臣) 강충(江充)이 자신을 모함하자 군사를 일으켜 그들을 토벌하였다. 무제는 여태자가 모반을 일으켰다는 참소를 믿고 여태자의 군대를 진압한 뒤에 그가 자결하도록 하였다. 훗날 태자의 억울함이 밝혀지자, 무제는 자신의 잘못을 뉘우치고서 사자궁(思子宮)과 귀래망사지대를 지었다.《漢書 武五子傳》

어원에서 꽃을 감상한 이튿날 특별히 어찰을 내려 위문하자, 바로 사관을 통해 올리는 부주[59] 갑인년(1794, 정조18)

御苑賞花翌日特下御札勞問卽因史官附奏 甲寅

신은 풍진(風塵) 세상의 속물(俗物)로서 환골탈태하는 금단(金丹)을 먹은 적이 없는데도 어제 신선 세계에 들어 열두 누대[60] 위를 두루 유람하니, 신선 동산의 꽃 빛깔에 눈이 현란하였고 봉래산(蓬萊山)의 물소리에 귀가 맑아졌습니다. 교리(交梨)와 화조(火棗)[61]를 배불리 먹고서 또 옥액(玉液)과 경장(瓊漿)[62]에 취하였으니, 비록 상계(上界)에서 신선 명부에 이름을 올린 자라도 개개인마다 옥황상제에게 이것을

59 어원(御苑)에서……부주 : 정조가 1794년 3월 15일 창덕궁 후원에서 영의정 홍낙성(洪樂性), 영중추부사 번암, 판중추부사 김희(金憙) 등을 비롯한 시원임 각신과 그 자제 60여 명을 불러 함께 꽃구경을 하였다. 꽃구경을 한 뒤에는 농산정(籠山亭)에서 시를 지었고, 시 짓기를 마친 뒤에는 영화당(暎花堂)에서 활쏘기를 하였으며, 다시 부용정(芙蓉亭)으로 자리를 옮겨 낚시를 한 뒤에 밤이 되자 뱃놀이를 하였다. 번암을 비롯한 대신들은 연로하다 하여 뱃놀이를 하기 전에 먼저 집으로 돌아갔다. 이 서계는 꽃놀이를 한 이튿날 번암이 정조의 안부 편지를 받고서 올린 것이다. 《日省錄 正祖 18年 3月 15日》

60 열두 누대 : 천제(天帝)가 사는 곳에 있다는 누대이다. 《포박자(抱朴子)》〈거혹(祛惑)〉에 "다시 보니, 곤륜산(崑崙山) 위 한 방면에 문득 440개의 문이 있고, 문의 너비는 4리이며, 안에는 다섯 개의 성과 열두 개의 누대가 있다."라고 하였다.

61 교리(交梨)와 화조(火棗) : 신선이 먹는다는 선과(仙果)이다. 임금이 하사한 맛있는 과일을 비유한 말이다.

62 옥액(玉液)과 경장(瓊漿) : 신선이 마신다는 음료이다. 임금이 하사한 맛있는 술을 비유한 말이다.

반드시 얻어먹지는 못하였을 것입니다. 활쏘기와 낚시 같은 일은 또한 삼청(三淸)[63]에 없었던 일입니다. 신은 겸하여 그것을 누렸으니, 이는 신이 스스로 이룬 것이 아니라, 우리 성상께서 신을 소원하게 대하지 않는 은혜였던 것입니다. 천백 세 뒤의 사람이라도 이 일을 안다면 어찌 회남왕(淮南王)의 닭과 개가 되려는 마음[64]이 없겠습니까.

아침에 점검해 보니, 천상에서의 한바탕 꿈에서 깬 듯 망연자실하여 그저 절로 우러러볼 뿐이었습니다. 그런데 생각지도 않게 사관(史官)이 엄숙히 이르러 어찰(御札)을 전하였습니다. 밤사이 안부를 묻기까지 하시니, 신은 땅에 엎드려 두려워하며 어찌할 줄 몰랐습니다. 달빛을 맞으며 조정에서 물러나 집에서 밥을 먹는 것은 더욱이 태평성대의 일이니, 영광일지언정 어찌 수고롭겠습니까. 신은 임인년(1782) 가을에 삼포(三浦) 강가에서 떠돌다가[65] 우연히 꿈속에서 "천상에서 즐기는 가운데 하루해가 길고, 〈담로〉[66] 노래 속에 꽃 그림자 기울어지네.〔勻

63 삼청(三淸) : 도교(道敎)에서 말하는 옥청(玉淸), 상청(上淸), 태청(太淸)의 세 청경(淸境)을 가리키는데, 선경(仙境)을 비유하는 말로 쓰인다.

64 회남왕(淮南王)의……마음 : 한(漢)나라 회남왕 유안(劉安)이 신선술을 터득하여 온 가족을 이끌고 승천할 때 그 집의 닭과 개도 그릇에 남아 있던 단약(丹藥)을 핥아 먹고 하늘에 올라가서 "개는 천상에서 짖고 닭은 구름 속에서 울었다.〔犬吠於天上, 鷄鳴於雲中.〕"라는 전설이 있다. 《論衡 道虛》 여기서는 정조 같은 성군(聖君)의 백성이 되고 싶어 할 것이라는 의미이다.

65 임인년……떠돌다가 : 1782년 1월 역적들의 공초(供招)에 번암의 이름이 나온 것을 빌미로 조정의 여러 신하가 번암을 처벌하라는 상소를 계속 올리자, 번암이 병조판서를 사직하고 마포(麻浦) 강가에 여러 해 동안 칩거하였다. 삼포는 마포 부근의 한강을 가리키는 말로, 삼호(三湖)라고도 하였다.

66 담로(湛露) : 《시경》 〈소아(小雅)〉의 편명이다. 그 시에 "많은 이슬이 내렸으니,

天樂裏日華永 湛露歌中花影斜〕"라는 시를 지었습니다. 잠에서 깬 뒤에 기이하게 여겨 우사(寓舍)의 벽 위에 크게 써 놓았습니다. 지금은 임인년에서 꼭 13년이 지났습니다. 그런데 어제의 일은 완연히 시 속의 광경이었으니 이것은 신에게 기이한 일이라고 하지 않을 수 없으며, 철두철미하게 배양하고 길러 주시니 어디를 간들 조화옹(造化翁)의 노고가 아니겠습니까.-어찰이 권수 하 제42판에 보인다.-

햇볕이 아니면 마를 수 없네. 질탕하게 밤에 술 마시니, 취하지 않으면 돌아가지 않으리라.〔湛湛露斯, 匪陽不晞. 厭厭夜飮, 不醉無歸.〕"라고 하였다. 천자가 제후에게 연회를 베풀 때 부른 노래이다.

징토가 행해지지 않아 연석에서 거취를 다투다가 강가로 달려왔을 때 사관이 뒤이어 이르러 전한 성상의 간곡한 유지에 대해 붙여 올리는 서계[67]

懲討不行筵爭去就迸出江上史官踵至聖諭諄複附上書啓

67 징토가……서계 : 1794년(정조18) 4월 28일에 올린 것이다. 4월 10일경에 정조가 강화부(江華府)에 유배되어 있던 은언군 이인을 도성으로 데리고 와서 만나는 사건이 발생하였다. 정순왕후(貞純王后)는 언문(諺文) 전교(傳敎)를 내려 역적 은언군을 성토할 것을 촉구하였고, 신하들은 정조에게 은언군을 처단할 것을 청하였다. 이에 정조는 이 일을 더 이상 언급하지 말도록 하는 금령(禁令)과 해마다 한 번씩 은언군을 만나겠다는 하교를 내렸다. 4월 28일 아침 희정당(熙政堂)에서 열린 강석(講席)에서 영중추부사로 있던 번암은 정조에게 금령과 하교를 모두 환수할 것을 청하였다. 그러자 정조는 "해마다 한 번씩 만나 보겠다는 말은 아직 시행하지 않았으니 굳이 이렇게 말할 필요가 없다.……오늘 삼사(三司)가 만일 금령을 환수하라는 계(啓)를 올린다면 내가 의당 받아들이겠다."라고 하였다. 정조는 이에 앞서 금령을 환수할 것을 청하는 삼사의 계를 불에 태워 버리게 하였는데, 번암은 계를 새로 올릴 것이 아니라, 원계(原啓)를 다시 올리도록 허락해 줄 것을 청하였다. 하지만 정조는 원계를 인정하지 않은 채, 삼사가 계를 새로 올리면 금령을 환수하겠다고 하고서, 그 자리에서 삼사의 대신(臺臣)들을 패초(牌招)를 어긴 적이 있었다는 이유로 모두 파직해 버렸다. 그러자 번암은 "전하께서 이미 금령을 환수하기를 청하는 계사를 올리도록 허락하고서 지금 어찌 입시한 삼사의 관원들을 선뜻 꺾어 버릴 수 있습니까."라고 하였다. 정조가 여러 가지 핑계를 대며 끝내 자신의 말을 받아들이지 않자, 번암은 "성상의 하교가 이러하시니 대단히 우려가 되는데 신이 어찌 감히 다시 말을 하겠습니까. 그러나 다만 고인(古人)도 의리에 크게 관계되는 일에 대해서는 거취(去就)를 가지고 쟁론한 사람이 있었습니다. 신이 이 성명한 세상에 어찌 조정을 떠나고 싶겠습니까마는, 옛 글에도 '말이 시행되지 않으면 떠나야 한다.'라고 이르지 않았습니까. 신이 비록 변변치 못하나 또한 염치는 있으므로 결코 태연하게 대관(大官)으로 자처할 수는 없으니, 신은 장차 이 길로 떠나겠습니다."라고 하고는 그 자리를 떠나 바로 도성 밖으로 나갔다. 《正祖實錄 18年 4月 28日》

신이 아침에 다행히 어전(御殿)에서 뵐 수 있는 기회를 얻어 성상의 잘못을 바로잡으려는 충심(衷心)을 대략 진달하였습니다. 하지만 감히 금령을 범할 수 없으므로 마음은 비록 애가 타도 말은 실로 애매모호하게 했으니, 위로는 나라를 저버리고 아래로는 마음을 저버렸습니다. 직분을 제대로 행하지 못한 죄를 논하자면, 중벌을 받아야 합당합니다. 그런데도 성상의 도량이 하늘처럼 커서 메아리처럼 응대해 주셨으니, 엎드려서 하교를 듣는 동안 감격의 눈물이 저절로 흘러내렸습니다. 다만 삼사의 합계(合啓)를 베껴서 조보(朝報)에 반포하는 일에 대해서는 성상께서 더욱 귀담아 듣지 않고, 끝내 신의 말을 옳다고 인정하지 않으셨습니다. 삼가 신하의 도리를 생각해 볼 때, 충신과 역적을 판가름하는 의리의 큰 갈림길에서 신하의 말이 수용되지 않아 임금의 마음을 감격시켜 돌릴 길이 없다면, 거취를 걸고서 간쟁해야만 합니다. 이에 신은 강석(講席)이 한창 열리고 있다는 사실을 돌아볼 겨를도 없이 궐문을 달려 나와 이어서 강교(江郊)로 향했습니다. 이러한 행동이 비록 필부(匹夫)의 뜻은 빼앗기 어렵다고 자부한 데서 나왔지만, 멋대로 행동한 죄는 엄한 처벌을 받는다고 해도 가볍다고 하겠습니다.

방금 사관이 뒤따라 도착하여 성상의 유지(諭旨)를 전하였습니다. 말씀이 간곡하고 자세하니, 신은 감격하고 황공하여 몸 둘 바를 모르겠습니다. 신이 조금이나마 마음을 바꿀 형편이라면 유지가 내린 상황에서 어찌 감히 즉시 받들지 않겠습니까. 그러나 의리가 실현되기 전에는 만번 주륙을 당하는 한이 있더라도 꿈쩍도 할 수 없습니다. 성상께서 계신 곳을 우러러 바라보며 속히 죽기만을 바랍니다.

다시 올리는 서계[68]

再書啓

벼슬아치의 명부에 신의 이름을 그대로 올려 둘 수 없다는 것에 대해서는 신이 어전에서 확고하게 말씀드렸습니다. 지난번에 허둥지둥 도성으로 들어간 것은 신하의 본분으로 볼 때 잠시라도 늦출 수가 없었기 때문이고, 이어 이달을 맞아 감히 사사로운 명분을 다시 제기하지 못한 것도 신하의 본분으로 볼 때 그러지 않을 수 없기 때문이었습니다. 그러니 수십 일 동안 서울의 집에 머무른 것이 어찌 신의 본심이었겠습니까. 지금 비로소 도성 문을 달려 나와 강가의 집을 다시 찾으니 사사로운 본분으로는 조금 편안하지만, 성상을 그리워하는 신의 마음은 어찌 이루 다 말할 수 있겠습니까.

이러한 즈음에 사관이 달려와 성상의 유지를 전하였습니다. 땅에 엎드려 황공하고 감격하여 땀과 눈물이 교차해 흘렀습니다. 아, 지금 신이 의리를 지키는 것은 별다른 정세(情勢)가 있어서가 아니요, 이것을 기회로 물러나기를 꾀해서도 아닙니다. 신이 본래 하나의 구구한 소신을 가지고 있기에 감히 옛사람이 거취를 걸고서 간쟁했던 취지를 본받으려고 하는 것이니, 이는 실로 성명(聖明)께서도 모두 이미 잘 아시는 것입니다. 그런데도 성상께서는 신의 말은 조금도 채용하지 않으면서 신의 몸은 도로 도성으로 들어오라고 재촉하십니다. 어리석어 죽을죄를 지은 신은 삼가 이것은 옛사람이 말한 "들어오게 하려고

68 다시 올리는 서계 : 1794년(정조18) 5월 23일에 올린 것이다.

하면서도 그 문을 닫는다."라는 것과 불행히도 가깝다고 생각합니다. "앉아서 떼를 쓴다.〔坐要〕"[69]라고 하신 두 글자의 하교는 신하가 감히 들을 수 있는 말이 아니니, 답답하고 두려울 뿐입니다. 성상께서 계신 곳을 우러러 바라보며 무어라고 진달해야 할지 모르겠습니다.

답하기를,

"'잘 알았다. 경이 생각하고 있는 것을 내가 어찌 생각하지 않겠는가. 경의 이러한 행동은 「나간 뒤에 헤아리고, 헤아리고 난 뒤에 나가지 않는다.〔出而後量 不量而後出〕」라고 할 수 있으니, 옛사람이 「들어온 뒤에 헤아리고, 헤아리고 난 뒤에 들어오지 않는다.〔入而後量 不量而後入〕」[70]라고 한 취지에 모자라지 않을 수 있겠는가. 여러 날 재계하던 터라 아직 정신과 기운을 수습하기가 어려우나, 억지로라도 일을 볼 수 있게 되면 자연히 취할 만한 조치가 있을 것이다. 여러 말 하지 않겠으니 경은 부디 이를 헤아리라.'라는 내용으로 승지를 보내 전유하고 그와 함께 들어오게 하라."

하였다.

69 앉아서 떼를 쓴다 : 1794년 5월 23일 정조가 내린 전교에 "이전에 도성으로 들어온 것은 마지못해서였으니, 지금 또 도성을 나간 상황에서 그를 도성으로 들어오게 하려면 다시 예전처럼 애를 써야 할 것이다. 그렇게 한다면 하루라도 도성으로 들어오지 않는 것은 앉아서 떼를 쓰는 혐의가 있게 된다."라는 내용이 있다. 《日省錄 正祖 18年 5月 23日》

70 들어온……않는다 : 정조가 《예기(禮記)》 〈소의(少儀)〉의 "신하가 임금을 섬길 적에는 자기의 역량을 먼저 헤아려 본 뒤에 조정에 들어오고, 조정에 들어오고 나서 자기의 능력을 헤아리지 않는다.〔事君者, 量而後入, 不入而後量.〕"라는 말을 잘못 인용한 것이다.

승지가 전유한 뒤에 소회를 다시 진달하고 이어서 함께 들어오라는 명을 환수하기를 청하는 글[71]

承旨傳諭後復陳所懷仍請收還偕來之命

조금 전에 사관이 돌아갈 때 염치를 무릅쓰고 부주를 올렸는데, 스스로 해명하려는 마음이 급하여 외람된 말이 많았으므로 삼가 황공한 마음으로 무거운 처벌이 내리기만을 기다리고 있었습니다. 그런데 뜻하지 않게 한밤중 강촌(江村)에 승지가 급히 와서 전유하였습니다. 훈계하고 책망하시는 성상의 유지가 갈수록 더욱 간곡하니, 죄를 지은 신이 어떻게 이런 은덕을 입은 것입니까. 성상을 향해 삼가 머리를 조아리며 더욱 어찌할 줄을 모르겠습니다. 다만 성상의 유지 중에 "나간 뒤에 헤아린 것이다.〔出而後量〕"라는 말씀은, 예전에 볼 수 없던 대우를 받고 있는 신을 성상의 밝은 지혜로도 살피지 못하신 것이니, 이는 모두 성실하지 못한 신의 죄 때문입니다. 그러나 신이 나오기 전에 이미 충분히 스스로 헤아렸으니, 성상께서 "너의 말을 채용할 수 있다."라고 여기고서 삼사의 신하들에게 후회한다는 의사를 보여 주고 이어서 징토(懲討)하는 벌을 속히 거행하게 하여 영원불변하는 정당한 원칙이 훼손되지 않도록 하신다면, 삼가 궐문으로 달려 나가서 잘못을 고치고 뉘우치신 데 대해 삼가 하례하겠습니다. 만약 그렇게 하지 않으면 은혜로운 말씀을 거듭 내리고 엄한 하교를 누차 내리신다 하더라도, 죽을 때까지 바꾸지 않고 어리석은 고집을 지킬 것입니다. 이는 급박한 상황

71 승지가……글 : 1794년(정조18) 5월 24일 올린 서계이다.

에서 의기가 북받쳐서 내뱉은 말이 아닌데, 지금 도리어 '나간 뒤에 헤아린 것'이라고 의심하시니, 구구한 신의 속마음이 어찌 원통하고 민망하지 않겠습니까. 여러 날 재계하고 난 뒤에 신의 사사로운 명분 때문에 번거롭게 대응하시도록 하였으니, 신의 죄를 따져 보면 엄한 처벌을 받더라도 가볍다고 하겠습니다. 다만 성상의 유지 중에 "자연히 취할 만한 조치가 있을 것이다.〔自有可爲〕"라고 하신 네 글자로 말하면, 성인(聖人)의 말씀이 함축적이고 원대하니, 실로 맹자(孟子)가 말한 "왕께서 고치시기를 바란다.〔王庶幾〕"라는 뜻이 있습니다. 이는 신이 감히 망녕스럽게 헤아린 것이 아니라 전하를 요순(堯舜)처럼 섬기고 부모처럼 믿는 마음에서 그런 것입니다. 구름 낀 북쪽 하늘을 바라보며 더욱 간절히 축원합니다. 삼가 바라건대 승지와 함께 오라고 하신 명을 거두고 조정의 분위기를 가능한 한 진정시켜서, 신이 다시 궐문에 들어가서 성상 곁을 떠나 그리워하던 마음을 풀 수 있게 해 주소서.

알았다고 답하였다.

근시가 전한 유지의 내용 중에 "어가를 대령하라는 명을 내리겠다.〔命駕〕"라는 두 글자는 잠시도 받들어 감당할 수 없으므로 즉시 환수하기를 청하는 서계[72]

近侍宣諭中命駕二字不可晷刻承當乞卽收還書啓

선유(宣諭)가 권수 하 제33판에 보인다.

신이 제멋대로 행동한 죄를 범하여 항명(抗命)에 해당하므로 신은 밤낮으로 떨면서 침식(寢食)이 편치 않았습니다. 어제 새벽에 문을 열어 실내를 환기하고 난 뒤부터는 갑자기 설사 증세가 발생하여 수없이 뒷간을 들락거리고 정신이 혼미하니, 혹 이러다 며칠 안에 갑자기 죽어 향안(香案)을 다시 모실 수 없을까 두려웠습니다. 그런데 전혀 뜻밖에 근시(近侍)가 신을 데리고 오라는 명을 공경히 받들고 와서 전하의 하교를 전하였습니다. 침석(寢席) 중에 있다가 사람을 시켜 부축하게 하고는 눈을 비벼 뜨기 어려운 상황에서 땅에 엎드려 공경히 읽었습니다. 신이 어떤 사람이기에 성상께서는 이렇게까지 지극한 은덕을 후하게 베푸십니까.

다음 달에 만수무강을 축원하는 정성은 성상의 하교에서 언급하지 않으셨더라도 신이 어찌 감히 하루라도 마음속에서 잊겠습니까. 신이 비록 천 리 밖에 있더라도 한목숨이 다하기 전에는 마땅히 기일에 맞추어 달려가 조금이나마 뛸 듯이 기쁜 정성을 바쳐야 합니다. 더구나 여기 강교(江郊)는 도성의 궁궐과 10리도 안 되는 가까운 거리입니다.

72 근시(近侍)가……서계 : 1794년(정조18) 5월 29일 올린 것이다.

그런 까닭에 도성을 나오는 날에 영의정에게 구두로 전달하기를 "18일 전에 들어오겠습니다."라고 하였으니, 신이 생각하고 있던 바가 본래 이와 같았습니다.

지금 신하가 감히 받들 수 없는 하교를 또다시 이처럼 받들었으니, 신이 어찌 감히 잠시라도 지체하며 머무르겠습니까. 다만 신의 병이 마침 이때에 더 심해져서 빠른 시일 안에 실로 스스로의 힘으로 움직일 가망이 없습니다. 마음을 편안히 하고 조섭하여 다소나마 억지로 움직일 수가 있게 된다면, 어찌 감히 업혀서라도 나아가지 않겠습니까. 다만 성상의 유지 중 "어가를 대령하라는 명을 내리겠다.〔命駕〕"라는 두 글자는 신이 이 세상에 살아 있는 동안은 잠깐이라도 받들어 둘 수가 없습니다.

간절히 바라건대 즉시 이 명을 거두어들여 병으로 헐떡거리는 신을 편안하게 해 주소서. 신이 이미 명에 응하여 급히 나아가겠다고 대답하였으니, 근시가 여러 날 머무르는 것은 더욱 폐해가 될 뿐이고 또한 병을 더 심하게 할 뿐이니 즉시 도로 들어오라고 명해 주소서. 이것이 또 신이 구구하게 사사로이 크게 축원하는 바입니다.

답하기를,

"'잘 알았다. 대신이 이미 명에 응하여 급히 나아오겠다고 확정하여 말하였으니, 대신을 공경하는 도리로 볼 때 어찌 시일이 늦고 빠름을 가지고 독촉할 수 있겠는가. 그대는 우선 들어오라. 상황을 봐서 가까운 시일 내에 다시 데리러 갈 사람을 보내겠다. 두 글자를 거두어들이는 문제에 대해서는 도성에 들어온 것을 보고하는 계사(啓辭)에 대한 비답에서 밝히겠다.'라는 내용으로 전유하라. 그리고 어의를 보내 적합한 약물(藥物)을 가지고 가서 전해 주고 오게 하라." 하였다.

조방에 나아갔을 때 집으로 돌아가라는 명을 받고 사관을 통해 올리는 부주[73]

進詣朝房還第有命因史官附奏

신이 병든 몸을 들것에 싣게 하고는 조금씩 앞으로 나아가 조방에 이르니, 지척에 궁궐이 눈이 들어와 성상에 대한 그리움이 더욱 깊어졌습니다. 다만 더러운 병증이 아직 낫지 않아 여러 대신의 뒤를 좇아서 경사스러운 달에 응당 행해야 하는 예를 우러러 청할 수 없었습니다. 구구한 신의 충심(衷心)은 더욱 애가 탈 뿐이었는데, 사관이 와서 성상의 유지(諭旨)를 전하였습니다. 앞서 내린 두 글자를 도로 거두라고 명하고 또 집으로 돌아가 더 조섭할 것을 허락하셨으니, 나아가고 물러남이 오직 성상의 은혜요, 살고 죽음도 성상의 은혜입니다. 이에 땅에 엎드려 감격하여 목메어 울고 있자니 더욱 몸 둘 바를 모르겠습니다.

오늘은 대신들이 이미 명을 받들어 물러났고 신도 돌아가야 하지만, 내일은 신하의 정례(情禮)로써 성심을 다해 빈계(賓啓)하고 정청(庭請)할 것이니, 들어주지 않으면 감히 물러나지 않는 것은 인륜으로 볼 때 그만둘 수 없습니다. 신의 병세가 향안(香案) 앞에 몸을 끌고 나아가기 어려운 상태이지만 어찌 감히 부축을 받아 금문(禁門)에 들어가서 내사(內司)의 숙직하는 방에 앉아 삼가 계사를 적은 종이에 신의 이름을 기록해 넣어 간절한 심정을 아뢰지 않겠습니까.

알았다고 대답하였다.

73 조방(朝房)에……부주 : 1794년(정조18) 6월 2일에 올린 서계이다.

우의정에 다시 제수되고서 사관이 전한 별유로 인해 붙여 올리는 서계[74] 을묘년(1795, 정조19)

重拜右議政因史官別諭附上書啓 乙卯

전하께서는 어찌하여 지금 이와 같은 명을 내리셨습니까. 신의 나이는 말할 거리도 못 되지만, 숫자로 보자면 예경(禮經)에서 정해 놓은 치사(致仕)할 나이보다 여섯 살이나 많습니다.[75] 정신은 쇠락하고 육체는 말라 버려 맑은 조정의 말단 관원으로도 오히려 채워 넣을 수 없는 형편인데, 하물며 보상(輔相)의 직임이야 더 말할 나위가 있겠습니까. 옛사람 중에 더러 예경에 정해 놓은 나이가 지났어도 치사하지 못한 사람이 있습니다만, 그런 경우는 모두 그 사람의 거취가 세도(世道)와 관계가 있었기 때문입니다. 신 같은 자는 5년간 상신으로 있으면서 무능함이 다 드러나 위로 털끝만큼도 보답하지 못하고 아래로 자신의 몸과 집안을 돌보지 못하여 세상의 비웃음거리가 된 것을 모르는 사람이 누가 있습니까.

천지(天地) 같은 성상께서 곡진히 보호해 주는 은덕이 시종일관하여 몇 년 전부터 중추부의 한가한 자리에 두셨으니, 신은 편안히 지내다가 여생을 마치기를 바랐는데, 전하께서는 어찌하여 다시 지금 이와 같은 명을 내리셨습니까. 승지가 찾아와 별유를 전하였는데, 절반도 채 읽기

74 우의정에……서계 : 1795년 1월 26일 올린 것이다.

75 예경(禮經)에서……많습니다 : 《예기》 〈곡례 상(曲禮上)〉에 "대부는 70세에 이르면 벼슬을 그만둔다."라고 한 것을 가리킨다. 당시 번암은 76세였다.

전에 울음과 눈물이 함께 터져 나왔습니다.

아, 총명하고 순수한 전하께서 청명(淸明)하고 광대(光大)한 정치를 해 왔는데 불행히도 부박하고 허위로 찬 세속을 만나셨습니다. 간사한 자들이 패거리를 이루어 임금의 권위를 남몰래 이용하니, 맑은 하늘은 음습한 기운에 막히고 태양은 무지개가 범하여 그들의 농간이 미치는 곳이면 어디나 다 잘못되어 갔습니다. 추악한 무리가 도깨비짓이나 물여우짓을 하는 것이야 우선은 논외로 하더라도, 이런 일들이 만약 뒷날의 역사에 조금이나마 성덕의 흠으로 기록된다면 원한과 울분이 하늘만큼 끝이 없을 것입니다.

그런데 천리(天理)에는 거짓됨이 없어 소굴이 다 드러났습니다. 이렇게 새롭게 쇄신하는 때를 만나 중책을 맡길 곳은 보상(輔相)뿐입니다. 앞에서 진달한 바와 같이, 신의 나이는 부림을 감당할 수 없고 신의 못난 자질은 공효(功效)가 없는 것이 시험되었으니, 비록 염치를 무시하고 달려 나가 은혜로운 예우에 응하고자 해도, 국사(國事)는 어떻게 되겠으며, 세도(世道)는 어떻게 되겠습니까. 구구한 신의 간절한 마음을 대략 이렇게 부주하나, 선조(先朝) 때 정한 규식을 어기기 어렵다는 자질구레한 말이니 감히 다 진달하지 못하겠습니다. 땅에 엎드려 두려워하며 바라건대, 속히 큰 벌을 받아 어진 이가 나올 길을 막지 않고 사사로운 분수에 편안하게 해 주소서. -사직 상소가 권26 제17판에 보인다.-

알았다고 답하였다.

거취를 묻기까지 하는 성상의 유지를 받들고서 사관을 통해 올리는 부주[76]

奉承聖諭至問去就因史官附奏

일전에 신에게 내리신 은혜로운 비답은 바로 한결같이 은(殷)나라와 주(周)나라의 고명(誥命)과도 같은 것이었습니다. 은혜에 감격하여 가슴에 새기고 있던 터에 삼가 다행스럽게도 보잘것없고 천한 신이 성명(聖明)을 만나 그 가없이 넓고 큰 덕에 기대어 변함없는 천지와 영원히 함께할 수 있게 되었으니, 옛사람이 말한 "신하와 임금이 모두 영예롭다."라는 것이 이를 두고 한 말입니다. 신은 이처럼 남다른 은혜를 입은 데다 또 목전(目前)에 놓인 특별한 정세(情勢)가 없으니 새로 제수하신 명에 달려가 숙배하는 데 어찌 조금이라도 지체할 것이 있겠습니까. 다만 신이 나가기 어려운 의리는 신이 알려 주지 않더라도 조정의 백관이 모두 알고 있습니다. 신하가 임금을 섬길 때 마음속으로는 의리가 아님을 알면서도 명을 어기기 어렵다고 해서 구차하게 행할 수 있겠습니까. 효성이 지극한 성상께서 경모궁(景慕宮)의 춘향 대제를 친히 거행하시니, 구구한 신의 작은 정성이라도 어찌 제사 지내는 일이 영광이라는 것을 알지 못하겠습니까. 그런데 어제 이조 낭청이 와서 물었을 때 감히 헌관(獻官)의 명첩을 받아 두지 못한 탓에 밤새 황공하고 서운한 마음까지 들었으니, 무어라 아뢰어야 할지 모르겠습니다. 오늘 또 사관이 성상의 유지를 받들고 와 전해 주면서 거취를

76 거취를……부주 : 1795년(정조19) 2월 1일 올린 서계이다.

묻기까지 하고 다시 신으로 하여금 조정에 나올 날짜를 부주하게 하셨습니다. 신이 만약 조정에 나갈 수 있는 의리가 있다면, 어찌 감히 먼저 부주하고 나중에 숙배하여 마치 단계를 밟아 나가는 것처럼 할 수 있겠습니까. 오늘 궁문 밖 여가(閭家)에 가서 내일을 기다렸다가 어가(御駕)를 맞이하고 전송하여 성상을 잊지 못하는 정성을 다하겠습니다.

답하기를,

"'잘 알았다. 경이 어찌 나오지 못할 의리가 있겠는가. 막중한 향사(享事)에 헌관을 아직 계하(啓下)하지 못하고 있으니, 일의 체모로 볼 때 매우 온당치 못하다. 즉시 숙배하라.'라는 내용으로 승지를 보내 전유하고 그와 함께 오게 하라."

하였다.

다시 올리는 서계[77]

再書啓

신이 방금 전 부주를 통해 나아갈 수 없는 의리를 대략 아뢰어 성상께서 양해해 주시기를 바랐습니다. 그런데 방금 승정원의 근신(近臣)이 성상의 유지(諭旨)를 가지고 와서 전하였고, 이어서 함께 오라고 명하셨습니다. 신은 너무도 황공하고 감격하여 몸 둘 바를 몰랐습니다. 비궁(閟宮 종묘)에 친향하는 일은 얼마나 중요한 국가의 대사(大事)입니까. 그런데 신이 나가지 않음으로 해서 헌관(獻官)을 아직까지 계하(啓下)하지 못하였으니, 성상께서 꾸짖고 다그치시는 것도 오로지 이 때문입니다. 지금은 날이 이미 저물어 청재(淸齋)하는 일이 시급하니, 이러한 지경에 이르러 다른 것은 돌아볼 겨를이 없습니다. 삼가 나아가 재숙(齋宿)하다가 날이 밝거든 좌의정과 함께 은명(恩命)에 숙배하여 분주하게 제사를 주선하는 정성을 다하겠습니다. 신이 나갈 수 없는 의리에 대해서는 추후에 자세하게 진달하여 진퇴(進退)의 명을 기다리겠습니다. 왕의 사신이 하룻밤을 머물러 있는 것도 신이 황공함과 근심을 더하는 하나의 단서입니다. 또한 즉시 돌아오라고 명하여 사사로운 분수에 편할 수 있게 해 주소서.

77 다시 올리는 서계 : 1795년(정조19) 2월 1일에 올린 것이다.

인의하고 향리로 가다가 시흥에 이르러 유숙할 때에 함께 들어오라는 명을 받든 승지가 선유하자 현의 감옥에서 대명한 채 올리는 서계[78]

引義尋鄕抵宿始興偕來有命承旨宣諭待命縣獄書啓

신은 위로 군주를 섬기고 아래로 자신을 단속하면서 나라를 저버리지 않은 경우가 없었으며 불충하지 않은 일이 없었습니다. 지금에 이르러서는 대광(大匡)의 품계에 있으면서 국사를 바로잡지 못한 죄를 쌓고, 눈으로 국가의 형세가 위태로움을 보면서도 국가를 지탱할 반 푼어치의 계책도 올리지 못한 채 끝내 도성을 버려두고 향리(鄕里)로 내달려 돌아오고 있습니다. 겉에서 보기에는 거의 국가의 우환을 완전히 잊은 듯하지만, 연연해하며 방황하는 신의 심정은 오직 신명(神明)만이 알아줄 것입니다.

어제 시흥현(始興縣) 치소(治所) 밖에서 유숙하고 날이 밝은 뒤에 길을 떠나려 하였으나, 무더운 날씨에 더위를 먹고 밤에 갑작스레 설사

78 인의하고……서계 : 1795년(정조19) 6월 25일에 올린 것이다. 정조가 역모죄로 강화(江華)에 유배되어 있던 은언군 이인을 몰래 불러와 이달 20일에 북영(北營)에서 만난 뒤에 21일 궁으로 돌아왔다. 이 일이 발생하자 성균관의 유생들은 은언군을 처단할 것을 요구하며 권당(捲堂)에 돌입하였고, 시원임 대신(時原任大臣)들은 모두 상소를 올리고 향리로 내려갔다. 이 서계는 향리로 내려가던 번암이 시흥현에 이르러 정조가 내린 유지를 받고 올린 것이다. 정조는 대신들이 모두 소명(召命)에 응하지 않자, 28일 영의정 홍낙성(洪樂性)과 우의정 번암을 해면(解免)하고, 좌의정 유언호(兪彦鎬), 영돈녕부사 김이소(金履素), 영중추부사 김희(金憙), 판중추부사 이병모(李秉模)를 파직하였다. 《正祖實錄 19年 6月 20日, 21日, 22日, 28日》

병이 나서 헐떡이는 한 가닥 목숨이 끊어질 듯 끊어지지 않아 여관에서 뒤척이며 어찌해야 할 줄 몰랐습니다. 그런데 천만뜻밖에 승정원의 근신(近臣)이 황량한 들판까지 달려와 전날 내리신 비지(批旨)와 별유(別諭) 한 통을 전하였습니다. 죽을죄를 지은 신이 어떻게 이것을 받들 수 있겠습니까. 그저 땀과 눈물이 교차해 흐를 뿐이었습니다. 더구나 간곡하신 성상의 말씀은 담소하는 가운데 부월(斧鉞)이 삼엄한 듯하고 따스한 봄날 가운데 상설(霜雪)이 차가운 듯하였으니, 신이 나라를 저버리고 불충을 저지른 죄가 다른 곳에서 찾을 것도 없이 하교하신 말씀에 밝게 드러나 있었습니다.

신이 비록 어리석지만 한 가닥의 숨이 아직 끊어지지 않았으니, 그래도 분의(分義)를 전혀 모르는 지경에 이르지는 않았습니다. 어찌 의금부에 급히 나아가 엄한 형벌을 청하고 싶지 않았겠습니까. 하지만 이러한 더러운 질병에 걸려 조금이라도 나아갈 상황이 정말 아니므로 머무르던 현의 치소로 나아가 감옥의 문에서 대명하고 있으니 더욱 죽어 마땅한 죄입니다. 승지와 함께 오라고 하신 명은 감히 감당할 수 없는 은례(恩禮)일 뿐만 아니라, 외읍(外邑)에 끼칠 폐단을 염려해야 합니다. 또한 청컨대 승지에게 돌아오라고 즉시 명하여 신이 병으로 신음하는 가운데 병 하나를 더하는 듯한 상황을 만들지 않게 해 주시기를 간절히 바랍니다.

전교하기를,

"'경이 홀로 중도에 머무르고 있다는 소식을 아침에 들었다. 경이 거취를 신중히 하는 데 대해 어찌 감탄을 금할 수 있겠는가. 병이 났다는 말을 듣고 몹시 염려되는 상황에서 비지와 별유를 어떻게 그만둘 수 있겠는가. 나는 경에 대해 깊이 알기에, 경의 본의(本意)는, 중의(衆意)를 따라 억지로 행동한 데 있었음을 애당초 잘 알고 있다. 하지만 다른 대신(大臣)들과 구별하기 난처해서 똑같이 유지를 전하였는데, 경은 어찌 이토록 깊이 인의(引義)하면서 현의 감옥에서 대명(待命)하는 행동을 한단 말인가. 습하고 더러운 감옥은 원로대신이 잠시도 머무를 만한 곳이 결코 아니다. 안심하고 대명하지 말라. 병이 조금 나은 뒤에 길을 나서 돌아온다면 정말 큰 다행일 것이며, 집으로 돌아오는 것은 더욱 간절히 바라는 바이다. 명소(命召)를 전해 주는 문제는, 애초 고향으로 내려간 대신들의 행위가 규례에 없다고 생각되어 지방에 있는 대신에게 자문하였다. 하지만 경은 지금 30리쯤 되는 곳에 머무르고 있고, 또한 대명하고 있다고 부주하였다. 이 경우는 본래 시행해야 하는 규례가 있으니, 지금 사관(史官)을 보내 도로 전해 준다. 경은 그리 알라.'라는 내용으로 승지는 다시 전유하라."

하였다.

다시 올리는 서계[79]

再書啓

신은 지은 죄를 감당할 수 없고 행동도 마음대로 하였으므로, 현(縣)의 감옥에서 대명(待命)한 채 큰 처벌이 내리기만을 기다리고 있었습니다. 그런데 뜻밖에 한밤중에 사관(史官)이 멀리서 찾아왔으며, 승지로 하여금 성상의 유지를 전하게 하셨습니다. 신이 베개를 밀치고 놀라 다급히 촛불을 밝히게 하고는 병든 몸을 부축받아 일으킨 뒤에 간신히 받들어 읽으니, 글자마다 은혜로운 말씀이었습니다. 이것이 어찌 신처럼 보잘것없고 죄를 지은 자가 감당할 수 있는 것이겠습니까. 신은 참으로 감읍하는 한편, 또한 죽음을 무릅쓰고 우러러 아뢸 말씀이 있습니다.

성상께서 내린 전교에서 "나는 경에 대해 깊이 안다."라고 하였는데, 죽을죄를 지은 어리석은 신은 해와 달처럼 명철한 성상께서 이것에 대해 제대로 살피지 못하신 점이 있다고 생각합니다. 신이 중도에 머무르는 것은 단지 병이 마침 위급해져서 계속 길을 갈 수 없으므로 어쩔 수 없이 여관에서 잠시 쉬면서 살길을 찾아보려는 것입니다. 그런데 지금 성상께서는 유지를 통해 신이 거취를 신중히 한다고 여기면서 감탄한다고 말씀하기까지 하셨습니다. 사람이 부끄러움을 모르면 사람이 아닙니다. 신이 비록 어리석지만 일찍이 사람의 본성을 갖추었으니, 부끄러움이 마땅히 어떠하겠습니까.

79 다시 올리는 서계 : 1795년(정조19) 6월 26일 올린 것이다.

대신(大臣)들이 향리(鄕里)로 갈 것을 의논하여 결정한 일로 말하자면, 신이 어리석은 식견으로 왈가왈부하다가 결국 충분히 논의한 끝에 뜻이 맞자 동시에 길을 나서게 된 것에 불과합니다. 신이 노성(老成)한 대신들 틈에 끼어 함께한 것도 다행이라 할 수 있는데, 그 사이에 어찌 거론할 만한 차이가 있겠습니까. 그런데 지금 성상의 유지에서는 신의 본의(本意)가 그렇지 않다고 여기면서 억지로 중의(衆意)를 따랐다고 말씀하기까지 하셨습니다. 참으로 이러하다면 여러 대신이 미처 보지 못한 것을 신이 홀로 보고 말한 것이 됩니다. 하지만 신이 무슨 식견이 있기에 중론(衆論)을 뛰어넘어 이처럼 명확하게 거취의 의리를 분별할 수 있겠습니까. 자신의 소유가 아닌데 소유하는 것을 '도(盜)'라고 합니다. 신이 비록 보잘것없지만 또한 이러한 이름을 뒤집어쓰고 싶지는 않습니다.

이로써 말한다면 신은 본래의 죄 이외에 임금을 속인 죄를 더 지은 셈이니, 현의 감옥에서 대명한 것은 실제로 규례에 따라 한 것이 아닙니다. 더러운 질병으로 날로 기력이 쇠진해 가는 상황에 대해서는 다시 감히 번거롭게 아뢸 것도 없습니다. 속히 엄한 형벌을 내려 신의 분수를 책려해 주시기를 바랄 뿐입니다. 명소(命召)를 도로 전해 주신 문제의 경우, 사사로운 분수로 놓고 볼 때 더욱 두렵고 위축될 뿐만이 아니라 어부(御符)는 사리로 볼 때 결코 하루도 지방에 놓아두어서는 안 되며, 이것을 내리고 거둘 때에 녹사(錄事)들이 으레 역마(驛馬)를 타고 다니니, 역로(驛路)에 일이 없는 가운데 폐단이 생기는 것이 이보다 심한 경우가 없을 듯합니다. 또한 굽어살펴 주시기 바랍니다.

전교하기를,

"'경은 어째서 이토록 지나치게 스스로 인의(引義)하는가. 더구나 병이 아직 쾌유되지 않았다고 하니, 지금처럼 집이 흔들리고 동이가 뒤집히는 날씨에 더욱이 어떻게 억지로 길을 떠나게 할 수 있겠는가. 데리러 간 승지가 보람 없이 머무르고 있는 것은 그저 성실하지 못한 일일 뿐이다. 경기 민읍(民邑)의 폐단을 생각하면 먹는 것이 어찌 달겠으며 자는 것이 어찌 편안하겠는가. 힘이 미치지 않는 곳이 아니라면 어떻게 무심할 수 있겠는가. 차사원(差使員)은 경만 우선 도로 보냈다고 하니, 승지도 경의 요청대로 우선 소환하겠다. 경은 안심하고 조섭하라.'라는 내용으로 전유하고 그대는 들어오라."

하였다.

시흥에서 강교로 돌아와 머무를 때에 도승지가 와서 선유하자 붙여 올리는 서계[80]

自始興還次江郊知申宣諭附上書啓

신이 침석(枕席)에서 혼몽한 가운데 염치를 무릅쓰고 부주(附奏)를 올리고서 하루 종일 황공하여 마치 돌아갈 곳이 없는 듯하였습니다. 방금 도승지가 10리 밖 강교(江郊)로 달려와 공경히 별유를 받들어 전하면서 "성상의 전교를 받들 때에 성상께서 신하에게 수찰(手札)을 내리던 옛일을 원용하여 친히 전해 주셨고, 저는 친히 받았습니다."라고 하였습니다. 신이 두 손으로 받들고 아홉 번 절하고 몹시 놀라 정신이 달아났으니, 신이 어떻게 이런 대우를 받게 되었는지 모르겠습니다.

더구나 전교를 통해 가르치고 꾸짖는 가운데 "경의 본심을 이미 헤아리고 있다."라고 하고, 또 강가의 집이 눅눅함을 염려하여 신으로 하여금 도성에 들어와 조리하다가 병이 나으면 영상(領相)과 함께 연석(筵席)에 나오도록 하셨습니다. 간절하게 염려하고 자상하게 인도해 주신 것이 비록 자상한 아버지가 미혹에 빠진 자식을 타이르는 경우라고 하더라도 이보다 나을 수가 없습니다. 신이 비록 돼지나 물고기처럼 완악(頑惡)하다 해도 어떻게 감히 눈물 흘리며 받들지 않을 수 있겠습니까.

다만 신의 병이 일전에 더위를 무릅쓰고 돌아다녔던 나머지 누그러지지 않고 더치기만 하여 신도 내일 과연 길을 나설 수 있을지 모르겠습

80 시흥에서……서계 : 1795년(정조19) 6월 30일 올린 것이다.

니다. 만약 억지로라도 나설 수 있다면 아침이 되기를 기다렸다가 곧장 들것에 실려서라도 나아가겠지만, 또 혹시라도 일어나려다 다시 넘어져 기운이 마음대로 움직이지 않는다면 하루 이틀 정도 지체되지 않을 수 없는 형편입니다. 신이 남다른 은혜를 입고서도 행실이 태만하니, 땅에 엎드려 떨리는 심정을 더욱 가눌 수 없습니다.

명소를 바꾸어 전한 일로 해당 승지에게 책임을 물어 삭직할 것을 청하는 서계[81]

以命召換傳請當該承旨譴削

신이 어젯밤 용산(龍山) 사저(私邸)에서 도승지가 가져온 명소(命召)를 공경히 받았는데, 봉한 종이 겉면에 '우의정 명소(右議政命召)'라는 다섯 글자가 씌어 있었습니다. 신이 처음에는 의심 없이 책상 위에 소중하게 올려 두었다가 지금 막 도성 안 본가(本家)로 돌아와서 명소를 몸에 지니려고 비로소 열어 보니 좌의정 명소였습니다. 너무도 놀라서 오랫동안 말없이 있었습니다. 어부(御符)는 일의 체모가 지극히 엄중한데, 승정원의 신하가 전혀 살피지 않아 이렇게 전대미문의 일을 초래하였습니다. 놀랄 만한 일이 이보다 심한 경우가 없으니, 해당 승지에게 속히 책임을 물어 삭직하는 법을 시행하소서. 신이 주고받을 때에 열어 확인하지 못했던 점도 일을 소홀히 한 책임을 면하기 어려우니, 황공한 마음으로 처벌을 기다리며 명소는 도로 봉납(奉納)합니다. 감히 아룁니다.

답하기를,

"'어제 전유(傳諭)하는 일과 합문(閤門)에 나아가는 일로 승정원이 어수선하여 가지고 갈 때에 바꾸어 전하였으니, 상황으로 볼 때 이상할 것은 없는 듯하다. 하지만 명소는 일의 체모가 지극히 엄중하니, 해당 승지에게 책임을 물어 삭직하는 일은 아뢴 대로 시행하겠다.

81 명소를……서계 : 1795년(정조19) 7월 1일 올린 것이다.

상신에게 내리는 부신(符信)은 장군에게 내리는 부신과 달라서 합부(合符)하고 전해 주는 예가 없으니, 승지가 종이로 싼 겉봉까지도 전해 준 것은 승지에게 죄가 있다. 더구나 경이 먼저 발견한 경우야 더 말할 것이 있겠는가. 조금도 인책(引責)할 것이 없으니 안심하고 대죄하지 말라.'라는 내용으로 사관을 보내어 전유하고, 명소도 전해 주고 오게 하라.

명소 한 가지 일에 대해서는 마땅히 바로잡아야 할 점이 있다. 일전에 정식(定式)을 만들려고 하였으나 미처 하지 못하였는데, 과연 이러한 착오가 있게 되었다. 명소와 밀부(密符)에는 어압(御押)이 찍혀 있기 때문에 방어사(防禦使)를 예겸(例兼)하는 첨사(僉使)일지라도 길에서 대신(大臣)을 만나면 대신이 말에서 내려야 할 뿐만이 아니다. 나도 세자(世子)로 있을 적에 길에서 밀부를 차고 있는 무관을 만나면 연(輦)을 낮추고 멈춰 섰다가 지나간 뒤에 비로소 가던 길을 다시 갔으니, 이는 금석(金石)에 새긴 국법처럼 응당 행해야 하는 법이다. 그러므로 연전에 한 포도대장이 어떤 대신(大臣)을 보고 경솔하게 먼저 말에서 내린 일이 있었는데, 그 대신이 연석(筵席)에 나와 그 포도대장을 처벌하기를 청했던 것이다.

그리고 상소에 대해 말하자면, 단 세 줄만 쓴 것이라도 궐문에 자물쇠가 채워진 뒤에는 감히 들이지 못하는데, 근래에 듣기로는 잘못된 관례가 행해져 명소와 밀부를 막론하고 문틈으로 출납한다고 하니, 이보다 더 놀라운 일이 없다. 이후로는 궐문이 열리거든 와서 바치도록 하고, 상신과 장수에게 내리는 부신같이 지체할 수 없는 것은 해당 방(房)이 문을 열어 두기를 계청(啓請)한 뒤에 출납하도록 하라.

좌상과 우상의 명소가 바뀌기 쉬운 것은 진실로 말할 필요도 없고, 표지가 없다면 장수와 상신이 부신을 바꾸어 차는 일도 매우 쉽게 일어날 수 있다. 명소에 찍는 어압이 비록 체모가 중하지만, 어찌 향봉(香封)에 찍는 어압에 비하겠는가. 예전에 해당 방의 승지가 향을 전할 때에 이러한 문제가 있어서 선조(先朝) 때에 봉지(封紙)의 겉에 막중한 칭호를 각각 쓰라고 특별히 명하였다. 경중(輕重)이 비록 다르지만 어압을 찍는다는 점은 매한가지이다. 지금부터 어압을 찍는 표(標)와 패(牌) 및 명소와 밀부는 각각 그 인끈에 써서 확인하기 편리한 근거로 삼으라. 경들부터 잘 알아서, 받아서 찰 때에 해당 방의 승지로 하여금 써넣어서 전하게 하라.

대신이 부신을 반납한 뒤에 그 부신을 도로 전해 주는 일의 경우도, 이번에 승정원과 의정부 모두 거행하는 방법에 어두웠다. 묘당(廟堂)에 물어보니, 묘당도 모르겠다고 하면서 심지어 경강(京江)을 건넌 뒤에는 으레 도로 전하지 않는다고까지 답하였다. 부신이 한강 북쪽을 넘어갈 수 없다고 한다면, 연경(燕京)에 사신으로 가는 대신이 압록강을 건널 때에도 모두 부신을 그대로 차고 왕래하는 마당에, 진실로 고루하기 그지없는 일이다. 이 한 가지 일도 거듭 더 다듬어 밝혀야 할 것이다. 경강 밖에서 대명(待命)하면서 부신을 반납하는 경우에는 마땅히 규례대로 도로 전해 주어야 할 것이니, 이것을 정식으로 삼으라. 이번에 정승들이 한 것처럼 향리(鄕里)로 내려간 일은 의정부에 처음 있는 경우였으니, 이것은 별도로 정식으로 삼을 필요는 없다. 그러나 도성 밖에 있는 대신에게 부신을 전해 줄 때에는 또한 모두 도성 문을 열어 주기를 청한 후에 출납하는 것을 일체 정식으로 삼으라."

하였다.

승지가 정승의 직임의 해면을 허락하는 유지를 전하자 올리는 부주[82]

承旨宣諭許解相職附奏

신이 어젯밤에 내리신 별유(別諭)를 받들고서야 대간(臺諫)의 논핵이 준엄하게 일어났음을 알았는데,[83] 윤음을 통해 내리신 위로와 권면의 말씀이 정성스럽고 간곡하여 신은 놀랍고 두려운 나머지 감격의 눈물이 옷깃을 적셨습니다. 앉아서 날이 밝기를 기다렸다가 어부(御符)를 바치고 도성 문을 서둘러 나감으로써 자숙하는 정성을 바치려고 하였는데, 막 문을 나설 무렵 승정원의 근신(近臣)이 성상의 유지를 받들고 누추한 골목을 엄숙히 찾아왔습니다. 신이 놀랍고 두려운 마음으로 무릎을 꿇고 읽어 보니, 글자마다 은혜로운 말씀이 실로 비루한 천신(賤臣)이 감당할 수 있는 바가 아니었으며, 정승의 직임의 해면을 허락하신 일은 특별히 우리 성상께서 신을 거듭 살려 주는 은혜를 다시 내린 것이었습니다. 대간이 올린 상소는 전문(全文)을 아직 보지 못해

82 승지가……부주 : 1796년(정조20) 10월 23일 올린 서계이다.

83 대간(臺諫)의……알았는데 : 사간 이우규(李羽逵)가 상소하여 영의정 홍낙성(洪樂性)과 좌의정 번암을 논핵하였는데, 그 상소에 "좌상이 멋대로 조정에 나오지 않는 것은 또 무슨 의리란 말입니까. 정승의 자리를 차지하고 앉아서 몇 년이 지나도록 빈대(賓對)에도 참석하지 않고 비변사의 좌기에도 나오지 않고 있습니다. 그저 중요한 직책만 차지하고 한 가지 계책도 내놓지 않으면서 마치 할 일 없는 관청의 한가한 직책의 관원인 듯이 천연덕스럽게 행동하니, 조정이 삼공(三公)을 둘 때 진실로 이러자고 한 것이겠습니까."라는 말이 나온다. 이 상소가 올라오자, 당일에 정조는 이우규를 삭직하고, 홍낙성과 번암을 면직하였다. 《正祖實錄 20年 10月 22日》

논열(論列)이 어떤 죄상에 대한 것인지 알 수 없으나, 대략을 들어 보건대 대간이 지적한 점이 옳다고 생각될 뿐이고 틀리다고는 생각되지 않았습니다. 사리를 철저히 규명하는 성조(聖朝)의 정사로 볼 때 마땅히 신을 견책하여 온 세상을 경계해야 하는데, 지금 신의 처지를 곡진히 고려하여 직임을 벗겨 주도록 하며 벌을 내리지 않고 한층 더 예우하셨습니다. 마지막 숨이 끊어지기 전까지 성상을 우러러 의지하고 감사하며 받들 것이며, 죽어서는 결초보은하는 마음을 길이 품을 뿐입니다.

알았다고 답하였다.

면직을 허락하는 전교가 환수된 뒤에 선유한 사관을 통해 올리는 부주[84]

許免傳敎還收後因宣諭史官附奏

신이 다행히 조정에 직언(直言)이 있던 덕분에 차지해서는 안 될 직임에서 해면(解免)되는 은혜를 입었습니다. 한편으로는 대각(臺閣)의 기풍에 허물을 논핵하여 바로잡는 아름다움이 있어서 기뻤고, 한편으로는 병석에 누워 있는 하찮은 목숨이 편안한 마음으로 죽음에 나아갈 수 있는 편의(便宜)를 얻어서 다행스러웠습니다. 두 달 동안 문을 닫아걸고 있으면서 성상을 그리워하는 충심(衷心)이야 간절하였지만, 전심으로 은혜에 감격하면서 한가롭게 지낼 수 있는 운수(運數)라고 생각하였습니다. 그런데 천만뜻밖에 해직을 허락하는 전교를 취소하라는 명이 갑자기 내리고, 사관이 엄숙히 찾아와 성상의 유지를 특별히 전하였습니다. 절하고 무릎을 꿇은 채 받들어 읽어 보니, 놀랍고 두렵기 짝이 없어 실로 무슨 말로 답해야 할지 모르겠습니다. 연석(筵席)의 하교를 미처 자세히 받들지 못하였으나, 방금 동료 상신이 알려 주어서 대강의 내용을 알았습니다. 성상의 유지 가운데 "나라와 공무에 매인 몸이니 자신을 돌보지 않는다.〔國耳公耳 身不己有〕"라는 말씀은 신에게 "하늘의 밝은 명을 돌아보라.〔顧諟天之明命〕"라는 말과 실로 부합합니다. 하지만 위태롭고 부끄러운 사정(私情)은 시간이 지났다고 해서 스스로 용서해서는 안 됩니다. 삼가 마땅히 상소 한 통을 올려 위명(威

84 면직을……부주 : 1796년(정조20) 11월 19일 올린 서계이다.

命)을 내려 주시기를 청하겠습니다.-해직을 거듭 간청하는 상소가 권27 제8판에 보인다.-

대가가 장릉을 전알하고 이어 현륭원으로 행차하려고 할 때에 화성에 먼저 가서 기다리라는 특명이 내리자 사관을 통해 올리는 부주[85] 병진년(1796, 정조20)

大駕將謁章陵仍詣顯隆園特命先往華城以待因史官附奏 丙辰

이번에 능을 전알하러 가시는 행차에 의당 여러 날이 소요될 것입니다. 신의 심정이야 어찌 성상의 어가(御駕)를 배종하여 조석으로 문후(問候)를 여쭙고 싶지 않겠습니까. 하지만 신이 넉 달 동안 중병을 앓은 터라 여증(餘症)이 아직도 간혹 나타나고 있습니다.[86] 그러므로 길을 달려가더라도 기일에 맞추어 도착할지 보장하기 어렵습니다. 생각이 여기에 미치니 답답한 심정을 이길 수 없습니다. 삼가 마땅히 기운을 차리고 힘을 내어 대가(大駕)가 원소(園所)에 도착하는 날에 맞추어 길가에 엎드려서 조금이나마 구구한 충심을 달래겠습니다. 하지만 이렇게 하는 것이 자신만 편하고자 하는 데에 가까울 수 있기에 더욱 황공한 마음 금할 수 없습니다.

85 대가(大駕)가……부주 : 1796년 9월 9일 올린 서계이다.

86 여증(餘症)이……있습니다 : 대본에는 '餘症倘或不發'로 되어 있다. 《승정원일기》와 《일성록》 정조 20년 9월 9일 기사에 근거하여 '倘'을 '尙'으로, '不'을 '間'으로 바로잡아 번역하였다.

사관이 면려하고 신칙하는 유지를 전하자 붙여 올리는 서계[87] 정사년(1797, 정조21)

史官宣諭勉飭附上書啓 丁巳

신이 문을 닫고 괴로이 지내는 가운데 사관이 갑자기 찾아와 성상의 유지를 전하였습니다. 간곡히 면려하고 신칙하시어 두 손으로 받들고 아홉 번 머리를 조아리며 몸 둘 바를 몰랐습니다. 생각건대 신이 지금껏 목숨을 온전히 부지하고 있는 것은 모두 우리 성상께서 신을 사랑하여 살기를 바라는 마음으로 대하고, 마땅히 행해야 할 공무(公務)로 책망하지 않아 편의대로 쉴 수 있게 해 주신 덕택입니다. 며칠 동안 새로 임명된 동료 상신이 굳이 자리를 사양한 탓에 거행하지 않을 수 없는 묘당(廟堂)의 여러 업무를 미룰 데가 없어서 신이 억지로 일어나 수응한 경우가 있었으나, 애석하게도 지혜와 사려는 모두 사라지고 정신도 다 혼란스러워 웃음거리가 되지 않은 경우가 드물었습니다. 지금 성상의 유지가 이처럼 간절하시니 신이 어찌 감히 태만히 성상의 뜻을 받들지 않을 마음을 먹을 수 있겠습니까. '와합(臥閤)' 두 글자는 신 같은 자에게 거론할 만한 말이 아닙니다만,[88] 목전에 닥친 긴급한

87 사관이……서계 : 1797년 4월 14일 올린 것이다.

88 와합(臥閤)……아닙니다만 : 1797년 4월 14일 정조가 내린 유지에 "작년에 경이 몇 달 동안 병이 있어 우선 경의 청을 따라 하위의 동료 상신(相臣)에게 직무를 대신 행하게 허락하였다. 더할 수 없이 엄한 것이 의정부의 고례(故例)이다. 지금은 이미 차도가 있는데도 어떻게 다시 동료 상신에게 노고를 대신하게 하고 묘당의 체모를 생각하지 않을 수 있겠는가. 공무에 나아오는 일은 근력이 필요하니 그것까지 요구하고

사무는 삼가 마땅히 동료 상신과 상의하여 처리하겠습니다. 공무에 나아가는 일은 병세(病勢)를 감당할 만한 때라면 또한 어찌 감히 전폐할 수 있겠습니까. 하지만 이것은 신도 감히 예측할 수 없으니, 매우 황송하고 안타까운 마음을 금할 수 없습니다.

싶지는 않다. 그것은 편한 대로 헤아려서 하라. 그 나머지 와합하여 논의할 수 있는 여러 가지 사무에 대해서는 일체 의정부의 고사에 의거하여 행하라."라는 말이 있다. 《日省錄 正祖 21年 4月 14日》 와합은 와치(臥治)와 같은 말이다. 한(漢)나라 무제(武帝) 때 급암(汲黯)이 좌천되어 동해 태수(東海太守)로 있으면서 병이 많아 집 안에 누워 밖에 나가지 않았는데도 부임한 지 1년 만에 동해 지방이 잘 다스려졌다는 고사에서 나온 말이다. 《史記 汲黯列傳》 여기서는 병이 있어 조정에 나오지 못하는 대신(大臣)이 집에서 국정(國政)에 대한 자문에 응하는 것을 가리킨다.

대간의 상소가 있은 뒤에 사관을 통해 올리는 부주[89]
臺疏後因史官附奏

내일은 양(陽) 하나가 처음으로 생겨나니,[90] 이는 만물이 소생하는 조짐입니다. 더구나 국가의 큰 복이 냇물처럼 불어나 왕세자의 책례(冊禮)를 수많은 백성이 공손히 기다리고 있습니다. 이러한 때에 신의 미약한 목숨이 비록 실오라기 같지만 아직도 인간의 본성을 보존하고 있으니, 어찌 문안하는 반열에 몸소 나아가 미천한 정성을 조금이나마 펴고 아울러 청대(請對)하여 경사스러운 책례를 거행할 날짜를 여쭙지 않겠습니까. 하지만 평소 앓던 적괴(積塊)[91]가 그제 밤부터 크게 치밀어 올라 죽기를 빌어도 죽지 않으니, 또한 하나의 괴이한 일입니다. 어제부터는 비록 조금 가라앉았으나, 한기(寒氣)를 조금 쐬니 문득 앞서처럼 다시 발작하였습니다. 이러한 병세로는 기동할 가망이 없으니, 문안하는 반열에 나아가지 못하는 것이 어찌 신이 좋아서 그러는 것이겠습니까.

이런 가운데 대간의 탄핵이 또 나왔습니다. 원래의 상소를 보지 못하여 무어라고 말을 했는지는 모르겠으나, 전교 내용 중의 상세한 말씀을

89 대간의……부주 : 1797년(정조21) 11월 3일에 올린 서계이다.

90 양(陽)……생겨나니 : 동지(冬至)라는 말이다. 《주역》에 순음(純陰)인 곤괘(坤卦)에서 양효(陽爻) 하나가 음효(陰爻) 다섯의 아래 새로 생기면 복괘(復卦)가 되는데, 이를 만물이 태동하기 시작하는 것으로 보며 절기로는 동지에 해당한다.

91 적괴(積塊) : 배 속에 쌓여 뭉친 단단한 덩어리이다.

보면 그 상소에서 신을 여지없이 능멸하였다는 것을 알 수 있습니다. 신이 늙어서도 죽지 않고 있으니, 지금 조정에서 신을 탄핵하지 않는다면 대간의 기풍을 떨쳐 일으킬 수가 없습니다. 하지만 신도 사람인지라 어찌 괴롭고 고민스럽지 않겠습니까. 비록 그렇더라도, 이것은 잘못을 부지런히 지적해 주는 것으로 치부하는 것이 좋으니, 신에게 무슨 관계가 있겠습니까. 다만 이 병세가 앞에서 진달한 것과 같아서 일상적으로 행해야 할 예절도 폐기하게 될 상황이니, 이는 사람의 도리가 아닙니다. 이불 속에서 슬피 흐느껴 울며 마음을 진정할 수가 없었습니다.

이러한 때에 입시했던 사관이 성상의 유지를 받들고 와서 전하였습니다. 유지의 뜻이 간곡하여 일반적인 격례(格例)를 훨씬 벗어날 정도였는데 "동지(冬至)의 문안을 집에서 하려고 하는가?"라고 묻고, 심지어 "나의 뜻을 아는 사람은 경이다.〔知予意者卿〕"라는 다섯 글자를 말씀하셨습니다. 신이 어떤 사람이기에 감히 이러한 하교를 받들겠습니까. 황공하고 떨려서 어찌해야 할지 모르겠습니다. 오늘 밤에 병을 조리하여 만약 억지로라도 나아갈 수 있게 된다면, 내일 새벽에 삼가 마땅히 들것에 실려 궐 밖의 조방(朝房)에 나아가 성상께서 계신 곳을 바라보며 춤출 듯이 기쁜 성심(誠心)을 다 표현하겠습니다.-허물을 인책하며 면직을 청한 차자가 권27 제19판에 보인다.-

답하기를,

"잘 알았다. 많은 말을 하지 않은 것은 바로 본 사안을 달갑게 여기지 않았기 때문이다. 임금을 위하는 자는 나의 하교를 따르겠지만 이와 반대로 하는 자는 나도 어찌해야 할지 모르겠으니, 또한 어찌 좌상(左相) 한 사람의 처지만을 위해 그리했겠는가. 대신(大臣)으로서 수상(首相)을 맡고 있는 자는 내 마음을 자신의 마음으로 삼아서 보좌하고 모범이 되는 것이 바로 현재의 첫 번째 의리이다.'라는 내용으로 다시 전유하라."

하였다.

약원에 내린 비지로 인해 금오의 문에서 대명하겠다는 서계[92]

因藥院批旨待命金吾書啓

신은 마음과 병이 모두 고통스러워 중임(重任)을 차지하고 있을 가망이 전혀 없기에 사직 단자(辭職單子)를 올리고 은혜롭게 체직해 주시기를 공손히 기다렸습니다. 그런데 봉하여 돌려주라는 명이 일반적인 격식을 훨씬 뛰어넘었고 승지가 엄숙히 찾아와 함께 들어오라는 뜻으로 선유(宣諭)하니, 신은 황공하고 두려워 어떻게 해야 할지 몰랐습니다. 이러한 가운데 약원에 내린 비지를 보니, 불충하고 못난 신이 성상께서 번거롭게 수응하시게 한 일로 인해 성상의 환후(患候)가 매우 더 심해졌습니다. 놀랍고 절박한 마음으로 신의 죄를 스스로 생각건대, 먼 곳으로 유배를 가거나 엄한 형벌을 받더라도 만에 하나도 속죄(贖罪)될 수 없을 것입니다. 신하 된 자로서 "월(越)나라 사람이 진(秦)나라 사람의 여윈 것을 보듯이 한다."라는 하교[93]까지 듣게 되었는데,

92 약원에……서계 : 1792년(정조16) 2월 14일에 올린 것이다.

93 월(越)나라……하교 : 1792년 2월 14일 약원이 입진(入診)을 계청하자 정조가 내린 하교에 "갑자기 오늘 아침에 좌상이 또 단자를 올린 것으로 인해 돈유(敦諭)하라느니 데려오라느니 하는 허다한 수응이 어제보다 열 배나 되어 지금 가슴에 치미는 기운이 솟구쳐 올라 불길보다 더 뜨겁다. 정승의 직위에 있는 자가 이렇게 월나라 사람이 진나라 사람 여윈 것을 보듯이 행동할 줄은 헤아리지 못하였다."라고 하였다. 《日省錄 正祖 16年 2月 14日》 정조가 인용한 고사는 당(唐)나라 한유(韓愈)의 〈쟁신론(爭臣論)〉에 나온다. 월나라 사람이 진나라 사람의 여윈 모습을 무심하게 보는 것처럼 어떤 일에 대해 자신과는 무관한 일로 여기는 것을 비유하는 말이다.

하루라도 지상(地上)에 사는 이상 결코 이와 같은 사리(事理)는 없습니다. 이에 놀란 혼을 수습하여 금오의 문 밖으로 달려와 엎드려 엄한 주벌을 청합니다.

전교하기를,

"'데리러 간 승지가 서계를 올렸을 때 대략 말하였고 약방이 구전(口傳)으로 아뢸 때에도 말하였는데, 내가 어찌 요긴하지 않은, 병을 칭탁하는 말을 가지고 경의 거취를 위협할 수 있겠는가. 경은 부디 집으로 돌아가 조리하다가 차도가 있거든 조정에 나오라. 만약 억지로라도 마음을 바꿀 수 있다면, 또한 어찌 굳이 막고 즉시 인접(引接)하지 않겠는가. 이것은 나에게 물을 일이 아니라 경의 마음속 주인옹(主人翁)이 거취를 어떻게 재량하는지에 달렸다. 경이 나오면 우상(右相)도 의당 나올 것이다. 사세가 비록 그러하나, 듣자니 조금 전에 내린 전교를 우상이 심상하게 듣는다 하니, 또한 예상했던 바가 아니다. 내가 부덕하여 비록 신하를 예로 대우하는 도리가 모자라기는 하지만, 고인(古人)은 「임금이 무례하더라도 신하는 충성하지 않아서는 안 된다.」라고 하지 않았던가. 내가 참으로 잘난 체하고 싶지 않지만, 염려할 것은 임금의 기강과 나라의 체통이다. 이러한 뜻을 동료 상신으로 하여금 알게 해야 할 것이다.'라는 내용으로 데리러 간 승지는 전유하고, 대명(待命)하지 말도록 함께 전유하라."

하였다.

치사를 청하는 상소를 올리고, 승지가 그에 대한 비답을 전하자 붙여 올리는 서계[94] 무오년(1798, 정조22)

陳疏乞骸承旨宣批附上書啓 戊午

신이 아침에 간절한 바람을 담은 상소를 올리고서 하늘을 우러러 공경히 축원하였는데, 정신이 안정되지 않았습니다. 그런데 천만뜻밖에 은대(銀臺)의 근신(近臣)이 누추한 골목으로 엄숙히 찾아와 손수 성상의 비답을 전하였습니다. 윤음의 극진한 하교는 글자마다 은혜로운 말씀이어서 반도 읽기 전에 눈물이 샘솟듯 흘렀습니다. 다만 골수에 맺힌 신의 바람이 천지와 부모처럼 불쌍히 여겨 굽어살펴 주시는 성상의 윤허를 입지 못한 것은 모두 신의 정성이 부족한 소치이니, 스스로 돌아보매 부끄럽고 한스러울 뿐 다시 무슨 말을 하겠습니까.

신이 치사를 청하는 것은 도성을 멀리 떠나 산림(山林)으로 들어가겠다는 뜻이 아닙니다. 삼공(三公)의 중대한 직무를 제대로 떠맡을 가망이 없는 상황에서, 비록 죽을 때가 가까울지라도 한번 물러난다면, 혹시라도 전부터 하는 일 없이 녹만 받아먹던 죄를 조금이라도 씻을 수 있기에 신이 치사를 청하는 것입니다. 만약 정승의 직임에서 먼저 해면(解免)해 주신다면, 치사가 조금 더디거나 이른 것은 신이 굳이 따지지 않을 것입니다. 이것이 실로 신의 실제 마음입니다. 전하께서 이러한 상황에서 어찌 차마 자리에 누워 있는 식지 않은 시체 같은 신으로 하여금 한을 품은 채 저승으로 돌아가게 하시겠습니까. 승지를

94 치사를……서계 : 1798년 6월 1일 올린 것이다.

따라 조정에 나오라는 하교는 특별히 남다른 은혜이니, 어찌 서둘러 달려가 명을 받듦으로써 근래의 성상에 대한 그리움을 조금이나마 달래고 아울러 가슴에 가득한 슬픈 감정을 토로하고 싶지 않겠습니까. 하지만 조금 전에 물러나겠다고 고하였는데 곧바로 조정에 나아가는 것은 의리상 온당치 못한 일일 뿐 아니라, 여러 날 동안 여름철 설사병을 겪은 뒤라 숨이 간당간당하여 관복을 갖추어 입을 가망이 전혀 없기에 더더욱 땅에 엎드려 눈물만 흘립니다.-대간(臺諫)의 탄핵이 있은 뒤에 내린, 위로하고 면려하는 전교가 권수 하 제34판에 보인다.-

답하기를,

"잘 알았다. 승지가 선유한 뒤에 조정에 나올 것이라 생각했고, 비록 조정에 나오지는 않더라도 청한 바를 즉시 철회한다고 부주(附奏)를 통해 말하리라 여겼다. 그런데 지금 부주로 올린 글을 보니, 이것이 어찌 내가 알고 있는 경의 모습이겠는가. 경은 지금 마지못해 중서(中書)의 당(堂)에 있는 것이지, 어찌 경이 좋아서 그런 것이겠는가. 진실로 이미 군주의 지우(知遇)를 입었기 때문에 차마 모른 체할 수 없었고, 이미 출처(出處)를 정했기 때문에 뜻이 흔들려 빼앗기고 싶지 않았던 것이다. 전에는 어찌 그리도 굳게 지켰으면서 지금은 어찌 이다지도 가볍게 바꾸는가. 경의 얼굴을 마주한다면 내가 한마디로 깨우쳐 줄 수 있을 것이다. 또 들으니 병이 억지로라도 일어나기 어려운 지경에 이르지는 않은 듯하므로 다시 승지를 보내 전유하게 하니 부디 사양하지 말고 즉시 함께 들어오라."

하였다.

다시 올리는 서계[95]

再書啓

신이 물러난다면 아마 은혜를 저버리는 것 같겠지만, 병이 점차 깊어져 달려가 명을 받들 수 없는 처지이니 마음이 슬프고 괴롭습니다. 정신이 어지러워 아침에 진달한 부주에서는 가슴에 맺혀 있는 수많은 생각을 만에 하나도 토로하지 못하였습니다. 성상의 유지가 다시 내려오니, 보통의 격례를 뛰어넘은 은혜와 깨우치고 나무라는 말씀에 누군들 감읍하지 않겠습니까. 그 가운데 "중서의 당에 있는 것이 어찌 경이 좋아서 그런 것이겠는가. 진실로 이미 군주의 지우(知遇)를 입었기 때문에 차마 모른 체할 수 없었고, 이미 출처를 정했기 때문에 뜻이 흔들려 빼앗기고 싶지 않았던 것이다.〔中書之堂 卿豈樂爲 已結之主知 不忍恝然 已定之出處 莫欲撓奪〕"라고 하신 26자는 신이 말하고 싶었지만 형용할 수 없었던 것인데, 전하께서 간곡하게 묘사하여 마치 신의 속마음을 환히 비추고 계신 듯하였습니다. 신이 이러한 하교를 받았으니, 비록 죽더라도 조금도 유감이 없을 것입니다. 하지만 사직한 뒤 치사(致仕)를 청하겠다는 것을 이미 마음에 맹세하였고, 사람들에게 말했으며, 마침내 군부(君父)의 앞에서 발설하였습니다. 이러한 상황에서 단지 남다른 은혜가 거듭 내렸다는 이유로 초심(初心)을 저버린다면, 이것이 어찌 신이 차마 할 수 있는 짓이겠습니까. 승지를 따라 함께 들어가서 직접 옥음(玉音)을 듣는다면 어찌 신의 지극한 영광이며 큰 행운이

95 다시 올리는 서계 : 1798년(정조22) 6월 2일 올린 것이다.

아니겠습니까마는, 미천한 몸이 기력이 다해 일어나려다가 도로 넘어지니 하늘을 우러러 바라보며 눈물만 줄줄 흘리고 있습니다. 승지가 지키고 있는 것은 더욱이 못난 천신(賤臣)이 감당할 수 있는 바가 아닙니다. 삼가 바라건대 특별히 명을 거두어 거의 죽을 지경에 이른 신으로 하여금 안심하고 죽을 수 있게 해 주시기를 간절히 바랍니다.

답하기를,

"잘 알았다. 경이 올린 부주를 방 안에 둔 채 경을 반드시 바로 조정에 나오게 할 좋은 방도를 하룻밤 동안 곰곰이 궁리해 보았다. 아무리 생각해도 일단(一端)의 조처가 있어야 이전의 청(請)을 취소하고 어전에 나오게 할 수 있을 것 같은데, 이를 과연 어찌해야 좋겠는가. 또한 경에 대해 반복해 생각해 보아도, 경이 치사할 나이가 되었음에도 물러나게 하지 않은 데에는 이미 근거한 바가 있으니, 지금에 와서 수많은 글을 올려서 끊임없이 힘껏 청하더라도 '휴퇴(休退)'라는 두 글자에 대해서는 결코 인가(印可)할 수 없다. 경도 어찌 꼭 이런 시기에 처음의 뜻을 굽히려 하는가. 그러나 이미 시작한 거조를 까닭 없이 중지하는 것도 체모에 관계되는 일이다. 경이 만약 내가 경을 버리지 못하는 지극한 뜻에 감동하여 치사의 청을 정지한다는 뜻으로 이 사관(史官)이 돌아오는 편에 부주한다면, 정승의 직임을 잠시 체차하도록 우선 허락하는 조처를 끝내 아끼지 않을 것이니, 경은 즉시 부주하라. 지금은 날씨가 무덥고 비가 내릴 기미가 있으니 조정에 나오는 것은 다시 형편을 보아서 하라."

하고, 아울러 이러한 뜻을 전유하도록 입시한 사관으로 하여금 전하게 하였다.

세 번째 올리는 서계[96]

三書啓

신이 충심(衷心)에 맺힌 바가 있어 번거롭게 아뢰는 잘못을 피하지 않고 어제 부주(附奏)로 올렸으니, 혹시라도 천지(天地)처럼 어질고 부모처럼 은혜로운 성상께서 신을 불쌍히 여겨 죽을 때가 다 된 목숨으로 하여금 바람을 이룰 수 있게 해 주신다면 죽어서도 영광스러울 것이라 기대하였습니다. 방금 입시했던 사관(史官)이 어전(御前)으로부터 와서 성상의 윤음을 전하였습니다. 신이 받들어 읽고는 감격의 피눈물이 흘러내리는 것을 더욱 주체할 수 없었습니다. 신같이 못난 사람의 출처와 거취가 국가와 무슨 관련이 있겠습니까. 그런데도 성상께서는 "좋은 도리를 곰곰이 궁리해 보았다."라고 유시하고, 이어 "경에 대해 반복해 생각해 보았다. 거조를 까닭 없이 중지하는 것은 지극히 내 마음에 걸린다. 정승의 직임에 대해서는 체차를 허락한다."라고 하여 성상의 뜻을 분명히 밝히셨습니다. 신하로서 이런 남다른 은혜를 입은 자가 고금을 통틀어 몇이나 있겠습니까. 손을 모아 백번 절하며 살아서나 죽어서나 은혜를 갚고자 할 뿐입니다. 생각건대 신이 치사를 청할 경우 시급한 일은 정승의 직임에서 체차되는 것이었습니다. 정승의 직임에 대해 체차를 명한다면, 시급한 일은 이미 소원을 따라 주었으니, 그다음 문제 또한 전하께서 앞으로 잘 헤아려 일개 미물(微物)로 하여금 끝내 제자리를 찾을 수 없게 하지는 않으시리라 믿습니다. 신이

96 세……서계 : 1798년(정조22) 6월 2일 올린 것이다.

전하를 믿지 않는다면 다시 어디에 호소하겠습니까. 신이 아뢸 말씀은 이것뿐이니, 다시 바라건대 불쌍히 여겨 굽어살펴 주소서.

답하기를,

"잘 알았다. 좌상에게 별도로 돈유(敦諭)를 내리니 데리러 간 승지로 하여금 전유하고, 부주를 받으면 먼저 들어오게 하라."

하였다.

정승의 직임에 대한 청을 허락받고서 사관을 통해 올리는 부주[97]

相職許副因史官附奏

상직을 해면하는 전교가 권수 하 제26판에 보인다.

신이 가슴에 가득한 지극한 바람을 외람되이 부주로 진달하고서 아침 내내 공경히 축원하며 밥도 거른 채 기다렸는데, 특별히 은혜로운 하교가 구천(九天)에서 내려와 신이 맡은 의정(議政) 직함을 해면하도록 허락하고 중추부에 붙이도록 명하셨습니다. 지금 이후로 신이 신체(身體)를 보전한 채 온전히 죽을 수 있게 된 것은 오히려 사사로운 영광에 속하는 일입니다만, 전하께서는 예로써 신하를 부리는 데 유시유종(有始有終)의 미를 거둘 수 있게 되어 덕을 굳게 지키심이 실로 천고(千古)의 역사책에서 빛나게 되었으니, 신이 뛸 듯이 기뻐하고 다행으로 여기는 것이 어찌 단지 한 개인의 일일 뿐이겠습니까. 하늘처럼 높고 대지처럼 두터운 성상의 은혜는 갈수록 더욱 갚기가 어려우니, 고인(古人)이 죽을 곳을 모르겠다고 한 말이 바로 이런 경우를 두고 한 것입니다. 날이 선선해지면 조정에 나오라는 하교는 더욱 곡진히 헤아려 주신 것인 만큼, 신은 삼가 마땅히 병을 조섭하여 억지로라도 일어날 수 있게 되면 조만간 들어가 은혜로운 명에 숙배하고 어전(御殿) 앞에서 손을 모으고 백번 절하겠습니다.

알았다고 답하였다.

97 정승의……부주 : 1798년(정조22) 6월 2일 올린 서계이다.

번암집

제29권

헌의 獻議

황단의 아악을 증보하여 개수하는 것이 합당한지에 대한 헌의[1] 기해년(1779, 정조3)

皇壇雅樂增修當否議 己亥

신은 본래 어리석고 비루하니 예악(禮樂)에 대한 물음에 어찌 감히 대양(對揚)할 수 있겠습니까. 황단(皇壇)은 의기(義起)의 예(禮)[2]입니다. 숙종(肅宗)께서 처음 제정하고 영조(英祖)께서 증보하여 개수하셨으니,[3] 악장(樂章)과 현가(懸架)[4]와 일무(佾舞) 같은 것들은 생각건대,

1 황단(皇壇)의……헌의 : 황단은 임진왜란 때 원병(援兵)을 보내 준 명(明)나라 신종(神宗)의 공을 추모하기 위해 세운 제단으로, 뒤에 태조(太祖)와 의종(毅宗)도 합사(合祀)하였다. 1704년(숙종30) 예조 판서 민진후(閔鎭厚)가 발의하여, 이해 12월에 창덕궁 금원(禁苑) 옆에 설치하였다. 대보단(大報壇)이라고도 한다. 1779년 1월 24일 호조 참판 송덕상(宋德相)이 차자를 올려 황단에 향사하는 예절에 대해 건의하였는데, 그 요지는 첫째, 당시의 전폐곡(奠幣曲), 초헌곡(初獻曲), 철변두곡(撤籩豆曲)에다 영신곡(迎神曲)과 송신곡(送神曲)을 증보하여 황단의 악장(樂章)을 바로잡고, 둘째, 육일무(六佾舞)를 팔일무(八佾舞)로 바꾸어 일무(佾舞)를 바로잡고, 셋째, 붉은 비단을 푸른 비단으로 바꾸어 제복(祭服)을 바로잡고, 넷째, 판현(判懸)을 궁현(宮懸)으로 바꾸어 현가(懸架)의 위차(位次)를 바로잡는 것이었다. 이에 대해 정조는 "유현(儒賢)의 이 차자를 예조, 대신, 구경(九卿), 육조의 당상, 삼사(三司)의 여러 신하에게 내려 의론을 수합하여 아뢰게 하고, 지방에 있는 유신에게도 예관을 보내 의견을 물은 다음 나에게 물어 처리하게 하라."라고 하교하였는데, 이 글은 당시 한성부 판윤으로 있던 번암이 헌의한 내용이다. 《正祖實錄》《日省錄》《承政院日記》

2 의기(義起)의 예(禮) : 예문(禮文)에는 없지만 이치를 참작하여 새로 만든 예(禮)를 말한다. 《예기(禮記)》〈예운(禮運)〉에 "예라는 것은 의의 실질이니, 의에 맞추어서 맞으면 예가 비록 선왕 때에 없었더라도 의로써 새로 일으킬 수 있다.〔禮也者, 義之實也, 協諸義而協, 則禮雖先王未之有, 可以義起.〕"라고 한 데서 온 말이다.

반드시 그 당시의 대신과 예관(禮官)이 널리 상고하고 이리저리 참조하여, 구비할 만한 것은 구비하고 줄일 만한 것은 줄여서 마침내 정제(定制)로 삼았을 것입니다. 지금 만약 옥서(玉署 홍문관(弘文館))와 의조(儀曹 예조)의 신하들로 하여금 황단의 전말에 대해 기록한 공사(公私)의 글들을 널리 수집하여 전하의 을람(乙覽)에 대비하게 한다면, 절충하고 취사하는 방도에 도움이 없지 않을 것입니다. 삼가 바라건대 상께서 재결하소서.-당시 송덕상(宋德相)이 상에게 진달하여 황단의 악장과 현가를 증보하여 궁현(宮懸)으로 하기를 청하니, 이에 상께서 2품 이상 및 삼사(三司)에서 헌의(獻議)하도록 명하였다. 공경(公卿) 이하가 모두 마음속으로는 황단의 제도를 용납할 수 없고 국가의 재력이 미칠 수 없음을 알았지만, 송덕상의 기세가 한창 치성하여 감히 그 뜻을 어기지 못하고 모두 면종(面從)하며 말하기를 "유현(儒賢)의 말이 옳습니다."라고 하였다. 그러다가 이 헌의가 올라가자 송덕상은, 채제공이 자신에게 붙지 않은 것을 노여워하여 상소로 모욕을 주었는데, 상이 통촉하신 덕분에 죄를 받지 않았을 뿐만 아니라 궁현까지도 아울러 그만두게 하였다.-

3 영조(英祖)께서 증보하여 개수하셨으니 : 영조는 1747년(영조23) 3월 2일 정사에서 황단의 의주(儀註)에 관한 책을 편집하여 보관하게 하였는데, 이해 3월 29일 의궤가 완성되자 향실(香室)에 보관하라고 명하였다. 《英祖實錄 23年 3月 2日》

4 현가(懸架) : 종(鍾), 경(磬), 북〔鼓〕 등의 악기(樂器)를 거는 틀을 말한다.

삼릉에 비를 세우는 일에 대한 헌의[5] 무신년(1788, 정조12)

三陵竪碑議 戊申

선조(先朝)의 수교(受教)[6]는 진실로 침원(寢園)을 존봉(尊奉)하는 효심에서 나왔습니다만, 유사(有司)를 맡은 신하들이 지금까지 미적거리며 세월을 끄는 바람에 삼릉(三陵)에 아직까지 비를 세우지 못하고 있습니다. 이는 해가 혹 흉년이 들어 재력(財力)이 미치지 못한 데서 말미암은 듯합니다만, 너무도 온당치 못합니다. 그러나 이는 일시에 모두 세울 일이 아니니, 내년부터 물력(物力)을 경영하여 몇 년에 걸쳐서 차례차례 봉행(奉行)하되, 먼저 세워야 할 곳과 나중에 세워야 할

5 삼릉(三陵)에……헌의 : 삼릉은 공릉(恭陵), 순릉(順陵), 온릉(溫陵)을 말한다. 1788년 9월 26일 예조가 초기(草記)하여 온릉 영(溫陵令) 최창국(崔昌國)이 상소한 본릉 건비사(本陵建碑事)에 대해 대신에게 의논한 내용을 아뢰고 상(上)의 재결을 청하였는데, 이에 대한 전교에서 "대신들의 의론이 비를 세워야 한다는 것은 대체로 일치하지만, 혹은 일시에 모두 시작하는 것이 옳다 하고 혹은 재력을 경영하여 차례차례 역사(役事)를 시작하는 것이 옳다고 하였다. 예조와 호조에서 다시 헤아려 보고 사세(事勢)와 재력에 대해 하나로 결론을 내린 다음 입시하여 나에게 물어 처리하는 것이 좋겠다."라고 하였다. 《承政院日記 正祖 12年 9月 26日》 이 글은 당시 우의정으로 있던 번암이 헌의한 내용이다.

6 선조(先朝)의 수교(受教) : 1770년(영조46) 윤5월 9일 운남군(雲南君) 이진(李禛)이 상소하여 단종(端宗)의 비(妃) 정순왕후(定順王后) 송씨(宋氏)의 능인 사릉(思陵)에 비석을 세우기를 청하였는데, 이에 대한 하교에서 공릉, 순릉, 온릉에도 모두 비석을 세우라고 명한 일이 있었다. 또 1775년 6월 6일 정사에 "운봉군(雲峯君) 이심(李杺)이 상소하여 공릉, 순릉, 온릉에 비석을 세우기를 청하니, 임금이 내년 봄을 기다려 거행하겠다고 답하였다."라는 기록이 보인다. 《英祖實錄 51年 6月 6日》

곳 같은 경우는 한번 품지(稟旨)를 거치는 것이 합당할 듯합니다. 삼가 바라건대 상께서 재결하소서.

대원군의 묘우에서 면장을 훔친 죄인에게 형률을 적용하는 일에 대한 헌의[7]

大院君廟偸帳罪人用律議

대원군의 묘우(廟宇)에서 면장(面帳)을 훔친 죄인 김응우(金應禹)에게 형률을 적용한 것이 합당한지에 대해 대신들에게 의논한 다음 상에게 여쭈어 처리하라는 명이 있었습니다. 신은 평소 식견이 없고 또 율문(律文)에 어두우니, 이러한 일에 사형(死刑)을 적용하는 것이 합당한지를 논의하는 자리에서 어찌 감히 억견을 가지고 망녕되이 스스로 논열(論列)할 수 있겠습니까. 그러나 삼가 생각하건대 대원군의 묘우는 일의 체모가 지극히 중요하니, 도둑이 비록 매우 모질고 완악하더라도 어찌 감히 묘우의 담장을 넘어 지극히 공경해야 할 곳에서 변을 일으킬 생각을 할 수 있단 말입니까. 그 심보를 따져 보면 결코 천지 사이에 살려 둘 수가 없습니다. 다만 성왕(聖王)이 세상을 다스릴 때는 오직 사람의 목숨을 중하게 여기는 법이니, 옥사(獄事)를 결단하는 경중으로 볼 때 감히 율문을 넘어서는 안 됩니다. 율문이 반드시 다 성인이 만든 것은 아니지만 고금의 천하 국가가 통용하던 바는 처음부

7 대원군의……헌의 : 1788년(정조12) 4월 고양(高陽) 사람 김응우가 대원군 사당의 감실(龕室) 앞 면장과 독(櫝)을 덮는 보자기를 훔친 죄로 잡혔는데, 당시 그의 처벌에 대해 대신들의 의견이 일치하지 않았다. 이에 정조는 1789년 1월 16일에 형조의 조사 보고를 받고는 "경들이 율문(律文)을 상고하여 하나로 정하여 회계(回啓)하라."라고 하교하였는데, 이 글은 당시 우의정으로 있던 번암이 헌의한 내용이다.《正祖實錄 13年 1月 16日》

터 여기에 있지 않은 적이 없었으니, 소홀히 할 수 없는 것이 분명합니다.

지금 형조에서 인용한 율문으로 말하자면 "대사(大祀)에서 천지신명에게 제물을 바치는 데 사용하는 제기(祭器)와 유장(帷帳) 등의 물건을 훔친 자는 참형(斬刑)에 처한다."[8]라는 조문(條文)입니다. 그 밖에 "대사의 제물을 법대로 하지 않은 자는 장(杖)을 치고 유배(流配)한다."[9]라는 조목 아래에는 "중사(中祀)도 같다."[10]라는 조문이 있습니다만 "제기와 유장 등의 물건을 훔친 자는 참형에 처한다."라는 조문의 아래에는 중사도 같다거나 같지 않다는 말을 애초에 거론하지 않았습니다. 따라서 이는 장을 치고 유배하는 이하의 죄에 대해서는 중사를 대사의 사례에 견줄 수 있다는 것을 말합니다.

한(漢)나라 문제(文帝) 때에 장석지(張釋之)는 고묘(高廟)에서 옥환(玉環)을 훔친 사람에 대해 다만 기시(棄市)의 형률에 해당한다고 평의(評議)한 적이 있었습니다.[11] 진(晉)나라 성제(成帝) 때에 정위(廷

8 대사(大祀)에서……처한다 : 《대명률(大明律)》 〈형률(刑律) 도적(盜賊)〉의 도대사신어물조(盜大祀神御物條)에 "무릇 대사에서 천지신명에게 제물을 바치는 데 사용하는 제기와 유장 등의 물건을 훔친 자 및 향천에 소용되는 옥백과 생뢰, 찬구 따위를 훔친 자는 모두 참형에 처한다.〔凡盜大祀神祇御用祭器帷帳等物, 及盜饗薦玉帛牲牢饌具之屬者, 皆斬.〕"라고 하였다.

9 대사의……유배(流配)한다 : 《대명률》 〈예율(禮律) 제사(祭祀)〉의 제향조(祭享條)에 "만일 대사에 제물로 쓸 생뢰, 옥백, 서직 따위를 법과 같이 하지 않은 자는 태 50의 형(刑)에 처한다. 그중 한 가지를 빠뜨리거나 적게 한 자는 장 80의 형에 처하고, 한 분의 자리를 전부 빠뜨린 자는 장 100의 형에 처한다.〔若大祀牲牢玉帛黍稷之屬, 不如法者, 笞五十. 一事缺少者, 杖八十, 一座全缺者, 杖一百.〕"라고 하였다.

10 중사(中祀)도 같다 : 《대명률》 〈예율 제사〉의 제향조의 말미에 "중사에서 법을 범한 자는 대사의 죄와 같다.〔中祀有犯者, 罪同.〕"라는 말이 있다.

尉)가, 전중장시리(殿中帳施吏) 소광(邵廣)이 관부의 유만(帷幔) 2장(帳)과 합포(合布) 30필을 훔쳤다고 상주(上奏)하니, 유사가 기시의 형률을 적용하여 법대로 처결하였습니다. 소광의 두 아들이 등문고(登聞鼓)를 두드리며 스스로 적몰되어 해당 관서의 노비가 되어서 아버지의 목숨을 대속(代贖)하겠다고 간청하자, 상서관(尙書官) 주영(朱映)이 헌의하기를 "천하의 사람은 자식이 없는 자가 적습니다. 한 사람의 일이 마침내 행해져서 문득 영구히 시행되는 제도로 이루어지면 사죄(死罪)의 형률이 여기에서 해이해질까 두렵습니다."라고 하였습니다. 당시 헌의하는 사람들이, 소광을 칼을 씌워 도배(徒配)하고 두 아들을 적몰하여 관노(官奴)로 들이면 이미 충분히 징치(懲治)하는 것이니 이렇게 하면 백성에게는 부자(父子)의 도리를 알게 하고 성조(聖朝)에는 은혜를 베푸는 인자함이 있게 될 것이라고 하였지만, 결국 상서우승(尙書右丞) 범견(范堅)이 논박하여 헌의하는 자들의 말을 따르지 않았습니다. 그러나 조정의 헌의가 각각 의견이 있었던 것으로 보건대, 죽일 수 있고 살릴 수 있는 사이에 달려 있을 때에는 전적으로 한 가지 형률로만 단정하지 않았던 것을 알 수 있습니다.

대원군의 묘우가 비록 지극히 중요하지만 이미 대사가 아니고 보면, 율문 가운데 유장 등을 훔친 자에 대한 형률을 적용하는 것은 혹 지나친 듯합니다. 고묘의 옥환을 훔친 자에 대해서는 다만 기시의 형에 처했으

11 한(漢)나라……있었습니다 : 한나라 문제 때 장석지가 정위로 있었는데, 도적이 고묘 좌전(座前)의 옥환을 훔쳤다가 잡히자 문제가 노하여 멸족(滅族)하고자 하였다. 이에 장석지가 율문에 따라 종묘(宗廟)의 복어물(服御物)을 훔친 죄로 논하여 당사자만을 기시하기를 청하여 받아들여진 일이 있었다. 《史記 張釋之列傳》

나, 전각 안의 유만을 훔친 자에 대해서는 혹 살려 주자는 헌의가 있었습니다. 묘우는 이미 고묘와 같이 볼 수 없고 또 전각 안과 더불어 차이가 없지 않으니, 지금 김응우에게 형률을 적용하는 것은 또한 마땅히 기시의 형률 다음에 있어야 할 것입니다. 용형(用刑)할 수 있는 날을 기다려 엄하게 세 차례 형신(刑訊)한 다음 절도(絶島)에 적몰하여 노비로 들이는 것이 율문에 어긋나지 않고, 또한 옛일을 원용하여 현실에 적용하는 의리에 해가 되지 않을 듯합니다. 그러나 신처럼 변변치 못한 사람의 말은 채납하여 쓸 수 없으니, 여러 대신에게 널리 자문하여 처리하는 것이 사의(事宜)에 합당할 듯합니다. 삼가 바라건대 상께서 재결하소서.

수길원의 향사에 재랑과 축사가 갖추어지지 않은 것에 대한 헌의[12]

綏吉園享祀齋祝不備議

수길원의 제도를 정할 때에 따로 원관(園官)의 자리를 만들지 않았으니, 선대왕께서 멀리 생각하여 폐단을 줄이려 했던 성의(聖意)를 누군들 흠앙(欽仰)하지 않겠습니까. 그러나 지금 향사하는 즈음에 이르러서는 재랑(齋郎)과 축사(祝史)가 갖추어지지 않았기 때문에 같은 언덕 안에서 앞뒤로 지내는 제사가 끝내 예모(禮貌)가 구차함을 면치 못하게 되었습니다. 대간(臺諫)이 논한 말에 의견이 없지 않았습니다만, 선조(先朝)에서 제도를 정한 것이 이미 간략하고도 상세하니, 지금 다시 장황하게 만들 필요는 없습니다. 사시(四時)의 향사를 거행할 때가 되면 예부에 명하여 이틀 전에 가관(假官)[13] 2인을 차정(差定)해

12 수길원(綏吉園)의……헌의 : 수길원은 영조의 후궁이자 효장세자(孝章世子)의 사친인 정빈(靖嬪) 이씨(李氏)의 묘소인데, 1778년(정조2)에 수길원으로 승격되었다. 1788년 9월 13일 예조가 초기(草記)하여 수길원에 제향할 때 집사(執事) 2인을 더 차임(差任)하여 소령원(昭寧園)의 제향과 같은 때에 설행(設行)하는 일에 대해 대신(大臣)에게 의논한 것을 아뢰고 상이 재결하기를 청하였는데, 이 글은 당시 우의정으로 있던 번암이 헌의한 내용이다. 《承政院日記 正祖 12年 9月 13日》

13 가관(假官) : 특별한 임무나 사정이 있을 때 임시로 임명하는 관원의 통칭이다. 실관(實官)에게 사정이 있어 그 업무를 대행할 인원이 필요할 때 임명되는 경우, 사신(使臣)으로 나가거나 빈객(賓客)의 영접(迎接) 임무 등을 맡았을 때 품격을 높이기 위해 현직보다 높은 직함을 임시로 받는 경우, 가감역(假監役)이나 가주서(假注書) 등과 같이 가관으로서 실무를 맡은 다음 후에 정식 관제에 편입된 경우, 실직이 없이

보내어 각각 재랑과 축사를 맡게 하되, 이들로 하여금 소령원(昭寧園)[14]과 더불어 동시에 제향을 거행하게 하면 거의 예는 부족하다는 탄식이 없고 일은 제도를 고치는 폐단을 면할 수 있을 것입니다. 그러나 신의 얕은 견해로는 감히 억지로 결단할 수가 없으니, 삼가 바라건대 상께서 재결하소서.

벼슬자리의 명목만을 띠는 경우 등이 있었다.

14 소령원(昭寧園) : 영조의 생모인 숙빈(淑嬪) 최씨(崔氏)의 묘소이다.

의열궁의 묘호를 고치는 일에 대한 헌의[15]

義烈宮改號議

신은 조금 전 연석(筵席)에서 삼가 금성위(錦城尉) 박명원(朴明源)의 소본(疏本)을 보았는데 이어 대신에게 헌의하라는 명을 삼가 받들었으니, 신은 엄숙하게 읽는 지극한 마음을 이기지 못하겠습니다. 시호(謚號)를 옮겨 궁호(宮號)와 묘호(墓號)로 사용하는 것은 근거할 만한 사례가 없을 뿐만 아니라, 막중한 전례(典禮)로 헤아려 보아도 문제가 있습니다. 도위(都尉)가 상소하여 청한 것이 참으로 합당하니, 신의 견해는 한결같이 도위와 같습니다. 원래의 상소에 대해 이미 비답을 내리셨으니, 오늘 묘호를 의논하는 것은 잠시도 늦출 수 없습니다. 그러나 일이 지극히 중요한 데에 관계되니, 삼가 바라건대 상께서 재결하소서.

15 의열궁(義烈宮)의……헌의 : 의열은 영조의 후궁이자 사도세자의 생모인 영빈(暎嬪) 이씨(李氏)의 시호이다. 당시에 이 시호를 궁호와 묘호에 함께 사용하고 있었는데, 1788년(정조12) 12월 26일 금성위 박명원이 상소하여 그 부당함을 아뢰고 영빈의 묘호를 고칠 것을 건의하였다. 이에 정조는 "시호를 그대로 궁호와 묘호로 사용하는 것이 부당하다는 경의 말은 실로 나의 생각과 같다. 그러나 이는 전례에 관계된 일이니, 예조로 하여금 대신과 논의하여 나에게 물어 처리하게 하겠다."라는 비답을 내리고, 이 문제에 대해 논의를 거친 다음 선희(宣禧)로 묘호를 고쳤다.《正祖實錄 12年 12月 26日》

원을 천장할 때 산지를 간심한 일에 대한 헌의[16] 기유년(1789, 정조13)

遷園時山地看審議 己酉

신은 풍수지리에 원래 어두우니, 모산(某山), 모수(某水), 모격(某格), 모법(某法)에 대해서는 감히 지적하여 논의하지 못하겠습니다. 그러나 두 대신의 뒤를 따라 주봉(主峯)에서부터 체세(體勢)를 두루 살펴보고 혈처(穴處)로 내려올 때 높은 곳도 있고 낮은 곳도 있어서 걸음을 옮길 때마다 여러 번 바뀌었으니, 그 주맥(主脈)이 기이하다는 것을 깨달았습니다. 유두혈(乳頭穴)이 이미 평탄한 곳에 매달려 있어서 곧장 내려와 짐짓 앉아서 자세히 살펴보니, 청룡(青龍)이, 견갑(肩胛)이 붙어 있는 것처럼 긴밀하게 가까이 품었는데, 세 봉우리가 청룡의 바깥에 늘어서 있어서 그 튀어 나온 것이 상투와 같았고, 백호(白虎)가 강건하게 감싸 안았는데 산세가 높지도 험하지도 않았으며, 그 밖에 여러 산이 완만하게 빈 곳을 메워서 마치 천 떨기 연꽃이 피어 있는 것처럼 아름다웠습니다.

이른바 퇴과(堆顆)는 수백 보 가량 앞에 있는데 평탄한 곳에서 살펴

16 원(園)을……헌의 : 원은 사도세자의 묘원인 영우원(永祐園)을 말한다. 1789년 7월 11일 금성위(錦城尉) 박명원(朴明源)의 상소로 인해 영우원을 천장(遷葬)하기로 결정하고 담당관을 임명하여 제반 사항을 준비하게 하였으며, 7월 13일 성정각(誠正閣)에서 묏자리를 살피고 온 대신(大臣) 및 와서 대령하고 있던 대신과 각신(閣臣), 도감 당상, 이조·병조의 판서, 한성부 판윤, 광주 부윤(廣州府尹)을 소견하였는데, 이 글은 당시 우의정으로 있던 번암이 헌의한 내용이다. 《正祖實錄》《日省錄》

보면 완연히 품속의 물건과 같아서 자신도 모르게 기이하다는 탄성이 나오고, 안대(案對)는 마치 병풍처럼 늘어서 있는데 가운데에 있는 두 봉우리가 가장 빼어났습니다. 옛사람이 말한 대주향공(對珠向空)[17]이 바로 "양쪽 끝을 잡아 중을 쓴다.〔執端用中〕"[18]라는 것과 "치우치지 않고 기울어지지 않는다.〔不偏不倚〕"[19]라는 것이니, 후세의 사람은 비록 말을 하려 해도 다시 달리 온축(蘊蓄)한 것이 없습니다. 이 때문에 여러 대신과 당상들을 막론하고 한마디 말로 찬탄할 뿐만이 아니라, 마음으로 기뻐하고 진심으로 탄복하지 않는 사람이 없었습니다.

대저 진선진미(盡善盡美)라는 말은 고금의 세상에서 오직 요순(堯舜)만이 이런 칭송을 받았는데 전인(前人)들이 이 산에 대하여 곧바로 이 네 글자를 썼으니, 그 성의를 다해 공경하고 감탄했다는 것을 대개

17 대주향공(對珠向空) : "구슬을 안대하여 빈 곳으로 향(向)을 잡는다."라는 말이다. 구슬은 용이 희롱하는 구슬이라는 뜻으로, 묘혈 전면에 구슬 모양으로 불룩하게 솟은 둔덕을 말한다. 안대는 안산(案山)으로 대한다는 말이다. 안산은 묘혈의 전면에 마주 보이는 산이다. 빈 곳은 두 봉우리 사이의 비어 있는 공간을 말한다. 향은 좌향(坐向)의 향을 말한다.

18 양쪽……쓴다 : 중도(中道)를 잡는다는 의미로, 공자(孔子)가 순(舜) 임금에 대해 평하기를 "순 임금은 큰 지혜이실 것이다. 순 임금은 묻기를 좋아하시고, 천근(淺近)한 말씀을 살피기 좋아하시되, 악을 숨겨 주고 선을 드날리시며, 양쪽 끝을 잡으시어 그 중을 백성에게 쓰시니, 그 때문에 순 임금이 되신 것이다.〔舜, 其大知也與! 舜, 好問而好察邇言, 隱惡而揚善, 執其兩端, 用其中於民, 其斯以爲舜乎!〕"라고 한 데서 온 말이다. 《中庸章句 第6章》

19 치우치지……않는다 : 이 역시 중도를 잡는다는 의미로, 주희(朱熹)가 중용(中庸)의 '중(中)' 자를 풀이하면서 "중이란 치우치지 않고 기울어지지 않으며, 지나침도 없고 모자람도 없는 것의 이름이다.〔中者, 不偏不倚無過不及之名.〕"라고 한 데서 온 말이다. 《中庸章句 題辭》

상상할 수 있습니다. 이는 모두 성상의 효성이 하늘에서 나왔기에 신명(神明)이 묵묵히 보우하여 이 대지(大地)를 점지한 것이니, 신은 기쁘고 다행스러움을 이기지 못하겠습니다.

원을 천장할 때 파토 후 성빈 전까지 대소 향사를 정행할지에 대한 헌의[20]

遷園時破土後成殯前大小享事停行與否議

구원(舊園)을 장차 옮기려 할 때 신민(臣民)이 수복(受服)하고 대중소(大中小)의 향사(享事)를 아울러 우선 정지하는 것은 왕조의 전례(前例)가 이와 같으니, 신이 어찌 감히 달리 논의할 수 있겠습니까. 다만 생각건대 계원(啓園)하는 것이 비록 대례(大禮)의 시작이라고는 하지만 재실(梓室)이 세상에 나오는 날과 비교해 보면 경중에 차이가 없지 않습니다.

또 계원하는 날짜가 성빈(成殯)하는 시기와 그 간격이 꼭 석 달이 되는데 추석 명절이 며칠밖에 남지 않았으니, 향사를 본원(本園)에서만 설행하고 태실(太室)과 각 능침(陵寢)에서 설행하지 않는 것은 압존(壓尊)의 혐의가 있는 듯합니다. 예전에는 계릉(啓陵)과 성빈의 날짜가 머지않았기 때문에 비록 향사를 잠시 정지하더라도 장애가 많은데 이르지는 않았습니다. 그러나 지금의 사세(事勢)는 마침 예전과는 같지 않습니다.

대저 예(禮)란 천리(天理)의 절문(節文)이니, 동일하게 하나의 일

20 원(園)을……헌의 : 1789년(정조13) 8월 11일 예조가, 계원하는 날부터 우제(虞祭) 전까지 대중소의 사향(祀享)을 정지하고, 혼인과 장사(葬事)를 금하며, 조시(朝市)를 정지하는 등의 절차에 대해 대신에게 문의한 다음 그 내용을 아뢰었는데, 이에 대해 정조가 당시 우의정으로 있던 번암이 헌의한 대로 시행하라고 명하였다. 《正祖實錄》《日省錄》《承政院日記》

입니다. 그러나 활협(闊狹)의 차이를 짐작해 보면 각각 마땅한 바가 있으니, 설행할 수 있어서 설행하는 것은 이치이고 설행할 수 없어서 설행하지 못하는 것 또한 이치입니다. 신의 생각은 이렇습니다. 전례에 구애되지 말고 대중소의 향사는 성빈하는 때부터 현실(玄室)에 내리는 날까지 모두 정지하고, 혼인과 장사(葬事)를 금하며, 조시(朝市)를 정지하는 일도 마땅히 이에 준하여 시행해야 할 것입니다. 삼가 바라건대 상께서 재결하소서.

현륭원에 대해 면복을 입는 3개월 동안 거행하는 궁향 때의 의식에 대한 헌의[21]

顯隆園緬服三月內宮享時儀式議

면례(緬禮)의 복제(服制)는 곧 드러난 관(棺)의 앞부분을 다시 보고 나머지 슬픔이 다하지 않아서 3개월의 시마(緦麻) 복제에 붙인 것입니다. 본궁(本宮)의 경우로 말하건대, 현실(玄室)을 막 닫았으면 상례(喪禮)가 이미 끝난 것이니, 무릇 향사(享事)에서 상복으로 갈아입고 음악을 정지하는 것은 근거할 만한 예(禮)가 없는 듯합니다. 삼가 바라건대 상께서 재결하소서.

21 현륭원(顯隆園)에……헌의 : 면복은 무덤을 개장(改葬)한 뒤에 입는 복제이다. 1789년(정조13) 8월 4일 예조가, 경모궁(景慕宮) 향사(享祀) 때의 복색(服色)과 음악 사용 여부에 대해 대신(大臣)에게 의논한 다음 그 내용을 아뢰었는데, 이 글은 당시 우의정으로 있던 번암이 헌의한 내용이다. 《正祖實錄》《日省錄》《承政院日記》

자전과 자궁과 곤전이 경모궁에 나아가 예를 행하는 데 대한 헌의[22]

慈殿慈宮坤殿詣景慕宮行禮議

자전과 자궁(慈宮)과 곤전(坤殿)께서 같은 날 경모궁(景慕宮)에 나아가 정리(情理)를 펴는 것은 실로 인정이 천리에 합치되니, 매우 성대한 거조(擧措)입니다. 그러나 그 예절(禮節)은 전대를 상고해 볼 때 이미 근거할 만한 것이 없고 국조의 전례(典禮)로 헤아려 보아도 참조하여 행할 만한 것이 없으니, 신처럼 졸렬하고 천박한 사람이 어찌 감히 그 사이에서 헌의할 수 있겠습니까.

다만 신의 억견으로 말씀드리건대, 곤전께서는 본래 묘정(廟庭)의 판위(版位)에서 재배(再拜)의 예를 행해야 하고, 자궁께서는 곤전의 의리와 차이가 있으니 상탁(床卓)의 앞에서 재배의 예를 행해야 할 듯합니다. 자전께서는 묘우(廟宇) 안에 임하여 보지 않을 수 없지만, 예로 볼 때 절은 하지 않아야 합니다.[23] 만약 친히 상탁 앞에 앉아서

22 자전(慈殿)과……헌의 : 1794년(정조18) 12월 24일 예조가, 자전과 자궁이 경모궁에 나아가서 의절(儀節)을 함께 행하는 것에 대해 대신(大臣) 및 유신(儒臣)에게 의논한 다음 그 내용을 아뢰었는데, 이 글은 당시 영중추부사로 있던 번암이 헌의한 내용이다. 《正祖實錄》《日省錄》《承政院日記》 자전은 영조(英祖)의 계비(繼妃)인 정순왕후(貞純王后) 김씨(金氏)를, 자궁은 정조(正祖)의 모후(母后)인 혜경궁(惠慶宮) 홍씨(洪氏)를, 곤전은 정조의 비(妃)인 효의왕후(孝懿王后) 김씨를 가리킨다.

23 곤전께서는……합니다 : 곤전과 자궁과 자전은 경모궁에 대해 각각 자식, 아내, 어머니의 의리가 있기 때문에 이렇게 말한 것이다.

술 한잔을 올리고 전작례를 마치고 나서 몸을 일으킨 뒤에 각 전(殿)께서 차례대로 술잔을 올린다면, 정리에도 유감이 없고 예절에도 흠결이 없을 것입니다.

다만 생각건대 왕조의 예는 사가(私家)와는 다르니, 어찌 감히 이와 같이 행하면 장애가 없다고 보장할 수 있겠습니까. 예를 제정하는 것은 성인이 아니면 곧 당대 왕의 책임입니다. 성상의 학문은 고명하여 사소한 것도 빠뜨리지 않으시니, 오직 고금을 참작하여 그 중도에 합치되게 하는 데에 달려 있을 뿐입니다.

신이 감히 성상의 하문에 답하지 않을 수 없어서 우러러 억견을 진달하였으니, 어찌 태재(汰哉)의 비난[24]으로 돌아가지 않겠습니까. 한갓 부끄럽고 송구한 마음 절실할 뿐입니다.

24 태재(汰哉)의 비난 : 지나친 자긍심으로 분수에 넘게 예법을 말한다는 비난을 가리킨다. 사사분(司士賁)이 공자의 제자인 자유(子游)에게 "평상에서 염습하기를 청합니다."라고 물었을 때 자유가 예문(禮文)의 근거를 제시하지 않고 마치 자신의 의견인 양 이를 허락해 준 일이 있었는데, 현자(縣子)가 이 말을 듣고는 "지나치구나!〔汰哉〕숙씨(叔氏)여. 마음대로 예법을 남에게 허락하도다."라고 하였다. 《禮記 檀弓上》 평상에서 염습하는 것이 본래 예에 맞는데, 자유가 마치 자신이 전적으로 허락하는 것처럼 답하였으므로 현자의 기롱을 받은 것이다. 숙씨는 자유의 자(字)이다. 현자는 노나라 대부이다.

《어정오경백편》[25]에 대한 헌의. 성상의 유지(諭旨)를 받들어 《오경백선》[26] 인소의 여러 학사에게 보이다

御定五經百篇議奉聖諭示五經百選印所諸學士

근래에 내가 정력이 점점 쇠약해지는 것을 느껴서 사서(四書)와 이경(二經)을 윤송(輪誦)하는 공부에 형세상 전력(專力)하지 못하고 있다. 이에 오경(五經)에서 100편을 선정하여 인간(印刊)하였는데, 《역학계몽집전(易學啓蒙集箋)》의 자본(字本)을 쓰되 따로 그 체제를 크게 하여 읽기에 간편한 쪽으로 하도록 힘썼다. 편을 선정할 때 인자(仁者)와 지자(智者)의 이견(異見)은 실로 구차하게 같아지기를 구할 필요가 없었지만, 반드시 100을 기준으로 선정한 것은 공자(孔子)가 《서경》을 산정(刪訂)하여 100편으로 만든 의리[27]를 채용하였다. 그러나 오히려

25 어정오경백편(御定五經百篇) : 정조가 오경에서 핵심 구절 100편을 뽑아 5권으로 편집하여 간행한 책이다. 이 책은 1794년(정조18)에 편찬을 시작하여 1795년에 교정(校訂)을 보고 1798년에 간인(刊印)하여 반행(頒行)하였다. 《弘齋全書 卷181 群書標記3 五經百篇五卷》

26 오경백선(五經百選) : 《오경백편》을 처음 편찬할 때 명명한 이름으로 보인다. 《홍재전서》 〈일득록(日得錄)〉에 "책이 완성되매 《오경백선》이라 명명하였는데, 다시 생각해 보니 선이란 변별(辨別)하여 버리고 취함을 말하는 것이다. 그러므로 선을 편으로 고쳤다.〔書既成, 命名曰五經百選, 更思之, 選是揀別去就之謂也. 故改選以篇.〕"라는 말이 보인다. 《弘齋全書 卷165 日得錄5 文學5》

27 공자(孔子)가……의리 : 여기서 말하는 《서경》은 《고문상서(古文尙書)》를 가리키는데, 《한서(漢書)》 〈예문지(藝文志)〉에 "《주역》에 '하수(河水)에서 도가 나오고 낙수(洛水)에서 서가 나오자, 성인이 이를 본받았다.'라고 하였다. 그러므로 《서경》이

자신할 수가 없어서 다시 한 질(帙)을 가지고 제현(諸賢)의 고견을 묻는다.

《시경》 300편의 뜻을 한마디로 대표하면 "생각에 간사함이 없다.〔思無邪〕"라는 말이다. 그런데 〈노송(魯頌)〉의 〈경(駉)〉이 선정한 가운데 들어가지 않은 것[28]은, 만약 이 장을 더한다면 응당 100이라는 수가 넘어 버리기 때문이다. 한 편을 산정하고 이 장을 더하려 한다면 산정할 만한 것은 응당 어느 장으로 귀결되어야 한단 말인가? 주자(朱子)가 《의례경전통해(儀禮經傳通解)》를 찬정(纂定)하였는데 〈복서(卜筮)〉 한 편이 빠져서 구비되지 않았으니, 모르는 사람은 궐문(闕文)이라 여겼다. 그러나 선생의 은미한 뜻은 《역학계몽(易學啓蒙)》에 있다.[29]

기원한 바는 오래되었다. 공자에 이르러 찬술(撰述)하였는데, 위로는 요에서 끊고 아래로 진에 이르러 모두 100편으로 산정하였으니 서문을 적어 그 지은 뜻을 말하였다.〔易曰: "河出圖, 洛出書, 聖人則之." 故書之所起遠矣. 至孔子簒焉, 上斷於堯, 下訖于秦, 凡百篇, 而爲之序, 言其作意.〕"라고 하였다.

28 시경……것 : 《논어》 〈위정(爲政)〉에서 "《시경》 300편의 뜻을 한마디 말로 대표할 수 있으니 '생각에 간사함이 없다.'라는 말이다.〔詩三百, 一言以蔽之, 曰思無邪.〕"라고 하였는데, 정작 이 '사무사(思無邪)'라는 말이 포함되어 있는 〈노송〉의 〈경(駉)〉을 선정하지 않았기 때문에 이렇게 말한 것이다. 〈경〉은 《시경》 〈노송〉의 편명으로, 노(魯)나라 사관(史官) 극(克)이 말을 잘 기르는 희공(僖公)의 덕을 칭송한 시이다. 그 마지막 구절에 "생각함에 간사함이 없으니, 말을 생각함에 이에 앞으로 가도다.〔思無邪, 思馬斯徂.〕"라는 말이 있다.

29 선생의……있다 : 주희가 〈복서〉에 관한 의리를 《역학계몽》에서 상세히 밝혔기 때문에 이렇게 말하였다. 주희는 《역학계몽》의 서문(序文)에서 "문의에 전력(專力)하는 자들은 이미 지리하고 산만하여 근거가 없고, 상수를 풀이하는 자들은 또한 모두 견강부회하여, 혹은 성인의 심사지려에 의해 《주역》이 만들어졌다고 여기기도 한다. 이러한 것들을 나는 적이 병통으로 여긴다.〔其專於文義者, 旣支離散漫, 而無所根著;

나는 스스로 역량을 헤아리지 못하고 서문(序文)이나 발문(跋文)을 지으려 하였으나, 태재(汰哉)의 혐의[30]를 또한 돌아보지 않을 수 없었다. 이에 98편의 아래에 자양(紫陽)[31]의 《중용장구(中庸章句)》와 《대학장구(大學章句)》의 서문을 붙여서 고정(考亭)[32]을 계승하는 큰 의리를 보였으니, 이에 대한 그대들의 의견은 어떠한가?

삼가 대내(大內)에서 내린 《오경백선(五經百選)》의 초본(鈔本)을 받들고 또 삼가 회람(回覽)하게 하신 어찰(御札)을 받들어 보건대, 어정(御定)의 취사선택이 십분 이치에 타당한지를 하문하셨으니, 신은 너무도 놀랍고 두려워서 얼굴과 등에 땀이 흘러내리는 것을 스스로 금치 못하겠습니다.

옛날 공자가 《춘추(春秋)》를 지을 때 자유(子游)와 자하(子夏)가 감히 한마디도 돕지 못하였습니다. 전하께서는 지금 공자의 도(道)를 배우는 분이시니, 설사 전하의 자유와 자하가 있더라도 전하께서 뽑아

其涉於象數者, 又皆牽合傅會, 而或以爲出於聖人心思智慮之所爲也. 若是者予竊病焉.〕" 라고 하면서, 술수에만 치중하여 매우 복잡하고 작위적인 방향으로 흐르는 상수역학(象數易學)과 점서(占書)로서의 《주역》의 본질을 무시한 채 근거 없이 견강부회하는 의리역학(義理易學)의 폐단을 바로잡고 이 두 가지가 양립, 병존할 수 있는 새로운 관점을 제시하고 있다.

30 태재(汰哉)의 혐의 : 159쪽 주24 참조.

31 자양(紫陽) : 중국 안휘성에 있는 산 이름으로, 주희가 이곳에서 강학하였기 때문에 주희의 별호로 쓰인다.

32 고정(考亭) : 주희가 만년에 거처하던 곳으로, 이곳에 고정서원(考亭書院)을 짓고 학문을 강론하였기 때문에 이 역시 주희의 별호로 쓰인다. 주자학파 혹은 주자학을 의미하기도 한다.

정한 것에 대해 진실로 감히 토론하지 못할 것입니다. 더구나 신처럼 노둔하고 졸렬한 사람은 단지 반딧불과 냇물처럼 보잘것없는데, 어찌 일월(日月)처럼 밝고 강해(江海)처럼 큰 전하께서 도움이 되어 달라고 요구할 수 있겠습니까. 비록 그렇지만 미천한 신에게 하문하심에 성지(聖旨)가 이미 각별하셨으니, 이치로 볼 때 시종 입을 다물고 침묵하면서 우러러 대답하지 않을 수는 없습니다.

이에 감히 《오경백선》을 세밀히 검토하고 하문하신 지의(旨意)를 참고하건대, 〈노송〉의 〈경〉이 초본 가운데 들어가지 않은 것은 외면으로는 비록 애석한 듯하지만 성인(聖人)이 이미 생각에 간사함이 없다는 말로 《시경》 300편의 뜻을 대표하였고 보면 후대의 학자들이 만일 잘 읽어 본다면 생각에 간사함이 없다는 세 글자가 편마다 모두 이 말일 것이니, 〈경〉이 들어가는 것과 들어가지 않는 것은 크게 관계가 없을 듯합니다. 성상의 유지(諭旨) 가운데 〈복서(卜筮)〉 한 편이 《의례경전통해》에서 빠졌으나 주자의 은미한 뜻은 《역학계몽》에 있다고 하신 것은, 참으로 후대 사람의 혼몽함을 깨우칠 수 있는 말입니다. 주자의 《중용장구》와 《대학장구》의 서문을 98편의 아래에 붙여서 100이라는 수를 맞춘 것은, 모르는 사람들은 또한 혹 "경(經)과 전(傳)은 각각 그 이름이 다른데 지금 전을 경으로 여기고 전의 서문을 이에 따라 정문(正文)으로 여긴다."라고 의심을 가지기도 할 것입니다. 그러나 《중용》과 《대학》이 본래 《예기(禮記)》에 입록(入錄)되어 있었고 《예기》가 오경(五經)의 하나이고 보면 《중용》과 《대학》은 경에서 뽑아낸 것이니, 어찌 안 될 것이 있겠습니까. 이미 《중용》과 《대학》을 편으로 뽑았으니,[33] 서문을 연결하여 기재해서 100이라는 수를 맞춘 데 대해서는 의심을 가질 필요가 없을 듯합니다. 더구나 도통(道統)이 유래한 곳이 있음을 천명(闡明)하는 데에 빛나는 공적이 있으니, 신은 이에 대해 달리 우러러 진달할 만한 이견(異見)이 없습니다.

다만 이로 인하여 삼가 신의 어리석은 생각을 아뢸 것이 있습니다. 주자는 일찍이 "제왕(帝王)의 학문은 벼슬에 나아가지 않은 선비와 다르다."라고 하였습니다.[34] 대개 제왕은 하루 이틀 사이에도 기미가 만 가지나 생기니,[35] 진실로 총명한 자질을 가지고 있어도 형세상 분산되는 바가 있고 힘이 미치지 못함이 있어서 벼슬에 나아가지 않은 선비가 밤낮으로 경전을 궁구하는 것처럼 하고자 해도 그렇게 할 수가 없습니다. 그런데 지금 우리 전하께서는 총명(聰明)과 예지(睿智)가 사람들 중에 가장 빼어나 온갖 변화를 수응함에 사소하고 미세한 것을 출납하는 일이라도 새벽에 가장 먼저 일어나 해가 저물 때까지 사람들이 게을

33 이미……뽑았으니 : 정조가 오경백편(五經百篇)을 선정할 때《예기》에서는〈악기(樂記)〉와〈대학(大學)〉과〈중용(中庸)〉3편을 뽑았다.《弘齋全書 卷181 群書標記3 五經百篇五卷》

34 주자는……하였습니다 : 주희가 장경부(張敬夫)에게 보낸 답장에서 "대저 제왕의 학문은 비록 벼슬에 나아가지 않은 선비와 다르고 경륜하는 사업은 실로 장구를 해석하는 공부와 다른 점이 있지만, 그 본말의 순서는 나는 두 가지 도가 없다고 생각한다.〔夫帝王之學, 雖與韋布不同, 經綸之業, 固與章句有異, 然其本末之序, 愚竊以爲無二道也.〕"라고 하였다.《晦庵集 卷25 答張敬夫》

35 하루……생기니 : 짧은 기간에도 지극히 많은 일이 생긴다는 말이다. 고요(皐陶)가 우(禹) 임금에게 말하기를 "안일과 욕심으로 제후를 가르치지 마시어 삼가고 두려워하소서. 하루 이틀 사이에도 기미가 만 가지나 생깁니다. 모든 관직을 폐하지 마소서. 하늘의 일을 사람이 대신한 것입니다.〔無敎逸欲有邦, 兢兢業業. 一日二日萬幾. 無曠庶官. 天工人其代之.〕"라고 하였는데, 그 주(註)에서 "하루 이틀이란 날짜가 지극히 짧음을 말한 것이고, 만기란 기미의 일이 지극히 많음을 말한 것이다.〔一日二日者, 言其日之至淺, 萬幾者, 言其幾事之至多也.〕"라고 하였다.《書經 皐陶謨》

리하는 것을 혹 살피지 않음이 없고 혹 신칙하지 않음이 없으니, 신은 전하께서 언제 겨를이 있어서 경전을 송독(誦讀)하시는지 알지 못하겠습니다. 지금 뽑아 정한 것이 전하께는 전체 솥 안의 한 점 고기에 지나지 않지만, 벼슬에 나아가지 않은 여항(閭巷)의 선비들 가운데서는 누가 이와 비슷하게라도 할 수 있겠습니까. 있다면 신이 반드시 들어서 알 것인데 끝내 들은 적이 없으니, 무엇 때문이겠습니까.

오직 바라건대 지금부터는 송독에 힘쓸 뿐만 아니라 송독한 글의 도리로 조정을 가르치고 벼슬에 나아가지 않은 선비를 가르쳐 팔방의 수많은 백성들에게 미치게 하여 한 사람도 그 은택을 입지 못하는 백성이 없도록 하소서. 그렇게 되면 전하께서는 진실로 주자의 도통을 이을 수 있을 것이니, 후대의 학자들이 반드시 《오경백선》의 어제서문(御製序文)을 《중용》과 《대학》의 서문 아래에 기재할 것입니다. 또한 성대하지 않겠습니까, 또한 훌륭하지 않겠습니까.

《어정천고백선》에 대한 헌의
御定千古百選議

성상의 유지(諭旨)를 받들다. 근일에 비로소 한가한 틈을 얻어 문장(文章)에 관한 일을 점검하다가, 마침 문장을 선집(選集)해야겠다는 생각을 하게 되었다. 그래서 《천고백선(千古百選)》이라 명명하고 경문(經文)과 제자(諸子), 문장가(文章家) 및 이단(異端)의 여러 책까지 아울러 가져다가 "모두 나의 스승이다.〔皆我師〕"[36]라는 말의 은미한 뜻을 붙이고, 경(經)과 사람마다 2, 3책(策)을 선정(選定)하기로 약정(約定)하되 백선(百選)의 수를 기준으로 하기로 계획을 세웠다. 그러나 사람의 견해는 만 가지로 같지 않으니 여러 사람의 견해가 합치하는지를 듣고자 한다. 아래쪽에 예시한 것에 의거하여 내일과 모레 사이에 의견을 써서 들이는 것이 가할 것이다.

《주역》, 《서경》, 《예기(禮記)》, 《춘추(春秋)》, 《전국책(戰國策)》, 《논어》, 《맹자》, 《중용》, 《대학》, 《효경(孝經)》, 《노자(老子)》,

36 모두 나의 스승이다 : 선(善)과 악(惡)이 모두 나의 스승이 될 수 있다는 말이다. 《논어》〈술이(述而)〉에 "세 사람이 길을 감에 반드시 나의 스승이 있으니, 그중에 선한 자를 가려서 따르고, 선하지 못한 자를 가려서 자신의 잘못을 고쳐야 한다.〔三人行, 必有我師焉, 擇其善者而從之, 其不善者而改之.〕"라는 말이 있는데, 그 주(註)에서 "세 사람이 함께 길을 가면 그중의 하나는 나 자신이다. 저 두 사람 가운데 한 사람은 선하고 한 사람은 악하다면, 나는 그 선한 사람의 선행(善行)을 따르고, 그 악한 사람의 악행(惡行)을 경계 삼아 고쳐야 하니, 이것은 이 두 사람이 모두 나의 스승이 되는 것이다.〔三人同行, 其一我也. 彼二人者一善一惡, 則我從其善而改其惡焉, 是二人者皆我師也.〕"라고 하였다.

《장자(莊子)》, 《관자(管子)》, 《열자(列子)》, 《순자(荀子)》, 《손무자(孫武子)》, 불경(佛經) 《참동계(參同契)》

한영(韓嬰), 육가(陸賈), 가의(賈誼), 사마천(司馬遷), 동중서(董仲舒), 유향(劉向), 반표(班彪), 반고(班固), 제갈량(諸葛亮), 두예(杜預), 한유(韓愈), 유종원(柳宗元), 육지(陸贄), 이고(李翶), 구양수(歐陽脩), 소순(蘇洵), 소식(蘇軾), 소철(蘇轍), 왕안석(王安石), 증공(曾鞏), 염계(濂溪), 강절(康節), 횡거(橫渠), 명도(明道), 이천(伊川), 주자(朱子)

이 밖에 만일 마땅히 들어가야 하는데 누락된 것이 있으면 더 보태어 넣는 것이 또한 가할 것이다.

《시전(詩傳)》은 뽑지 않는 것이 가할 것이다. 시부(詩賦)는 〈갱재가(賡載歌)〉[37]부터, 혹은 일월광화장(日月光華章)[38]부터 시작하여 우리나라에 이르기까지 1000편으로 한정하고, 그 이름은 《백대천선(百代千選)》이라 명명하려 한다. 그러나 이것은 한가한 틈을 조금 기다려서 다시 나와 상의해야 할 것이다.

고금의 시문(詩文)은 참으로 선정(選定)하기에 합당한 사람이 되기

37 갱재가(賡載歌) : 임금과 신하가 서로 노래를 이어 부르며 화답한 것으로, 순(舜) 임금과 그 신하인 고요(皐陶)가 노래를 주고받으며 임금과 신하로서 공경히 직무를 수행할 것을 권면한 데에서 온 말이다. 《書經 益稷》

38 일월광화장(日月光華章) : 순 임금이 우(禹)에게 선위(禪位)하기에 앞서 팔백(八伯)과 화답한 노래인 〈경운(卿雲)〉을 말한다.

어렵고, 선정한 사람이 선정한 것이 선정하기에 합당함이 되기는 더욱 어렵습니다. 이런 까닭에 우리나라에도 옛날에 또한 시문 선집(選集)이 있었으나 안목과 식견이 끝내 중국 사람에 미치지 못하여, 선택한 작품이 반드시 모두 선정하기에 합당한 것은 아니었고 선택하지 않은 작품이 반드시 모두 선정하기에 합당하지 않은 것도 아니었으니, 왕왕 이 때문에 논의하는 사람들이 자못 애석하게 여기는 점이 있었습니다. 지금 성상께서 선정하신 조목(條目)으로 보건대, 위로 경전(經傳)에서부터 아래로 제자(諸子)와 병가(兵家) 및 문장가(文章家)에 미치고 곁으로 이단(異端)의 서적에 이르기까지 망라하여 포괄하지 않음이 없으니, 참으로 성대합니다. 천지간 사람의 문장이 여기에 모여 있습니다.

비록 그렇지만 신의 좁은 소견으로 말하건대, 《주례(周禮)》가 목록 가운데 있지 않는 것은 생각건대 혹 그 책에 대한 산절(刪節)이 시행된 바 없었기 때문에 그런 것인지요? 예컨대 〈고공기(考工記)〉는 후세의 유자들이 비록 반드시 원성(元聖 공자)의 손을 친히 거치지 않았다고 말합니다만, 《주례》의 편명(篇名)으로 세상에서 유행한 것이 수천 년이 되었고 문장을 공부하는 사람들이 또한 대부분 이것을 문원(文垣)의 적치(赤幟)[39]로 여겼으니, 이런 책이 누락된 것은 조금 애석하기도 합니다. 《효경》은 주자가 또한 반드시 모두 성인의 말은 아니라고 일찍

39 문원(文垣)의 적치(赤幟) : 문단의 영수(領袖) 혹은 문장의 전범(典範)이 되어 문풍을 주도하였다는 의미이다. 한(漢)나라의 한신(韓信)이 조(趙)나라를 칠 때, 계략을 써서 조나라 성의 깃발을 뽑고 한나라를 상징하는 붉은 깃발을 세우게 함으로써 적의 사기를 꺾어 승리했던 고사에서 온 말이다.

이 의심하였지만[40] 선정한 가운데 들어가는 데에는 장해가 없었는데, 유독 〈고공기〉에 대해서만 한결같이 처리하는 법을 적용하는지요?

《춘추》는 목록 가운데 단지 책 이름 두 글자만 기재하였는데, 《좌전(左傳)》과 《공양전(公羊傳)》과 《곡량전(穀梁傳)》 세 전(傳)이 모두 선정하는 데 들어가야 합니까, 아니면 취사선택하는 바가 있습니까? 《호씨전(胡氏傳)》은 주자가 비록 극찬하였지만 결국 후세의 문자이니, 성인의 본지를 다 얻었다고는 실로 감히 말할 수 없을 것입니다.

한(漢)나라 이후의 글에 이르러서는 선정한 것이 송(宋)나라의 글에 대해 너무 후한 듯합니다. 대개 한(漢)・당(唐)의 글은 그 말이 간략하니 그 때문에 후대에 전해진 것이 적고, 송나라의 글은 번다하니 그 때문에 책으로 묶인 것이 많습니다. 많으면 많이 선정하고 적으면 적게 선정하는 것이 일의 형세로 볼 때 실로 그러합니다만, 송나라의 글에 대해서는 유독 대략 덜어 낼 수 없는 것입니까? 구양수, 소순, 소식, 소철, 왕안석, 증공 등의 제자(諸子)는 이미 《당송팔대가문초(唐宋八大家文抄)》가 있고 또 성상께서 선집(選集)한 《팔자백선(八子百選)》이 있으니, 형공(荊公 왕안석), 영빈(潁濱 소철), 남풍(南豐 증공) 등과 같은 세 사람은 비록 여기에 다시 추가하지 않더라도 반드시 유감이 되지는 않을 것입니다. 이고(李翶)는 팔대가에 들어가지 못했기 때문에 글이 크게 전해지지 못했으니, 드러내어 넣으면 또한 족히 그 이름을 더욱 빛낼 수 있습니다.

《노자》, 《장자》, 《순자》, 《열자》, 불서(佛書) 같은 경우는 모두가

40 효경은……의심하였지만 : 주희가 《효경》의 오류를 간개(刊改)하면서 말한 작자에 대한 의심을 가리킨다. 《晦庵集 卷66 孝經刊誤》

약롱(藥籠)의 청지(青芝)와 적전(赤箭)[41]이 됩니다. 성상의 유지에서 비록 "모두 나의 스승이다."라는 말로 하교하셨으나 신은 천지처럼 큰 성상의 도량에 포용하지 않는 사물이 없다는 것을 알겠으니, 평소의 넓고 깊은 공부를 여기에서 징험할 수 있습니다. 다만 생각건대 우리나라 사람들은 얕고 좁은 견해로 입을 놀리며 희롱하기를 좋아해서 일을 만나면 크고 작은 일을 막론하고 시비(是非)가 다단해지니, 만일 성상께서 선정한 책자에 이단의 서적이 경전(經傳)과 제자(諸子)의 가운데 섞여 있는 것을 보게 되면 집 안에 모여 시끄러이 떠들어 대는 논의가 반드시 없을 것이라 보장하기 어렵습니다. 지금 서양의 사학(邪學)을 배척하는 날을 당하여 더욱 그 한계를 엄하게 하지 않을 수 없으니, 신의 생각에는 책 끝에다 '이단서(異端書)'라는 세 글자를 따로 표제(標題)로 더한 뒤에 차례에 따라 구별하여 기재해서 중국(中國)을 안으로 여기고 이적(夷狄)을 밖으로 여기는 구분을 바로잡는다면 마땅함을 얻을 듯합니다.

제갈량(諸葛亮)의 〈출사표(出師表)〉가 이미 선정하는 데 들었으니, 이밀(李密)의 〈진정표(陳情表)〉는 마땅히 충과 효에 있어서 대대(對

41 약롱(藥籠)의 청지(青芝)와 적전(赤箭) : 약롱은 약을 담아 두는 조롱으로, 인재를 비축해 두는 곳을 뜻한다. 여기서는 중요한 서적을 구비해 놓는다는 의미로 쓰였다. 당(唐)나라 원행충(元行沖)이 적인걸(狄仁傑)에게 "아랫사람이 윗사람을 섬기는 것은 비유하자면 부잣집이 온갖 먹을 것을 비축하여 음식을 공급하고 온갖 약초를 마련하여 질병을 막는 것과 같습니다. 문하에게는 맛있는 음식이 가득하니, 소인을 하나의 약석(藥石)으로 갖추기를 원합니다." 하니, 적인걸이 "자네는 바로 내 약롱 안의 물건이니, 하루도 없어서는 안 된다."라고 한 데서 온 말이다.《新唐書 儒學列傳下 元行沖》 청지는 푸른 색깔의 영지(靈芝)이고, 적전은 줄기가 화살대처럼 생기고 적색인 약재인데, 모두 영약이다.

待)가 되어야 할 듯합니다. 반표(班彪)는 이름이 비록 목록에 있습니다만, 신이 본래 고루하여 어떤 책을 저술했는지 알지 못하겠습니다. 도연명은 천고(千古)의 고사(高士)입니다. 글은 비록 적지만 〈맹가전(孟嘉傳)〉 같은 것은 매우 좋으니 주옥같은 글이 누락되어서는 안 될 듯합니다.

양웅(揚雄)과 왕통(王通)은 모두 한 시대의 대유(大儒)였지만 개괄적으로 살펴볼 수 없는 점이 조금 애석합니다. 그러나 〈극진미신론(劇秦美新論)〉[42]은 후세 사람이 비록 양웅을 위해 원통함을 씻어 주는 논의[43]가 있었지만 근거할 만한 명확한 증거가 없고, 오초참왕(吳楚僭王)[44]은 만약 공자의 문도(門徒)를 만났다면 아마도 언급하는 것을 부끄러워했을 것이니,[45] 성심(聖心)의 권형(權衡)을 어찌 혹시라도 소홀

42 극진미신론(劇秦美新論) : 진(秦)나라의 과실을 극론하고 신(新)나라의 공덕을 찬미한다는 뜻으로, 왕망(王莽)이 한(漢)나라를 찬탈하여 신나라를 세우자 양웅이 사마상여(司馬相如)의 봉선문(封禪文)을 모방하여 시황(始皇)을 비판하고 왕망을 칭송하는 내용으로 지은 글이다. 《文選 卷48 劇秦美新》

43 후세……논의 : 명나라 때의 학자 초횡(焦竑)이 〈양자운시말변(揚子雲始末辨)〉을 지어 양웅이 왕망 밑에서 벼슬하지 않았으며, 양웅이 지었다고 전하는 〈극진미신(劇秦美新)〉도 당시 곡자운(谷子雲)이라는 사람이 지은 것이라고 주장하였다. 《星湖僿說 卷24 焦竑論揚雄》

44 오초참왕(吳楚僭王) : 춘추(春秋) 시대에 제후국(諸侯國)인 오나라와 초나라가 왕으로 참칭(僭稱)했던 일로, 왕통이 속경(續經)을 지은 허물을 이에 비유하여 말한 것이다. 주희(朱熹)가 〈왕씨속경설(王氏續經說)〉을 지어서, 왕통이 성인의 글인 경(經)을 이어 속경을 지은 것을 비판하였는데, 이는 제후국인 오나라와 초나라가 왕으로 참칭했던 죄에 해당한다고 하였다. 《晦庵集 卷58 王氏續經說》

45 공자의……것이니 : 맹자가 제 선왕(齊宣王)에게 "중니의 문도들은 제 환공(齊桓公)과 진 문공(晉文公)의 일을 말한 자가 없습니다. 이 때문에 후세에 전해진 것이

히 할 수 있겠습니까.

명(明)나라의 제가(諸家) 중에는 마땅히 방손지(方遜志)와 왕양명(王陽明)을 으뜸으로 여깁니다만, 이번의 범례(凡例)는 성인의 경전에서부터 시작하여 송나라에서 그쳤으니 식견 있는 선비는 반드시 성상께서 뜻하신 바를 알아야 할 것입니다. 어찌 반드시 억지로 이야기할 것이 있겠습니까.

시부천선(詩賦千選)에 대해서는 이후에 헌의하더라도 늦지 않을 듯합니다. 과문하고 식견 없는 신이 어찌 감히 천고의 시문(詩文)을 대양(對揚)하는 일에 대해 헌의할 수 있겠습니까. 그러나 성상께서 하문하시매 감히 입을 다물고 우러러 대답하지 않을 수 없어서 참람하고 외람됨을 피하지 않고 망녕되이 이처럼 논의하였으니, 그 말이 혹 채용될 만하다고 여겨서가 아니라 또한 매사에 숨김이 없어야 한다는 의리에서 말씀드린 것입니다. 삼가 바라건대 상께서 재결하소서.

없어, 신이 아직 듣지 못하였습니다.〔仲尼之徒, 無道桓文之事者. 是以, 後世無傳焉, 臣未之聞也.〕"라고 하였는데, 이에 대한 주(註)에서 "중니의 문하(門下)에는 오척의 동자들도 오패의 일에 대해 언급하는 것을 부끄러워하였으니, 이는 그 속임수와 무력을 앞세우고 인의를 뒤로 하였기 때문이다.〔仲尼之門, 五尺童子, 羞稱五伯, 爲其先詐力而後仁義也.〕"라는 동중서(董仲舒)의 말을 인용하였다. 《孟子 梁惠王上》

삼성사의 제의에 대한 헌의[46]

三聖祠祭儀議

삼성사의 제품(祭品)과 제식(祭式)은 중대한 예(禮)이니, 식견 없는 신이 어찌 감히 알지 못하는 것을 안다고 하여 근거 없이 날조하였다는 기롱을 범할 수 있겠습니까. 다만 성상의 하문 가운데 조목조목 열거한 것을 고례(古禮)에서 질정하고 시용(時用)에서 참조해 보니, 또한 한두 마디 말할 만한 것이 없지는 않았습니다.

종묘(宗廟)와 사직(社稷)에서 사용하는 변(籩)과 두(豆)의 수는 각각 모두 12기(器)인데 역대 제왕(帝王)의 사당에서 각각 10기를 쓰고 2기를 감하는 것은 예의(禮意)가 본래 있으니, 우리나라의 《국조오례의(國朝五禮儀)》가 이미 이와 같고 《개원례(開元禮)》[47]를 살펴보아도

46 삼성사(三聖祠)의……헌의 : 삼성사는 환인(桓因), 환웅(桓雄), 단군(檀君)을 모신 사당으로, 황해도 구월산(九月山)에 있다. 1789년(정조13) 5월 3일 정사에서 삼성사를 개수(改修)하고 도백(道伯)으로 하여금 제품과 제식을 해당 읍(邑)에 자세히 물어 장문(狀聞)하게 하라고 명한 뒤에 5월 23일 황해 감사 이홍재(李洪載)가 삼성사에 절제(節祭)를 지낼 때의 제품과 제식에 대해 성책(成冊)하여 올리자, 삼성사의 제의(祭儀)에 대해 내각 및 문임(文任) 제신(諸臣)에게 문의하여 하나로 적시하여 회계(回啓)하라고 명하였다. 이에 따라 6월 6일 예조가 삼성사의 제품과 제식에 대해 수의(收議)한 내용을 아뢰었는데, 이 글은 당시 우의정으로 있던 번암이 헌의한 내용이다. 정조는 번암이 헌의한 대로 시행하라고 명하였다. 《承政院日記》《日省錄》

47 개원례(開元禮) : 당(唐)나라 개원(開元) 20년(732)에 중서령(中書令) 소숭(蕭嵩) 등이 칙명(勅命)을 받아 만든 《대당개원례(大唐開元禮)》를 말한다. 《舊唐書 禮儀志1》《新唐書 禮樂志1》 개원은 현종(玄宗)의 연호이다.

또한 이와 같습니다. 본 사당의 지금 도식(圖式)이 옛 도식을 변개(變改)하여 종묘와 사직의 12기의 제도를 쓰는 것은 비록 누구에게서 시작되었는지는 모르겠습니다만, 억지로 자기 견해를 주장하여 옛것을 버리고 새것으로 바꿈으로써 전해 온 옛 도식은 거의 고례(古禮)를 따른 것인데 쓸모없이 서가에 묶어 두게 되어 버렸으니, 한탄스러움을 이루 말할 수 있겠습니까. 지금 옛 도식을 《개원례》와 대조해 보면 보궤(簠簋)와 변두의 수 및 제물을 장만하여 차린 품목이 서로 합치합니다. 다만 예제(醴齊)와 앙제(盎齊)[48]와 청주(淸酒)는 《개원례》에는 있는데 도식에는 없고 등(㽅)에 담은 대갱(大羹)은 《개원례》에는 없는데 도식에는 있습니다. 비록 끝내 착오 없이 꼭 들어맞는다고 말할 수야 없겠지만, 《국조오례의》는 대저 《개원례》에 의거하여 만들어서 실로 국조(國朝)에서 준행하는 바꿀 수 없는 도식이니, 어찌 《국조오례의》에 의거하여 만든 옛 도식을 쓰지 않고 도리어 절절(節節)이 상고한 것이 없는 새 도식을 쓰겠습니까.

앙제 등의 여섯 동이가 미처 식례(式例)와 같지 못한 것은 특별히 거론하여 조치하겠습니다. 다만 《국조오례의》는 형(鉶)에 담은 화갱(和羹)이 3기인데 옛 도식에는 2기여서 미비한 듯합니다만, 형에 담은 화갱이 3기인 것은 세 가지 희생을 쓰기 때문인데 본 사당은 희생이 두 가지에서 그치니 형에 담은 화갱이 따라서 2기가 되는 것은 진실로 응당 그렇게 해야 합니다. 《개원례》의 역대 사당의 제식(祭式)에서는 소, 양, 돼지를 썼기 때문에 형정(鉶鼎)이 3기가 됩니다. 그러나 《국조

48 예제(醴齊)와 앙제(盎齊) : 각각 종묘 등의 대제(大祭)에 사용하는 다섯 가지 술인 오제(五齊)의 하나이다.

오례의》에서는 희생을 두 가지로 쓰는데 형정은 《개원례》를 대조하여 기록했으니, 이는 《국조오례의》가 혹 우연히 대조하여 점검하는 데에 실수가 있어서 그런 듯합니다. 처음에는 희생의 품목이 비록 《개원례》와 차이가 있었지만, 당(唐)나라 천보(天寶) 6년(747)에 삼황오제(三皇五帝)의 사당을 건립하여 제사에 소뢰(小牢)[49]를 사용하였고 송(宋)나라 건덕(乾德) 1년(963)에 조칙으로 역대 제왕을 해마다 제향하는 제도를 정하면서 태뢰(太牢)[50]를 양과 돼지로 대신하였으니, 대저 어찌 이치에 어긋나는 일을 전대(前代)에서 행하였겠습니까. 더구나 《국조오례의》에 기재된 것은 명백하게 징험할 수 있으니, 이것은 비록 옛것을 그대로 따르더라도 안 될 것이 없습니다.

축식(祝式)에서 제1위(第一位)와 제2위(第二位)를 곧장 적고 달리 칭한 말이 없는 것은 비록 의아스럽기는 합니다만,[51] 단군(檀君)의 시대는 풍기(風氣)가 아직 개벽되지 않았을 때이니 인물(人物)을 어찌 논할 수 있겠습니까. 환인(桓因)과 단웅(檀雄)이 호(號)인지 이름인지는 지금 억지로 헤아릴 수 없습니다. 그러나 설령 호가 아니고 이름이라 하더라도, 주공(周公)의 시(詩)에 '단보(亶父)'라 하기도 하고 '왕계

49 소뢰(小牢) : 제사의 규모를 지칭하는 용어로, 소, 양, 돼지 세 가지 희생 가운데 양과 돼지만 사용하는 경우를 말한다. 《禮記 玉藻 嚴陵方氏注》

50 태뢰(太牢) : 제사의 규모를 지칭하는 용어로, 소, 양, 돼지 세 가지 희생을 다 갖추어 사용하는 경우를 말한다. 《禮記 玉藻 嚴陵方氏注》

51 축식(祝式)에서……합니다만 : 1789년(정조13) 5월 23일 황해 감사 이홍재(李洪載)가 삼성사의 제품과 제식에 대해 성책하여 올렸을 때, 정조가 하교하기를 "축식과 홀기에 제1위와 제2위를 곧장 적고 달리 칭한 말이 없으니, 이것이 또한 의아스럽다.〔祝式與笏記, 第一二位, 直書無別稱, 此亦可訝.〕"라고 하였기 때문에 한 말이다.

(王季)'라 하기도 하였는데 '단보'와 '계'는 태왕(太王)과 왕계의 이름이고 주공은 〈금등(金滕)〉의 책축(冊祝)을 적으면서 삼왕(三王)을 '그대〔爾〕'라고 칭하였으니, 옛날의 순박하고 질박한 풍습을 여기서 징험할 수 있습니다. 이로써 미루어 보건대 축식에서 비록 환인과 단웅이라고 곧장 적었지만 불가할 것은 없을 듯합니다. 더구나 위판(位版)에 이미 이렇게 적었기에 이것이 아니면 달리 칭할 수 있는 말이 없는 데야 더 말할 것이 있겠습니까.

제사의 복식은, 역대 제왕의 묘식(廟式)을 살펴보건대 "각각 제복(祭服)을 입는다."라는 말이 있고 주(註)를 단 사람이 취면(毳冕)과 치면(絺冕)[52]의 등위(等威)를 이야기하였으니, 고례(古禮)에 제복이 아니면 제사를 설행하지 않았다는 것은 의심할 것이 없습니다. 더구나 본 사당의 홀기(笏記)에 이미 "홀을 꽂는다.〔搢笏〕"나 "홀을 잡는다.〔執笏〕"라는 구절이 있으니, 시간이 오래되어 해지고 낡았다는 이유로 개비(改備)하지 않고 곧장 흑단령(黑團領)을 착용하여 편리한 대로 제사를 설행하는 것은 복식을 성대히 하는 제의(祭儀)에 어긋나는 점이 있습니다. 순영(巡營)과 본현(本縣)에 명하여 예(禮)대로 마련하여 갖추게 하되, 해지면 다시 개비하게 하기를 결단코 그만둘 수 없습니다. 변과 두에 차리는 여섯 가지 품목을 응당 사용해야 하는 품목에서 바꾸어 쓴 것[53]은 바로 새 도식에서 시작되었으니, 한 사람의 억견(臆見)에

52 치면(絺冕) : 대본에는 '綉冕'으로 되어 있다. 예서(禮書)에 보이는 다수의 사례에 근거하여 '綉'를 '絺'로 바로잡아 번역하였다.

53 변과……것 : 1789년(정조13) 5월 23일 황해 감사 이홍재가 삼성사의 제품과 제식에 대해 성책하여 올렸을 때, 정조가 하교하기를 "변에 겨자〔芥子〕 등 4개의 품목과 두에 초와 장 등 2개의 품목을 응당 사용해야 하는 품목에서 바꾸어 쓴 것은 과연 어디에

서 나온 데에 불과합니다. 지금 만일 옛 도식에 의거하여 다시 진설한다면 이러한 명색은 굳이 바꾸려고 기약하지 않아도 절로 바뀔 것입니다. 그러나 고례에 또한 "만일 그 땅에서 나지 않는 것은 각각 그 비슷한 종류로 채운다."라고 하였으니, 도식에 기재되어 있더라도 그 땅에서 나지 않아 얻기 어려울 경우에는 비슷한 종류로 채워도 예(禮)에 해가 되지는 않을 듯합니다.

헌관(獻官)을 혹 변장(邊將)으로 대체하는 것은 사체(事體)로 보면 엉성하고 사면(事面)으로 보면 구차합니다. 건덕(乾德) 연간의 조칙에 "장리(長吏)가 탈이 있을 경우에는 빈좌(賓佐)를 보내어 제사를 설행하게 한다."라는 말이 있습니다만, 중국의 빈좌는 모두 장리에 버금가는 관원들이니, 어찌 지금의 변장들이 간혹 축사(祝辭)도 해독하지 못하는 자가 있는 경우와 동일하게 볼 수 있겠습니까. 이후로는 별도로 정식을 세워서 헌관은 반드시 본현의 현령으로 차정(差定)하고 전사(典祀)와 대축(大祝)은 반드시 우관(郵官)으로 차정해야 할 것입니다. 가령 현령과 우관이 모두 탈이 있으면 원근을 막론하고 도내(道內)의 수령(守令)을 후임으로 차출하게 해서 혹 조금이라도 느슨하게 해서는 안 될 것입니다.

사당을 지키는 사람의 경우는 이미 도감(都監)과 감관(監官)이라는 칭호(稱號)가 있고 모두 본현의 유생(儒生) 중에서 차정하였으니, 다만 마땅히 각별하게 가려 뽑게 해야 할 것입니다. 지금 만일 특별히 숭봉(崇奉)해야 한다는 이유로 숭인전(崇仁殿)[54] 같은 사례를 만들어

근거한 것인가?〔籩之以芥子等四品, 豆之以醋與醬二品, 換用應用之品者, 果何所據乎?〕"라고 하였기 때문에 한 말이다.

내게 되면 반드시 향읍(鄕邑)에 다툼의 단서를 열어 주게 될 것입니다. 이는 성상께서 하문하여 언급하신 바가 아니지만 신이 일에 앞서 염려하는 마음으로 잗다랗다는 문책을 피하지 않고 말씀드립니다. 사당지기 5명과 산지기 1명은 모두 신역(身役)을 지우지 말아서 수호(守護)하는 일에 심력을 다할 수 있게 하기를 그만두어서는 안 될 듯합니다. 삼가 바라건대 상께서 재결하소서.

54 숭인전(崇仁殿) : 기자(箕子)를 제사하는 사당으로, 평안도 평양성 밖 기자묘(箕子墓) 옆에 있다.

남단의 제식에 대한 헌의[55]

南壇祭式議

《국조오례의(國朝五禮儀)》는 바로 천만년 동안 오로지 준수해야 할 우리 조선 왕조의 제도이니, 무릇 그 책에 실린 식례(式例)에 대해 누가 감히 증감(增減)을 의논할 수 있겠습니까. 원단(圜壇)[56]을 남단이라 고쳐 불러서 산천(山川)과 성황(城隍)의 위판(位版)을 합향(合享)한 것은 실로 혐의를 분별하고 은미한 뜻을 밝히는 의리에서 나왔으니, 우리 역대의 조종(祖宗)께서 예(禮)를 제정하신 뜻이 참으로 성대합니다. 이러한 의리는 성상의 윤음[57]에 남김없이 갖추어져 있으니 신이 다시 변석(辨釋)할 필요가 없겠습니다만, 그 제품(祭品)과 식례에는 의심할 만한 것이 없지 않습니다.

55 남단(南壇)의……헌의 : 남단은 남방토룡단(南方土龍壇)의 준말로, 오방토룡제(五方土龍祭)를 지내던 제단의 하나이다. 오방토룡제는 기우제를 열한 번 지내도 비가 오지 않을 때 열두 번째로 지내는 제사인데, 흙으로 용(龍)을 만들어 동서남북 사방과 중앙의 길 위에 놓고 용에게 채찍질을 하며 제사 지냈다고 한다. 1792년(정조16) 8월 8일 정사에서 남단의 향의(享儀)에 대하여 대신(大臣)에게 문의(問議)한 뒤 보고하라고 전교하자, 8월 12일 예조가 문의한 내용을 아뢰었는데, 이 글은 당시 좌의정으로 있던 번암이 헌의한 내용이다. 《正祖實錄》《承政院日記》《日省錄》

56 원단(圜壇) : 삼국 시대 이래로 하늘에 제사를 올리고 기곡(祈穀)과 기우(祈雨)를 행하던 원구단(圜丘壇)을 고쳐 부른 이름이다. 세조(世祖) 이후로는 남단이라 고쳐 불렀다. 《太祖實錄 3年 8月 21日》《日省錄 正祖 16年 8月 8日》

57 성상의 윤음 : 1792년 8월 8일, 남단의 향의에 대하여 대신에게 문의한 뒤 보고하라고 명하며 내린 전교를 가리킨다.

지금 《국조오례의》에 실린 내용으로 살펴보건대, 대갱(大羹)과 화갱(和羹)이 각각 세 가지이니 이는 태뢰(太牢)의 예(禮)를 사용한 것입니다. 《국조오례의》에 "무릇 생뢰(牲牢)는 대사(大祀)의 경우 소 하나, 양 하나, 돼지 하나이고, 중사(中祀)의 경우 양 하나, 돼지 하나인데, 문선왕(文宣王 공자(孔子))에게 지내는 향사에는 털이 붉은 소를 양 대신 사용한다."라는 말이 있습니다. 이런 내용으로 맞추어 보건대, 남단에 이미 중사로 제사 지냈다면 태뢰는 당연히 쓸 수 없고, 이미 태뢰를 쓸 수 없다면 대갱과 화갱을 어찌 세 가지로 할 수 있겠습니까. 지금 새끼 양과 돼지 두 가지로 제사 지내는 것은 비록 유사(有司)가 잘못된 예를 답습해서 그런 듯합니다만, 《국조오례의》의 도식(圖式) 가운데 곡진하게 실려 있는 형(鉶)과 등(㽅)에 담는 세 가지를 일개 유사의 신분으로 마음대로 감손(減損)하는 것은 절대 이런 이치가 없습니다. 반복하여 생각해 봐도 마땅히 곡절이 있을 듯합니다만, 신이 원래 고루하고 문헌에서도 징험하지 못했으니 장차 어떻게 명백하게 말씀드릴 수 있겠습니까.

비록 헌관의 품수(品數)로 말하더라도 《국조오례의》 가운데 실린 것은 과연 정1품입니다. 정1품이 이미 초헌관(初獻官)이 되었으면 아헌관(亞獻官)은 당연히 정2품이 되어야 하는데, 지금은 곧 "당상(堂上) 정3품이 아헌관이 되고 당하(堂下) 3품이 종헌관(終獻官)이 된다."라고 하였으니 무엇 때문에 정2품과 종2품을 건너뛰고 당상관을 아헌관으로 삼았는지 모르겠습니다. 지금 종2품이 초헌관이 되는 것으로 추측해 보건대, 아마도 《국조오례의》 가운데 '정1품'의 '일' 자는 간인(刊印)할 때에 착오가 생긴 것이 아니겠습니까.

성상의 하교 가운데 또 "혹 도리어 선농단(先農壇)이나 선잠단(先蠶

壇)만도 못한 듯하다."라며 의아해하셨는데,[58] 선농단과 선잠단은 한결같이 선조(先朝)에서 친경(親耕)과 친잠(親蠶)을 행한 이후로 매번 헌관을 가려 보내라는 명이 있었습니다. 선농단과 선잠단이 또한 중사(中祀)이지만 헌관의 품수가 남단보다 높은 것은 혹 이로 말미암아 그런 것인 듯합니다.

이는 모두 신의 억측이지만 어리석은 견해가 있어서 감히 질정하니, 바라건대 견문이 많고 학식이 넓은 신하로 하여금 다시 상고하여 아뢰게 하여, 중도를 얻는 방향으로 돌아가기에 힘쓰신다면 매우 다행이겠습니다. 삼가 바라건대 상께서 재결하소서.

58 성상의……의아해하셨는데 : 1792년(정조16) 8월 8일 남단의 향의에 대하여 대신에게 문의한 뒤 보고하라고 명하며 내린 전교에서 "문헌이 없어진 탓에 유사가 대부분 잘못된 규례를 답습하여 근래에 행해지는 법식은 도리어 선농단이나 선잠단과 석채보다 못한 형편이다."라고 하였다. 《日省錄 正祖 16年 8月 8日》

경모궁의 향사에 음악을 쓰는 데 대한 헌의[59]

景慕宮享祀用樂議

신은 본래 고루하여 악학(樂學)에 대해 조그마한 식견도 없으니, 어찌 감히 알지 못하는 것을 안다고 하여 성인(聖人)의 경계[60]를 범할 수 있겠습니까. 다만 장악원의 두 제조(提調)가 상소에서 한 말로 살피건대, 악성(樂成)의 육성(六成)과 팔성(八成)과 구성(九成)은 대개 천신(天神)과 지기(地祇)와 인신(人神)이 각각 주관하는 바가 있어서 그러한 것입니다. 악성을 구성으로 하는 것이 이미 인신에 속하니, 궁향(宮享)에 구성을 쓰는 것은 마땅할 듯합니다. 그러나 이는 소경이 남의 눈을 빌려서 보고 귀머거리가 남의 귀를 빌려서 듣는 데에 지나지 않으니, 감히 그 사이에서 딱 잘라 말씀드릴 수는 없습니다. 삼가 바라건대 상께서 재결하소서.

59 경모궁(景慕宮)의……헌의 : 1791년(정조15) 6월 22일 장악원 제조 서호수(徐浩修)와 이민보(李敏輔)가 연명으로 상소하여, 궁원(宮園)의 제사 의절(儀節) 가운데 삼성(三成)으로 하던 영신악(迎神樂)을 구성으로 하기를 건의하였는데, 12월 26일 정사에서 예조가 대신에게 수의한 내용을 아뢰었다. 이 글은 당시 좌의정으로 있던 번암이 헌의한 내용인데, 이에 대해 정조는 "여러 사람의 말이 참으로 그러하나, 다시 하교를 기다리라.〔諸說誠然, 而更待下教, 可也.〕"라는 전교를 내렸다. 《正祖實錄》《承政院日記》《日省錄》

60 성인(聖人)의 경계 : 공자가 제자인 자로(子路)에게 "아는 것을 안다고 하고 모르는 것을 모른다고 하는 것, 이것이 아는 것이다.〔知之爲知之, 不知爲不知, 是知也.〕"라고 한 경계를 말한다. 《論語 爲政》

기청제를 설행하는 것이 합당한지에 대한 헌의[61]

祈晴祭設行當否議

신실(神室)에 지내는 제의(祭儀)에 불편함이 있는 것은 모두 관상감과 예조가 전혀 요량하지 못한 소치입니다. 그러나 일이 이미 이런 지경에 이르렀고 보면 끝난 일이니 말하지 말아야 합니다. 기청제의 경우 오늘 비가 아직 갤 기미가 없으니, 예(禮)로 볼 때 영제(禜祭)[62]를 마땅히 설행해야 합니다. 이미 예에 합당하다면 번거롭다고 해서는 안 되니, 비록 4일 동안 연속해서 제사를 설행하는 것이지만 구애될 필요가 없습니다. 이미 권안소(權安所)에 봉안하였으니, 그곳에서부터 받들고 나아가는 것은 또한 그만둘 수 없습니다. 신의 의견은 이와 같습니다. 삼가 바라건대 상께서 재결하소서.

61 기청제(祈晴祭)를……헌의 : 봉상시(奉常寺)의 신실(神室)을 개수하기 위해 길일(吉日)을 1791년(정조15) 7월 19일로 잡았는데, 17일부터 내리던 비가 이날까지 그치지 않자 바로 해당 관원에 대한 처분을 내렸다. 그런 뒤에 이안(移安)과 환안(還安) 및 영제의 설행에 대해 시원임 대신(時原任大臣)에게 문의하게 하였는데, 그 주된 내용은 첫째는, 4일 연속 제례를 설행하는 것이 합당한가 하는 것이고 둘째는, 임시로 봉안한 곳에서 받들고 나아가는 것이 합당한가 하는 것이었다.《承政院日記 正祖 15年 7月 19日》《日省錄 正祖 15年 7月 19日》

62 영제(禜祭) : 입추(立秋) 뒤에도 비가 그치지 않을 경우 날이 개기를 기원하며 도성(都城)의 사대문(四大門)에서 지내는 제사로, 기청제라고도 한다.

보사제를 별도로 설행하는 데 대한 헌의[63]

報謝祭別設議

환안(還安)이 가까워졌는데 마침 보사제를 만났으니, 성상께서는 신위(神位)를 받들고 왕래하는 것이 혹 번독하게 될까 염려하시기 때문에 환안할 때의 축사(祝辭)에 보사의 뜻까지 겸하여 고유하고자 하는 것입니다. 다만 생각건대 환안할 때 제의(祭儀)가 있는 것은 당연히 행해야 하는 예(禮)이고, 제사로 보사(報謝)하는 것은 특별히 거행하는 전례(典禮)입니다. 만일 함께 고유하게 한다면 특별히 거행하는 뜻이 아마도 아닐 듯합니다. 종묘사직에 제사를 지내면서 겸하여 사유를 고하는 것은 참으로 절문(節文)이 마땅함을 얻었지만, 이번에 지내는 보사제는 별도로 치사하는 의리에서 나왔습니다. 신의 생각에는 쾌청해지기를 기다려 환안한 뒤에 다시 사문(四門)에서 보사제를 설행하는 것이 정성과 예법에 합당할 듯합니다. 삼가 바라건대 상께서 재결하소서.

63 보사제(報謝祭)를……헌의 : 1791년(정조15) 7월 23일 정사에서 보사제의 설행에 대해 대신에게 문의하여 결론을 내린 다음 초기로 보고하라고 전교하자, 7월 25일 예조가 대신에게 의논한 내용을 아뢰고 상의 재결을 청하였는데, 이 글은 당시 좌의정으로 있던 번암이 헌의한 내용이다. 이에 대해 정조는 "대신의 논의가 또한 좋다. 보사제는 사문에서 거행하되 날짜는 27일로 하고 헌관은 근시로 채워 차임하도록 하라."라고 전교하였다. 《承政院日記》《日省錄》

영성과 수성 두 별의 제사를 회복하는 데 대한 헌의[64]

靈壽二星復祀議

영성(靈星)과 수성(壽星) 두 별에 대해 제사의 전례가 질서를 갖춘 것은 그동안 성상의 비답에서 경전(經傳)을 인용하고 의례(義例)를 고거(考據)하여 펴 보이신 것이 정밀하고 분명하였으니, 어찌 관각의 여러 신하가 널리 상고하기를 기다린 연후에야 그것이 예(禮)로 볼 때 시행할 만하고 일로 볼 때 계승할 만하다는 것을 알겠습니까.

만일 풍년과 장수를 마음에 두고 그 제사를 회복한다면 이는 일에 앞서서 그 효과를 기대하는 것이니, 신은 이것으로 말씀드리고 싶지는 않습니다. 그러나 지금 다만 "두 별에 대한 제사는 이미 《국조오례의(國朝五禮儀)》에 실려 있으니 이는 조종조(祖宗朝)에서 이미 시행했던 일이다. 중간에 무엇 때문에 폐지되었는지에 대해서는 징험할 것이 없는 상태에서 억지로 징험할 필요가 없거니와, 단연코 옛 전례를 닦아 거행하는 것을 결코 그만두어서는 안 된다고 여긴다."라고 하신다면, 대저 누가 절문(節文)과 의칙(儀則)에 합당하지 않다고 하겠습니다. 삼가 바라건대 상께서 재결하소서.

64 영성(靈星)과……헌의 : 1797년(정조21) 윤6월 1일 정사에서, 예조 판서 민종현(閔鍾顯)이 상소하여 영성과 수성에 대한 사전(祀典)을 거행하기를 청한 데 대해 비답을 내리면서 대신과 지방에 있는 유신(儒臣)들에게 문의하게 하였는데, 이 글은 당시 좌의정으로 있던 번암이 헌의한 내용이다. 《正祖實錄 21年 閏6月 1日》

강성군 문익점의 종손을 세우는 데 대한 헌의
江城君文益漸立宗議

사람은 옷과 음식이 아니면 살 수 없습니다. 후직(后稷)의 음식을 천하가 먹고 문익점의 옷을 우리나라가 입으니, 문익점의 덕(德)은 진실로 보답할 만한 점이 있습니다. 어찌 아까워하겠습니까.

다만 생각건대 문익점은 국조(國朝)의 사람이 아닙니다. 연대(年代)가, 체천(遞遷)하여 신주(神主)를 매안(埋安)한 지 이미 오래되었는데, 지금 천년 가까이 지난 뒤에 이미 없는 신주를 거듭 세워서 억지로 부조지전(不祧之典)을 내리는 것은 아마도 비례지례(非禮之禮)[65]가 될 듯합니다. 또 더구나 영남의 단성(丹城)과 호남의 장흥(長興)에서는 제사를 지내며 숭봉(崇奉)하여 백대가 지나도록 폐하지 않고 있으니, 귀신의 이치로 말하건대 어찌 반드시 신주를 세운 뒤에야 바야흐로 흠향할 수 있겠습니까.

그 자손 된 자들이 만일 스스로 그 정성과 예법을 다하려 한다면 족인(族人)들이 모여 논의해서 종손을 세우거나 지방(紙榜)으로 제사를 지내더라도 안 될 것은 없을 듯합니다만, 이는 조가(朝家)에서 알 바가 아닙니다. 분묘(墳墓)가 이로부터 황폐해지는 데 이른다면 이는 곧 후손들의 책임이니, 어찌 반드시 종손이 있고 없음에 관계되겠습니까. 신의 견해는 이와 같습니다. 바라건대 널리 자문하여 처리하소서.

65 비례지례(非禮之禮) : 예(禮)와 비슷하지만 사실은 예가 아니라는 말이다. 《맹자》〈이루 하(離婁下)〉에 보인다.

세 훈신을 묘정에서 출향하는 것이 합당한지에 대한 헌의[66]

三勳廟庭黜享當否議

박원종(朴元宗), 성희안(成希顔), 유순정(柳順汀) 등 세 신하가, 곤전(坤殿)에 책봉된 이튿날 곤전의 폐위를 청하여 윤상(倫常)을 범한 죄는 김정(金淨)과 박상(朴祥) 두 선정(先正)이 논한 상소에 상세히 갖추어져 있으니,[67] 신이 이제 와서 다시 더 아뢸 필요는 없을 것입니다. 다만 삼가 생각건대 단경왕후(端敬王后)[68]께서 중곤(中壼)에 복위되고 태실(太室)에 높이 배향되어 늘 대향(大享) 때가 되면 오르내리는 영

66 세……헌의 : 세 훈신(勳臣)은 중종반정의 원훈(元勳)인 성희안, 박원종, 유순정을 말한다. 1788년(정조12) 9월 28일 정사에서 예조가, 온릉 영(溫陵令) 최창국(崔昌國)이 상소에서 언급한 세 훈신의 출향에 관해 시원임 대신(時原任大臣)에게 문의한 내용을 아뢰었는데, 이 글은 당시 우의정으로 있던 번암이 헌의한 내용이다.《正祖實錄》《承政院日記》《日省錄》

67 김정(金淨)과……있으니 : 1515년(중종10) 8월 8일 담양 부사(潭陽府使) 박상과 순창 군수(淳昌郡守) 김정이 함께 봉사(封事)를 올려 폐비(廢妃) 신씨(愼氏)의 복위를 청한 상소를 말한다. 이 일로 인하여 박상은 남평(南平)에, 김정은 보은(報恩)에 도배(徒配)되었다.《中宗實錄 10年 8月 8日》

68 단경왕후(端敬王后) : 중종의 비(妃) 신씨(愼氏)를 말한다. 본관은 거창(居昌)이고 익창부원군(益昌府院君) 신수근(愼守勤)의 딸이다. 1499년(연산군5) 중종이 진성대군(晉城大君)일 때 결혼하여 부부인(府夫人)에 책봉되고, 1506년 중종반정(中宗反正)으로 왕후가 되었다. 그러나 아버지 신수근이 매부인 연산군(燕山君)을 위해 중종반정을 반대했기 때문에 성희안 등의 반정추진파(反正推進派)에 의하여 살해되고, 그에 따라 왕후도 폐위되었다가 1739년(영조15)에 복위되었다. 능은 온릉으로, 경기도 양주군 장흥면 일영리에 있다.

령이 뜰아래를 굽어보실 터이니, 이른바 배식(配食)된 세 신하가 사적으로는 국구(國舅)를 죽이고 공적으로는 국모(國母)를 폐위한 자들인데도 오히려 태연히 예전처럼 줄지어 당실(堂室)에서 모시고 있으면 성후(聖后)의 억울하고 원통한 심정이 마땅히 어떠하겠습니까. 세 신하의 처지에서 말하더라도, 성후께서 엄연(儼然)히 위에 계시는 것을 우러러보면서 지척에 있다면 어찌 감히 이전처럼 준작(尊爵)과 변두(籩豆)의 사이에서 마음을 편안히 가지면서 당연하다는 듯이 제사를 받을 수 있겠습니까. 귀신의 이치와 사람의 정(情)은 본래 차이가 없으니, 사람의 정이 편하지 않은 일에 귀신의 이치가 어찌 그렇지 않겠습니까.

대저 선대왕의 길이 후손에게 복을 끼치는 효성[69]과 역대 어느 왕보다 탁월한 식견으로 온릉(溫陵)이 이미 복위된 후에 이러한 의리에 대해서 어찌 마음속으로 밝게 헤아린 점이 없었겠습니까. 그런데도 한갓 열 줄의 교지(敎旨)만 게시했을 뿐 세 신하를 아울러 출향(黜享)하는 법을 시행하지 않은 것은 아마도 난을 제거하고 바른 데로 돌린 공훈(功勳)은 의당 추념해야 하고 세월이 오래 지난 일을 경솔하게 의논하기 어려웠기 때문인 듯합니다. 그러나 신의 어리석은 소견은 이렇습니다. 윤상은 중하고 공훈은 가벼우니, 평소의 작은 공훈으로 백대의 윤상을 범한 변고를 덮어 버리는 것은, 고금의 천하 국가에서 이와 같은 일이 있었다는 것을 일찍이 들은 적이 없습니다. 성인의

69 길이……효성 : 효성이 지극하여 그 영향이 후손들에게까지 미치게 됨을 뜻한다. 《시경》 〈대아(大雅) 기취(旣醉)〉에 "효자의 정성이 다하지 아니하니, 길이 너에게 좋은 일을 주리로다.〔孝子不匱, 永錫爾類.〕"라는 구절에서 온 말이다.

가르침에 "죽은 이를 섬기기를 산 사람 섬기듯이 하고, 없는 이를 섬기기를 생존한 사람 섬기듯이 한다."라고 하였으니,[70] 종묘(宗廟)를 공경히 받드는 성상의 효성으로 우러러 단경왕후의 마음을 체득하신다면 묘정(廟廷)에 배식된 세 신하를 아울러 출향하는 것은 반드시 조정 신하의 청을 기다리지 않을 것입니다. 그러나 일이 막중한 전례(典禮)에 관계되니, 신이 감히 딱 잘라 말씀드릴 수는 없습니다. 삼가 바라건대 상께서 재결하소서.

70 성인의……하였으니 : 《중용장구》 제19장에 "그 자리를 밟아 그 예를 행하고 그 음악을 연주하며, 그가 존경하시던 바를 존경하고 그가 친애하시던 바를 사랑하며, 죽은 이를 섬기기를 산 사람 섬기듯이 하고 없는 이를 섬기기를 생존한 사람 섬기듯이 하는 것이 효의 지극함이다.〔踐其位, 行其禮, 奏其樂, 敬其所尊, 愛其所親, 事死如事生, 事亡如事存, 孝之至也.〕"라는 내용이 보인다.

이기경을 복관하는 것이 합당한지에 대한 헌의[71]

李基敬復官當否議

이기경의 죄명이 가벼운지 무거운지에 대해서는 신이 실로 자세히 알지 못합니다. 다만 그 아들의 상언(上言)으로 살펴보건대, 이기경이 홍지해(洪趾海) 부자를 배척하여 절교하는 말이 고(故) 유신(儒臣) 유언집(兪彦鏶)에게 보낸 편지에 실려 있어서 판중추부사 유언호(兪彦鎬)가 이미 그 사실을 알고 또 그 편지를 증명하였으니, 바로 이 한 가지 일에서 그 평소의 마음가짐에 역적 홍지해의 무리와 사이가 좋지 못한 점이 있었다는 것을 족히 알 수 있습니다. 그런데 지금 홍계희(洪啓禧) 부자에게 친밀히 했다는 혐의로 수사(收司)[72]의 형률(刑律)을

71 이기경(李基敬)을……헌의 : 이기경은, 본관은 전의(全義)이고, 대대로 전주(全州)에 살았다. 문정공(文正公) 이재(李縡)의 문하에서 공부하였으며, 1739년(영조15) 정시 문과에 장원급제하고 1757년 문과 중시에 갑과로 급제하였다. 1771년 한성부 우윤(漢城府右尹)으로 있을 때, 《유곤록(裕昆錄)》에 관하여 상소했다가 정배되었던 권진응(權震應)을 구원하는 소(疏)를 올렸는데, 그 상소의 내용이 《유곤록》을 범하였고 또 권진응을 위해 변명하였다는 이유로 관직이 삭탈되어 남해현(南海縣)의 서민으로 강등되었다. 그 후 1788년(정조12) 그의 아들 이덕감(李德鑑)의 상언으로 인하여 죄명이 탕척(蕩滌)되었다. 《英祖實錄 47年 4月 22日, 23日》《正祖實錄 12年 9月 15日》 1788년 9월 15일 정사에서 의금부가 전주에 사는 이덕감이 상언한 것에 대해 대신들에게 의논한 내용을 아뢰었는데, 이 글은 당시 우의정으로 있던 번암이 헌의한 내용이다. 《日省錄 正祖 12年 9月 15日》

72 수사(收司) : 백성들이 열 집을 단위로 하여 서로 감시하면서 문제가 발생하면 고발하게 하는 것으로, 수사연좌(收司連坐)와 같은 말이다. 주 현왕(周顯王) 10년에 "백성에게 십오(什伍)의 법을 만들어 서로 수사연좌하게 했다."라고 하였는데, 그 주에

받았으니, 그 아들이 원통하게 눈물 흘리며 성상께 호소한 것은 참으로 괴이하게 여길 것이 없습니다. 그러나 일이 중대한 데에 관계되므로 신이 감히 딱 잘라 말씀드릴 수는 없습니다. 삼가 바라건대 상께서 재결하소서.

"한 집이 죄가 있으면 아홉 집이 아울러 고발하고, 만약 고발하지 않을 경우에는 아홉 집이 연좌된다."라고 하였다. 《通鑑節要 卷1 周紀 顯王》

충정공 황보인의 신주를 조천하지 않게 하는 데 대한 헌의[73]
忠定公皇甫仁不祧議

충정공 황보인과 충익공(忠翼公) 김종서(金宗瑞)는 그 곧은 충심과 큰 절개가 이미 차이가 없으니, 조정에서 존숭(尊崇)하여 보답하는 것 또한 어찌 그 사이에서 차이를 둘 수 있겠습니까. 충익공의 신주를 이미 조천하지 않게 하였으니, 충정공의 자손들이 이를 원용하여 전례로 삼고자 하는 것은 정(情)으로 보나 글로 보나 실로 마땅합니다. 그러나 신하의 신주를 조천하지 않는 것은 일의 체모가 가볍지 않으니, 신이 감히 딱 잘라 말씀드릴 수는 없습니다. 삼가 바라건대 상께서 재결하소서.

73 충정공(忠定公)……헌의 : 1788년(정조12) 9월 30일 정사에서 예조가 황주(黃州)의 유학(幼學) 황보종(皇甫淙)이 상언한 것에 대해 시원임 대신에게 상의한 내용을 아뢰었는데, 이 글은 당시 우의정으로 있던 번암이 헌의한 내용이다. 《日省錄 正祖 12年 9月 30日》

충문공 성삼문의 신주를 옮겨 봉안하는 것이 합당한지에 대한 헌의[74]

成忠文公神主移奉當否議

충문공 성삼문(成三問)의 신주가 인왕산(仁王山)의 무너진 절벽에서 나왔을 때 노은서원(魯恩書院)에 받들어 안치하자는 논의를 유문(儒門)이 창도하였는데 경재(卿宰)가 따르고 사림(士林)이 따라서 이의(異議)가 있는 사람이 없었으니, 대개 충문공에게 비록 외예(外裔)가 있긴 했지만 "귀신은 족류(族類)가 지내는 제사가 아니면 흠향하지 않는다.〔神不歆非族〕"라는 말에 대해 주자(朱子)의 정론(定論)[75]이 있었기 때문입니다.

지금 100년이 지난 후에 박사동(朴師東)이라는 자가 외예라고 자칭

74 충문공(忠文公)……헌의 : 1788년(정조12) 9월 30일 정사에서 예조가 홍주(洪州)의 유학 김방언(金邦彦)이 상언한 것에 대해 대신에게 의논한 내용을 아뢰었는데, 이 글은 당시 우의정으로 있던 번암이 헌의한 내용이다. 《日省錄 正祖 12年 9月 30日》

75 귀신은……정론(定論) : 주희가 《춘추(春秋)》 희공(僖公) 10년의 "귀신은 족류가 지내는 제사가 아니면 흠향하지 않고 백성은 족류가 아닌 귀신에게 제사 지내지 않는다.〔神不歆非類, 民不祀非族.〕"라는 말을 인용하면서 "귀신은 본래 있는 사물이다. 조종 또한 이와 동일한 하나의 기일 뿐이지만, 다만 총괄되는 곳이 있다. 자손의 몸이 여기에 있으면 조종의 기가 문득 여기에 있으니, 거기에는 혈맥이 관통하는 부분이 있는 것이다. 그런 까닭에 '귀신은 족류가 지내는 제사가 아니면 흠향하지 않고 백성은 족류가 아닌 귀신에게 제사 지내지 않는다.'라고 하였으니, 단지 이 기가 서로 관계되지 않기 때문이다.〔鬼神是本有底物事. 祖宗亦只是同此一氣, 但有箇總腦處. 子孫這身在此, 祖宗之氣便在此, 他是有箇血脈貫通. 所以"神不歆非類, 民不祀非族", 只爲這氣不相關.〕"라고 한 것을 가리킨다. 《朱子語類 卷3 鬼神》

하면서 갑자기 옮겨 봉안하려는 계획을 내어 사림과 다투고 있으니, 그 진실한 마음과 정성이 과연 10대(代)에 가까운 외선조를 존봉(尊奉)하는 데에 있어서 그렇겠습니까, 아니면 달리 까닭이 있어서이겠습니까. 신이 꼬치꼬치 따지고 싶지는 않습니다만, 제 분수를 편안하게 지키지 않는다는 것은 헤아려 알 수 있습니다. 신의 생각은 이렇습니다. 충문공의 신주를 옮겨 봉안하는 것은 애초에 논할 일이 아니지만, 박사동에게 대략 죄벌(罪罰)을 시행하여 그 요행을 바라는 마음을 끊어 버리는 것은 그만두어서는 안 될 듯합니다. 삼가 바라건대 상께서 재결하소서.

하서 김 선생의 시호를 개정하는 것이 합당한지에 대한 헌의[76]

河西金先生改諡當否議

이번에 선정신(先正臣) 문정공(文靖公) 김인후(金麟厚)를 성무(聖廡 문묘(文廟))에 올려 배향한 일[77]은 실로 우리 성상께서 오랫동안 학문에 전력하여 우리 동방 유현(儒賢)의 분명한 연원을 환히 살피고 마음으로부터 결단하여 특별히 수백 년 동안 미처 이루지 못했던 전례(典禮)를 거행하셨으니, 오도(吾道)가 천명될 수 있을 뿐만 아니라 세교(世敎)가 밝아질 수 있을 것입니다. 비록 백대 뒤의 사람이라도 반드시 성상의 학문이 정밀하고 깊으며 도가 그 몸에 쌓인 것에 대해 열복(悅服)할 터이니, 신은 지극히 흠앙하는 마음을 이루 다 표현할 수 없습니다.

선정의 시호 가운데 '문정(文靖)'의 '정(靖)' 자는 너그럽고 화락하게 살며 일생을 잘 마감한다는 뜻에 불과하니, 이것이 어찌 도가 있는 사람의 기상을 잘 형용한 말이겠습니까. 지금 올려 배향하는 날을 맞아 더욱 예를 다해야 하니, 성상께서 이에 대한 의심이 있어서 개정하는 것이 마땅한지에 대해 널리 자문을 구하신 것은 현자를 경모하는 뜻이

76 하서(河西)……헌의 : 1796년(정조20) 10월 7일 정사에서 예조가 김인후의 시호를 개정하는 일에 대해 시원임 대신과 지방에 있는 유신(儒臣)에게 문의한 내용을 아뢰었는데, 이 글은 당시 좌의정으로 있던 번암이 헌의한 내용이다.《承政院日記》《日省錄》

77 이번에……일 : 관학 유생(館學儒生) 홍준원(洪準源) 등 830명의 상소로 인하여 정조는 1796년 9월 17일 정사에서 문정공 김인후의 문묘(文廟) 종사(從祀)를 허락하였다.《正祖實錄》《日省錄》

지극하여 작은 것도 삼가지 않음이 없음을 더욱 잘 볼 수 있습니다. 대저 누가 그 사이에 이견이 있겠습니까. 속히 봉상시(奉常寺)에 명하여 한 글자를 고치도록 하는 것이 아마도 '잘 관찰하여 묵묵히 헤아려 아는 의리'에 합당할 듯합니다. 삼가 바라건대 상께서 재결하소서.

충의공 정문부의 신주를 조천하지 않게 하는 데 대한 헌의[78]

忠毅公鄭文孚不祧議

신주를 조천하지 않는 것은 공신(功臣)을 우대하는 일입니다. 임진왜란을 만나 충의공 정문부가 토적(土賊)을 토벌하고 왜적을 몰아내어 북관(北關)의 강토를 보전한 것은 그 공이 막대합니다. 신주를 조천하지 않는 것이 비록 자손이 호소한다고 해서 쉽게 허락해서는 안 되는 일이기는 하지만, 충의공 같은 경우는 살아서 훈봉(勳封)되지 않았기 때문에 아울러 신주를 조천하지 않는 은전도 내려지지 않았으니, 공의(公議)가 안타까워하는 것은 우선 놓아두더라도 국가에서 큰 공에 보답하는 의리가 아닌 점이 있습니다. 삼가 바라건대 상께서 재결하소서.

78 충의공(忠毅公)……헌의 : 정문부(鄭文孚)는, 본관은 해주(海州), 자는 자허(子虛), 호는 농포(農圃)이고, 시호는 충의(忠毅)이다. 1588년(선조21) 문과에 급제하였다. 1592년 함경북도 병마평사로 있던 중 임진왜란이 일어났는데, 회령(會寧)의 반적(叛賊) 국경인(鞠景仁)이 왕자 임해군(臨海君)・순화군(順和君) 및 이들을 호종한 신하들을 잡아 왜장(倭將)에게 넘기고 항복하자, 스스로 의병장이 되어 경성을 수복하고 반적을 평정하는 등 큰 공을 세웠다. 인조반정 뒤에 전주 부윤(全州府尹)이 되고, 다시 부총관에 임명되었으나 병으로 부임하지 않았는데, 이괄(李适)의 난에 연루되어 고문을 받다가 죽었다. 1666년(현종7) 우찬성에 추증(追贈)되었다. 1788년(정조12) 12월 10일 정사에서 예조가 진주(晉州)의 유학(幼學) 정근(鄭瑾)이 상언한 것에 대해 대신에게 의논한 내용을 아뢰었는데, 이 글은 당시 우의정으로 있던 번암이 헌의한 내용이다. 《承政院日記》《日省錄》

고 첨정 권산해의 정려와 증직에 대한 헌의[79]

故僉正權山海旌閭贈職議

고 첨정 권산해가 누각에서 투신하여 자살한 것은 비록 그 실정이 뚜렷이 드러나지는 않았지만, 전가사변(全家徙邊)과 자손금고(子孫禁錮)의 형률(刑律)에 처해진 점으로 미루어 볼 때 그가 사육신(死六臣)의 당류(黨類)였다는 것은 알기가 어렵지 않습니다. 성상께서 특별히 복관(復官)을 명하신 것[80]은 백대에 풍성(風聲)을 수립할 만합니다만, 마침 올해 또 장릉(莊陵 단종)에 대해 절의를 지키다 죽은 여러 신하에게 융숭하게 보답하는 날을 맞아 많은 선비들이 정려와 증직을 청한 것도 이상한 일은 아닙니다. 해당 조에 분부하여 정려와 증직의 은전을 시행하게 하는 것도 안 될 것이 없을 듯합니다. 삼가 바라건대 상께서 재결하소서.

79 고(故)……헌의 : 권산해(權山海)는, 본관은 안동(安東), 자는 덕보(德甫), 호는 죽림(竹林)이고, 시호는 충민(忠愍)이다. 1454년(단종2)에 종부시 첨정(宗簿寺僉正)이 되었으나, 1455년 단종의 손위(遜位) 이후로는 조정에 나가지 않았다. 이듬해 성삼문(成三問)과 박팽년(朴彭年) 등이 단종의 복위를 도모하다가 참형되었다는 소식을 듣고 자결하였다. 1789년(정조13) 신원 복관(伸冤復官)되고, 1791년 정려를 받고 이조참판에 추증되었으며, 1885년(고종22) 이조판서 겸 지의금부사(吏曹判書兼知義禁府事)에 추증되었다. 1791년 4월 12일 정사에서 예조가 경기, 경상, 충청 세 도의 유생 송문기(宋文箕) 등의 상언으로 인해 고 첨정 권산해에게 정문을 세워 주고 증직하기를 청하여 윤허를 받았는데, 이 글은 당시 좌의정으로 있던 번암이 헌의한 내용으로 보인다. 《正祖實錄 15年 4月 12日》

80 특별히……것 : 1789년 5월 7일 정사에서 이조가 경주(慶州)의 유학(幼學) 권종락(權宗洛)이 격쟁(擊錚)하고 원정(原情)한 것으로 인해 고 첨정 권산해의 복관을 청하자, 이를 윤허하였다. 《正祖實錄》《日省錄》

문간공 김정의 부인에게 정려하는 것이 합당한지에 대한 헌의[81]

文簡公金淨夫人旌閭當否議

신은 문견(聞見)이 고루하여 다만 문간공 김정의 학문과 도덕이 백대의 긍식(矜式)이 되는 것만 알았지 문간공의 부인에게 또한 탁월한 절개와 행실이 있는 것은 알지 못하였습니다. 그래서 헌의하라는 명을 받들었을 때에 아득하여 어떻게 대답해야 할지 알지 못하였는데, 비로소 봄 사이에 올린 유생(儒生) 등의 소본(疏本)[82]을 얻어 읽어 보니 참으로 이러한 남편이 있기에 이러한 부인이 있다고 할 만하였습니다. 그래서 두세 번 반복하여 읽으며 감탄하여 마지않았습니다.

다만 그 소본에서 핵심적인 말은 '자진(自盡)'이라는 두 글자에 불과하고, 그 밖에 부연한 바는 곧 "신원되기 전에는 신주를 매안(埋安)하지 말게 하라."라는 유언뿐이었습니다. 그녀가 유언한 말이 또한 매우 슬프고 절실하기는 하지만 이는 규방의 사사로운 말에 관계되고 "자진

81 문간공(文簡公)……헌의 : 1790년(정조14) 5월 12일 정사에서 예조가 문간공 김정(金淨)의 처에게 정포(旌褒)하는 은전을 시행하는 것에 대해 대신에게 의논한 내용을 아뢰었는데, 이 글은 당시 좌의정으로 있던 번암이 헌의한 내용이다. 《承政院日記》《日省錄》

82 봄……소본(疏本) : 1790년 3월 27일 충청도와 전라도의 유생(儒生)과 생원(生員) 윤재후(尹載厚) 등 205인이 상소하여 김정의 신주를 조천(祧遷)하지 않게 해 달라고 청하면서, 그의 아내인 증(贈) 정경부인(貞敬夫人) 송씨(宋氏)가 절개를 지켜 자진한 일을 언급하였다. 《日省錄 正祖 14年 3月 27日》

하였다.……"라는 말은 엉성하고 소략하였으니, 지금 수백 년이 지난 뒤에 어떻게 그 당시의 사적(事蹟)을 찾을 수 있겠습니까. 정려(旌閭)는 중대한 일이고 은전(恩典)은 마땅히 아껴야 하는 것입니다. 특교(特教)를 내려 신주를 조천하지 않게 한 것이 이미 세상에 보기 드문 특별한 은택이니, 부인에 대해 정려를 하고 하지 않고는 족히 영향을 끼치지 못합니다. 신의 견해는 이와 같습니다. 삼가 바라건대 상께서 재결하소서.

무신년(1728, 영조4)에 군공을 세운 기읍 사람 가운데 생존 인물의 상전에 대한 헌의[83]

畿邑戊申軍功生存人賞典議

경기 고을에 무신년의 장사(將士)로서 지금까지 생존해 있는 사람이 거의 100명이 넘으니 매우 드물고 특이한 일입니다. 그러나 어떤 이는 진(陣)에 머물러 있었다 말하고 어떤 이는 성을 지키고 있었다 말하였으니, 출정(出征)한 것과는 차이가 없지 않습니다. 그 가운데 출정하였다고 말한 사람도 몇 명 있기는 하지만 훈록(勳錄) 가운데 그 이름이 없으니, 해당 지방에서 쌀과 고기를 제급한 뒤에 주찬(酒饌)을 차리고 풍악을 연주하게 해 주는 것이 또한 위로하고 기쁘게 해 주는 방도가 될 수 있을 것입니다. 이 밖에 등급을 더하여 포상할 필요는 없습니다.

주헌(朱櫶)은 이미 원종공신(原從功臣)의 녹권(錄券)을 받았으니, 의병을 창도했던 일은 실로 조정의 인정을 받은 것입니다. 또 계유년(1753)에 그 문도가 임금께 호소한 일로 이조(吏曹)가 복계(覆啓)하고 녹용(錄用)하기를 청하기까지 했는데, 재가를 받은 뒤에 결국 시행되지 않았으니, 참으로 개탄하고 애석해할 만합니다. 지금 구갑(舊甲)이 돌아왔으니 전일에 시행하지 않은 것을 시행하여 대략 추증하는 은전을 더해 주는 것도 안 될 것이 없을 듯합니다.

83 무신년에……헌의 : 1788년(정조12) 3월 30일 정사에서 예조가 고(故) 가의대부 주헌 등의 시상(施賞)에 대해 대신에게 문의한 내용을 아뢰었는데, 이 글은 당시 우의정으로 있던 번암이 헌의한 내용이다. 《承政院日記》《日省錄》

한홍제(韓弘濟)와 윤재(尹梓)와 유상한(劉相漢)은 이미 공가(公家)의 근거할 만한 문권(文券)이 없어 포상과 훈록은 논할 수 없습니다만, 영읍(營邑)에서 올라온 문서가 이미 권축(卷軸)을 이루었으니 또한 온전히 실상이 없는 결과로 돌려서도 안 됩니다. 그 자손을 찾아 음식물을 반급(頒給)하는 것이 또한 무방할 듯합니다. 삼가 바라건대 상께서 재결하소서.

무신년(1728, 영조4)에 군공을 세운 영남 사람을 구별하여 시상하는 데 대한 헌의[84]

嶺南戊申軍功人區別施賞議

거창(居昌)의 사인(士人) 전학령(全鶴齡)[85]은 이술원(李述原)과 신명익(愼溟翊) 두 좌수(座首)가 서로 이어 순절한 뒤에 역적[86]이 주는 좌수의 직첩(職帖)을 받았는데, 체지(帖紙)를 찢고 아전을 쫓아내고 나서 바로 의병을 모집하여 군량을 운송하였으니 절의와 공적이 모두 가상합니다. 사헌부 장령을 증직(贈職)하는 것이 마땅할 듯합니다.

신석현(愼錫顯), 신덕현(愼德顯), 신광세(愼光世), 신치근(愼致謹)은 모두 하리(下吏)의 신분으로 어떤 이는 관고(官庫)를 굳게 지키고 어떤 이는 거상(居喪) 중에 의병을 일으키고 어떤 이는 적의 군량을 빼앗아서, 난리가 평정된 후 향인(鄕人)들이 사당을 세워 관부의 옆에서 아울러 제향하였으니 공의(公議)를 볼 수 있습니다. 신극종(愼克終)의 사례에 의거하여 낭서(郎署)를 증직하더라도 안 될 것이 없을 듯합니다.

84 무신년에……헌의 : 1788년(정조12) 4월 3일 정사에서 예조가 영남의 고(故) 사인 전학령 등을 포증(褒贈)하는 일에 대해 대신에게 문의한 내용을 아뢰었는데, 이 글은 당시 우의정으로 있던 번암이 헌의한 내용이다. 《承政院日記》《日省錄》

85 전학령(全鶴齡) : 대본에는 '金鶴齡'으로 되어 있다. 《정조실록》 12년 3월 23일 기사와 《승정원일기》 및 《일성록》 정조 12년 4월 3일 기사에 근거하여 '金'을 '全'으로 바로잡아 번역하였다.

86 역적 : 정희량(鄭希亮)을 가리킨다.

이 밖에 사인(士人) 이우태(李遇泰), 업무(業武) 조한백(曺漢伯), 사인 윤상거(尹商擧)・어진룡(魚震龍), 함양(咸陽)의 하리(下吏) 박춘봉(朴春奉)과 사인 정지교(鄭之僑)・임여방(林汝芳), 안의(安義)의 사인 이성택(李聖澤)・하용서(河龍瑞)・김재경(金載鏡) 등은 장계[87]로 볼 때 모두 충의가 있는 사람이라 이를 만합니다. 하지만 이미 징신(徵信)할 만한 공가(公家)의 문적(文蹟)이 없으니, 향장(鄕狀)과 읍첩(邑牒)만을 가지고 대번에 포록(褒錄)의 은전을 베풀기는 어려운 점이 있습니다. 그러나 조정에서 이미, 조사하여 알리게 해 놓고 이어 시행하지 말도록 하는 것 또한 사실을 매몰시키는 데 가까우니, 모두 음식물로 그 자손을 위문하도록 해도 안 될 것이 없을 듯합니다.

종정(從征)한 장사(將士) 7인은 다 90세 내외이니, 이미 시행한 호남(湖南)의 사례에 의거하여 어떤 이는 가자(加資)하고 어떤 이는 첩가(帖加)한 뒤에 각기 거주하는 곳의 지방관으로 하여금 주찬(酒饌)을 차리고 풍악을 연주하게 해서 옛 공적을 기념하는 뜻을 보이는 것이 또한 무방할 듯합니다. 삼가 바라건대 상께서 재결하소서.

87 장계 : 1788년 4월 1일 경상도 관찰사 김광묵(金光默)이 올린 장계를 말한다. 《日省錄 正祖 12年 4月 1日》

무신년(1728, 영조4)에 군공을 세운 호남 사람 가운데 생존 인물의 상전에 대한 헌의[88]

湖南戊申軍功生存人賞典議

호남의 도신(道臣)이 올린 장계 가운데 무신년에 종정(從征)한 사람으로 생존해 있는 사람은 모두 15인이었는데, 난중에 궐 안에서 파수를 선 사람이 1인이고 안죽진(安竹陣)으로 나아간 사람이 3인이고 운봉 영장(雲峯營將) 손명대(孫命大)의 진으로 나아가 팔량령(八良嶺)과 육십령(六十嶺)을 방어한 사람이 10인이고 거창진(居昌陣)으로 나아간 사람이 1인이었습니다. 그 가운데 전(前) 첨정(僉正) 유일성(柳一星)이 판루(板樓)에 뛰어올라 역적을 사로잡아 돌아왔다는 것, 신태재(辛太才)가 안성(安城)에 이르러 역적 두 명을 쳐 죽였다는 것, 박신창(朴信昌)이 안성과 죽산(竹山)에서 많은 적을 참수하고 사로잡았다는 것은 햇수가 오래 지난 뒤여서 그대로 신빙하기가 어렵습니다. 그러나 모두 90세 내외인데 지금까지 생존해 있으니 희귀한 일이 아니라고 말할 수는 없습니다. 조정에서 이들에 대해 어찌 반드시 은혜가 고갈될까 염려하여 넉넉하고 특별한 은전을 시행하지 않을 수 있겠습니까.

신의 생각은 이렇습니다. 8, 9십 세가 된 사람들은 모두 노직(老職)

88 무신년에……헌의 : 1788년(정조12) 3월 27일 정사에서 예조가, 무신년에 종정한 장사로서 현재 생존한 사람과 순국하고도 아직 포양(褒揚)되지 못한 사람 들을 찾아낸 일로 전라 감사 심이지(沈頤之)가 장계한 데 대해 시원임 대신들에게 문의한 내용을 아뢰었는데, 이 글은 당시 우의정으로 있던 번암이 헌의한 내용이다. 《正祖實錄》《承政院日記》《日省錄》

으로 은혜를 베푸는 예에 따라 한 자급을 가자해 주어서 국가에서 옛 일을 기리고 공로를 기억하는 뜻을 알게 하는 것이 사의에 마땅할 듯합니다. 광주(光州)의 민제장(閔霽章) 형제와 전주(全州)의 오진형(吳震亨)의 경우는 음식물을 주어 그 자손들을 위로하는 것도 안 될 것이 없다고 여겨집니다. 삼가 바라건대 상께서 재결하소서.

오진형을 포증하는 것이 옳은지에 대한 헌의[89]

吳震亨褒贈可否議

오진형의 일에 대해서 다시 수의(收議)하라고 명하셨으니, 지역을 가리지 않는 성상의 뜻에 감탄하지 않을 수 없습니다. 다만 생각건대 역적 정사효(鄭思孝)에게 대항하고 역적 박필현(朴弼顯)에게 항거한 일[90]은, 오진형이 함께 도운 공이 있다고 말한다면 괜찮겠지만 만일 이 공을 전적으로 오진형에게 돌린다면 옳지 않습니다. 대개 관문(官門)의 모든 일은, 지휘하는 사람은 수령이고 향관(鄕官)은 명을 받아서 행할 따름입니다. 난리가 일어났을 때에 만약 판관(判官)이 지휘하지 않았다면 향관 한 사람의 몸으로는 비록 역적에게 대항하려 해도 아마 할 수 없었을 것입니다. 지난날 판관 이석인(李錫仁)을 증직한 일[91]은 또한 그의 생전에 이미 명해 놓고 미처 시행하지 못한 것을 오늘날 뒤미처 시행한 데에 지나지 않았으니, 만약 또 오진형을 포증(褒贈)한

89 오진형(吳震亨)을……헌의 : 1788년(정조12) 3월 29일 정사에서 예조가 전주(全州)의 좌수(座首) 오진형을 포상하여 녹훈하는 일에 대해 낭청을 보내 시원임 대신들에게 다시 문의한 내용을 아뢰었는데, 이 글은 당시 우의정으로 있던 번암이 헌의한 내용이다. 《承政院日記》《日省錄》

90 역적 박필현(朴弼顯)에게 항거한 일 : 대본에는 '捉賊顯'으로 되어 있다. 《승정원일기》와 《일성록》의 정조 12년 3월 29일 기사에 근거하여 '捉'을 '拒'로 바로잡아 번역하였다.

91 이석인(李錫仁)을 증직한 일 : 1788년 3월 1일 무신년(1728, 영조4)의 공신인 고 전주 판관(全州判官) 이석인을 좌승지에 증직하였다.

다면 차등이 없게 될까 걱정스럽습니다. 군문(軍門)으로 하여금 그 자손을 찾아 녹용(錄用)하게 하면 옛 공로를 추념하고 후세를 권면하는 도리에 합당할 듯합니다.

김진희를 포상하는 은전이 옳은지에 대한 헌의[92]

金晉熙褒典可否議

김진희(金晉熙)의 일에 대해서는 도신(道臣)이 그동안 올린 장계가 근거할 만한 공가(公家)의 문적(文蹟)을 얻어 본 데서 나온 것이 아니고, 신이 전일에 올린 헌의도 은전을 베푸는 것이 불가하다는 근거할 만한 공사(公私)의 문자를 얻어 본 데서 나온 것이 아니니, 신은 참으로 감히 신의 견해가 옳다고 여기지 못하겠습니다.

다만 생각건대 김진희의 공이 설령 장본 중의 내용과 같다고 하더라도, 공을 세우고 그 공을 사양한 자는 김진희이고 공이 없으면서 그 공을 차지한 자는 박민웅(朴敏雄)입니다. 난이 처음 평정되었을 때 조정에서 박민웅에게 그 공로에 대해 보답한 것이 돌아보건대 어떠하였습니까. 백도(白徒)의 신분으로 발탁되어 영장(營將)에 제수되었고 얼마 지나지 않아 창성(昌城)과 강계(江界) 등의 방어사(防禦使)에 임명되었으니, 만일 박민웅이 강계에서 죽지 않았다면 그 뒤의 벼슬길이 어찌 여기서 그쳤겠습니까. 겨우 구갑(舊甲)이 다시 돌아온 것으로

92 김진희(金晉熙)를……헌의 : 1788년(정조12) 4월 11일 정사에서 예조가 무신년(1728, 영조4)에 군공(軍功)을 세운 사람을 정상(旌賞)하는 것이 마땅한지에 대해 시원임 대신에게 문의한 내용을 아뢰었는데, 이 글은 당시 우의정으로 있던 번암이 헌의한 내용이다. 이에 대해 정조는 "김진희의 일은 우상의 헌의가 이미 이와 같으니, 가볍게 결정하기 어려운 점이 있다. 아직 헌의하지 않은 대신들과 좌상에게 다시 물어 초기하라. 김강립의 일은 여러 사람의 의견에 따라 시행하라."라고 하교하였다. 《承政院日記》《日省錄》

인하여 대신(大臣)이 진달하여 포상(褒尙)하라는 전교가 매우 특별하였는데, 지금 청주(淸州)의 적도(賊徒)를 격파하고 청주성(淸州城)을 회복한 것이 모두 김진희의 공으로 돌아간다면 박민웅에게는 무슨 기록할 만한 공로가 있겠습니까. 또 그렇게 되면 그동안 조정에서 베푼 은전이 모두 마땅히 시행해서는 안 되는 은전을 시행한 것이 됨을 면치 못할 것입니다.

대개 김진희가 공을 이루었으면 박민웅은 공이 없고 박민웅이 공을 이루었으면 김진희는 공이 없는 것입니다. 조정에서 종핵(綜核)하는 정사로 볼 때 김진희와 박민웅 두 사람을 공훈(功勳)의 반열에 두어서 오늘날 모두에게 포상의 은전을 베풀 수는 없으니, 어찌 난처한 일이 아니겠습니까.

김강립(金剛立)의 일에 대해서는, 전하는 말을 반드시 다 믿을 수는 없고 그 일 또한 의심할 만한 것이 많습니다. 그러나 유생(儒生)들의 말을 모두 근거 없는 말로 돌릴 수는 없으니, 쌀과 고기를 보내 주어 그 집안을 위무(慰撫)해도 안 될 것이 없을 듯합니다. 삼가 바라건대 상께서 재결하소서.

화성의 성역에 백성을 부리는 데 대한 헌의[93] 병진년(1796, 정조20)[94]

華城城役使民議 丙辰

국가에 큰 역사(役事)가 있을 때 반드시 백성을 부리는 것은 많은 사람의 힘이 아니면 역사를 완료할 수 없을 뿐만이 아니라, 백성들로 하여금 임금을 향한 마음으로 역사에 달려가는 뜻[95]을 알게 할 수 있기 때문입니다. 신이 지난날 연석(筵席)에서 화성의 성역(城役)에 백성을 동원하지 않을 수 없다고 아뢴 것이 어찌 경비를 걱정하는 마음에서만 나왔겠습니까.

다만 생각건대 성을 쌓는 역사를 처음 시작할 때 백성을 동원하는 것으로 절목(節目)을 만들어 여러 도에 반시(頒示)하고 차례차례 나아오게 했다면, 백성들도 당연한 일로 여겨서 먼 곳 가까운 곳 할 것

93 화성(華城)의……헌의 : 1796년 2월 7일 정사에서 비변사가 우의정 이병모(李秉模)의 상언으로 인해 화성의 성역에 백성을 동원하는 사안에 대해 대신(大臣)과 재신(宰臣)들에게 문의한 내용을 아뢰었는데, 이 글은 당시 영중추부사로 있던 번암이 헌의한 내용이다. 《承政院日記》《日省錄》

94 병진년 : 대본에는 '癸丑'으로 되어 있다. 《승정원일기》와 《일성록》 정조 20년 2월 7일 기사에 근거하여 '丙辰'으로 바로잡아 번역하였다.

95 임금을……뜻 : 임금의 교화에 감복하여 백성들이 나랏일에 급히 달려 나오는 의리를 말한다. 문왕(文王)이 영대(靈臺)를 지으려고 계획할 때 백성들이 나와 공사를 도왔는데, 당시 문왕이 너무 급하고 무리하게 하지 말라고 했지만 서민들은 어버이의 일을 도우러 나오는 자식처럼 달려와 하루도 되기 전에 공사를 완료했다는 고사에서 온 말이다. 《詩經 大雅 靈臺》

없이 반드시 자식이 부모의 일에 나아오듯이 급하게 달려왔을 것입니다. 그러나 지금은 역사를 시작한 지 꼭 반년이 되어서 조정에서 백성을 고용해 부리는 것을 귀가 있는 자는 듣지 못한 사람이 없는데, 이제 장차 1년이 되어 가는 시점에서 다시 백성을 동원한다는 내용으로 영(令)을 반포하여 먼 도(道)의 백성으로 하여금 양식을 싸 가지고 부역에 나아오게 한다면, 어찌 눈을 흘기고 서로 바라보며 놀라지 않을 것이라고 보장하겠습니까.

신의 생각은 이렇습니다. 백성을 부리는 일은 실로 그만둘 수 없는 정사(政事)이지만 만일 이것을 먼 도에까지 두루 시행한다면, 비록 열읍(列邑)의 수령이 한결같이 강직하고 밝아서 민호(民戶)와 정부(丁夫)를 자세히 조사하고 간사한 아전을 엄히 단속한다 하더라도, 정부가 된 자들은 오가는 데 필요한 양식과 여러 날 머무는 비용이 실로 적지 않을 것입니다. 하물며 수령이 반드시 모두 강직하고 밝지는 않아서 민호와 정부의 선발과 간사한 아전의 농간을 반드시 다 살피지 못한다면, 양식과 비용 외에 이로 말미암아 시작되는 폐단이 또한 얼마나 되겠습니까. 생각이 여기에 미치니, 먼 도의 정부는 한결같은 규례로 징발하여 나아오게 하기가 어려울 듯합니다.

오직 기내(畿內) 한 도는 화성과 같은 도(道)이고 거리로 말하더라도 가장 먼 곳도 불과 이틀이면 도착할 수 있으니, 이들을 동원할 수 있을 것입니다. 그러나 그 가운데 잔호(殘戶)와 독호(獨戶)에 대해서는 별도로 돌아보고 진념하는 정사를 시행하지 않을 수 없을 듯하니, 만일 그렇게 한다면 국가의 체모와 백성의 힘이 어느 한쪽으로 허물어지는 지경에는 이르지 않을 것입니다. 누차 하문하셨기에 감히 입을 다물고 가만히 있을 수 없어서 어리석은 생각을 다 진달하였습니다.

삼가 바라건대 상께서 재결하소서.

상이 이르기를,

"경의 말을 기다리지 않더라도 일의 체모가 이와 같은 것을 어찌 모르겠는가. 본부(本府)의 성역은 반드시 한 사람의 백성이라도 수고롭게 하지 않으려는 데에 나의 뜻이 있다."

하였다.

화성의 공도회에 대한 헌의[96]

華城公都會議

화성에 공도회를 창설하는 것은 특별히 위로하고 기쁘게 하기 위해서인데, 지금 대비과(大比科)[97]를 치르는 해를 맞아 무장(武將)이 유수(留守)가 되었다는 이유로 설행하지 못한다면 유생들의 심정이 얼마나 답답하겠습니까. 비록 그렇지만 이 문제를 변통하여 처리하는 적합한 방도를 찾지 못했으니, 그만둘 수 없다면 서울에서 유신(儒臣) 가운데 평소 문명(文名)이 있는 사람을 차임해 보내서 기일에 맞춰 시취(試取)하는 바탕으로 삼는 것이 또한 무방할 듯합니다. 각 도에 이미 경시관(京試官)과 도사(都事)가 시취하는 예가 있으니, 화성의 경우 서울에서 차임해 보내는 것이 반드시 불가하지만은 않습니다. 삼가 바라건대 상께서 재결하소서.

전교하기를,

96 화성(華城)의……헌의 : 1794년(정조18) 9월 15일 정사에서 예조가 화성 공도회의 정식을 정하기 위해 수원 유수를 역임한 사람들에게 문의한 내용을 아뢰었는데, 이 글은 당시 영중추부사로 있던 번암이 헌의한 내용이다. 《正祖實錄》《承政院日記》《日省錄》

97 대비과(大比科) : 3년에 한 번씩 실시된 식년시(式年試)를 말한다. 《대전회통(大典會通)》 〈예전(禮典) 제과(諸科)〉에 "3년에 한 번씩 시험 보이는 것을 대비과라 하는데, 지금은 자(子), 오(午), 묘(卯), 유(酉)가 드는 해에 설행하고 식년(式年)이라 명명하였다."라고 하였다.

"다시 좋은 방도를 생각해 보건대, 전에 유상(留相 유수(留守))을 지낸 사람 가운데 일찍이 내각(內閣)의 직책을 거친 사람은 영중추부사이니 내각으로 하여금 패초하여 시제(試題)를 내게 하고, 이어서 시임 유수(時任留守)로 하여금 사흘로 나누어 시취하게 한 뒤에 시권(試券)을 내각으로 올려보내면 내각에서 미품(微稟)한 뒤에 구두로 전달하여 들어와서 시권을 채점하게 하라. 시험에 참여하는 대독관(對讀官)은 시임 초계 문신(時任抄啓文臣) 가운데 승보시(陞補試)의 예에 따라 시관(試官)으로 하여금 두 사람을 획출(劃出)하게 하도록 분부하라. 차후로 유수는 이번 같은 경우에는 시원임 각신(時原任閣臣) 및 시원임 문임(時原任文任) 중에서 예조로 하여금 나의 뜻을 물어 초기(草記)하게 해서 한 사람을 차출하되, 이번의 예에 의거하여 고시(考試)하도록 정식(定式)으로 삼으라. 복시(覆試)의 경우는 본부(本府)에서 과거를 설행하는 것과는 다르고 또한 본받을 만한 경기 지역의 사례가 있으니 거행하지 말고, 우등(優等)한 사람을 뽑아서 점수를 합산하여 출방(出榜)하도록 내각 및 본부에 일체 분부하라."

하였다.

대부와 평신 두 진을 화성에 옮겨 소속시키는 것이 편리한지에 대한 헌의

大阜平薪兩鎭移屬華城便否議

화성 유수로 있을 때 올린 헌의이다.

이번에 대부와 평신을 수원(水原)으로 옮겨 소속시키는 논의는 조정에서 낸 계책이 이미 사려가 근실하였는데 성상께서 다시 어리석고 미천한 신에게까지 하문하셨으니, 바다의 방비를 공고히 하여 본부(本府)를 호위할 계책에 대해 생각이 미치지 않는 바가 없음을 알 수 있습니다. 따라서 신은 실로 기쁘고 다행스럽게 여기기에도 겨를이 없습니다. 다만 신은 여기에 대해 별도로 삼가 복명할 말이 있습니다.

무릇 속진(屬鎭)이 나열되어 있는 것을 귀하게 여기는 이유는 위급한 일이 생겼을 때 호령(號令)을 받드는 것이 마치 손이 팔의 명을 듣고 손가락이 손의 명을 듣는 것처럼 신속하기 때문입니다. 지금 대부로 말하건대 본부에서 남양부(南陽府)까지의 거리가 60리이고 남양부에서 다시 30리를 간 연후에야 비로소 배를 탈 수 있는데, 여기서 20리 남짓 바다를 건너야 섬에 도착할 수 있습니다. 평신으로 말하자면, 본부에서 90리를 가야 한진(漢津)에 이를 수 있는데, 이른바 한진은 물길이 가장 험악하기로 이름난 곳입니다. 그리고 만일 조수(潮水)가 드는 때를 놓치면 배를 띄울 수 없기 때문에 하루에 배를 띄울 수 있는 때는 한 번밖에 없으니, 그 나룻길이 사람 마음대로 갈 수 없다는 것을 알 수 있습니다. 나루를 건넌 뒤에도 다시 서산(瑞山) 경계까지 50리를 가야 평신진이니, 본부까지의 거리가 아득하게 먼 것이 또한 얼마나 되겠습니까.

듣건대 본부의 이른바 압장면(鴨長面)에서는 바다 건너 평신을 바라보면 까마득하게 보이는 듯도 하다는데, 압장은 본부까지의 거리가 이미 90리나 됩니다. 게다가 압장과 평신 사이는 파도가 매우 사나워서 본래 나룻길이 없으니, 지금 두 진 사이의 거리와 형세로 말해 보면 위급할 때가 되어 호령을 해도 아마 옛사람들이 이른바 "채찍이 길어도 말의 배에는 미치지 못한다.〔鞭雖長 不及馬腹〕"[98]라는 기롱을 면치 못할 듯합니다. 신의 견해가 비록 이와 같아서 실로 서생의 안목이라 한다 해도 틀린 말이 아니고 심담(心膽)은 원근의 일을 다 포괄하지 못하지만, 또한 지극히 난처한 일이 한 가지 있습니다.

두 진이 비록 작지만 또한 마땅히 병선(兵船)과 수졸(守卒)은 있어야 하는데, 수졸은 있는데 수상(水上) 습조(習操)[99]가 없는 경우는 군제(軍制)에 없습니다. 지금 본부로 하여금 두 진을 절제(節制)하게 한다면, 습조를 시행해야 할 때에 유수(留守)가, 장차 병사(兵使)와 수사(水使)가 순행 나가는 규례에 따라 각각 두 진을 순행해야 하겠습니까, 아니면 두 진의 진장(鎭將)으로 하여금 수군을 거느리고 본부에 와서 습조하기를 마치 통영(統營)과 수영(水營) 소관의 여러 진(鎭)들이 군사가 모이는 시기에 맞춰 영하(營下)에 환집(環集)하는 규례처럼

98 채찍이……못한다 : 보기에는 그럴 듯해도 실제로는 아무런 효용이 없다는 의미로, 힘이 미치지 못하는 경우를 비유하는 말이다. 《춘추좌씨전》 선공(宣公) 15년의 "채찍이 아무리 길어도 말의 배에 미치지 못한다.〔雖鞭之長, 不及馬腹.〕"라고 한 구절에서 온 말이다.

99 습조(習操) : 군졸과 지휘관을 포함한 모든 인원이 모여 진법(陣法)이나 총포 쏘기 등을 조련하는 총체적인 군사 훈련을 말한다.

하게 해야겠습니까? 유수가 바다를 건너 호서(湖西) 도내(道內)까지 순행하는 것은 이미 말이 되지 않으니, 형세로 볼 때 진장으로 하여금 본부로 오게 해야 할 것입니다. 그러나 본부는 단지 육지의 영문(營門)을 방어할 뿐이어서 애초에 수전(水戰)의 제도를 설치하지 않았으니, 유수는 장차 유막(油幕)을 치고 육지의 벼랑 위에 단정히 앉아서 진영의 전선(戰船)이 나아가고 물러나는 것만 살펴보고 말아야 하겠습니까. 그 형세로 볼 때 반드시 새로 대장선(大將船)을 구비하고 많은 수군(水軍)과 노졸(櫓卒)을 새로 징발한 연후에야 바야흐로 습조의 흉내라도 낼 수 있을 것인데, 이것이 어찌 쉽게 창제(刱制)할 수 있는 일이겠습니까. 송도(松都)의 여현(礪峴)과 대흥(大興) 및 심도(沁都)의 영종(永宗) 등 여러 섬은 이와는 현격한 차이가 있습니다. 송도는 육지이니 육지의 여현과 대흥을 통솔하는 데에 무슨 난처한 일이 있겠으며, 심부(沁府)는 섬 안이니 섬 안의 영종 등 여러 진을 통솔하는 데에 어찌 불가한 일이 있겠습니까.

이번에 본부가 육지의 진들이 의거하는 영문(營門)으로서 100리 밖 바다 건너의 두 진을 통솔하게 되었을 때, 그 어긋나 불편한 형세를 만일 세세하게 열거하고자 한다면 비단 앞에서 진달한 몇 건(件)의 일뿐만이 아닐 것입니다. 또 본부의 영문으로 말씀드리건대 지금은 창설된 초기이기에 온갖 일들이 아직 자리가 잡히지 않아서 많은 폐단을 제거하기가 어렵습니다. 그런데 지금 또 이렇게 지극히 난처한 일이 더해진다면 불행히도 헛된 명분만 무릅쓰고 실제로는 해를 받는 데에 가까워질 것입니다. 신이 어찌 이렇게 어리석은 견해를 가지고 있으면서 성상의 하문에 경외하는 마음만을 품어서 머뭇거리며 감히 진달하지 않을 수 있겠습니까. 비록 그렇지만 신은 감히 스스로 신의 견해가 옳다고 장담하지는 못하겠습니다. 삼가 바라건대 다시 묘당(廟堂)에 자문하여 처리하신다면 매우 다행이겠습니다.

정시 초시 때의 과폐에 대한 헌의[100] 갑인년(1794, 정조18)

庭試初試時科弊議 甲寅

3, 4십 년 이래로 과장(科場)의 폐단이 날로 불어나고 달로 더해져서 마치 병이 고황(膏肓)에 들어 아무도 손을 댈 수 없는 것처럼 되었는데, 그 빌미는 처음부터 정시의 초시에서 나오지 않은 적이 없었습니다. 대개 정시의 초시는 세 곳으로 시소(試所)를 나누어 설행하는데, 그 인원수가 많을 때는 1000명이나 되고 적을 때도 5, 6백 명 내외에서 넘나듭니다. 이렇다 보니 거자(擧子)들은 애초부터 과거(科擧)로 여기지 않아서 공공연히 청탁을 자행하되 남들이 아는 것을 두려워하지 않았고, 시관(試官) 역시 과장으로 여기지 않아서 문득 "이는 친구의 자질(子姪)이 과거에 응시하여 녹명(錄名)[101]한 것이니, 어찌 반드시 박절한 정사를 쓸 것인가."라고 하면서 사사로운 표지(標紙)를 만들어 주되 거의 세속에서 이른바 "보내온 술로 생색내기"처럼 하였습니다. 이에 과장의 법도가 크게 무너져서 이런 현상이 눈과 귀에 익숙해지다 보니 과거 때마다 실로 당연히 이렇게 해야 한다고 여겨서 마침내 지난번에는 삼층(三層)으로 이어졌다는 칭호가 있기까지 하여 나라의 법도가 더 이상 여지도 없이 사라지게 되었습니다. 시관은 가까이에서 전하

100 정시(庭試)……헌의 : 1794년 2월 17일 정사에서 비변사가 경과(慶科)의 정시 초시에 대한 시권(試券)을 고사(考査)할 때 인재를 널리 수용하는 방도에 대해 동료 상신들과 상의한 내용을 아뢰었는데, 이 글은 당시 영중추부사로 있던 번암이 헌의한 내용이다. 《正祖實錄》《承政院日記》《日省錄》

101 녹명(錄名) : 과거 응시자가 원서(願書)를 내고 성명을 등록하는 것을 말한다.

를 모시는 반열인데도 이처럼 방종하고 선비는 다른 날 공경(公卿)이 될 재목인데도 이처럼 패려궂고 완악하니, 신은 매양 천장을 쳐다보면서 크게 탄식하여 그칠 바를 알지 못하였습니다.

성상께서 즉위하신 초기에 이러한 폐단을 깊이 통찰하고 크게 바꾸고 고칠 것을 생각하여 문임(文任)과 경재(卿宰)로 하여금 각각 좋은 대책을 진달하게 하셨습니다. 그러나 신은 그 당시 끝내 감히 한마디 말로 성상의 명에 우러러 답하지 못했으니, 대개 조정에 가득한 논의가, 어떤 것은 그 말단을 구하는 데 불과하고 어떤 것은 무익할 뿐만 아니라 폐단을 낳을 수밖에 없음을 알았으므로 '차라리 말하지 않음으로써 혼란을 줄이는 요도(要道)로 삼는 편이 낫지 않겠는가.'라고 여겼기 때문입니다. 그 후 과거 제도를 비록 고치지는 않았지만, 정시 초시의 경우에는 또한 계속해서 폐단이 있었다는 말을 듣지 못하였습니다. 지금 일의 형세가 급박하여 부득이 세 곳으로 시소를 나누어 300명의 인원을 시취(試取)하라는 명이 있었고, 인재를 널리 수용하는 방도는 묘당으로 하여금 강구(講究)해서 보고하게 하라고까지 하셨습니다. 그러나 신이 만일 마음속에 강구한 것이 있다면 어찌 감히 즉위한 지 1년 두루 하문하시던 날에는 말하지 않다가 지금에야 말할 수가 있겠습니까.

굳이 이야기하라고 하신다면 다만 시관을 잘 고르는 방법이 있을 따름입니다. 만일 시관을 잘 고르려 한다면 반드시 문장에 대한 안목이 있고 공정한 마음이 있은 뒤에야 논의할 수 있을 것이니, 대개 비록 문장에 대한 안목이 있더라도 공정한 마음이 없으면 주옥(珠玉)을 울타리 가에 버릴 것[102]이고, 비록 공정한 마음이 있더라도 문장에 대한 안목이 없으면 무부(碔砆)[103]를 주옥처럼 여길 것입니다. 이로 말미암아 말하건대 고시관(考試官)은 또한 적임자를 얻기가 어렵지 않겠습니까. 그러나 "좋은 사람이 없다.〔無好人〕"라는 세 글자를 신은 감히 입 밖에 낼 수가 없으니, 오늘날 조정의 신하 가운데 또한 어찌 그 임무를 감당할 수 있는 사람이 없겠습니까. 잘 고르기만 하면 적임자를 얻을 것입니다.

시권(試券)을 일찍 제출하는 것 같은 경우는 크게 바로잡지 않을 수 없는 폐단입니다. 서제(書題)를 이미 자시(子時)와 축시(丑時) 사이에 내걸라고 명하셨으니, 일출 전에는 감히 시권을 제출하거나 받지 못한다는 내용으로 미리 시소와 선비들에게 통지하여 혹시라도 어기는 일이 없도록 한다면, 비록 지엽적인 문제를 바로잡는 일이기는 하지만 작은 도움이 없지는 않을 듯합니다.

신은 이에 대해 또 매우 염려되는 점이 있습니다. 그동안 치른 절일제(節日製)와 춘도기(春到記), 추도기(秋到記)의 응제(應製) 및 전강(殿講) 때에 회시(會試)에 곧바로 응시할 수 있는 자격을 받거나 분수(分數)를 지급받은 사람이 모두 얼마간 있었습니다. 분수를 지급받은 사람은 은사(恩賜)이기 때문에 초시의 시장(試場)에서 따로 앉았습니다만, 회시에 곧바로 응시할 수 있는 자격을 받은 사람의 경우 그로서는 초시를 해 봐야 아무런 소용이 없기에 이미 한가로이 놀고 있었으니, 그 친족이나 친구를 위해 의기양양하게 시험장으로 들어가서 마음대로 대신 글을 지어 주는 일이 형세로 볼 때 반드시 있었을 것입니다.

102 주옥(珠玉)을……것 : 귀한 구슬을 쓸모없는 물건처럼 여긴다는 말이다.

103 무부(碔砆) : 옥과 비슷하게 생겼지만 옥이 아닌 돌로, 보기에는 그럴싸하지만 아무런 가치가 없는 물건을 비유하는 말이다.

만일 그런 자라면 마음 놓고 횡설수설하며 한 사람의 몸으로 3, 4편의 글을 짓는 것은 아주 쉬운 일이었을 터이니, 이런 행위를 통렬하게 금지하지 않으면 과장의 엄격함이 돌아보건대 어디에 있겠습니까. 반장(泮長 대사성(大司成))에게 신칙하시어, 무릇 이미 초시 입격의 자격을 가지고 있으면서 남의 시험을 도와주기 위해 시험장으로 들어가는 자들은 회시의 과장에 난입하는 자에게 적용하는 형률(刑律)을 시행하도록 하는 것이 또한 그만둘 수 없는 일인 듯합니다. 삼가 바라건대 상께서 재결하소서.

상이 이르기를,

"영중추부사의 헌의대로 시행하되, 시권 받는 시간을 제한하는 일은 영상(領相)[104]과 영중추부사의 뜻이 모두 좋다. 이번 춘도기의 과차(科次)에서 맨 마지막에서 두 번째로 제출한 시권을 특별히 장원에 둔 것은 많은 선비들에게 이러한 뜻을 알게 하려는 의도였다. 더구나 경과(慶科)가 목전에 있고 감시(監試)가 머지않았으니, 이러한 내용을 과거 절목(科擧節目)에 기재하여 거듭 엄히 신칙을 더하도록 하라. 정시 초시에서 출방(出榜)이 비록 늦어지더라도 시권의 채점은 으레 사흘을 넘기지 않았으니, 24일 밤 3경(更)에 시제(試題)를 내걸고 27일 신시(申時)에 출방하면 조금도 군속(窘束)한 폐단이 없을 것이다. 시권을 받는 시한을 조금 늦추는 일은 더욱이 안 될 것이 없다. 정식대로 삼시(三時)의 동이 틀 무렵에 호정(呼呈)[105]하

104 영상(領相) : 홍낙성(洪樂性)을 가리킨다.

105 호정(呼呈) : 시권(試券)을 제출하라는 지시를 말한다. 대과(大科)와 소과(小

고 시권을 받으라고 분부하라. 회시에 곧바로 응시할 수 있는 자격을 받은 사람들에 대해서는 정시 초시에 응시하는 이들이 문으로 들어온 뒤에 전시의 시권을 받아서, 한편으로는 선비를 대우하는 뜻을 보이고 한편으로는 공연히 오해받지 않도록 반장으로 하여금 잘 알게 하라."

하였다.

科) 및 초시와 회시 때에는 거자(擧子)들이 시권을 너무 일찍 제출하는 폐단을 막기 위하여 일정한 시각이 되면 감시관이 시권을 바치도록 지시를 내린 뒤에야 제출할 수 있게 하였다. 《承政院日記 英祖 39年 8月 26日》

감시 초시의 과폐에 대한 헌의[106]

監試初試科弊議

과장(科場)에서 앞다투어 시권(試券)을 일찍 제출하는 것은 풍습이 해괴할 뿐만이 아니니, 만일 옛날 나라의 정세를 가만히 살피던 사람이 이 일을 두고 논한다면 반드시 시운(時運)의 성쇠(盛衰)에 관계된다고 단언할 것입니다. 이에 성상께서 반드시 바로잡아 개혁하고자 누차 변통할 방법에 대해 하문하신 것은 실로 사물의 이치가 극한에 이르면 반드시 되돌아가기 마련이라는 뜻에 부합되니, 신은 참으로 흠탄(欽歎)하는 마음을 금할 길이 없습니다. 다만 신은 외람되게도 성상을 받들어 보좌하는 직임을 맡고 있으면서 전혀 대양(對揚)하는 말이 없어서 문득 어떻게 할 수 없는 지경으로 돌아가려 하니, 황송하고 부끄러워서 몸 둘 바를 모르겠습니다. 이번에 다시 시권 받는 시한을 헤아려 정하라는 하교를 받들고 신이 성상께서 하교하신 대로 현재 문임(文任)을 맡고 있는 두 중신(重臣)에게 문의한 결과 그 논의가 모두 시한을 정하는 것이 편하다고 하였으니, 대개 어떻게 할 수 없는 가운데에 오직 이 한 가지 일이 혹 금하여 막을 방도가 될 수 있기 때문입니다. 그러므로 문임의 논의가 또한 성상의 하교에서 벗어나지 않는 것입니다.

106 감시(監試)……헌의 : 1791년(정조15) 8월 9일 정사에서 비변사가 감시의 초장(初場)과 종장(終場)에서 시권을 먼저 제출하는 시한에 관해 대신과 문임(文任)의 신하들에게 상의한 내용을 아뢰었는데, 이 글은 당시 좌의정으로 있던 번암이 헌의한 내용이다. 《正祖實錄》《承政院日記》《日省錄》

신의 생각은 이렇습니다. 이에 앞서 과장에서 또한 시간을 한정하여 호정(呼呈)한 적이 없었던 것은 아닙니다. 그러나 두 번째 답안과 세 번째 답안을 시한 이전에 다 작성해 놓고 기다리는 자가 부지기수여서, 시한이 되었을 때 앞에 있는 자가 시권을 제출하기만 하면 그때에 맞추어 뒤쪽에 있는 자들이 시권을 가시울타리 위로 어지러이 던져서 비가 내리는 것처럼 떨어졌는데, 이때 서리와 하인 들이 시권 종이를 훔쳐서 은닉하는 것이 몇 장이나 되는지 알 수 없을 정도였습니다. 그래서 과장이 복잡하고 혼란스럽기가 시한을 정하지 않았을 때보다 열 배나 더 심하였으니, 지금 전하는 말은 참으로 거짓이 아닙니다. 지금 만일 전교로 인해 별도로 시한을 정한다면 이는 시관이 호정하던 것과는 일의 체모가 현격히 다르니, 비록 지금의 사풍(士風)이라 하더라도 혹 조금 구습(舊習)을 바꾸는 방도가 될 수 있을 것입니다. 글을 지어서 쓰는 시한을 오시(午時)까지로 제한하고 미시패(未時牌)가 걸려야 비로소 제출하도록 허락한다면 재주가 민첩한 자는 넉넉히 여유가 있을 것이고 둔한 자라 하더라도 생각하여 다듬을 틈이 있을 것입니다. 이것으로 법령을 만들어 과거 때마다 정식으로 삼게 하는 것이 사의에 합당할 듯합니다. 그러나 친림(親臨)하여 방방(放榜)하는 과거는 이 격례를 따라서는 안 될 것입니다.

신은 이에 대해 별도로 덧붙여 아뢸 만한 어리석은 견해가 있습니다. 지금 물을 마실 정도의 시간에 시권을 제출하는 것은 다름이 아니라 사람들이 모두 서수(書手 글씨 써 주는 사람)를 데리고 갈 수 있기 때문입니다. 심한 경우는 과장으로 들어가기 전에 시지(試紙)를 풀로 붙이지 않고 각 장을 따로 가지고 들어가서 서수 몇 사람이 나누어 쓰고 다 쓴 뒤에 비로소 가장자리를 풀로 붙이고 인두로 그 위를 지져서 단단히 붙게 하기까지 하니, 이는 모든 사람이 그렇게 할 수는 없지만 대체로 그런 사람이 없지 않습니다. 지금 만약 남의 손을 빌려 쓴 자는 시제(試題)의 아래에 '차필(借筆)'이라 쓰게 하고 직접 쓴 자는 '자서(自書)'라 쓰게 한 연후에, 시관 된 자가 고교(考校)할 때에 남의 손을 빌려 쓴 자를 비록 반드시 다 낙방시키지는 않더라도 법규를 엄정하게 적용하고 직접 쓴 자는 비록 늦게 제출했더라도 허물하지 말고 자구(字句)에 약간 문제가 있어도 조 상국(曹相國 한(漢)의 조참(曹參))이 하급 관리를 대했던 것처럼 너그럽게 덮어 두어서, 방(榜)이 나왔을 때에 직접 쓴 자가 10에 8, 9를 차지하고 남의 손을 빌려 쓴 자가 겨우 1, 2를 차지할 수 있도록 한다면, 참다운 재주를 가진 사람이라면 그 누가 기꺼이 남의 손을 빌리려 하겠습니까. 이미 남의 손을 빌려 쓰지 않았으면 형세로 볼 때 직접 썼을 것이고 이미 직접 썼으면 비록 상을 준다고 해도 일찍 제출할 길은 전혀 없을 것이니, 신의 견해로는 금하기를 기필하지 않아도 자연히 금해지는 요체(要體)는 이 이상 좋은 방법이 없을 듯합니다.

한번 남의 손을 빌려 쓰는 것을 금한다고 내각(內閣)에서 반포한 뒤로는 선비 된 자가 바야흐로 두려워 생각을 바꿀 의향이 있을 것이니, 만일 이에 잠깐 발표했다가 바로 그만두기를 다시 면치 못한다면 차후로 비록 세 번 명령하고 다섯 번 거듭 신칙하고 집집마다 찾아다니며 설득하더라도 결코 믿고 따를 리가 없을 것입니다. 그렇지만 한갓 법을 만들어 놓기만 하고 시행하지 못하거나 시관 된 자가 사심을 버리지 못한다면, 남의 손을 빌려 쓴 자라도 아는 사람이면 반드시 도와서 감쌀 것이고 직접 쓴 사람이라도 필체가 혹 생소할 경우에는 물리쳐 버릴 것이니, 선비들의 버릇을 바로잡고 과장을 엄정하게 하는 방도에 무슨 도움이 있겠습니까. 남의 손을 빌려 쓴 시권과 직접 쓴 시권에 대해 표본을 뽑아 시취(試取)하는 일 같은 것은, 오직 방이 나온 후에 그에 따라 의논하는 데 달려 있습니다.

유생의 진시[107]를 핵실하여 응시할 수 있는 자격을 주도록 하는 데 대한 헌의

儒生陳試覈實許赴議

선비가 진시장(陳試狀)을 예조(禮曹)에만 제출하고 경조(京兆)에 제출하지 않는 것은 신이 또한 익히 들었습니다. 지금 만일 예조에서 받은 제사(題辭)는 분명히 있는데 경조에서 발급한 입지(立旨)가 없다는 이유로 아울러 응시하지 못하게 한다면 혹 원통함을 호소하는 단서가 될 듯합니다.

그러나 신의 생각은 이렇습니다. 간교함을 막는 방도는 오직 진시장의 곡절이 사실인지 아닌지를 분명하게 핵실하는 데에 달려 있지, 예조와 경조에서 발급한 공문(公文)이 마땅한지를 핵실하는 데 달려 있는 것은 아닙니다. 대개 과장(科場)의 간교한 폐단은 가장 심한 점이 진시에 있으니, 내간상(內艱喪)과 외간상(外艱喪)을 만난 사람 및 조부모상을 만나 장사를 지내지 못한 사람 외에는 모두 허락하지 말게 하소서. 상을 만났더라도 진시장을 제출한 이후 한 식년(式年)이 지나도록

107 진시(陳試) : 초시(初試)에 입격했어도 회시(會試), 즉 복시(覆試)에 응시하여 합격하지 않으면 초시 합격의 효력이 상실되는 것이 원칙이지만, 특별한 사정이 있어 회시에 응시할 수 없을 경우 진시장(陳試狀)을 예조에 올려 허가를 받으면 그다음 번 회시에 응시할 수 있던 제도를 말한다. 《대전회통(大典會通)》 〈예전(禮典) 제과(諸科)〉에 "대과(大科)와 소과(小科)의 초시에 입격한 자로서 부모의 상중에 있는 사람 및 기년복(朞年服)을 입고 장사를 지내지 못한 사람과 부자(父子)가 함께 응시하는 사람은 모두 진시를 허락한다."라고 하였다.

다른 이유 없이 응시하지 않았다가 지금 교활하게 다른 말을 지어내어 뒤늦게 응시하고자 하는 자는 반드시 간교한 계책이 있는 것입니다. 이러한 자들의 경우에는 획일적인 법을 적용한 연후에야 혹 조금이라도 고질적인 폐단을 구제할 수 있을 것입니다.

대사헌을 새로 통망할 때 별도로 한계를 세우는 데 대한 헌의[108] 을묘년(1795, 정조19)

大司憲新通別立界限議 乙卯

벼슬자리를 신중히 하고 아끼며 관직을 위해 사람을 택하는 것은 모두 전형(銓衡)을 맡은 사람에게 조감(藻鑑)이 있고 공정한 마음이 있느냐에 달려 있을 뿐입니다. 만일 관원의 임명에 대한 법도가 지금이 옛날과 같지 않다는 이유로 모종의 자리에 따라 한계를 정하고자 한다면, 화살 가는 데에 따라 과녁을 세우는 것과 거의 가깝지 않겠습니까. 대사헌은 아전(亞銓)보다 더 중요하니, 역대 조정의 관제(官制)가 그러하였습니다. 이번에 대간(臺諫)의 상소에서 인선(遴選)이 엄정하지 못하다고 근심한 것은 그 말이 참으로 옳습니다만, 반드시 한계를 세워서 자격 없는 자가 통망되는 것을 막고자 한다면 이른바 한계는 장차 어떻게 정해야 하겠습니까?

지금 청렴하고 명망 있는 사람이 맡는 관직으로는 경연관(經筵官)과 아전보다 더한 직임이 없습니다. 그런데 장차 대사헌을 거쳐야 경연관과 아전의 통망에 들 수 있게 한다면 대사헌의 인선이 도리어 조급하게 다투는 길을 열게 될 것이고, 장차 경연관과 아전을 거쳐야 대사헌이

108 대사헌을……헌의 : 1795년 8월 23일 교리 박길원(朴吉源)이 상소하여 재신(宰臣)이 되기만 하면 대사헌에 통망(通望)하는 현실을 비판한 뒤에 아전이나 삼전(三銓)이 되려면 경연관이나 예조 참의를 거쳐야 하는 것처럼 한계를 정하게 할 것을 청한 일에 대하여 9월 2일에 이조가 대신에게 상의한 내용을 아뢰었는데, 이 글은 당시 우의정으로 있던 번암이 헌의한 내용이다. 《承政院日記》《日省錄》

될 수 있게 한다면 경연관과 아전이 반드시 모두 명망과 실질이 다 합당하지는 못할 것입니다. 그렇다면 대사헌의 직임에 그 중차대한 점이 어디에 있겠습니까.

신의 생각은 이렇습니다. 대사헌을 택하고자 한다면 먼저 전형을 맡을 신하를 택해야 하니, 그래야 바야흐로 '갖옷의 옷깃을 잡고 쓸어내리면 갖옷의 털이 자연 아래로 가지런해지는 것'[109]처럼 일이 순조롭게 될 것입니다.[110] 천하의 모든 일에서 그 근본을 궁구하지 않고 한갓 말단에 나아가 해결하려고만 한다면, 삼가 생각건대 일에는 아무런 도움이 되지 않고 도리어 어지러이 자꾸 변경되는 데로 돌아갈까 염려가 됩니다. 신의 의견은 이와 같습니다. 삼가 바라건대 상께서 재결하소서.

109 갖옷의……것 : 큰 요령을 잡으면 작은 일은 그에 따라 순탄해진다는 의미이다. 《순자(荀子)》〈권학(勸學)〉에 "갖옷의 옷깃을 잡고 다섯 손가락을 굽혀 쓸어내리면 털이 아래로 가지런히 쓸리는 것을 이루 다 헤아릴 수 없다.〔若挈裘領, 詘五指而頓之, 順者不可勝數也.〕"라고 한 데서 온 말이다.

110 바야흐로……것입니다 : 대본에는 '方可謂挈領毛順'으로 되어 있다. 《승정원일기》 정조 19년 9월 2일 기사에 '方可爲挈裘領而毛自順'이라고 한 것에 근거하여 '謂'를 '爲'로 바로잡아 번역하였다.

분원에서 갑번을 다시 설행하는 것이 합당한지에 대한 헌의[111]

分院甲燔復設當否議

분원이 백성과 고을에 폐해를 끼치는 것에 대해서는 그동안 내린 전교에서 남김없이 다 밝히셨으니, 지금 다시 번거롭게 진달할 필요가 없겠습니다. 그러나 그 가운데 예번(例燔)[112]과 갑번의 이해가 반반씩으로 엇비슷하였기 때문에 혁파했다가 지속하기를 반복하고 있으니, 그 이유는 실로 처음부터 일정한 규례가 없었기 때문입니다. 대개 갑번을 설행한 것은, 하속(下屬)에게 물어보건대 비록 어느 해에 있었던 일인지 자세하지는 않지만 요컨대 3, 4십 년이 되었다고 하니, 그 제도가 오래되지 않았다는 것을 알 수 있습니다.

신이 본원의 도제조를 맡은 초기에 삼가 들으니 "분원의 예속(隷屬)들이 갑번을 조정의 명령이라 여겨서 자못 원망하고 괴로워하는 마음

111 분원(分院)에서……헌의 : 갑번(甲燔)은 사옹원(司饔院)의 광주(廣州) 분원에서 구워 만드는 자기로, 매우 정교하여 마치 지옥(脂玉)처럼 빛나고 깨끗한 것을 말한다. 《弘齋全書 卷169 日得錄9 政事4》 1795년(정조19) 8월 6일 정사에서 당시 사옹원 도제조로 있던 번암이 아뢴 내용이다. 이에 대해 정조는 갑번을 혁파하는 것을 특별히 정식으로 삼으라고 명하고, 이어 갑번을 다시 설행할 것을 보고한 어사는 엄하게 추고하고 그 당시의 낭관은 조사해서 의금부로 잡아다 감처하라고 명하였다. 《承政院日記》《日省錄》

112 예번(例燔) : 사옹원의 광주 분원에서 구워 만드는 자기로, 궁정의 수요에 필요한 양을 조달하기 위해 봄과 가을 두 번에 걸쳐 생산하던 항례적인 것을 말한다. 《한국민족문화대백과사전》

이 있다."라고 하였는데, 갑인년(1794, 정조18) 1월에 입시했던 승지가 나와서 연석의 하교를 전한 뒤에 이어 갑번을 혁파하라고 명하셨으니, 신은 속으로 묵은 폐단이 시원하게 제거되었다고 생각했습니다. 그런데 오래지 않아 또 들으니 "분원의 예속들이 갑번을 혁파한 것을 크게 이익을 잃었다고 여겨서 청탁하여 복구하기를 도모한다."라고 하였습니다. 이전에는 갑번을 은연중에 조정의 명령으로 돌렸다가 조정에서 명령하여 혁파한 뒤에는 도리어 그들이 이익을 잃었다고 원통함을 호소하는 단서로 삼았으니, 백성의 습속이 어찌 통분하지 않겠습니까. 그 후 어사가 과연 백성들이 원하는 바가 갑번에 있다고 장계(狀啓)하자, 지난해 동짓달에 연신(筵臣)의 상주(上奏)를 계기로 전처럼 갑번을 설행하라고 분부하셨습니다. 이것이 비록 작은 일이기는 하지만 조정의 명령을 변경하는 것과 법을 일률적으로 시행하는 것은 다른 점이 있으니, 백성들은 어떤 것을 따라야 하겠습니까?

대체로 듣건대 예번은 세속에서 말하는 화항(火項 불목)이 비어 있어서 구울 것이 없고 오직 갑번이라야 그 화항을 채울 수 있다고 하니, 이것이 갑번의 이익이 예번에 비해 갑절이 될 뿐만이 아닌 까닭입니다. 그렇지만 성상의 의도는 실로 힘써 기교 부리기를 숭상하는 근래의 속습을 통렬히 혁파하는 데에 있습니다. 그런데 예번으로는 비록 특이한 모양의 그릇을 만들고자 해도 방법이 없고 오직 갑번이라야 마음먹은 대로 기교를 부릴 수 있으니, 갑번을 혁파하지 않은 채 기교를 부리지 못하게만 하는 것은 결코 시행해서는 안 되는 정사입니다.

신의 생각은 이렇습니다. 조정에서 일을 처리하는 것은 오직 그 대체를 살피는 것이 마땅할 뿐이고 기교를 금하는 것은 그 업적이 역사에 빛날 수 있을 터이니, 하속(下屬)들의 자잘한 이익이 전만 못하다는 것은 어찌 고려할 만한 점이 있겠습니까. 이제부터는 예번 이외에 이른바 갑번이라는 명칭은 일절 금단(禁斷)해서 검소함을 숭상하는 덕을 밝히되, 이와 같이 조처한 후에 만일 예번에서 반드시 억지로 기교를 부리려 하다가 적발되는 경우가 있으면 해당 관원을 엄하게 신문(訊問)하여 처분(處分)한다는 내용을 별도로 정식에 더하여 영구히 준행하는 바탕으로 삼는 것이 어떻겠습니까?

박승종을 복관하는 것이 합당한지에 대한 헌의[113]

朴承宗復官當否議

박승종이 서궁(西宮 인목대비(仁穆大妃) 김씨(金氏))의 변고를 만나 힘을 내어 호위하려 했던 일은 조야(朝野)의 산견(散見)되는 기록에 여기저기 섞여 나옵니다. 명신(名臣)과 재상 들이 그 당시의 사실을 친히 목격한 뒤에 그를 위해 글로 적어 억울한 사정을 호소하고 유집(遺集)이 간행되어 유포된 경우는 분명하게 상고할 수 있으니, 이러한 기록들은 충분히 신빙성이 있어서 증거가 될 만합니다. 인조반정(仁祖反正) 초기에 아들 박자흥(朴自興)과 함께 동시에 자결하였으니, 이 또한

113 박승종(朴承宗)을……헌의 : 박승종은 본관은 밀양(密陽), 자는 효백(孝伯), 호는 퇴우당(退憂堂), 시호는 숙민(肅愍)이고, 판서 박계현(朴啓賢)의 손자이다. 1585년(선조18) 진사가 되고, 1586년 별시 문과(別試文科)에 병과로 급제하였다. 우의정, 좌의정, 영의정 등을 역임하고 밀양부원군(密陽府院君)에 봉해졌다. 1617년(광해군9) 인목대비를 폐위하자는 폐모론(廢母論)이 제기되자 극력 반대하고 끝까지 정청(庭請)에 참석하지 않았으며, 1622년 이이첨(李爾瞻)의 사주로 백대형(白大珩) 일당이 인목대비가 유폐되어 있던 서궁(西宮), 곧 경운궁(慶運宮)에 난입하여 대비를 시해하려 할 때는 직접 나서서 이를 저지하였다. 1623년 인조반정 때 정세를 자세히 모른 채로 황급히 성문을 나갔다가, 손녀가 광해군의 세자빈(世子嬪)이라는 이유로 일족이 오랫동안 요직을 차지하고 권세를 누렸다고 자책하면서 아들과 함께 자진하였다. 인조반정 뒤에 관작이 삭탈되고 가산이 적몰되었다가 1857년(철종8)에 복관되었다. 《한국역대인물종합정보시스템 http://people.aks.ac.kr》《仁祖實錄 1年 3月 14日》《哲宗實錄 8年 6月 9日》 1797년(정조21) 9월 25일 정사에서 이조가 박승종의 복관에 대해 대신들에게 의논한 내용을 보고했는데, 이 글은 당시 좌의정으로 있던 번암이 헌의한 내용이다. 《正祖實錄》《日省錄》

섬기던 군주에게 마음을 다하지 않음이 없었던 것입니다.

만일 그 자신이 영상이 되어 부귀에 탐닉하고 권세를 불러들이다가 어리석은 군주의 잘못을 바로잡지 못해서 거의 종묘사직을 뒤엎을 뻔했다는 것으로 옛일을 논하는 선비들에게 죄를 얻는다면, 이는 실로 변명할 수 있는 말이 없을 것입니다. 그러나 책비(責備)[114]는 곧 어진 사람에게 해당하는 말이니, 어찌 사람마다 이것으로 요구할 수 있겠습니까. 더구나 죄안(罪案)의 죄명을 씻어 주지 않고 관작을 회복해 주지 않은 것은 곧 역신(逆臣)이라 감죄(勘罪)하였기 때문인데, 이미 역신과 다른 점이 있음을 알면서도 생전에 위태로운 상황을 부지(扶支)하지 못했다는 이유로 역신이라 감죄하는 형률을 받게 하는 것은 사리로 헤아려 볼 때 이와 같이 해서는 안 될 듯합니다.

지금 200년 동안 억울함을 씻어 주는 데 대해 처리를 미루어 온 점이 있었던 사안이기 때문에 참으로 이런 논의가 있는 것도 마땅합니다. 그러나 어리석은 신의 생각은 이렇습니다. 그동안 명신과 재상 들의 말이 이렇게 분명히 드러나 있는데 단지 그 후손이 미약하여 성상께 호소할 길이 없다는 이유로 마침내 거의 200년 가까운 세월 동안 억울함을 풀지 못하는 지경에 이르렀으니 이것이 더욱 불쌍한 일이고, 이 때문에 다시 망설이며 일을 미루어서는 안 될 것입니다. 분명히 하문하셨기에 감히 침묵하고 있을 수가 없어서 어리석은 소견을 다 진달하였으니, 황송하기 그지없습니다. 삼가 바라건대 상께서 재결하소서.

114 책비(責備) : 어진 사람에 대해서는 조그마한 결점까지도 모두 통렬하게 지적하고 고치게 하여 완전한 인격을 갖추게 한다는 뜻으로, 《신당서(新唐書)》 〈태종본기(太宗本紀)〉에 "《춘추》의 필법은 항상 어진 사람에게 완벽하게 갖추기를 요구한다.〔春秋之法, 常責備於賢者.〕"라고 한 데서 온 말이다.

개천 사람 현재묵의 일에 대한 헌의[115]

价川人玄在默事議

현재묵이 문관(文官)이라 사칭하면서 향곡(鄕曲)에서 폐단을 일으킨 것은 죽일 만한 죄가 한두 가지가 아니니, 신이 감사를 맡고 있을 때에 익히 들어서 상세히 알고 있습니다. 지금 조사하여 보고한 장계를 보건대, 조사하는 뜰에서 성을 내어 꾸짖으며 말한 것이 절로 용서하기 어려운 죄로 돌아갈 뿐만이 아니라, 그가 손수 쓴 패자(牌子) 가운데 "군기(軍器)를 마음대로 꺼냈습니다."라는 말과 "무신년 이후로 처음 보았습니다."라는 등의 말은 흉악하고 패려하여 하지 못하는 말이 없는 것입니다.

그는 스스로 '이렇게 말을 해 놓으면 고을 수령을 위협하여 내쫓을 수 있을 것이다.'라고 생각했겠지만, 그 말이 절로 남을 무함하는 악역(惡逆)의 죄에 빠지는 것은 몰랐을 것입니다. 여러 죄수의 공초를 통해

115 개천(价川)……헌의 : 현재묵(玄在默)의 일은 다음과 같다. 개천 군수 신선응(申善應)이 외창(外倉)에 나갔다가 돌아올 때 영접하지 않은 일로 개천군의 중군(中軍) 김회항(金晦恒)이 향임들과 언쟁을 벌였는데, 그때 무사가 양반을 모욕했다는 이유로 향임들이 수령에게 김회항을 처벌할 것을 청하였다. 그러나 청한 대로 받아들여지지 않자 현재묵이 주동하여 감사에게 의송(議送)을 바치고, 유생(儒生)들에게 통문(通文)을 돌리고, 형리청(刑吏廳)에 패자(牌子)를 보냈다. 이때 감사에게 바친 의송에서 수령을 무함한 구절이 문제가 되어 정조가 여준영(呂駿永)을 평안도 안사 어사(平安道按査御史)로 삼아 조사하게 하였다.《日省錄 正祖 21年 6月 10日, 10月 6日》1797년(정조 21) 10월 6일 정사에서 형조가 현재묵의 일에 대해 대신들에게 의논한 내용을 보고하였는데, 이 글은 당시 좌의정으로 있던 번암이 헌의한 내용이다.《正祖實錄》《日省錄》

서도 이미 모두 의심할 것이 없으니, 현재묵의 죄는 오직 남을 무함한 데 대한 형률을 적용하여 반좌율(反坐律)로 다스려야 할 것입니다. 그 외에 나머지 죄수들에 대한 처결은 어사로 하여금 경중에 따라 법대로 시행하게 하는 것을 그만둘 수 없을 듯합니다.

안협의 살옥에 대한 헌의[116]

安峽殺獄議

살옥이 예로부터 어찌 한정이 있었겠습니까마는, 흉악한 짓을 행한 절차가 지극히 참혹하고 악독하기로는 이번의 이언(李堰) 같은 자가 없었습니다. 구 여인(具女人)이 비록 실행(失行)이 있었다고는 하지만 이언은 그 시아버지도 아니고 남편도 아닌데, 단지 안국태(安國太)가 전하는 말만 믿고서 애초에 조사해 보지도 않은 채 급하게 가족들을 모아 죽이기를 도모하였고, 그 시친(屍親)이 혹 뒷말을 할까 걱정해서 패륜을 저지른 구성대(具性大)를 불러와 함께 모의하게 했습니다. 그런 뒤에 구 여인을 유인해 와서 재갈을 물린 데다가 다시 결박하고 결박한 데다가 다시 재갈을 물렸으니, 비록 돼지를 도살하는 모습이라도 이처럼 잔혹하지는 않을 것입니다. 강에 던져 넣은 것으로도 부족하여 10여 개의 큰 돌로 그 몸을 눌렀는데, 시신을 건져 내어 땅에 묻을 때까지도 재갈로 물린 칡이 풀어지지 않았으니, 참으로 사람의 본성이 있다면 이런 짓을 어찌 차마 할 수 있겠습니까.

116 안협(安峽)의……헌의 : 안협의 살옥(殺獄)은 다음과 같다. 이언의 질부 구 여인이 청상과부로 살고 있었는데, 안국태가 그녀의 더러운 행실에 대해 이야기하자 이언이 구 여인의 오빠 구성대와 함께 구 여인의 입을 막고 몸을 묶어서 강에다 던져 죽게 한 사건으로, 1785년(정조9) 8월에 옥사가 성립되었다. 《審理錄 卷17 江原道》 1788년 12월 27일 정사에서 형조가 안협현(安峽縣)의 살옥 죄인(殺獄罪人) 이언의 옥사에 대해 대신들에게 의논한 내용을 보고하였는데, 이 글은 당시 우의정으로 있던 번암이 헌의한 내용이다. 《承政院日記》 《日省錄》

사람을 죽여도 사형에 처하는 형률이 없다면 그만이겠지만, 그렇지 않다면 사형에 처하는 형률을 이언에게 시행하지 않고 다시 누구에게 시행하겠습니까. 어떤 사람은 구성대가 지레 죽어 버린 것을 가지고 한 명을 죽였는데 두 명의 목숨으로 죗값을 치르는 근심이 있다고 염려하지만 이는 그렇지 않은 점이 있습니다. 구성대는 동생(同生)의 오라비로서 그 누이가 살았을 때에는 내버리듯이 실어다 버렸고 누이를 죽일 때에는 조금도 만류하지 않았을 뿐만 아니라 도리어 흉악한 짓을 저지를 때 힘을 보탰으니, 그 죄는 실로 죽음을 면할 수가 없습니다. 형신(刑訊)을 받다가 죽은 것은 실로 패륜을 저지른 죄 때문이니, 어찌 일찍이 구 여인의 죽음 때문에 구성대를 사형에 처했겠습니까. 이로써 말한다면 이언을 사형에 처하는 것은 법으로 비춰 볼 때 의심의 여지가 없습니다. 만일 이 사건에 대해 조금이라도 느슨하게 처리한다면, 신은 모질고 완악한 안협의 풍속을 징계하고 권면할 수 없을까 염려스럽습니다. 성상께서 하문하셨기에 감히 신의 의견을 다 말씀드렸습니다. 삼가 바라건대 상께서 재결하소서.

손진욱의 살옥에 대한 헌의[117]

孫珍郁殺獄議

손진욱(孫珍郁)이 발길질에 차여 목숨을 잃게 된 것은 실인(實因)이 분명하고, 발로 찬 자가 박동춘(朴東春)과 여사옥(呂士玉)이라는 것은 사증(詞證)이 구비되어 있습니다. 다만 어떤 사람은 박동춘이 발로 찬 것이 먼저라 하고 어떤 사람은 여사옥이 발로 찬 것이 먼저라 하였는데, 만약 증언한 사람들이 여사옥과 박동춘이 오기 전에 먼저 모여 있었다면 먼저 발로 찬 사람이 누구이고 나중에 발로 찬 사람이 누구라고 말한 것이 오히려 신뢰를 얻을 수 있을 것입니다. 그러나 이번 일은 그렇지 않아서 증언한 사람들이 뒤에 모이고 여사옥과 박동춘이 먼저 도착하였습니다. 따라서 증언한 사람들이 목격한 곳에서 여사옥이 먼저 발로 차는 것을 보았다면 여사옥이 먼저 찼다고 말하였을 것이고, 박동춘이 먼저 발로 차는 것을 보았으면 박동춘이 먼저 찼다고 말했을 것입니다. 그러니 박동춘이 발로 차기 전에 여사옥이 먼저 차지 않았다는 것을 그들이 어찌 알 수 있었겠으며, 여사옥이 발로 차기 전에 박동춘이 먼저 차지 않았다는 것을 그들이 어찌 알 수 있었겠습니까.

117 손진욱(孫珍郁)의……헌의 : 손진욱의 살옥은 다음과 같다. 박동춘이 손진욱과 돈 문제로 싸우자 박동춘의 처남인 여사옥이 결기를 내어 대신 손진욱을 구타하여 이튿날 죽게 한 사건으로, 신해년(1791, 정조15) 9월에 옥사가 성립되었다.《審理錄 卷22 京》 1792년 윤4월 19일 정사에서 형조가 살옥 죄인 여사옥과 박동춘 등의 처벌에 대해 대신들에게 의논한 내용을 보고하였는데, 이 글은 당시 좌의정으로 있던 번암이 헌의한 내용이다.《日省錄 正祖 16年 閏4月 19日》

발로 찬 선후로 원범(元犯)과 수종(隨從)을 정하는 것은 옥사의 체모가 곧 그러하지만, 누가 먼저 차고 누가 뒤에 찼는지는 확실하게 알 수가 없습니다. 이 때문에 초검관(初檢官)과 복검관(覆檢官) 및 형조의 전후 당상들이 원범을 바꾸어 정하였고 그 견해도 각각 달랐습니다. 지금 박동춘을 원범으로 여기는 발사(跋辭)를 살펴보면 그 말이 그럴듯하고 여사옥을 원범으로 여기는 발사를 살펴보아도 그 말이 또한 그럴듯하니, 신처럼 마음에 주관이 없어 밝은 눈으로 보지 못하는 사람이 도리어 어찌 누가 원범이고 누가 수종인지를 한마디 말을 하는 사이에 판단할 수 있겠습니까. 더구나 발로 찬 행위가 비록 동일하다 하더라도 발길질의 세기가 어떤 때는 사납고 어떤 때는 약한 것은 형세로 볼 때 실로 당연하고, 목숨을 잃은 자의 상흔이 반드시 먼저 차인 것으로 말미암아 생긴 상처이고 나중에 차인 데서 생긴 상처가 아니라는 것 또한 알 수 없습니다. 그러니 신의 견해로는 설령 발길질을 한 선후를 정한다 하더라도 죽음의 빌미가 먼저 차인 것 때문인지 뒤에 차인 것 때문인지를 또한 억지로 헤아려서는 안 된다고 봅니다. 따라서 신은 한마디 말로 표현하자면 이 사건은 의혹이 있는 옥사라고 하겠습니다.

《서경》〈우서(虞書)〉에 "죄가 의심스러울 경우에는 가벼운 쪽으로 처벌하셨다.〔罪疑惟輕〕"[118]라고 하였습니다. 대저 대순(大舜)이 임금

118 죄가……처벌하셨다 : 《서경》〈대우모(大禹謨)〉에 나오는 말로, 법관인 고요(皐陶)가 순(舜) 임금의 살리기 좋아하는 덕〔好生之德〕을 찬양하면서 "죄가 의심스러울 경우에는 가벼운 쪽으로 처벌하시고, 공이 의심스러울 경우에는 무거운 쪽으로 상을 주셨으며, 무고한 사람을 죽이기보다는 차라리 법대로 집행하지 않았다는 실수를 감내하려 하셨다.〔罪疑惟輕, 功疑惟重, 與其殺不辜, 寧失不經.〕"라고 하였다.

이 되고 고요(皐陶)가 법관(法官)이 되었는데, 옥사를 판정할 때 어찌 '꼭 그렇지는 않을 것〔其然豈然〕'이라는 의심[119]이 있었겠습니까. 그런데도 오히려 이렇게 말하였고 보면, 죄에 대해 의심을 가지는 것은 순 임금과 고요도 오히려 때로 면치 못했습니다. 그러나 이는 반드시 중대한 살옥을 가리켜 말한 것만은 아닙니다. 비록 살옥이 충분히 의심할 만한 상황에 이르렀더라도 가벼운 쪽으로 처리하는 방도는 순 임금과 고요의 일로써 추연(推演)하여 본받지 않으면 다시 어디에서 법을 찾겠습니까. 한 사람이 목숨을 잃은 데 대해 두 사람이 목숨으로 죗값을 치르는 것은 법에 없고, 한 가지 옥사가 이미 갖추어졌는데 두 사람을 원범으로 정하는 것은 규례에 매우 어긋납니다. 만약 박동춘과 여사옥 양쪽을 형신(刑訊)함에 전처럼 똑같은 규례를 적용한다면 이른바 원범이 어찌 두 사람이 되지 않겠습니까. 형신을 가하면 죽는 것은 실로 당연한 이치이니, 필경에는 목숨으로 죗값을 치르는 자가 두 사람이 되지 않으리라고 어떻게 장담하겠습니까. 신은 이에 대해 백번을 생각해 봐도 끝내 하나로 결론지어 확실하게 대답할 수가 없으니, 삼가 우러러 대답할 것이라고는 오직 〈우서〉의 가르침뿐입니다. 삼가 바라건대 상께서 재결하소서.

119 꼭……의심 : 공자가 공숙문자(公叔文子)의 인품에 대해 칭찬하는 공명가(公明賈)의 말을 들은 뒤에, 그 말이 지나치다고 의심하면서 "그러할까? 어찌 그럴 수 있겠는가.〔其然豈其然乎〕"라고 대답했던 고사에서 온 말이다.

조명득과 이언성의 살옥에 대한 헌의[120]

命得彦星殺獄議

조명득(趙命得)과 이언성(李彦星)은, 한 명은 음란한 여인의 동생(同生)의 오라비이고 한 명은 시숙(媤叔)입니다. 음란한 여인이 간부(奸夫)인 정경문(鄭景文)[121]과 함께 달아나려고 모의한 정상이 이미 여기저기서 낭자하게 드러났으니, 동생의 오빠와 시숙의 마음으로 몹시 분통이 터져서 다른 것을 생각할 겨를도 없이 죽기 살기로 엉겨 붙어 싸운 점은 인정(人情)으로 볼 때 괴이할 것이 없습니다. 이 당시에 정경문이 한 짓은 간통하는 현장에서 붙잡힌 것과 조금도 다름이 없으니, 비록 조명득의 무리가 즉시 칼을 잡고 직접 찔렀더라도 법률로 논했을 때 반드시 사형에 처하는 지경에 이르지는 않았을 것입니다. 더구나 그 처치(處置)한 것이 구타하고 결박하여 그가 저절로 죽음에 이르도록 한 것에 불과한 경우이겠습니까. 피살된 자는 죽어서도 남은 죄가 있는데, 죽인 자를 어찌 살인의 형률로 다스릴 수 있겠습니까.

120 조명득(趙命得)과……헌의 : 조명득과 이언성의 살옥은, 정경문이 조명득의 누이동생이자 이언성의 형수인 조 조이(趙召史)와 사통(私通)을 하자 조명득과 이언성 등이 정경문을 묶어 놓고 때려서 이튿날 죽게 한 사건으로, 1786년(정조10) 11월에 옥사가 성립되었다. 《審理錄 卷18 黃海道》 1790년 4월 29일 정사에서 예조가 이언성의 처 오 여인(吳女人)의 포상에 대해 대신들에게 문의한 내용을 보고하였는데, 이 글은 당시 좌의정으로 있던 번암이 헌의한 내용으로 보인다. 《日省錄 正祖 14年 4月 29日》

121 정경문(鄭景文) : 대본에는 '京文'으로 되어 있다. 《심리록(審理錄)》 권18 〈황해도〉에 근거하여 '京'을 '景'으로 바로잡아 번역하였다.

조명득과 이언성의 살옥에 대하여 누가 정범(正犯)이고 누가 간범(干犯)인지는 따지지 않더라도, 만일 한결같이 분통이 터지는 정황과 구타하고 결박한 정상으로 사실대로 공초(供招)를 받아서 조정의 처분을 기다렸다면 또한 어찌 살릴 수 있는 도리가 없었겠습니까. 그러나 향곡(鄕曲)의 무식한 무리들은 이렇게 계획을 내지 못하고 오직 변명만 일삼다가 마지막에는 이미 죽은 오 여인(吳女人)[122]에게 책임을 미루었습니다. 조사하라는 명은 누차 내려오고 옥사의 판결은 기약이 없었는데, 이번에 판부(判付)에서 전교하신 내용[123]을 단락마다 분석해 보니 정황으로 보나 법으로 보나 조그마한 것도 빠뜨리지 않으셨습니다. 형추(刑推)하라고 명하신 것은 관(官)에 고하지 않고 멋대로 사람을 죽인 죄에 대한 형률을 엄히 하였고 그 실낱같은 목숨을 연명하도록 용서하신 것은 죽어서는 안 되는 오 여인의 원통함을 헤아렸으니, 신은 참으로 흠앙(欽仰)하기에도 겨를이 없습니다. 다시 무슨 논할 만한 별다른 견해가 있겠습니까.

오 여인 같은 경우는 자기 남편이 사형의 죄에 빠진 것을 애통하게 여겨서 두 눈을 감고 죽어 모든 일이 끝나게 되기를 간절히 원하다가 마침내 노즙(滷汁)을 마시고 자결하였으니, 그 정황이 가련하고 그

122 오 여인(吳女人) : 이언성의 아내이다. 정경문을 끌어내어 구타할 때 동참하였고 자기 남편이 수범으로 몰리게 되자 상심하여 노즙을 마시고 자결하였는데, 후에 정조가 이를 가상히 여겨 예조로 하여금 오 여인에게 시행할 만한 은전을 복주(覆奏)하여 품지(稟旨)하게 하였다. 《日省錄 正祖 14年 4月 29日》

123 판부(判付)에서 전교하신 내용 : 1790년(정조14) 4월 23일 이 사안에 대해 형조의 회계(回啓)를 듣고 판하(判下)한 전교를 말한다. 《日省錄 正祖 14年 4月 23日》《審理錄 卷18 黃海道》

일이 경탄할 만합니다. 풍속을 권면하는 조정의 정사에서 포상(褒尙)의 뜻을 보이는 것이 어찌 안 되겠습니까. 그러나 만일 그 집의 문에 작설(綽楔)을 세우고 열녀(烈女)라고 쓰게 한다면 혹 중도(中道)에 지나치다는 혐의를 면치 못할 듯합니다. 신의 생각에는 특별히 급복(給復)하도록 허락하여 풍성(風聲)을 수립하는 것이 사의(事宜)에 합당할 듯합니다. 삼가 바라건대 상께서 재결하소서.

이유신의 살옥에 대한 헌의[124]

李維愼殺獄議

이 옥사의 대체적인 내용은 이미 전 충청 감사 권엄(權欕)에게 들었기 때문에 일전에 연석(筵席)에서 선입견에 빠져 있었다는 뜻으로 진달한 바가 있습니다. 지금 호남(湖南)에서 원안(原案)과 사안(査案)을 아울러 기록하여 장계로 보고한 것을 보니 조사가 모두 자세하였고 형조의 복계(覆啓)에 또한 논단(論斷)함이 있었는데, 판부(判付)에서 전교하신 내용[125]이 구구절절이 밝게 통촉하고 건마다 분석함에 철저히 궁구

124 이유신(李維愼)의……헌의 : 이유신의 살옥은, 수영(水營)의 비장(裨將)인 이유신이 역인(驛人) 주성숙(朱星叔)이 말을 잘 몰지 못한다는 이유로 민의철(閔毅徹)과 함께 구타하여 5일 만에 죽게 한 사건으로, 1789년(정조13) 9월에 옥사가 성립되었다. 《審理錄 卷21 全羅道》 이 옥사는 전 전라 우수사(全羅右水使) 이욱(李煜)이 부임하는 길에 일어난 것으로, 그 당시에 이유신은 이욱의 비장으로서 앞에서 배종(陪從)하였다. 처음 이 사건을 맡은 충청 감사 권엄은 애당초 이유신을 원범으로 지목하였다가 나중에 원범을 민의철로 바꾸고 이유신을 석방하였다. 그 이유는 주성숙이 매를 맞을 때의 유일한 목격자인 김엇만(金旕萬)이 처음에는 원범으로 이유신을 지목하였다가 이튿날 공초를 바꾸어 민의철을 원범으로 지목하였기 때문이다. 그런데 김엇만이 공초를 바꾸게 된 것은 부여(扶餘)의 형리(刑吏)가 한편으로 형신(刑訊)하고 한편으로 종용했기 때문이고, 부여의 형리가 이와 같이 한 것은 이유신으로부터 뇌물을 받았기 때문이라는 사실이 나중에 밝혀졌다. 한편 이 과정에서 이욱은 이유신을 보호하기 위해 권엄에게 글을 보내 청탁하였다는 의심을 받았고, 이유신이 잡혀갈 때에도 돈을 줌으로써 뇌물을 썼다는 혐의를 받았다. 《日省錄 正祖 14年 3月 22日・27日, 4月 18日・20日》 1790년 5월 11일 정사에서 형조가 이유신의 옥사에 대해 대신에게 문의한 내용을 보고하였는데, 이 글은 당시 좌의정으로 있던 번암이 헌의한 내용이다. 《日省錄 正祖 14年 5月 11日》

하시어 다시 남은 것이 없었습니다. 신이 어찌 이 밖에 덧붙여 진달할 만한 별도의 의견이 있겠습니까. 다만 긴요한 말로 대략 핵심적인 부분만 제기하자면 다음과 같습니다.

주성숙(朱星叔)의 말을 탔던 자가 주성숙에게 화가 나서 독하게 때린 것은 혹 그럴 수도 있는 일입니다. 그러나 저 주성숙의 말을 타지도 않았고 주성숙을 동반하여 길을 가지도 않았던 자가 삽시간에 설령 분명하지 않은 업화(業火)[126]가 무단히 솟구쳐 올랐더라도, 말을 멈추고 서서 담소하는 사이에 다른 사람을 위해 분풀이를 하고자 갑작스레 말에서 내려 채찍으로 때려서 결국 죽게 했다는 것은, 결단코 이런 이치가 없음을 알 수 있습니다. 자세히 사세를 헤아리고 묵묵히 광경을 추측해 보아 갑(甲)이 때렸는지 을(乙)이 때렸는지를 혹 분변하여 알 수 있다 해도 이는 또한 신이 억측으로 하는 말이니, 어찌 감히 반드시 착오가 없으리라고 스스로 보장할 수 있겠습니까.

전라도 감영에서 옥안(獄案)을 뒤집은 일의 경우, 어리석은 김엇만(金旕萬)이 형신(刑訊)과 종용에 따라 아래위로 오르락내리락했던 일 같은 것은 실로 말할 필요도 없거니와, 이유신이 자백을 하면 반드시 죽고 자백하지 않으면 혹 살 수도 있음을 잘 알고 있으리라는 것 때문에 어렵지 않게 공초를 바꾸어 편안히 죽음을 받아들이는 것처럼 하였습니다. 대체로 옥수(獄囚)가 공초의 말을 바꾸어 죄를 자백하는 일이

125 판부(判付)에서 전교하신 내용 : 1790년 5월 11일 형조의 회계(回啓)를 듣고 판하한 전교를 말한다. 《日省錄 正祖 14年 5月 11日》

126 업화(業火) : 이 세상에 이욕(利慾)으로 일어나는 모든 분란과 번민을 의미하는데, 흔히 불같이 일어나는 노여움을 가리킨다.

어찌 전혀 없다고 하겠습니까. 말에 여지를 두어서 삼키기도 하고 내뱉기도 하는 것은 인정으로 볼 때 괴이할 것이 없습니다. 그러나 이 경우는 그렇지 않아서 조목조목 자백하는 말이 명쾌하게 절로 타당하여 죽기를 싫어하고 살기를 바라는 생각을 가지고 있다는 점이 보이지 않았으니, 반드시 감내(堪耐)할 수 없어서 오직 속히 죽기만을 원하는 마음이 있다는 것을 절로 미루어 알 수 있었습니다. 이로써 헤아려 보건대, 그가 자백한 말은 반드시 진실은 아닐 것입니다. 만약 과연 그렇다면, 살옥을 판결함에 혹 천하에 부끄러움이 없겠으며, 스스로 원통함이 없다고 하겠습니까.

신의 어리석은 견해는 이렇습니다. 주성숙의 죽음은 갑이 때렸거나 을이 때렸거나를 막론하고, 때릴 때 이미 죽이려는 마음이 없었고 또 죽일 수 있는 몽둥이로 때린 것도 아닙니다. 그런데 불행히 목숨을 잃게 된 것은 다만 눈이 쌓인 넓은 들판에서 밤새도록 떨고 굶주렸기 때문이니, 참으로 판부에서 전교하신 말씀과 같습니다. 《대명률(大明律)》의 "의복을 벗겨서 얼어 죽게 한 죄에 대한 형률〔袪衣服凍死之律〕"은 고의성이 있는 경우를 가리켜서 말한 것입니다. 지금 이유신의 "주성숙에게 말채찍과 담뱃대를 던져 주고 속히 따라오라고 명하였습니다."라고 한 말로 살펴보면 주성숙이 의당 죽을 것이라는 사실을 몰랐다는 것을 알 수 있으니, 《대명률》을 적용하는 것은 혹 정도에 지나칠 듯합니다. 이로써 말하건대 원범(元犯)이 갑이든 을이든지를 막론하고 곧장 사형에 처하도록 하는 것은 마땅히 상량해야 하는 도리가 없지 않을 듯합니다. 법을 다루는 데 반드시 쟁난(爭難)이 없을 수는 없지만 '죄의(罪疑)'[127]라는 두 글자가 또한 경전에 실려 있습니다. 삼가 바라건대 상께서 재결하소서.

상이 이르기를,

"손가락 하나에 오른 독이 사람을 죽일 수 있다는 말은, 고통으로 신음하면서 50일간의 대고한(大辜限)[128]까지 끌다가 죽음에 이르는 경우에 적용할 수 있다. 이 옥사는 반드시 이와 유사하지도 않고, 실인이 의심스럽기는 전과 마찬가지이다. 처음에는, 이유신은 해당 수신에게 긴요한 사람이고 민의철(閔毅澈)은 으레 데리고 다니는 사관(寫官) 자리로 종적(蹤跡)이 매우 어긋난다고 생각하였다. 그런데 근래 여러 차례의 조사로 인하여 자세히 알아보니, 이유신과 민의철은 처지가 서로 비슷할 뿐만 아니라 이유신 역시 다른 사람에게 부탁하여 얻은 비장(裨將)이지 직접 데리고 다니는 막료(幕僚)가 아니라는 말을 모두 이미 상주하였으니, 원범을 의도적으로 바꾸어서 정한 것이 아님이 또한 분명하다. 그렇다면 실인과 원범을 하나로 결론지을 수 없는 옥사는 마땅히 참작하여 용서해 주는 법으로 처리해야 한다. 이유신과 민의철 등은 등급을 나누어 참작하여 정배하라는 뜻으로 도신(道臣)에게 분부하라."

하였다.

127 죄의(罪疑) : 243쪽 주118 참조.

128 50일간의 대고한(大辜限) : 보고 기한(保辜期限)에는 대소(大小)의 구별이 있는데, 소고한(小辜限)은 30일이고, 대고한은 50일이다. 《牧民心書 卷10 刑典六條》

정배 죄인에게 특별히 은전을 베풀어서 돌아가 어버이를 봉양하게 하는 것을 드러내어 규례로 만드는 일이 합당한지에 대한 헌의[129]

定配人特恩歸養著例當否議

정배 죄인 중에 연로한 어버이가 있는데 형제가 없는 자들을 특별히 풀어 주라고 명하여 돌아가 어버이를 봉양하게 한 것은 성대한 덕으로 행하신 일이니, 아래에 있는 자들이 누군들 감탄하지 않겠습니까. 다만 생각건대 특별히 베푸는 은전을 드러내어 규례로 만드는 일은 신의 생각에 온당치 못하다고 여깁니다. 무릇 특교(特敎)로 찬배(竄配)된 자들은 그 죄가 필시 모두 가볍지 않을 터인데, 의금부와 형조의 법을 관장하는 신하들이 어찌 감히 어버이가 늙었다는 등의 말로 방자하게 명이 내려진 초기에 반대하는 의견을 여쭐 수 있겠습니까. 만일 세월이 조금 오래 지난 후에 대신(大臣)이 혹 아무개가 유배된 사정에 대해 아뢴다면 어진 정사를 하도록 임금을 인도하는 도리에 해가 되지 않을 것입니다. 이러한 내용을 정식(定式)으로 삼되, 어버이의 나이가 70세 이전인 경우는 원용하여 규례로 삼지 못하게 하는 것이 사의(事宜)에 합당할 듯합니다.

129 정배(定配)……헌의 : 1798년(정조22) 12월 4일 정사에서 의금부가 정배 죄인 중에 노친(老親)이 있는데 다른 형제가 없는 자를 풀어 주는 은전(恩典)에 대해 시원임 대신(時原任大臣)에게 문의한 내용을 보고하였는데, 이 글은 당시 판중추부사로 있던 번암이 헌의한 내용이다. 《正祖實錄》《承政院日記》《日省錄》

상한(常漢)의 경우에는 근래에 호적법이 엄격하지 않아서 나이를 속이는 자가 대부분이니, 한결같은 예로 준신(準信)할 수 없습니다. 더구나 이미 정식이 이와 같다는 것을 알고 나면 패려궂은 짓을 하며 멋대로 악행을 저지르게 될 터이니 더 말할 것이 있겠습니까. 연로한 어버이가 있는 것만 믿고서 이리저리 날뛰며 사대부를 모욕하고 남의 재물을 겁탈하는 등 못 하는 짓이 없는데도 만약 사형에 처하지 않는다면 다시 조율(照律)하여 징치(懲治)할 방도가 없을 것이니, 이러한 경우는 한결같이 보는 가운데에 두기가 어려울 듯합니다. 삼가 바라건대 상께서 재결하소서.

고 필선 정뇌경에게 정려와 증시를 모두 시행하는 것이 마땅한지에 대한 헌의[130]

故弼善鄭雷卿旌閭贈謚竝施當否議

정뇌경의 순수한 충정과 탁월한 절개는 삼학사(三學士)[131]와 견주어 보아도 다른 점이 없으니, 정려와 증시를 오히려 지금까지 시행할 겨를이 없었던 것은 참으로 조정의 흠전(欠典)입니다. 지금 후손이 호소한 것으로 인해 성심(聖心)에 감동이 일어나 판부(判付)에서 전교하신 내용이 해와 별처럼 밝으니, 받들어 읽고 나서 감격하고 탄식하였습니다. 신의 생각은 이렇습니다. 시호를 내려 선행을 요약하고 정려를 세워 충정을 표창하는 것은 하나라도 빠뜨려서는 안 되니, 달리 논할 것이 없습니다. 삼가 바라건대 상께서 재결하소서.

130 고(故)……헌의 : 정뇌경(鄭雷卿)은, 본관은 온양(溫陽), 자는 진백(震伯), 호는 운계(雲溪), 시호는 충정(忠貞)이다. 1630년(인조8) 별시 문과에 장원급제하고, 1632년 부수찬에 제수되었다. 1636년 교리로 있을 때 병자호란이 일어나자 왕을 모시고 남한산성으로 피란하였고, 이듬해 사서로 있을 때는 볼모가 되어 청나라 심양(瀋陽)으로 가는 소현세자(昭顯世子)를 수행하였다. 1791년(정조15) 1월 18일 정사에서 예조가 홍주(洪州)의 유생 정이원(鄭履元)이 상언한 내용을 아뢰고, 이어 정뇌경에게 정려와 증시를 함께 시행하는 것이 옳은지에 대해 대신과 문임(文任)을 맡고 있는 관각(館閣)의 신하에게 문의한 내용을 보고하였는데, 이 글은 당시 좌의정으로 있던 번암이 헌의한 내용으로 보인다. 《正祖實錄 15年 1月 18日》

131 삼학사(三學士) : 병자호란 때 청나라와의 화의를 반대하고 결사 항전을 주장하다가 인조가 항복한 뒤 중국 심양으로 끌려가 참형당한 오달제(吳達濟), 홍익한(洪翼漢), 윤집(尹集) 등 세 명의 학사(學士)를 가리킨다.

유구국에서 표류해 온 사람들을 육로를 통해 풀어 보내는 것이 편리한지에 대한 헌의[132]

琉球國漂人從旱路解送便否議

"천지의 큰 덕을 생이라 한다.〔天地之大德曰生〕"[133]라고 하였습니다. 그들이 수로(水路)를 통해 가면 반드시 죽을 것이고 육로를 통해 가면 살 수 있다는 것을 이미 알고 있으면서 단지 참고하여 근거로 삼을 만한 우리의 전례(前例)가 없다는 이유만으로, 억지로 죽을 수밖에 없는 지경으로 몰아 보내는 것이 어찌 천지의 덕이겠습니까. 장계에 대한 판부는 그 내용이 천지와 더불어 인(仁)을 같이하는 것이니, 흠송(欽頌)하는 것 외에 어찌 다른 생각을 할 수 있겠습니까. 사행(使行)이 출발하기 전에 이들이 도성에 올 수 있을지 없을지를 미리 예정하기가 어려우니, 때에 맞춰 도착하면 일이 편하고 순조롭겠지만 그렇지 못하면 별도로 재자관(齎咨官)을 파견하는 것 외에는 달리 방도가 없습니다.

132 유구국(琉球國)에서……헌의 : 1794년(정조18) 9월 11일 정사에서 승문원이 제주 목사 심낙수(沈樂洙)가 올린 장계로 인해 유구국에서 표류해 온 사람들을 돌려보내는 문제에 대해 도제조와 원임 대신(原任大臣)들에게 문의한 내용을 보고하였는데, 이 글은 당시 영중추부사로 있던 번암이 헌의한 내용으로 보인다.《正祖實錄》《承政院日記》《日省錄》

133 천지의……한다 :《주역》〈계사전 하(繫辭傳下)〉에 "천지의 큰 덕을 생이라 하고, 성인의 큰 보배를 지위라 한다.〔天地之大德曰生, 聖人之大寶曰位.〕"라고 하였다.

사학인 이존창을 주벌하는 데 대한 헌의[134]

誅邪學人李存昌議

천하의 허다한 이단(異端)은 오히려 혹 스스로 일어났다가 사라지도록 놓아두어도 될 것입니다. 그러나 서양의 사학(邪學)의 경우는 진실로 국법으로 처리하여 남김없이 코를 베거나 죽이겠다[135]는 뜻을 보이지 않으면, 저 어리석은 백성들은 윤리와 기강이 지극히 중하다는 것을 알지 못하고 단지 천당과 지옥의 요설(妖說)에 현혹되어서 인륜과 기

134 사학인(邪學人)……헌의 : 이존창(李存昌)은 충청도 예산(禮山)의 농민 출신 학자로, 초기 천주교회 창설자의 한 사람인 권일신(權日身)으로부터 교리를 배워 입교하였다. 1791년(정조15) 전라도 진산(珍山)에서 선비 윤지충(尹持忠)이 어머니 상을 당해 천주교 교리에 의거해 제사를 지내지 않자 외종형인 권상연(權尙然)도 그를 따라 신주를 불태우고 제사를 폐하는 일이 발생하여 대대적인 천주교 박해가 일어났는데, 이존창도 이때 체포되어 배교(背敎)를 권유받았다. 이해 12월 2일 이존창은 결국 배교하고 유학으로 돌아올 것을 다짐하였으나, 이내 배교를 후회하고 다시 천주교인이 되어 포교 활동을 하다가 1795년에 다시 체포되어 천안(天安)에서 6년간 연금되었다가 1801년(순조1) 신유박해 때 서울로 압송되어 참수되었다.《日省錄 正祖 15年 12月 2日, 11日》《한국역대인물종합정보시스템 http://people.aks.ac.kr 검색일 : 2021. 5. 7.》 1797년 2월 23일 정사에서 형조가 이존창을 주벌하는 일에 대해 대신들에게 문의한 내용을 보고했는데, 이 글은 당시 좌의정으로 있던 번암이 헌의한 내용이다.《正祖實錄》《承政院日記》《日省錄》

135 남김없이……죽이겠다 : 모두 코를 베거나 죽이는 무거운 형벌에 처하여 나라 안에 발을 붙이지 못하게 하겠다는 의미이다.《서경》〈반경(盤庚)〉의 "불선(不善)하고 부도(不道)한 사람이 전월하여 공손하지 않거나 잠시 만남에 간악한 짓을 하는 자가 있으면 나는 이들을 코를 베거나 죽여서 남겨 두어 기르지 않아 종자를 이 새 도읍에 옮겨 놓지 못하게 할 것이다.〔乃有不吉不迪, 顚越不恭, 暫遇姦宄, 我乃劓殄滅之無遺育, 無俾易種于玆新邑.〕"라는 구절에서 온 말이다.

강에서는 죄에 저촉되더라도 요설에 마음이 편안하여 그 뿌리가 영원히 끊어질 리가 만무하니, 어찌 매우 통탄스럽지 않겠습니까.

대간(臺諫)의 상소에서 말한 이존창에 대해서는, 신이 또한 내포(內浦)의 어리석은 백성들을 창도하여 스스로 교주(敎主)로 자처하였다는 말을 익히 들었습니다. 지금 대간의 상소를 보건대 감옥에 갇혔다가 바로 사면령으로 인해 다른 도로 편배(編配)되었다고 하니, 다섯 가지 등급을 써서 징계하는 뜻[136]으로 볼 때 형벌을 잘 적용했다고 할 수 없습니다.

신의 생각은 이렇습니다. 배소(配所)의 지방관으로 하여금 그를 엄히 문초하게 하되, 만일 여전히 미혹되어 손가락을 깨물며 후회하는 말[137]이 없으면, 결안(結案)을 받아 순영(巡營)에 보고하고 순영에서 다시 조정에 보고한 뒤에 충청 감영으로 잡아 보내라는 조정의 회답을 기다려 내포의 경계에서 효시(梟示)하는 것이, 거의 어리석어 잘못에 빠진 무리들로 하여금 징계할 바를 알아서 다시 성대(聖代)의 교화 속에 사는 백성이 되게 할 수 있을 것이니, 이와 같이 하지 않으면 아마도 사학을 막는 효과가 없을 듯합니다.

136 다섯……뜻 : 법관인 고요(皐陶)가 우왕(禹王)에게 "하늘이 덕이 있는 이에게 명하시거든 다섯 가지 복식으로 다섯 가지 등급을 표창하시며, 하늘이 죄가 있는 이를 토벌하시거든 다섯 가지 형벌로 다섯 가지 등급을 써서 징계하소서.〔天命有德, 五服五章哉; 天討有罪, 五刑五用哉.〕"라고 건의했던 고사(故事)에서 온 말이다. 《書經 皐陶謨》

137 손가락을……말 : 후회막심하다는 의미이다. 당(唐)나라의 한유(韓愈)가 일찍이 화산(華山) 정상에 올랐다가 발광하여 통곡한 적이 있었는데, 뒤에 제자인 장철(張徹)에게 준 시에서 "미치광이 짓을 이미 손가락 깨물며 후회하노니, 경계하는 편지 쓰고 명으로 새겼노라.〔悔狂已咋指, 垂誡仍鐫銘.〕"라고 읊은 데서 온 말이다. 《東雅堂韓昌黎集註 卷2 答張徹》

번암집

제30권

啓 계

강화의 순절한 사람의 자손을 녹용하는 데 대한 계사[1] 갑술년 (1754, 영조30)[2]

江都殉節人子孫錄用啓 甲戌

일전에 연석(筵席)에서 강화(江華)의 남루(南樓)에서 순절(殉節)한 여러 신하에 대한 일로 특별히 포가(褒嘉)의 명을 내리셨으니, 무릇 보고 들은 사람 중에 감탄하지 않는 이가 없었습니다. 다만 같은 때에 불에 타 죽어서 위용(威勇)을 세운 사람인 고(故) 승지 홍명형(洪命亨), 진사 김익겸(金益兼), 별좌(別坐) 권순장(權順長) 등 세 사람은 유독 여기서 빠지게 되는 탄식을 면치 못하였으니, 참으로 흠전(欠典)입니다. 김익겸의 자손은 바야흐로 등제(登第)한 자가 있고 혹은 음사(蔭仕)로 진출한 자도 있습니다만 홍명형과 권순장의 경우에는 자손이 영락(零落)하였으니, 절의에 표창하는 성조(聖朝)의 도리로 볼 때 두 사람의 자손을 일전의 하교에 의거하여 일체 녹용(錄用)하는 것이 아마도 풍성(風聲)을 수립하는 도리에 합치할 듯합니다. 그러므로 감히 우러러 아룁니다.

상이 이르기를,

1 강화(江華)의……계사 : 1754년 7월 10일 영조가 유신(儒臣)을 불러 〈숙흥야매잠(夙興夜寐箴)〉을 강(講)하였는데, 이 글은 당시 교리(校理)로 있던 번암이 강이 끝난 뒤에 아뢴 내용이다. 《英祖實錄》《承政院日記》

2 갑술년 : 대본에는 '癸酉'로 되어 있다. 《영조실록》 30년 7월 10일 기사와 《승정원일기》 영조 30년 7월 10일 기사에 근거하여 '甲戌'로 바로잡아 번역하였다.

"아뢴 것이 좋다. 일체 거행하라."

하였다.

국문을 받는 죄수 가운데 자백하지 않은 자를 포도청에 넘겨주어 자백을 받아 내게 하지 말기를 청하는 계사[3] 을해년(1755, 영조31)

請鞫囚不服者勿付捕廳取服啓 乙亥

국옥(鞫獄)은 일의 체모가 얼마나 엄밀하고 신중합니까. 그런데 이번에 국문을 받는 죄수 가운데 장전(帳殿) 앞에서 버티며 자백하지 않은 자를, 상께서 포도대장에게 넘겨주시어 포도청에서 자백을 받아 낸 후에 국정(鞫庭)으로 올려보내어 법대로 처형한 경우가 많았습니다.

무릇 포도청은 도둑을 다스리는 곳이니 의금부와는 다릅니다. 또 도둑을 다스리는 장(杖)으로 혹독하게 사문(辭問)[4]을 시행하면 죄수가 심문에 따라 거짓으로 자백하는 것은 반드시 이러한 폐단이 없으리라고 보장하기가 어렵습니다. 설령 포도대장이 마음대로 확대하거나 축소하는 일이 있다 하더라도 이미 삼사(三司)의 관원이 곁에 있으면서 둘러서서 보지 못했으니, 누가 알겠으며 누가 조사하겠습니까. 뒤에 생길 폐단을 염려하지 않을 수 없어서 감히 우러러 아룁니다.

3 국문(鞫問)을……계사 : 1755년 3월 29일 정사에서 당시 승지로 있던 번암이 아뢴 내용이다. 《英祖實錄》《承政院日記》

4 사문(辭問) : 함사(緘辭)를 보내어 심문한다는 의미로, 함사문비(緘辭問備) 혹은 함사추고(緘辭推考)와 같은 말이다. 함사는 잘못을 저지르거나 탄핵을 받은 관원에게 사실을 조사하기 위해서 보내는 글, 또는 그 글에 대해 답변하는 글을 가리키며, 공함(公緘)이라고도 한다.

상이 이르기를,

"승지가 아니면 누가 이런 말을 진달하겠는가. 내가 실로 흠복(欽服)한다. 윤음(綸音)을 다시 내리니, 차후로는 포도청에서 사로잡은 자 이외에 이미 국청(鞫廳)에서 추문(推問)한 자는 포도청에 내려보내지 않는 것을 영구히 정식으로 삼고, 의금부 등록(謄錄)의 수편(首編)[5]에 크게 쓰라."

하였다.

5 수편(首編) : 대본에는 '是編'으로 되어 있다. 《승정원일기》 영조 31년 3월 29일 기사에 근거하여 '是'를 '首'로 바로잡아 번역하였다.

겨울에 우레가 친 뒤 승정원에서 올리는 계사[6]

冬雷後政院啓辭

아, 어젯밤의 우레는 또 무엇 때문에 생긴 것입니까. 성상의 마음이 어찌 놀라 두려워하지 않을 수 있겠으며 온 조정이 어찌 근심하여 당황하지 않을 수 있었겠습니까. 다만 신들의 견해는 이렇습니다. 금년의 나랏일은 재변(災變)이 일어나지 않은 곳이 없었으니, 비단 어젯밤의 우레가 그러할 뿐만이 아니었습니다. 인심이 잘못되어 국사(鞫事)가 끊이지 않았던 것은 요역(妖逆)의 재변이고, 홍수로 물이 하늘까지 닿아 주군(州郡)이 떠내려가고 물에 잠긴 것은 우수(雨水)의 재변이며, 팔도에 흉년이 들어 백성들이 뿔뿔이 흩어진 것은 흉황(凶荒)의 재변이었습니다. 무릇 여러 가지 경악할 만한 재변이 손으로 다 꼽을 수 없을 만큼 많았는데도 윗사람과 아랫사람이 향락과 안일에 빠져서, 일찍이 한 가지 정책을 수립하고 한 가지 정사를 시행하여 재변이 사라지게 할 방도를 궁구했다는 말은 듣지 못하였습니다. 대저 하늘이 자주 포학함을 보일 때가 되면 비록 만 가지로 놀라 두려워하고 몸 둘 바를 모를 정도로 근심하여 당황하더라도 또한 늦지 않겠습니까. 또 더구나 주자(朱子)가 말하기를 "겨울에 우레가 치고 가을에 눈 내리는 일이 수시로 생기자 사람들이 마침내 괴이하게 여기지도 않았다.〔冬雷秋雪

6 겨울에……계사 : 1755년(영조31) 9월 26일 승정원에서 재이(災異)로 인해 진계(陳戒)하였는데, 당시 번암이 승지로 있으면서 이 일에 참여하여 작성한 글인 듯하다. 《英祖實錄》《承政院日記》

時時有之 人遂不以爲怪]"라고 하였으니, 신들은 삼가 저어컨대, 전하께서 놀라 두려워하시고 온 조정이 근심하여 당황하는 것 또한 처음 우레가 치는 이변을 만나던 날보다 반드시 줄어들지 않은 것은 아닐까 걱정스럽습니다. 만일 그렇다면 하늘의 노여움을 끝내 되돌릴 수 없고 인사(人事)의 실수를 끝내 고칠 수 없을 것입니다.

신들은 감히 자질구레한 일을 낱낱이 들어 전하를 혼란스럽게 할 수가 없습니다만, 오늘날의 큰 근본과 급한 일을 전하를 위해 아뢰겠습니다. 대저 우레란 하늘의 호령(號令)이니, 하늘에 우레가 없어서는 안 됩니다. 다만 봄과 여름에 있으면 호령이 마땅함을 얻은 것이고 가을과 겨울에 있으면 호령이 때에 어긋난 것이니, 사람에게 미루어 보아도 그 이치가 어찌 차이가 있겠습니까. 전하의 자리는 바로 하늘의 자리이니, 전하의 일동일정(一動一靜)이 무엇인들 하늘을 본받고 체득하지 않았겠습니까. 그러나 만일 정령(政令)을 논해 본다면 병통이 생기는 원인은 바로 갑자기 드러내는 데에 있습니다. 귀에 거슬리는 말이 있으면 혹 노여움을 갑자기 드러내고 행하고자 하는 일이 있으면 전지(傳旨)를 너무 급하게 내리시어, 대저 기상(氣象)과 광경(光景)이 모두 급하고 갑작스러운 데로 귀결됨을 면치 못하였으니, 신들은 죽을 죄를 무릅쓰고 생각건대 감히 전하의 정령이 일마다 마땅함을 얻었다고는 여기지 못하겠습니다. 이로써 논하건대 때에 어긋나는 오늘의 우레가 전하에게는 또한 세 모서리를 헤아려 반증(反證)하는 일[7]이

7 세……일 : 한 모서리를 들어 보이면 이를 헤아려 세 모서리를 반증한다는 말로, 곧 하나를 말해 주면 기타 유사한 것은 미루어 안다는 뜻이다. 《논어》 〈술이(述而)〉에 "마음속으로 통하려고 노력하지 않으면 열어 주지 않으며, 애태우지 않으면 말해 주지

될 수 있을 것이니, 가령 성상께서 상제(上帝)를 대하듯이 경건한 마음을 가지고[8] 거조(擧措)를 모두 적절하게 하려 하신다면 반드시 여기에서 시작하지 않아서는 안 될 것입니다. 만일 큰 근본을 논한다면 무엇이 이보다 크겠습니까.

아뢰고자 하는 급한 일은 바로 황정(荒政)입니다. 금년에 농사가 모두 병이 든 것은 팔도가 모두 그러해서 바야흐로 가을의 저자에 쌀이 금처럼 귀하게 되었으니, 사람들이 근심에 싸여 아침에 저녁의 일을 기약할 수 없는 실정입니다. 진대(賑貸)의 정책을 미리 강구하는 까닭은 의당 물에 빠진 자를 건지고 불에 타는 자를 구하는 것처럼 조금도 늦추어서는 안 되기 때문입니다. 그런데 삼가 괴이하게도 조정의 논의는 느긋하고 한가로워서 진정으로 근심하고 고민하는 정사를 보지 못하였으니, 하늘에 응답할 때는 진실로써 해야 한다는 말[9]이 참으로 이와 같단 말입니까.

신들은 감히 몇 가지 실수가 반드시 재변을 초래한 단서가 되었다고 생각하지는 않습니다. 그러나 만일 오늘의 재변을 하늘이 우연히 내었다고 여기신다면 또한 감히 그렇지 않다고 생각합니다. 삼가 바라건대

않되, 한 모서리를 들어 주었는데 이것을 가지고 남은 세 모서리를 반증하지 못하면 다시 더 일러 주지 않는다.〔不憤不啓, 不悱不發, 擧一隅, 不以三隅反, 則不復也.〕"라고 한 데서 온 말이다.

8 상제(上帝)를……가지고 : 주희의 〈경재잠(敬齋箴)〉에 "그 의관을 바르게 하고 그 시선을 존엄하게 하며 마음을 고요히 가라앉혀 거처하고 상제를 대하는 듯이 경건한 자세를 가져야 한다.〔正其衣冠, 尊其瞻視, 潛心以居, 對越上帝.〕"라고 한 데서 온 말이다.

9 하늘에……말 : 한(漢)나라 애제(哀帝) 때의 승상 왕가(王嘉)가 한 말로 "백성을 움직일 때는 행동으로 보여야지 말로 해서는 안 되며, 하늘에 응답할 때는 진실로써 해야 하지 겉치레로 해서는 안 된다.〔動民以行, 不以言, 應天以實, 不以文.〕"라고 하였다.《漢書 蒯伍江息夫傳》

전하께서는 긍업(兢業)[10]의 생각에 더욱 진념하고 수성(修省)[11]의 방책을 속히 내려, 큰 근본에 대해서는 반드시 천지가 자리를 잡고 만물이 생육하게 하여 혹시라도 발하여 절도에 맞지 않는 근심이 없도록 하고[12] 급한 일에 대해서는 반드시 새는 항아리의 물이라도 가져다 타들어 가는 가마솥에 부어 주는 것처럼[13] 하시어 곤궁하여도 호소할 곳이

10 긍업(兢業) : 삼가고 두려워한다는 의미이다. 고요(皐陶)가 순(舜)에게 "안일과 욕심으로 제후(諸侯)들을 가르치지 마시어 삼가고 두려워하소서. 하루 이틀 사이에도 기미가 만 가지나 됩니다.〔無敎逸欲有邦, 兢兢業業, 一日二日, 萬幾.〕"라고 하였는데, 채침(蔡沈)의 집전에서 "긍긍(兢兢)은 경계하고 삼감이요, 업업(業業)은 위태롭게 여기고 두려워함이다."라고 하였다. 《書經 皐陶謨》

11 수성(修省) : 천재지변(天災地變)이 있을 때에 왕이 근신(謹愼)하며 덕을 닦고 스스로 반성하는 것을 가리킨다.

12 천지가……하고 : 중화(中和)의 큰 공용(功用)을 이루어 국가를 잘 경륜해야 한다는 의미로, 《중용장구(中庸章句)》 제1장에 "희로애락의 정(情)이 발하지 않은 것을 중이라 이르고 발하여 모두 절도에 맞는 것을 화라고 이르니, 중이라는 것은 천하의 큰 근본이요, 화라는 것은 천하의 공통된 도이다. 중과 화를 지극히 하면 천지가 제자리를 편안히 하고 만물이 잘 생육될 것이다.〔喜怒哀樂之未發, 謂之中, 發而皆中節, 謂之和, 中也者, 天下之大本也, 和也者, 天下之達道也. 致中和, 天地位焉, 萬物育焉.〕"라고 한 데서 온 말이다.

13 새는……것처럼 : 깨진 항아리의 얼마 안 되는 물이라도 부어서 바닥이 타들어 가는 가마솥을 식혀야 한다는 뜻으로, 상황이 급박해서 잠시도 긴장을 늦출 수 없는 처지를 비유하는 말이다. 《사기(史記)》 〈전경중완세가(田敬仲完世家)〉에 "조나라는 제나라와 초나라의 울타리 역할을 하고 있는데, 이는 치아에 입술이 있는 것과 같다. 입술이 없어지면 치아가 시릴 것이니, 오늘 조나라를 망하게 놓아두면 내일은 근심이 제나라와 초나라에 미칠 것이다. 따라서 조나라를 구하는 것이 시급하니, 새는 항아리의 물이라도 가져다 타들어 가는 가마솥에 부어 주는 것처럼 해야 할 것이다.〔且趙之於齊楚捍蔽也, 猶齒之有脣也. 脣亡則齒寒, 今日亡趙, 明日患及齊楚. 且救趙之務, 宜若奉漏甕沃焦釜也.〕"라고 한 데서 온 말이다.

없다는 탄식이 없도록 하소서. 위로 인애(仁愛)하는 뜻에 보답하고 아래로 백성을 다스리는 책무를 다한다면 이번에 내린 하늘의 경고가 전하를 옥성(玉成)[14]하는 방도가 되지 않는다고 어찌 장담하겠습니까. 신들은 외람되이 근밀(近密)의 직책에 있으면서 거듭되는 재앙을 목격하고 나서 근심스럽고 두려운 마음을 견디지 못하여 고설(瞽說)[15]을 대략 아뢰니, 부디 전하께서는 사람 때문에 그 말을 버리지[16]는 마시기 바랍니다.

답하기를,

"이미 유시하였다. 부덕한 내가 노쇠하여 면려하는 일이 절실하니, 더욱 절실히 면려하겠다."

하였다.

14 옥성(玉成) : 하늘이 시련을 주어 훌륭한 인격을 완성하게 한다는 의미이다. 장재(張載)의 〈서명(西銘)〉에 "부귀와 복택은 나의 삶을 두텁게 해 주고, 빈천과 우척은 너를 도와 성취시켜 주는 것이다.〔富貴福澤, 將厚吾之生也; 貧賤憂戚, 庸玉女於成也.〕"라고 한 데서 온 말이다. 《古文眞寶 後集》

15 고설(瞽說) : 안색을 살피지 못하고 하는 소경의 어리석은 말을 의미하는 겸사로, 《논어》 〈계씨(季氏)〉에 "군자를 모심에 세 가지 잘못이 있으니……안색을 보지 않고 말하는 것을 고라 이른다.〔侍於君子, 有三愆,……未見顏色而言, 謂之瞽.〕"라고 한 데서 온 말이다.

16 사람……버리지 : 《논어》 〈위령공(衛靈公)〉에 "군자는 말을 잘한다고 해서 그 사람을 들어 쓰지 않으며, 사람이 나쁘다 하여 그의 좋은 말을 버리지 않는다.〔君子不以言擧人, 不以人廢言.〕"라고 한 데서 온 말이다.

영선군계의 공물가를 변통하는 일이 마땅한지에 대한 계사[17]

계사년(1773, 영조49)

營繕軍契貢物變通事宜啓 癸巳

선공감(繕工監)에 딸린 구영선군계(九營繕軍契)의 폐단을 바로잡지 않을 수 없어서 그동안 연석(筵席)의 신하들이 또한 여러 번 진달하였습니다만, 십분 타당한 방책을 얻지 못했기 때문에 지금까지 그대로 따르고 있습니다. 당초 군계(軍契)를 바로잡을 때에 고(故) 중신(重臣) 박문수(朴文秀)가 병조의 목(木) 40동(同)과 호조의 미(米) 100섬을 1년에 일괄 지급하여 종묘(宗廟)와 사직(社稷) 이하 108처소(處所)를 수보(修補)하는 역사(役事)를 담당하게 하고, 일괄 지급해 준 물량 이외에는 다시 군가(軍價)로 말하지 말라는 내용을 영구히 정식으로 삼았습니다. 그런데 근년 이래로 공인(貢人)들이 걸핏하면 원래 나누어 정한 108처소 이외의 별역(別役)에 대한 군가로 매번 병조에 호소하였습니다. 그래서 병조가 또한 한결같이 물리칠 수 없어서 보고한 수 가운데에서 참작하여 제급(題給)하다 보니 이것이 문득 규례가 되어 버렸는데, 시험 삼아 10년 동안 군계에 지급한 문서를 살펴보면 이른바

17 영선군계(營繕軍契)의……계사 : 1773년 윤3월 29일 당시 호조 판서로 있던 번암이 아뢴 내용이다. 《承政院日記 英祖 49年 閏3月 29日》 영선은 궐외 각처의 수리를 담당하는 기구로, 선공감(繕工監)의 참하 낭청 9명에게 각각의 일을 분담하여 주관하도록 했기 때문에 구영선(九營繕)이라 불렀다. 이들이 분장한 일은 《대전회통(大典會通)》〈공전(工典) 영선(營繕)〉에 자세하다. 영선군계는 영선군을 동원하는 일을 맡은 계를 말한다.

별역가(別役價)로 지급한 수가 실로 원래의 군가 40동보다 많습니다.

국가의 예산이 계속 새 나가는 것과 일의 체모가 한심스럽게 된 것은 비록 이루 다 말할 수 없겠지만, 공인(貢人)이 만일 이로 인하여 위로 나라의 역사(役事)에 부응하고 아래로 부모를 섬기고 자식을 기르는 바탕으로 삼는다면 오히려 아래를 보태 주는 정사[18]에 해가 되지는 않을 것입니다. 그러나 지금은 공인의 고충이 더욱 급박해져서 국역(國役)의 요구에 응할 길이 없어졌으니, 이는 다른 이유가 있는 것이 아닙니다. 실로 별역가가, 이미 정해진 규례에 따라 지급하는 원래의 군가와는 다른 데다가 또 지급하는 데 정해진 수량이나 달이 없어서 많든 적든 그때그때 계속 받아 내야 하기 때문에 병조에 바쳐야 하는 정채(情債)가 거의 한절(限節)이 없어서 내주는 공화(公貨)는 비록 많아도 공인의 수중에 들어가는 것은 서넛 가운데 한둘에 지나지 않으니, 그 폐단을 바로잡지 않을 수 없는 것이 참으로 이와 같습니다. 지금은 공인이 모두 뿔뿔이 흩어지고 피해 숨었는데 앞으로 나라의 역사는 실로 끝이 없을 터이니, 만일 좋은 쪽으로 변통하려 한다면 지금부터 공인의 명목(名目)을 혁파하고 선공감의 영선에서부터 새로운 규례를 세워 관(官)에서 조검(照檢)하는 방법 외에는 실로 달리 좋은 방책이 없을 것입니다.

대개 원래의 군가 40동은 이미 바꿀 수 없는 법이 되었지만 이른바 별역가를 다시 20동 더 마련하면 목이 도합 60동이 됩니다. 60동의

18 아래를……정사 : 《주역》〈익괘(益卦) 단(彖)〉에 "위를 덜어서 아래를 보태 주니 백성들의 기쁨이 끝이 없고, 위에서 아래로 내려 주니 그 도가 크게 빛나도다.〔損上益下, 民說無疆; 自上下下, 其道大光.〕"라고 한 데서 온 말이다.

값을 또 순전(純錢)으로 마련하면 전(錢)이 6000냥이 되니, 6000냥을 병조에서는 4등(等)으로 나누어 선공감에 계산해 주고 선공감에서는 그 수량대로 받아 관고(官庫)에 비치한 다음 구영선(九營繕)에서부터 각각 대령군(待令軍) 5명씩을 세워 부역(赴役)의 수요에 대비하되, 1인당 한 달에 돈 4냥씩을 주어서 일이 있고 없고를 막론하고 달마다 으레 지급하기를 원역(員役)에게 주는 삭하(朔下)처럼 해야 할 것입니다. 만일 역사를 진행하는 곳이 조금 크면 위에서 이른바 구영선의 대령군 45명이 전부 역사에 나아가고, 그렇게 하고도 다시 변통할 방도가 없으면 그 실제 투입되는 인원에 따라 비로소 고립(雇立)하기를 허용하도록 해야 할 것입니다. 무릇 이 대령군의 삭하 및 고립군(雇立軍)의 급가(給價)를 1년에 통틀어 대략 계산하면 전 4000냥으로 충분히 쓸 수 있을 것이니, 그 자세한 곡절은 마땅히 절목(節目)에 기재해야 할 것입니다.

나머지 2000냥 안에서 1000냥은 해마다 관고(官庫)에 남겨 두어 큰 역사가 있을 때의 예기치 못한 수요에 대비하고, 1000냥은 공인들이 지고 있는 온갖 공사(公私)의 부채를 10년 안에 차례차례 도로 갚는 데 활용하지 않을 수 없습니다. 금년에는 일절 빚을 받아 내지 말고 내년부터 보채조(報債條)를 1년에 1000냥으로 한정하면, 위에서 말한 6000냥의 수가 확실하게 귀결될 수 있을 것입니다. 그러나 공적인 부채와 사적인 부채를 막론하고 갚는 수가 본전의 수만큼 채워지면 이른바 이식(利息)은 영구히 탕감해 주고, 그 가운데 비록 혹 미리 미와 목을 판 자[19]가 있더라도 본가(本價)로 계산하여 제해 주어야 할 것입니다.

19 미리……자 : 공가(貢價)로 미나 목을 받게 될 것을 예상하고, 다른 사람에게 그 받을 권리를 미리 팔아서 돈을 챙긴 공인의 경우를 말하는 듯하다.

이렇게 하여 10년이 지난 후에 부채를 다 갚으면 보채조 1000냥은 또한 마땅히 관고에 남겨 두어 예기치 못한 수요에 대비하는 데 더해야 할 것이니, 그렇게 되면 국가에 비록 혹 부득이한 큰 역사가 있더라도 더 이상 군계를 걱정할 필요가 없을 것입니다.

이처럼 참작하여 정한 후에 영선이 만일 또 군가를 더 청하는 일이 있으면 선공감의 해당 낭청을 초기(草記)로 논죄(論罪)하고, 병조가 또 혹 순전을 수량대로 지급하지 않을 경우에는 해당 낭청을 또한 초기로 논책(論責)해야 할 것입니다. 그렇게 한 연후에야 이 일에 거의 영구히 폐단이 없을 수 있을 것이니, 공적으로나 사적으로나 실로 이로운 방도가 될 것입니다. 신이 선공감의 낭관(郎官)과 함께 여러 차례 논의한 후에 병조 판서에게 묻고 대신에게 의논하니, 모두 편리하고 마땅하다고 하였습니다. 그래서 감히 이렇게 진달하니, 한번 하문하시어 마땅하게 되도록 힘쓰는 것이 실로 일을 하되 처음을 잘 도모하는[20] 요체가 될 것입니다.

20 일을……도모하는 : 《주역》 〈송괘(訟卦) 상(象)〉에 "하늘과 물이 어긋나게 감이 송이니, 군자가 보고서 일을 하되 처음을 잘 도모한다.〔天與水違行, 訟, 君子以, 作事謀始.〕"라고 한 데서 온 말이다.

부안 위도의 은광에 은점을 설치하는 것이 편리한지에 대해 논하는 계사[21]

論扶安蝟島銀礦設店便否啓

천하의 일은 비록 이로움이 있더라도 약간의 해로움을 동반하지 않은 적이 없었고 비록 해로움이 있더라도 약간의 이로움을 동반하지 않은 적이 없었으니, 옛사람이 일을 논할 때 편리하다거나 불편하다고 했던 말이 각각 근거가 있는 데에는 해가 되지 않았습니다.

지금 이 일로 말하건대 편리하다고 말하는 사람은 "산택(山澤)의 보물을 한결같이 간악한 백성들이 몰래 채취하도록 내버려 두고 호부(戶部)에서 구관(句管)하지 않는 것은 사리에 맞지 않으니, 단연코 은점을 설치하는 것이 마땅합니다."라고 하였습니다.

호남의 전 도신(道臣)이 불편하다고 여기는 것 같은 경우는 그 말이 매우 많습니다만, 예컨대 그 가장 중요한 점은, 사람의 목숨이 매몰되기 쉬울까 염려하고 농민이 근본을 버리고 말단으로 옮겨 갈까 염려하며 변산(邊山)의 금송(禁松)이 몰래 베어지는 일을 막기 어려울까 염려함이니, 무릇 이 몇 가지는 그 말이 또한 일리가 있습니다.

신은 편리하다거나 불편하다고 하는 말에 대해서 원래 고집하거나 기필하는 의견이 없으니, 오직 널리 하문하여 처분하기를 어떻게 하시는지에 달려 있을 뿐입니다.

21 부안(扶安)……계사 : 1773년(영조49) 4월 4일 정사에서 당시 호조 판서로 있던 번암이 아뢴 내용이다. 《承政院日記 英祖 49年 4月 4日》

강계의 은점을 호조에 소속시키는 것이 마땅한지에 대해 논하는 계사[22]

論江界銀店屬之戶曹事宜啓

이 일은 외면으로 보면 이른바 호조에 소속시킨다고 하는 것이 호조에 유익할 듯하지만, 기실은 그렇지 않은 점이 있습니다. 대개 그 점세(店稅)는 정식(定式)으로 정한 수가 있고, 본관(本官)으로 하여금 봉납(捧納)하게 하였기 때문에 무삼가(貿蔘價)에 보탬이 될 수 있었습니다. 지금 만약 호조에 소속시킨다면 그 형세로 볼 때 별장(別將)을 차출하여 보내는 데 지나지 않을 것이니, 마침내 별장이 전부 횡령해 버린다면 호조는 전혀 봉납할 바가 없을 것입니다. 이해(利害)로 논하건대 어찌 이미 정해 놓은 규례를 혁파할 수 있겠습니까. 비록 그렇지만 납세(納稅)는 일정한 규례가 있어도 점세는 계속 넉넉할 것이라는 보장이 없으니, 그 성하거나 쇠한 상황을 보아 한편으로 풀어 주고 한편으로 긴장하게 하는 정책이 있어야 할 것입니다. 그러므로 비록 작년의 경우로 말하더라도, 본관의 보고에 그 세전(稅錢)이 8000냥밖에 되지 않아서 호조가 또한 이에 의거하여 봉납하게 하였습니다.

다만 듣건대 강계의 백성들이 원통함을 호소하는 것이 두 가지 있었습니다. 호조가 백성들의 폐해를 염려하여 비록 혹 작년에 했던 것처럼 견감(蠲減)해 주기는 하였으나 본부(本府)의 감색(監色)과 차인(差

22 강계(江界)의……계사 : 1773년(영조49) 11월 13일 정사에서 당시 호조 판서로 있던 번암이 아뢴 내용이다. 《承政院日記 英祖 49年 11月 13日》

人) 들이 중간에서 농간을 부려 수량대로 독촉하였기에, 공세(公稅)는 그 수가 줄었지만 백성들이 납세하는 것은 다만 예전과 같을 뿐이었습니다. 이 폐단은 비록 본관이 또한 반드시 다 알지는 못하지만 백성들이 원통함을 호소하는 첫 번째 폐해였습니다.

봉납하는 규례는, 달마다 거두어들여 관고(官庫)에 굳게 보관했다가 무삼(貿蔘)하는 절기를 기다려 백성들에게 일제히[23] 수량대로 지급하되 조금도 흠축이 없게 한 뒤에야 백성들이 도움을 받을 수 있을 것입니다. 그러나 1만여 냥의 전화(錢貨)가 관고에 유고(留庫)되어 있기 때문에 감색의 무리가 자신들의 이익을 도모하는 밑천으로 만들어서 봉납하는 대로 다 써 버리고, 삼가(蔘價)의 경우는 마땅히 지급해야 할 때 지급하지 않고 연말까지 질질 끌며 계속 지급하였습니다. 그래서 필경에는 비록 다 지급했다 하더라도 백성에게는 실리가 없는 쪽으로 돌아가 버렸으니, 이것이 바로 원통함을 호소하는 두 번째 폐해였습니다.

무릇 이 두 가지 폐해는 비록 전해 들었지만, 일의 정황으로 참작해 볼 때 반드시 이런 일이 없으리라 보장하기가 어렵습니다. 이는 오직 본관이 어떻게 잘 살펴서 검칙(檢飭)하느냐에 달려 있으니, 엄하게 신칙을 더하지 않을 수 없습니다. 그래서 감히 이렇게 아룁니다.

상이 이르기를,

"지금 아뢴 바를 들으니, 그 폐해를 눈으로 보는 듯하다. 차후로는 정식대로 거행하라. 만약 다시 폐해가 있으면 나에게 어사가 있으

23 일제히 : 대본에는 '一當'으로 되어 있다. 《승정원일기》 영조 49년 11월 13일 기사에 근거하여 '當'을 '齊'로 바로잡아 번역하였다.

니, 마땅히 염문(廉問)하여 해당 부사(府使)는 종신토록 금고하고 감색은 엄히 형추(刑推)한 다음 정배(定配)할 것이다. 이로써 신칙하라."

하였다.

정조에 빈청의 하례를 청하는 계사

正朝請賀賓廳啓辭

신들은 정성이 천박하면서 한갓 날을 아끼는 마음[24]을 품고 있기만 하고 말은 졸눌(拙訥)하여 전하의 뜻을 돌릴 가망이 없기에, 부득이 함께 나와 청대(請對)하여 전석(前席)의 자리에서 뵙기를 기대하였습니다. 그러나 유음(兪音)은 받들 길이 없고 궁궐은 바다처럼 아득하기만 하였으니, 답답하여 배회하면서 실로 몸 둘 바를 몰랐습니다. 모르겠습니다만 전하께서는 신들이 오늘 청하는 것이 전장(典章)에 맞지 않다고 여기십니까, 정례(情禮)에 어긋나는 점이 있다고 여기십니까?

대저 삼원(三元)이 모이는 정조(正朝)[25]는 1년의 영절(令節)입니다. 임금이 먼저 복록(福祿)에 응하는 것이 실로 여기에 기초하고 신하가 능히 기쁜 정을 펴는 것이 또한 여기에 있으니, 국가에서 반드시 이날을 하례 올리는 영절로 삼는 것은 그 뜻을 대개 상상할 수 있습니다. 당(唐)·송(宋) 이래의 일은 지금 멀리 인용할 필요가 없거니와, 생각

24 날을 아끼는 마음 : 임금 섬길 날이 얼마 남지 않았음을 안타까워하는 신하의 정(情)을 가리킨다. 원래는 어버이 봉양할 날이 얼마 남지 않았음을 안타까워하는 효자의 마음을 의미하는 말로, 한(漢)나라 양웅(揚雄)의 《법언(法言)》 〈효지(孝至)〉에 "부모를 섬기되 스스로 부족함을 아는 사람은 순 임금이셨다. 오래도록 할 수 없는 것은 어버이를 섬기는 일을 이름이니, 효자는 날이 지나가는 것을 아까워한다.〔事父母, 自知不足者, 其舜乎! 不可得而久者, 事親之謂也, 孝子愛日.〕"라고 한 데서 온 말이다.

25 삼원(三元)이 모이는 정조(正朝) : 연(年), 월(月), 일(日)의 시작인 1월 1일을 말한다.

건대 우리 조정은 전례(典禮)가 크게 구비되어 3300가지[26]가 누락되지 않고 자세히 갖추어져 있습니다. 그리고 정조의 하례는 분명히 《국조오례의(國朝五禮儀)》에 분명히 실려 있어서 열성조께서 하례를 받은 것이 역사책에 기록되어 있고, 신하들이 하례를 행한 것이 엄격한 과조(科條)를 이루어 지금까지 400년 세월에 이르렀습니다. 나라의 전장(典章)이 엄하지 않다고 할 수 있겠습니까.

《시경》에 "군자께서는 만년토록, 당신의 큰 복을 크게 누릴 것이로다.〔君子萬年 介爾景福〕"라고 하였습니다. 생각건대 우리 전하께서는 효성과 우애가 신명(神明)에 통하고 정성과 공경이 천지에 이르셨으니, 황천(皇天)과 조종(祖宗)께서 날로 살펴보는 것이 여기에 있어서 냇물 같은 복을 옮기고 산마루 같은 수명을 내리시어[27] 융성한 보산(寶算)이 거의 요순(堯舜) 이후로 없던 장수를 누리셨습니다. 그런데도 사총(四聰)[28]이 정정하실 때보다 줄어들지 않고 팔채(八彩)[29]가 도리

26 3300가지 : 예(禮)를 가리킨다. 《예기(禮記)》 〈예기(禮器)〉에 "경례 300가지와 곡례 3000가지가 결국은 하나이다.〔經禮三百, 曲禮三千, 其致一也.〕"라고 한 데서 온 말로, 경례는 관혼상제(冠婚喪祭), 조근회동(朝覲會同) 등의 큰 예법이고, 곡례는 진퇴(進退), 승강(升降), 부앙(俯仰), 읍손(揖遜) 등 행동거지에 관한 세세한 규범이다.

27 냇물……내리시어 : 하늘이 한없는 복과 장수를 내린다는 말이다. 《시경》 〈소아(小雅) 천보(天保)〉에 "하늘이 그대를 보정하사, 홍성(興盛)하지 않은 것이 없는지라, 산 같고 언덕 같으며, 뫼 같고 큰 언덕 같으며, 냇물이 막 이르는 것과 같아서, 더하지 않음이 없도다. 초승의 달과 같고, 떠오르는 태양과 같으며, 장수하는 남산과 같아, 이지러지지 않고 무너지지 않으며, 무성한 송백과 같아, 끝없이 홍성하지 않음이 없도다.〔天保定爾, 以莫不興. 如山如阜, 如岡如陵, 如川之方至, 以莫不增. 如月之恒, 如日之升. 如南山之壽, 不騫不崩; 如松柏之茂, 無不爾或承.〕"라고 한 데서 온 말이다.

28 사총(四聰) : 사방의 귀라는 의미로, 사방 만민(四方萬民)의 소리를 듣는다는 말

어 옛날보다 나아져서 오늘날 성상의 교화 가운데 함육(涵育)되는 수많은 백성들이 충만한 기쁨이 흘러넘치지 않는 사람이 없으니, 하물며 조정의 근밀(近密)한 자리에 있으면서 조석으로 임금의 처소에 드나드는 신하들이 기뻐하며 서로 경하하는 마음은 더욱이 어떠하겠습니까.

아름다운 운명이 더욱 융성해져서 바야흐로 새해가 되었으니, 해옥(海屋)의 산가지[30]에 다시 1년이 더해지려 합니다. 이렇게 좋은 날을 만나 만세 삼창을 부르는 예(禮)[31]로 화봉인(華封人)의 축원하는 정성[32]을 부치려 하니, 천리(天理)와 인정(人情)에 비추어 보아도 그만둘 수 없다는 것을 잘 알 수 있습니다. 신들의 정례(情禮)가 절실하지

이다. 《서경》 〈순전(舜典)〉에 "사악에게 물어 사방의 문을 열어 놓고 사방의 눈을 밝히고 사방의 귀를 통하게 하셨다.〔詢于四岳, 闢四門, 明四目, 達四聰.〕"라고 한 데서 온 말이다.

29 팔채(八彩) : 성인의 미간에 어려 있다는 여덟 가지 광채로, 제왕(帝王)의 얼굴을 뜻하는 말이다. 요(堯) 임금의 신장이 9자이고 미간에 여덟 가지 광채가 있었다는 데서 온 말이다. 《孔叢子 居衛》

30 해옥(海屋)의 산가지 : 나이를 의미하는 말로, 장수를 축원할 때 쓰는 표현이다. 해옥은 신선이 사는 바닷가의 집을 가리킨다. 옛날 노인 세 사람이 만나서 서로 나이를 물어보니, 한 사람이 대답하기를 "바닷물이 말라서 뽕나무 밭이 될 때마다 내가 산가지 하나를 내려놓는데, 그동안 나의 산가지가 이미 열 칸의 집에 가득 찼소.〔海水變桑田時, 吾輒下一籌, 邇來吾籌, 已滿十間屋.〕"라고 했다는 해옥첨주(海屋添籌)의 고사에서 온 말이다. 《東坡全集 卷102 志林 三老語》

31 만세……예(禮) : 신하가 임금과 왕실의 수복(壽福)을 축원한다는 의미로, 한 무제(漢武帝)가 숭산(嵩山)에 올라갔을 때 어디선가 만세 소리가 세 번 들려왔다는 고사에서 온 말이다. 《漢書 武帝紀》

32 화봉인(華封人)의 축원하는 정성 : 임금에게 장수와 부귀, 다산(多產)의 세 가지 복을 송축(頌祝)하는 정성으로, 화(華) 땅의 봉인(封人)이 요(堯) 임금에게 수(壽), 부(富), 다남자(多男子)라는 세 가지로 축도(祝禱)한 고사에서 온 말이다. 《莊子 天地》

않다고 말할 수 있겠습니까. 전장을 어길 수 없는 것이 이와 같고 정례를 펴지 않을 수 없는 것이 또한 이와 같은데, 이치를 살피는 전하의 총명함과 아랫사람의 처지를 헤아리는 전하의 인자함으로 유독 이처럼 지극히 쉬운 일에 대해 한마디 윤허하는 말씀을 내리시지 않는 것은, 어찌 다른 이유가 있겠습니까.

신들은 삼가 전하께서 평일에 공부하시는 것을 우러러보니, 《시경》의 "깊은 못에 임한 듯이 하며, 얇은 얼음을 밟는 듯이 해야 한다.〔臨深履薄〕"[33]라는 구절과 조심하며 공경하고 공경하시던 문왕(文王)의 덕(德)[34]에서 체득하신 것이 있었습니다. 그러므로 혹 겸손한 덕을 지키는 데 부족할까 염려하고 일을 크게 벌이는 데 가까울까 염려하셨습니다. 그러나 만일 과연 일을 크게 벌였다면 《국조오례의》의 처음에 어찌 기재했겠습니까. 만일 겸손한 덕에 어긋났다면 무릇 열성조(列聖朝)에서 어찌 시행했겠습니까. 신들이 이 일로 연석(筵席)에서 또한 여러 번 직접 진달하였습니다만, 한결같이 의리가 확고하여 여기에서 벗어나지 않으려 하셨습니다. 그래서 지금 다시 이렇게 반복하여 말씀드리니, 오직 전하께서는 속히 신들의 청을 윤허하여 국조(國朝)의 전장이 빠져서 행해지지 않는 일이 없게 하고 신하들의 정례가 막혀서 펴지지 않는 일이 없게 하신다면 천만다행이겠습니다.

33 깊은……한다 : 매사에 몸가짐을 극히 조심해야 한다는 의미로, 《시경》〈소아(小雅) 소민(小旻)〉에 "두려워하고 경계하여 깊은 못에 임한 듯이 하며 얇은 얼음을 밟는 듯이 해야 한다.〔戰戰兢兢, 如臨深淵, 如履薄氷.〕"라고 한 데서 온 말이다.

34 조심하며……덕(德) : 조심하고 공경스러웠던 문왕의 덕을 표현한 말로, 《시경》〈대아(大雅) 대명(大明)〉에 "문왕께서 조심하며 공경하고 공경하셨다.〔維此文王, 小心翼翼.〕"라고 한 데서 온 말이다.

관서의 전곡에 대해 각 아문에서 진달하고 가져다 쓰는 것을 허락하지 말기를 청하는 계사[35] 을미년(1775, 영조51)

請關西錢穀勿許各衙門陳達取用啓 乙未

관서의 전곡을 본도(本道)에 비축해 두는 것은 참으로 조종조(祖宗朝)의 심원한 계책이었습니다만, 근래 서울과 지방의 재력이 고갈되어 경비(經費)에 쓸 목적으로 혹 가져오는 일이 있습니다. 비록 어쩔 수 없는 일이라고는 해도 이러한 길이 점차 넓어져서 경비로 쓰는 것 이외에 또한 진달하여 청하고 가져다 쓰는 일이 많아지면, 당초 비축해 두도록 한 뜻에 자못 어긋날 것입니다. 차후로는 이러한 폐단을 굽어살펴 깊이 유념하시는 것이 참으로 변경을 중시하는 도리가 될 것입니다. 그러므로 감히 진달합니다.

세손이 영(令)하기를 "마땅히 유의하겠다." 하였다.

35 관서(關西)의……계사 : 1775년 12월 15일 정사에서 당시 좌참찬으로 있던 번암이 아뢴 내용이다. 《承政院日記》《日省錄》

공상과 삭선 및 방물과 물선에 대해 다시 식례를 정하는 일을 논하는 계사[36] 병신년(1776, 정조 즉위년)

論供饍方物更定式例啓 丙申

각 전(殿)에 봉진(封進)하는 공상(供上)과 삭선(朔饍) 및 방물(方物)과 물선(物饍)에 대해서는 지금 바야흐로 하교하신 대로 다시 식례를 정하였습니다. 다만 그 가운데 우선 견감(蠲減)해 줄 종류와 영원히 견감해 줄 종류는 본래 기록해 둔 문적(文跡)이 없기 때문에 이번에 별단(別單)으로 계하(啓下)받은 것은 단지 《주원등록(廚院謄錄)》에 의거하여[37] 대략 마련하였으니, 그 사이에는 반드시 어긋날까 하는 근심이 없지 않을 것입니다. 호조에서 각 도(道)에 공문을 보내 알려서 현재 봉진하는 수효와 종전에 임시로 견감해 준 수효를 하나하나 성책(成冊)으로 만들어 보고해 오도록 한 다음 이를 다시 더 정리하여 정서(正書)해서 들이겠습니다. 그렇게 한 뒤에야 거의 전처럼 착오가 생기는 폐단이 없을 수 있을 것입니다. 감히 이렇게 우러러 진달합니다.

상이 이르기를 "아뢴 대로 하라." 하였다.

36 공상(供上)과……계사 : 1776년 3월 19일 정사에서 당시 예조 판서로 있던 번암이 아뢴 내용이다. 《承政院日記 正祖 卽位年 3月 19日》

37 의거하여 : 대본에는 '有'로 되어 있다. 《승정원일기》 정조 즉위년 3월 19일 기사에 근거하여 '憑'으로 바로잡아 번역하였다.

강계의 삼가를 더 지급하는 일에 대해 논하는 계사[38]

論江界蔘價添給啓

조정에서 강계의 삼가를 더 지급하는 것은 실로 강계의 백성들에게 막대한 은혜가 될 것입니다. 다만 현재 백성들이 매매하는 값으로 말한다면 오히려 반값이 됨을 면치 못할 것입니다.

체미삼(體尾蔘)의 경우 이전에 정한 원가(原價) 및 이번에 더 지급하는 값은 모두 마땅히 관서(關西)의 소미(小米)로 분수(分數)를 정하여 마련해야 하는데, 조정의 정식(定式)은 소미 1섬의 값을 3냥으로 제한하고 있습니다. 그러나 관서의 미가(米價)는 비록 풍년이 들어도 혹 이 수를 넘을 때가 있으니, 만일 흉년을 만난다면 혹 값이 뛰어 5, 6냥에 이를 때도 있을 것입니다. 지금 강계 부사(江界府使)를 맡고 있는 사람은 반드시 삼호(蔘戶)에서 응당 받아야 할 것을 백성에게 지급하지 않아서는 안 될 것입니다. 그렇게 하지 않으면 후일에 단지 조정에서 정한 소미 1섬당 3냥의 값으로 그 수량에 준하여 지급하고, 그 밖에 섬당 잉가(剩價)로 더해지는 전(錢)은 절로 다 빼돌려지는 결과로 돌아가지 않으리라고 어찌 보장할 수 있겠습니까. 백성을 위하는 일은 맡은 일에 온힘을 다하지 않아서는 안 될 것입니다.

신의 생각은 이렇습니다. 오직 이 삼가미(蔘價米) 한 조항에 대해 조정에서 비록 섬당 3냥으로 구획(區劃)했더라도 도신(道臣)이나 강

38 강계(江界)의……계사 : 1776년(정조 즉위년) 11월 20일 정사에서 당시 예조 판서로 있던 번암이 아뢴 내용이다. 《承政院日記》《日省錄》

계 부사는 이 제한에 구애되지 말고 반드시 시중의 가격에 따라 내다 팔되, 섬당 더 받는 수가 비록 수천 냥에 이르더라도 반드시 삼호(蔘戶)에 일일이 더 지급하게 해서 생계를 꾸려 갈 방도로 삼게 한다면, 그 혜택이 전일에 약간의 삼근(蔘斤)을 견감해 주는 것 정도에서 그치지는 않을 것입니다.

비록 그렇지만 모든 일은 오래되면 해이해지기 마련이니, 반드시 관서의 도신으로 하여금[39] 매년 삼가미의 잉가 몇 냥을 강계의 삼호에 더 지급했다는 내용으로 정황을 갖추어 비국(備局)에 첩보(牒報)하게 하소서. 그렇게 한 뒤에야 거의 유명무실하게 되는 결과를 면할 수 있을 것입니다. 대신(大臣)에게 하문하여 처리하소서.

39 반드시……하여금 : 대본에는 '必於關西道臣'으로 되어 있다. 《승정원일기》 정조 즉위년 11월 20일 기사에 근거하여 '於'를 '使'로 바로잡아 번역하였다.

평안 병영 및 각 산성에 봉장하는 은전과 포목을 거듭 엄중하게 맡아 지키는 일에 대해 논하는 계사[40] 무신년(1788, 정조12)

論平安兵營及各山城封椿銀錢布木申嚴典守啓 戊申

신은 평안 병영(平安兵營)의 폐단에 대해 우러러 아뢸 말이 있습니다. 본영(本營)은 곧 관서(關西)의 큰 관방(關防)이니, 국가에서 의지하여 중요하게 여긴 것이 어떠하였습니까. 그러나 부고(府庫)의 허다한 재화(財貨)는 모두 그동안 수신(帥臣)이 잘 맡아 지키지 못했거나 잘못된 전례를 답습하여 공공연하게 영속(營屬)에게 지급하였거나 이익을 도모하기 위해 널리 장사치들에게 풀었으므로, 장부에 명색(名色)은 있지만 창고는 텅 비어 남아 있는 것이 없습니다.

일전에 본영에서 비국(備局)에 보고한 성책(成冊)을 보더라도, 천은조(天銀條)[41]의 첫 번째 줄에 1만 3000여 냥이라고 기록되어 있습니다만, 모두 그동안 연경(燕京)에 가는 역관(譯官)들이 빌려 가고 해마다 1정(錠)도 거두어들이지 못해서 현재 유고(留庫)된 것은 달랑 6전(錢) 몇 푼(分)뿐입니다. 비록 현재의 병사(兵使)가 한 일은 아니지만

40 평안……계사 : 봉장(封椿)은 천재지변이나 비상시에 대처하기 위해 재보(財寶)를 창고에 저장해 둔다는 의미이다. 중국 송대(宋代)에 있었던 일종의 재정 제도(財政制度)로, 봉장고(封椿庫)라는 창고에 저장하였다고 한다. 1788년 4월 23일 정사에서 당시 우의정으로 있던 번암이 아뢴 내용이다. 《承政院日記》《日省錄》

41 천은조(天銀條) : 천은은 납이 섞이지 않은 순은으로, 궁중의 기물을 만드는 데 사용하였다. 보통 은의 순도를 나타낼 때 1성(星)에서 10성까지의 단위를 사용하였는데, 10성의 은을 천은이라 하고 9성의 은을 지은(地銀)이라 하였다.

일이 한심스럽기는 이보다 심한 것이 없습니다.

각 산성에 봉장하는 은전과 포목 등의 경우, 앞사람들이 다방면으로 마련하여 어렵게 운송해 놓고 궤짝을 특별히 튼튼하게 만들고 자물쇠 또한 견고하게 채워서 스스로 비상시에 도움이 되게 하려고 했었습니다. 그러나 뒤에 온 사람들이 전혀 아깝게 여기지 않고 이것을 자기가 생색낼 밑천으로 삼아서 조금 세력이 있는 근방의 수령이 빌려 달라고 하면 자물쇠를 풀고 상자를 열어 어렵지 않게 내주었으니, 문서에 있는 것은 태반이 허록(虛錄)된 것입니다. 만일 조정을 경외하는 마음이 있다면 어찌 감히 이렇게 할 수 있겠습니까.

더구나 수령이 한번 이 전(錢)을 얻으면 반드시 민간에 빚을 놓아서 그 이자가 관용(官用)으로 돌아갔으니, 이에 따라 백성들의 원망이 사방에서 일어났습니다. 산성의 재화가 이미 갈무리되었다가 도로 나온 것도 실로 매우 통탄할 일인데, 빚을 쓴 백성들이 마침내 사방으로 흩어지게 되었으니, 이는 통탄스럽고 가련함이 재물을 잃은 것보다 더 심한 점이 있습니다.

신의 생각은 이렇습니다. 감영(監營)의 관할이든 병영(兵營)의 관할이든 따질 것 없이 무릇 각 산성에 운송해 놓은 물건을 만일 전(錢)으로 은(銀)을 바꾸거나 목(木)으로 개색(改色)하기 위해 부득이 옮겨야 할 때가 있으면, 그 드나들고 오갈 때에 반드시 사유를 갖추어 장계로 보고하게 한 후에 비로소 일을 착수하게 하는 것을 영구히 정식(定式)으로 삼는 것이 실로 사의(事宜)에 합당할 것입니다.

상이 이르기를,

"관방의 중요한 지역에 이렇게 엉성한 근심이 있었다. 우상이 상주

(上奏)한 말이 매우 타당하니, 이대로 시행하라. 영상과 좌상[42]의 말도 모두 좋다. 무릇 일은 적임자를 얻은 뒤에야 실효(實效)를 요구할 수 있으니, 이는 우상의 말이 또한 좋다. 이미 유의하여 폐단을 해소하려 한다면 절로 우상이 천거한 사람[43]이 있으니, 시임 병사(時任兵使)를 개차(改差)하라."

하였다.

42 영상과 좌상 : 당시 영의정은 김치인(金致仁)이고, 좌의정은 이성원(李性源)이었다.

43 우상이 천거한 사람 : 조규진(趙圭鎭)을 말한다. 1788년(정조12) 4월 23일 정사에서 당시 우의정으로 있던 번암이 그를 평안 병사(平安兵使)로 추천하며 "폐단을 바로잡는 요체는 적임자를 얻는 것이 가장 중요합니다. 자급(資級)과 경력이 합당한 사람 가운데 오직 조규진만이 서도(西道) 사람들의 경외(敬畏)를 받고 있으니, 이 사람을 구임하여 그 일이 이루어지기를 구하면 거의 정돈되는 도움이 있을 것입니다.〔釐弊之要, 莫如得人. 資歷可合人中, 惟趙圭鎭爲西路人素憚, 以此人久任, 而責成, 則庶有整頓之益矣.〕"라고 하였다. 《正祖實錄》《日省錄》

중순 시재 상격의 시폐에 대해 논하는 계사[44]

論中旬賞格時弊啓

장신(將臣)이 이미 중순 시재(中旬試才)의 상격(賞格)에 대한 일로 아뢰었는데, 신 역시 우러러 아뢸 말이 있습니다. 고(故) 상신(相臣) 이완(李浣)이 훈련대장에 고 판서 유혁연(柳赫然)을 천거하여 제수되게 하였는데, 그 후 훈국(訓局)에서 중순 시재를 설행하고 입격(入格)한 자가 많아서 상목(賞木)을 전에 비해 두 배로 더해 주자 군정(軍情)이 자못 기뻐하였다는 말을 듣고는 탄식하며 말하기를 "유혁연이 또한 이와 같이 하였단 말인가. 시재(試才)는 반드시 고시(考試)를 엄준(嚴峻)하게 해야 하니, 그렇게 한 뒤에야 상격이 많지 않을 수 있고, 상격이 많지 않은 뒤에야 중순 시재를 자주 설행할 수 있으며, 중순 시재를 자주 설행한 뒤에야 기예가 정예롭게 단련될 수 있다. 지금 군정을 위로한다는 이유로 상목을 넉넉하게 더해 준 것은 고시를 엄준하게

44 중순……계사 : 중순 시재는 조선 시대에 각 군문(軍門)의 군병에게 대대적으로 설행한 무예 시험으로, 명(明)나라 척계광(戚繼光)이 절강성(浙江省)의 군병을 매월 여섯 차례씩 조련하고 월중(月中)에 무예를 겨루게 한 데서 취한 것이다. 상시사(賞試射)라고도 한다. 인조(仁祖) 때부터 실시하였는데, 처음에는 1년에 네 차례 행하다가 뒤에는 1년에 두세 차례, 또는 2, 3년에 한 차례 행하기도 하고, 혹은 5, 6년에 한 차례 행하기도 하였다. 성적이 우수한 자에게는 상을 주거나 가자(加資)하고 전시(殿試)에 응시하게도 하였으며, 성적이 열등한 자에게는 벌번(罰番), 즉 번을 들 차례 외에 벌로 번을 들게 하였다. 《萬機要覽 軍政編2 龍虎營 賞試射·訓鍊都監 試藝, 軍政編3 禁衛營 試藝·御營廳 試藝·摠戎廳 中旬》《六典條例 兵典 兵曹 試藝》 1788년(정조12) 9월 20일 정사에서 당시 우의정으로 있던 번암이 아뢴 내용이다. 《承政院日記》《日省錄》

하지 못한 결과이니, 이로부터 중순 시재의 법이 반드시 많이 설행되지 못하여 기예를 단련하는 일이 반드시 전만 못하게 될 것이다."라고 하였습니다. 근래 각 영(營)에서 재력(財力)이 부족하다는 이유로 중순 시재를 설행하지 않은 지가 이미 여러 해 되었고 보면 고 상신이 당일에 했던 말이 마치 지금의 폐단을 본 것 같으니, 이는 실로 장신이 몰라서는 안 됩니다.

상이 이르기를,

"경의 말이 또한 대체(大體)를 안다고 할 수 있으니, 참으로 대신(大臣)의 말이다."

하였다.

서북의 수졸에게 유의와 지의를 분급할 때의 간폐에 대해 신칙하기를 청하는 계사[45]

請申飭西北戍卒襦衣紙衣分給奸弊啓

서북 변경 수졸의 유의와 지의를 서울에서 내려보내는 것은 조종조(祖宗朝)의 깊고 두터운 은택이 협광(挾纊)[46]과 다름이 없었습니다. 그러나 요사이 듣건대, 유의를 운송할 때 금군(禁軍) 한 사람에 쇄마군(刷馬軍)을 딸려 보내는 데 지나지 않기 때문에 고양참(高陽站)에서부터 이미 농간을 부려 유의의 옷 솔기를 뜯고 누벼 놓은 씨를 제거한 면화를 빼내므로 강변(江邊)에 도착했을 때는 수졸이 몸을 가릴 수 있는 것은 겨우 솜이 없는 겹옷일 뿐이라고 합니다. 또 북관(北關)의 경우에는 백목(白木)과 씨를 제거한 면화를 보내지만 애당초 바늘로 꿰매지 않기 때문에 비록 뜯어서 꺼내지 않아도 씨를 제거한 면화는 반을 잃어버리게 된다고 합니다. 대개 이 공인(貢人)들이 연례로 납공(納貢)하는 것은 비변사에서 낭청으로 하여금 그 무게를 저울질하게 해서 법식에

45 서북(西北)의……계사 : 1788년(정조12) 9월 29일 정사에서 당시 우의정으로 있던 번암이 아뢴 내용이다. 《正祖實錄》《承政院日記》《日省錄》

46 협광(挾纊) : 솜옷을 껴입는다는 말로, 아랫사람을 따뜻하게 보살피는 임금의 은혜를 뜻한다. 춘추 시대 초자(楚子)가 소(蕭)를 정벌할 때 신공 무신(申公巫臣)이 말하기를 "군사들이 추위에 떨고 있으니 왕께서 삼군을 순찰하고 군사들을 위로해 주신다면 군사들은 다 솜옷을 껴입은 듯이 따스함을 느낄 것입니다.〔師人多寒, 王巡三軍, 拊而勉之, 三軍之士, 皆如挾纊.〕"라고 하였는데, 왕이 그 말대로 하니 과연 군사들의 사기가 충천하였다는 고사가 있다. 《春秋左氏傳 宣公12年》

맞은 연후에 본래의 저울까지 아울러 해당 도(道)의 감영에 내려보내어 저울질한 뒤에 전하여 지급하도록 합니다. 그런데 감영에서 반드시 직접 검칭(檢秤)하지는 않고 또 반드시 데리고 간 사람을 살펴 신칙하지도 않기 때문에 마침내 간폐가 이 지경에 이르게 되었으니, 어찌 매우 놀랍지 않겠습니까.

이제부터는 경유하는 각 읍에서 반드시 좌수(座首)로 하여금 금군과 쇄마군을 함께 데리고 가서 전참(前站)의 군읍(郡邑)에 교부(交付)한 다음 문제없이 도부(到付)했다는 문적(文跡)을 받게 하고, 전참이 차례대로 이와 같이 해서 감영까지 운송해 오면 도백(道伯)이 친히 그 무게를 점검하여 각 해당 진(鎭)으로 나누어 보내되 반드시 각 읍에 교부하는 법을 시행해야 합니다. 그리고 수졸이 몸에 입을 수 있기를 기다려 그 씨를 제거한 면화의 무게가 법식에 맞는지를 각 진장(鎭將)이 지방관에게 보고하고 지방관이 감영에 보고해 오면 이런 내용으로 상세하게 장계(狀啓)로 보고하여 혜택이 실속 없는 데에 이르지 않게 하고 간폐를 저지르는 길이 감히 전과 같지 못하게 하는 것이 사의(事宜)에 합당할 듯합니다. 그러므로 감히 이렇게 우러러 아룁니다.

상이 이르기를,

"'서북 변경의 수졸과 봉군(烽軍) 들에게 조정에서 겨울에 유의를 지급하여 혹한의 고통을 면하게 한 것은 법을 제정한 성의(聖意)가 참으로 훌륭하다. 기억하건대 옛날 나의 선대왕(先大王)께서는 나 소자(小子)에게 매번 유시하기를 「만일 매서운 추위를 만나면 멀리 변방에서 파방(把防)하는 군졸들이 몸을 가릴 옷이 부족해 눈 위에서 발을 동동 구를 것이 염려되어 한밤중에 나도 모르게 이불을 걷고 장막을 거두고서 벌떡 일어나게 된다.」라고 하시고는, 이어 당시(唐詩)의 「성 위엔 바람 위세가 싸늘하고, 강 속에는 물기운이 차가워라.〔城上風威冷 江中水氣寒〕」[47]라는 구절을 외워 깨우쳐 주셨다. 그런 뒤에 자주 선전관(宣傳官)과 비변사 낭청을 파견하여 안으로 궐문의 파수 군졸과 시위소(侍衛所)의 순군(巡軍) 들이 입고 있는 옷에서부터 서쪽 고을에 내려보낼 건(件)에 이르기까지 모두 적간(摘奸)하라고 명하셨으니, 이는 비단 나 소자가 삼가 듣고 우러러보았을 뿐만이 아니라 경들 또한 반드시 지금까지 공경히 칭송하여 감히 잊지 못하고 있을 것이다. 내가 즉위한 후에 우러러 성의(聖意)를 체득하여 때로 적간하기도 하고 간간이 신칙하기도 하였으나 지금 경이 아뢰는 말을 듣건대 간폐가 이와 같으니, 이것이 비록 한 가지 일이기는 하지만 부지런히 자문하고 제기하여 신칙하신 성의를 어긴 것이다. 어찌 두렵고 송구스러운 마음을 금할 수 있겠는가. 경의 말대로 거조(擧條)를 내어 특별히 신칙하겠다. 우리나라는 법령(法令)이 조금 오래되면 점차 해이해지니, 이번에 신칙하여 금해도 또한 전 같은 폐단이 다시 생기지 않으리라는 것을 어찌 알겠는가. 차후로는 때가 되면 서북 변경의 여러 고을에 적간하는 관리를 파견하여 수졸과 봉군 등이 입는 유의에 대해, 근냥(斤兩)은 경중을 칭량(秤量)하고 서품(絮品)은 햇솜인지 묵은 솜인지 점검하라. 그렇게

47 성(城)……차가워라 : 당(唐)나라 낙빈왕(駱賓王)이 군중(軍中)에서 성루(城樓)에 올라 지은 〈재군등성루(在軍登城樓)〉에 보인다. 이 시는 출정한 군병이 군중에서 겪는 고초와 속히 적진을 격파하고 고향으로 돌아가기를 바라는 마음을 표현한 것이다. 《全唐詩 卷79》

해서 탈이 잡힌 곳의 지방 수령에 대해서는 흐리멍덩하게 받아 지급한 죄를 적용하여 먼저 파직한 뒤에 의금부로 잡아다 처리하고, 제대로 살피지 않은 도백까지 아울러 엄히 감처(勘處)해야 할 것이다. 이어 각 해당 지방의 관부(官府)에 글로 게시해서 항상 눈으로 보고 준행(遵行)하여 혹시라도 죄에 저촉되는 일이 없게 하라.'라는 내용으로 즉시 엄하게 신칙하고 공문을 보내 알리라."

하였다.

가체를 금할 것을 청하는 계사[48]

請禁髢髻啓

신은 가체의 문제에 대해 이미 소회를 한번 진달하려 했습니다만, 지난번에 영상에게 물으니 신중히 여기는 뜻이 있었습니다. 그래서 잠시 주저하였으나 실로 염려되는 마음은 있었습니다. 대체로 지금 가체보다 더 큰 폐단은 없습니다. 지극히 가난한 유생의 집이라 하더라도 6, 7십 냥(兩)의 전화(錢貨)가 아니면 매매(買賣)할 수 없고 모양새를 갖추고자 한다면 수백 냥의 돈을 써야 하니, 밭을 팔고 집을 파는 것 외에는 달리 방법이 없습니다. 그렇지만 밭과 집이 있는 사람이 또한 몇 명이나 되겠습니까. 이 때문에 아들이 있어서 며느리를 본 사람이 가체를 마련하지 못했다는 이유로 혼인을 치른 지 6, 7년이 지나도록 며느리가 시부모를 뵙는 예를 행하지 못하게 해서 인륜을 폐하는 지경에 이르는 경우가 셀 수 없을 정도로 많습니다.

이제 정성을 다해 치세(治世)를 도모해야 할 때를 만나 실낱같이 조그마한 민막(民瘼)도 마음을 다해 제거해야 하는데, 이렇게 막대한 폐단에 대해 어찌할 수 없는 지경에 버려두듯이 하시는 것은 또한 어째서입니까. 여러 사람이, 대신할 만한 물건을 충분히 상의해야 한다고 논의하기는 하지만, 상께서 확실하게 결단을 내려 온 나라 사람들로

48 가체를……계사 : 가체는 부녀자들이 머리에 덧넣는 다리〔月子〕, 또는 그것으로 틀어 만든 큰머리를 이른다. 체발(髢髮)이라고도 한다. 1788년(정조12) 10월 3일 정사에서 당시 우의정으로 있던 번암이 아뢴 내용이다. 《正祖實錄》《承政院日記》《日省錄》

하여금 더 이상 가체를 머리에 올리지 못하게 하신다면 대신할 만한 물건은 단지 절목 사이의 일이 될 것입니다. 이와 같이 하지 않으면 신은 저어컨대, 차일피일하다가 마무리 지을 기약이 없을 듯합니다.

상이 이르기를,

"우상의 말이 적확(的確)할 뿐만이 아니다. 내가 반드시 옛 제도를 회복하고자 하여 이전에 연석(筵席)에서 여러 차례 은미한 뜻을 보였으니, 그 의도는 대개 선대왕의 뜻을 밝히고 성대한 공적을 계승하는 데 있었다. 대저 중도에 철폐한 것이 본래 성의(聖意)가 아니라는 사실은 우상 이하 당시에 선왕을 섬기면서 함께 들은 자치고 누가 그 곡절을 알지 못하겠는가. 당시 역적 홍인한(洪麟漢)이 감히 '궁중의 양식(樣式)'이라는 등의 말을 틈을 타고 만들어 내어 위로는 임금을 침범하고 아래로는 사람들의 입을 막았으니, 이에 연석의 신하들이 감히 다른 말을 하지 못해서 금령이 마침내 해이해지고 폐지되었던 것이다.

이는 대개 역적 홍인한이 탐욕스럽기 비할 데 없고 사치스럽기 짝이 없어서 가체(加髢)에 대해서도 그 제도를 크게 하고 그 법식을 사치하게 하며 그 모양을 높게 하기까지 하고는 스스로 본래 기벽(奇癖)이 있다고 말했다가, 매양 가체를 제거하라는 금령에 대해 마음으로 늘 불편하게 여겨 마침내 이렇게 저지하는 행동을 하게 되었으니, 바로 이 한 가지 일에서 신하의 분수가 없다는 사실을 알 수 있다. 더구나 사리를 가지고 말하더라도 동기간에 형이 찬성한 일을 아우가 폐지하기를 청하였으니, 이는 조정의 죄인일 뿐만 아니라 또한 사가(私家)의 패륜적인 아우인 것이다.

비록 이보다 작은 법제라 하더라도 성상의 결단이 분명하여 법령으로 한번 정해지면 아랫사람들은 견문(見聞)에 생소하거나 익숙한 점이 있더라도 이에 대해 감히 따지면서 경솔하게 옳거니 그르거니 하는 논의를 더할 수 없는 것이다. 더구나 참람한 심보와 교활한 수단으로 제 욕심을 다 채울 수 없다는 것을 분하게 여겨 반드시 망가뜨리고야 말려고 하는 경우야 더 말할 것이 있겠는가. 나는 이 일만으로도 역적 홍인한은 죽여야 한다고 말한다. 지금 다시 옛 제도를 회복하려 함에 연혁과 전말을 모름지기 한번 펼쳐 보여야 할 것이니, 그렇게 한다면 사실을 자세히 모르는 후생(後生)과 소년 들이 거의 몰랐던 사실을 알 수 있고 듣지 못했던 일을 들을 수 있을 것이다. 애초에는 참고 말하지 않으려 했으나, 내가 만일 말하지 않는다면 지금 사람들 중에 누가 먼저 말을 하겠는가. 먼저 이 비지(批旨)를 조지(朝紙)에 반포해 보여서 각기 분명히 알게 하도록 하라."
하였다.

김중헌의 자손을 찾을 것을 청하는 계사[49]

請採訪金重憲子孫啓

신은 매번 무신년(1728, 영조4)의 충렬인(忠烈人) 김중헌에 관한 일로 연석(筵席)에서 한번 진달하려 했지만 품은 뜻을 아뢰지 못하고 있다가, 지금 주고받는 논의가 창의(倡義)에 이르렀으므로 감히 우러러 아룁니다.

김중헌은 무신년 3월에 과객(過客)으로 청주(淸州)의 객점(客店)에 묵었는데, 이날 밤에 역적들이 병사(兵使)를 죽이고 청주성을 점거하였습니다. 김중헌이 군문(軍門)으로 가서 "휘하의 군사가 되기를 원한다."라고 말하니 적이 들어오라 명하고는 계단 아래에서 시위(侍衛)하게 하였습니다. 김중헌의 생각은 본래 앞으로 나아가서 적괴(賊魁)를 찔러 죽이려고 했는데, 일이 이렇게 되자 계획을 시행할 수 없게 되어 물러나 잤습니다. 이튿날 아침에 또 계단 아래에 가서 우러러 말하기를 "나는 사부족(士夫族)이니 뜰에 서는 것은 부당하다."라고 말하여 마침내 당(堂)으로 올라가 군교(軍校)들과 나란히 섰습니다. 그런데 조금 뒤 자못 곁눈질하는 사이에 미간(眉間)에 살기(殺氣)가 살짝 드러나자, 역적이 의심하여 좌우를 꾸짖어 급히 결박하게 하고 그 품속을

49 김중헌(金重憲)의……계사 : 김중헌은 신천(信川) 사람으로 젊어서부터 활쏘기와 말타기에 능하였으며, 생업을 일삼지 않았다. 1728년 봄 청주(淸州)를 지날 때에 마침 이인좌(李麟佐)가 반란을 일으키자, 적괴에게 접근하여 격살(擊殺)하려다가 발각되어 마침내 피살되었다. 1788년(정조12) 11월 8일 정사에서 당시 우의정으로 있던 번암이 아뢴 내용이다. 《正祖實錄》《承政院日記》《日省錄》

뒤지니 날카로운 비수가 있었습니다.

오형(五刑)을 모두 갖추어 시행해도 김중헌은 얼굴빛을 바꾸지 않고 의리(義理)로 적을 깨우쳐 주었는데, 그러고 나서도 꾸짖는 소리를 그치지 않다가 죽어서야 그쳤습니다. 역적이 그의 시체를 버렸는데, 사람들이 그가 차고 있던 주머니를 뒤져 해진 종이에 적은 글을 찾아내고서야 그의 성명이 김중헌이고 거주지가 신천(信川)이라는 사실을 알게 되었습니다.

염무사(廉撫使)가 그 사실을 상주(上奏)하였고, 그 후 10여 년 뒤에 예조 판서 이성중(李成中)이 진달하여 삼품(三品)을 증직(贈職)하고 정려(旌閭)를 내렸으며, 그 자손을 녹용(錄用)하라고 명하셨습니다. 그의 충렬이 이처럼 드높은데도 금년 봄에 창의하여 순국한 사람을 찾아낼 때 호서(湖西)에서 올린 장계 가운데 김중헌이라는 세 글자가 전혀 보이지 않았으니, 혹 김중헌에게 자손이 없기 때문인지, 아니면 도신(道臣)과 수령이 소루(疎漏)하여 그렇게 된 것인지 모르겠습니다. 무신년의 충렬인을 수록(收錄)하지 않으면 그만이겠지만 만일 수록한다면, 신은 저어컨대 김중헌보다 더 뛰어난 자는 없을 듯하니, 다시 찾아내도록 명하는 일을 그만두어서는 안 될 듯합니다.

상이 이르기를,

"경이 아뢴 내용으로 거조(擧條)를 내어 해당 도에 물으라."

하였다.

족징의 폐단에 대해 엄하게 과조를 세우는 일에 대한 계사[50]
徵族之弊嚴立科條啓

이른 아침부터 밤늦게까지 성상께서 노심초사 생각하시는 것은 하나같이 백성을 위하는 일이었으니, 전교를 받들 때마다 신은 실로 감탄하였습니다. 다만 생각건대 외읍(外邑)에서 자행되는 족징의 폐단에 대해 만일 엄하게 과조를 세우지 않는다면 백성을 위하여 내린 전교가 실효가 없어질까 걱정스럽습니다.

대체로 수령 된 자가 엄밀하게 관리하지 못해서 공화(公貨)와 공곡(公穀)이 가지가지로 포흠(逋欠) 나게 되면, 이미 징수해 낼 길이 없는 데다가 공물(公物) 또한 수습하지 않을 수 없기 때문에 한결같이 족징을 일삼게 됩니다. 그래서 족속(族屬)이 맞는지는 따지지도 않고 한결같이 농간을 부리는 자가 고하는 대로 이름을 나열하고 관인(官印)을 찍어 면임(面任)과 이임(里任)에게 내준 뒤에, 마치 바로잡지 않으면 안 되는 것처럼 급하게 징수를 독촉합니다. 그런데 그 농간을 부린 사람에 대해서는 혹 장(杖) 한 대도 때리지 않고 예전처럼 그대로 둔 채, 공연히 엉뚱한 사람으로 하여금 하루아침에 패가망신하는 지경까지 이르게 하는 경우가 흔히 발생합니다. 현재 이러한 폐단은 팔도가 모두 그러하지만 서도(西道)의 경우 실로 더욱 심각합니다.

신의 생각은 이렇습니다. 지금부터 무릇 포흠이 나면 농간을 부린

50 족징(族徵)의……계사 : 1788년(정조12) 7월 5일 정사에서 당시 우의정으로 있던 번암이 아뢴 내용이다. 《正祖實錄》《承政院日記》《日省錄》

당사자를 우선 죽지 않을 만큼 엄하게 형신하여 그 족속에게 사과하고, 그 당사자의 집과 전토(田土)를 모조리 팔아 충당한 뒤에도 부족하면 그 족속으로 하여금 도와주게 하는 것이 거의 다른 사람을 징계하는 방도가 될 수 있을 것입니다. 이러한 내용을 여러 도에 분부하여 정식으로 삼아 준행하게 하고, 전최(殿最) 때에 또한 족징의 다과(多寡)로 수령의 진퇴를 결정하겠다는 뜻으로 역시 거듭 신칙하는 것이 마땅할 듯합니다.

상이 이르기를 "아뢴 대로 하라." 하였다.

여러 도의 백성 가운데 병고 때문에 전답이 황폐하게 된 자에게는 일일이 재결을 인정해 주는 일에 대한 계사[51]
諸道民人之因病田荒者一一給災啓

금년의 농사는 삼남(三南)과 경기 지역이 크게 풍년이 들었다고 해도 참으로 지나친 말이 아닐 것이니, 연분 사목(年分事目)에 대해서는 다시 의논할 것이 없겠습니다. 다만 듣건대 길가의 수전(水田) 가운데 혹 그 소유주의 온 집안이 전염병에 걸려 김매고 북돋우지 못해서 사방의 누렇게 익은 수전 중에 유독 황폐함을 면치 못한 곳이 왕왕 있다고 하니, 길가의 사정이 이와 같다면 깊숙한 곳에 이런 근심이 없다고는 또한 기필할 수 없습니다. 금년에 경성(京城)의 출막(出幕)한 수천 명 백성들의 목숨은 모두 염려하고 보살펴 주신 성상의 은택을 입어 다시 사람이 될 수 있었는데, 만일 향곡(鄕曲)의 이러한 사람들에게 혜택이 혹 두루 미치지 않는다면 홀로 소외되어 곤경에 처한 원통함이 다시 얼마나 심하겠습니까.

신의 생각은 이렇습니다. 여러 도를 특별히 신칙하여 수령으로 하여금 직접 살피게 해서 병고(病故) 때문에 전답이 황폐하게 된 자에 대해서는 일일이 재결을 인정해 주되 혹시라도 누락되는 일이 없도록 하여,

51 여러……계사 : 1788년(정조12) 8월 21일 정사에서 당시 우의정으로 있던 번암이 아뢴 내용이다. 《正祖實錄》《承政院日記》《日省錄》 재결(災結)을 인정해 준다는 것은 재해(災害)를 입은 전지(田地)에 대해 피해의 정도에 따라 일정한 비율로 세금을 면제하거나 경감해 주는 제도를 말한다.

이들로 하여금 조정이 모든 백성을 평등하게 여겨 똑같이 사랑한다는 덕의(德意)를 알게 하는 것을 그만두어서는 안 될 듯합니다.

상이 이르기를,

"경의 말을 듣고 보니 소민(小民)에게는 실로 절실하고 긴급한 일이다. 더구나 이렇게 좋은 전답을 가지고 이러한 풍년을 만나고도 자신의 병고 때문에 김매고 북돋울 겨를이 없었으니, 어찌 매우 불쌍하지 않겠는가. 이렇게 아뢴 내용으로 거조(擧條)를 내어 방방곡곡에 통지하고, 이어 각 고을의 수령으로 하여금 직접 살피고 조사 보고하게 해서 신칙한 실효가 있게 하라."

하였다.

재결의 배분을 신칙하는 일에 대한 계사[52]

俵災申飭啓

삼남(三南)과 경기 지역이 비록 풍년이 들었다고는 하나 늦게 비바람이 몰아치는 바람에 재손(災損)이 반드시 없지는 않을 터이니, 도신(道臣)이 재결을 더 청하는 것은 형세로 볼 때 실로 면하기 어렵습니다. 그런데 성상께서 다친 사람을 돌보듯이, 어린아이를 보호하듯이 백성을 보살피는 뜻으로 유사(有司)에게 묻지도 않고 청이 있으면 바로 허락하셨으니, 이는 참으로 깊은 사랑이고 큰 은혜입니다.

다만 생각건대 국가의 기강이 근래 더욱 해이해져서 외읍(外邑)의 수령들이 조금만 세력이 있으면 자신이 하고 싶은 대로 하면서 전혀 법을 두려워하지 않습니다. 그러나 이들도 모두 사대부이니 신은 재결을 가지고 의심을 두지는 않겠습니다. 다만 혹시라도 위엄이 아랫사람을 단속하지 못하여 은혜가 도리어 부질없이 되고 말아서 비록 파속(把束)의 작은 단위라도 소실되는 근심이 약간이라도 있다면, 해당 수령을 해당 형률로 논죄하는 것은 우선 논하지 않더라도 그 책임은 전적으로 도백(道伯)에게 돌아가야 할 것입니다. 이러한 내용으로 신칙하여 영읍(營邑)으로 하여금 각기 스스로 경계하게 하는 것을 그만두어서는 안 될 듯합니다.

52 재결(災結)의……계사 : 1788년(정조12) 9월 29일 정사에서 당시 우의정으로 있던 번암이 아뢴 내용이다. 《承政院日記》《日省錄》

상이 이르기를,

"경의 말이 과연 좋으니, 이렇게 아뢴 내용에 의거하여 각별히 엄하게 신칙하여 실효가 있게 하라."

하였다.

《영유창의록》의 일에 대한 계사[53]

嶺儒倡義錄事啓

영남의 유생들이 반드시 《무신창의록(戊申倡義錄)》[54]을 성상께서 한 번 읽어 보시도록 하는 것은 그 뜻이 따로 은혜를 바라는 데서 나온 것이 아닙니다. 대개 영남의 사대부들이 적변(賊變)을 만났을 때 순역(順逆)의 분별을 엄중히 하여 분발하는 충의(忠義)에 죽음을 맹세하며 후회하지 않았던 행적을 드러내어 아뢰고자 한 것이니, 그 마음은 비록 간절하였으나 성상께 아뢸 길이 없었습니다. 이번에 예조의 복계(覆啓)에 대한 비답에서 충의에 격동되어 일어난 의거였음을 환히 살피고 추로(鄒魯)의 유풍에 대해 감탄하여 윤음의 말씀이 해와 별처럼 빛을 발하였습니다. 따라서 유생들이 이 글을 품고 돌아가면 60년 동안 가슴에 맺힌 한이 풀릴 수 있을 것이고 70개 주(州)의 소원이 이에 충족되어서 다른 날 운결(隕結)[55]의 보은을 거의 기약할 수 있을 것이니, 선비들

53 영유창의록(嶺儒倡義錄)의……계사 : 1788년(정조12) 11월 11일 정사에서 당시 우의정으로 있던 번암이 아뢴 내용이다. 《承政院日記 正祖 12年 11月 11日》《日省錄 正祖 12年 11月 10日》

54 무신창의록(戊申倡義錄) : 1788년 무신란(戊申亂) 60주년을 맞이하여 당시 이인좌(李麟佐)의 반란군에 저항했던 영남 사대부의 명단과 활동 상황을 기록한 책으로, 이진동(李鎭東)이 주도하여 편찬하였다.

55 운결(隕結) : 운수결초(隕首結草)의 준말로, 살아서나 죽어서나 은혜를 갚겠다는 말이다. 진(晉)나라 이밀(李密)이 96세인 조모(祖母)의 봉양을 위해 벼슬을 사직한 〈진정표(陳情表)〉에서 "조모의 여생을 끝까지 보전할 수 있게만 된다면, 살아서는 목숨을 바쳐 충성을 다하고 죽어서는 결초보은을 하겠습니다.〔卒保餘年, 臣生當隕首, 死當

마다 모두 그러할 것입니다. 비록 조정에서 보답하는 은전으로 말하더라도 화곤(華袞)의 포상[56]이 만세에 전해질 수 있을 것인데, 더구나 그들이 바친 책자를 장차 간행하고 널리 배포하여 다른 도(道)의 선비들이 감격하여 용동(聳動)하는 바탕으로 삼게 한다면, 그 충의에 대해 포장(褒奬)함이 어찌 당사자를 추증하고 자손을 보살펴 주는 것처럼 오히려 예사로운 은혜에 속하는 의전(儀典)과 같은 수준으로 말할 수 있겠습니까. 신의 의견은 이와 같으니, 이 밖에는 아뢸 만한 말이 없습니다.

結草.〕"라고 한 데서 온 말이다. 《古文眞寶 後集》

56 화곤(華袞)의 포상 : 지극히 영광스러운 칭찬이라는 말이다. 화곤은 고대 왕공(王公)과 귀족의 복장으로, 지극한 영예를 뜻하는 말인데, 진(晉)나라 범녕(范甯)의 〈춘추곡량전서(春秋穀梁傳序)〉에 "《춘추》의 한 글자 칭찬이 화곤을 받는 것보다도 영광스럽고, 한마디의 비판이 시장에서 맞는 회초리보다도 욕되다.〔一字之褒, 寵逾華袞之贈, 一言之貶, 辱過市朝之撻.〕"라는 말이 있다.

영수각의 어첩에 홍첨을 붙이는 일에 대한 계사[57] 기유년 (1789, 정조13)

靈壽閣御帖付紅籤啓 己酉

신은 일전에 영수각에서 숙배하고 어첩(御帖)을 봉심(奉審)하였는데, 숙묘(肅廟) 기해년(1719, 숙종45)에 관각(館閣)의 신하가 하교를 받들어 서문을 지은 것이었습니다.[58] 그 가운데 선대왕(先大王)이 잠저(潛邸)에 있을 때의 작호(爵號) 및 어휘(御諱)가 있었는데 홍첨(紅籤)이 붙어 있지 않았으니, 실로 성교(聖敎)가 있었기 때문에 그런 듯하였습니다. 지금은 일의 체모가 전과 크게 다르니, 신의 생각에는 해당 조(曹)에 분부하여 뒷날 봉심할 때 홍첨 붙이는 일을 하지 않아서는 안

57 영수각(靈壽閣)의……계사 : 영수각은 기로소(耆老所) 안에 있는 어첩을 보관하는 누각(樓閣)으로, 1719년(숙종45)에 완성되었다.《肅宗實錄 45年 6月 9日》 기로소는 70세가 넘는 정2품 이상의 문관들을 예우하기 위하여 설치한 기구인데, 나이 많은 임금도 기로소에 들어가기도 하였다. 영수각에는 기로소에 들어온 문관들의 초상을 걸어 두었으며, 태조, 숙종, 영조의 어첩이 봉안되어 있다.《六典條例 禮典 耆老所》 1789년 1월 11일 정사에서 당시 우의정으로 있던 번암이 아뢴 내용이다.《承政院日記》《日省錄》

58 숙묘(肅廟)……것이었습니다 : 1719년 1월 12일에 이집(李檝)과 이이명(李頤命) 등이 태조가 60세에 기로소에 들어갔다는 몇몇 기록을 근거로, 이해 59세가 된 숙종에게 기로소에 들어갈 것을 요청하였다. 김창집(金昌集) 등이 일시 반대하기도 하였지만, 결국 이달 25일에 연잉군(延礽君) 이금(李昑) 등의 요청을 받아들여 기로소에 들어가기로 결정하였다. 그리고 기로소에 들어가는 대신들이 선생안(先生案)에 이름을 올리는 전례에 따라 별도로 태조와 숙종의 어휘 및 기로소에 들어간 날짜 등을 쓴 어첩을 만들고, 기로소 내에 영수각을 지어 봉안하였다.《承政院日記 肅宗 45年 1月 12日, 27日》《肅宗實錄 45年 1月 22日, 6月 24日》

될 듯합니다. 그러므로 감히 이에 우러러 아뢰니다.

상이 이르기를 "아뢴 대로 하라." 하였다.

교동 수사를 다시 설치하기를 청하는 계사[59]

請復置喬桐水使啓

신은 아직 강화(江華)를 보지 못해서 그 형편이 어떠한지 확실히 알지 못합니다만, 삼가 듣건대 공의(公議)가 모두, 통어영(統禦營)을 강화로 옮겨 소속시킨 것은 고인(古人)들이 제도로 설치한 뜻에 크게 어긋나서, 해로움은 많고 이로움은 없다고 하였습니다. 지금 장계의 내용 및 첩보(牒報)를 보건대, 당초에 제도를 고친 것이 이미 타당하지 않다는 것을 알겠으니, 지금 다만 명령을 번복하는 것을 꺼려 한결같이 버려두는 것은 해방(海防)을 중시하고 폐막(弊瘼)을 제거하는 뜻이 아닙니다. 교동에서 방어영(防禦營)의 명칭을 혁파하고 수사(水使)와 통어사(統禦使)의 호칭을 아울러 모두 도로 귀속한 다음, 모든 일을 또한 옛일 그대로 따라서 다시 설치하는 것을 그만두어서는 안 될 듯합니다.

상이 이르기를,

"작년에 본사(本司)가 회계(回啓)했을 때 초기(草記)에 대한 비답에서 이미 은미한 뜻을 보이고 형편을 관망하려 했는데, 그 계획이 또한 어긋나고 말았다. 지금에 와서 관방(關防)의 편리 여부에 대해 이미 이와 같음을 알았으니, 어찌 명령을 번복하는 것을 꺼리겠는

59 교동……계사 : 1789년(정조13) 5월 26일 정사에서 당시 우의정으로 있던 번암이 아뢴 내용이다. 《正祖實錄》《承政院日記》《日省錄》

가. 이보다 큰 수어청과 총융청도 도성 안에 두기도 하고 도성 밖에 두기도 하는데, 더구나 일개 곤수(閫帥)야 더 말할 것이 있겠는가. 경이 아뢴 대로 오늘 정사에서 수사를 다시 설치하도록 하비(下批)하고, 강화 유수가 겸하여 관장하던 호칭 또한 혁파하게 하라." 하였다.

경솔하고 외람되게 상언하고 격쟁하는 폐단에 대해 엄하게 금하기를 청하는 계사[60]

請嚴禁上言擊錚屑越之弊啓

근래 상언하고 격쟁함에 경솔하고 외람됨이 막심하니, 이런 폐단을 한번 통렬하게 제거하지 않을 수 없습니다. 다만 격쟁은 법을 제정한 본래의 뜻이 혹 하정(下情)이 막힐까 염려해서였으니, 영구히 막기는 어렵습니다. 따라서 그 가운데 외람되고 잡스러운 일로 분수를 범하는 경우를 법조(法曹)에서 통렬히 다스린다면 간민(奸民)이 오히려 경외하는 바가 있게 되어, 외람되고 잡스러운 일로 분수를 범하는 경우가 요즘처럼 심하지는 않을 듯합니다.

상언의 경우, 자손으로서 그 부조(父祖)의 효행(孝行)을 말하여 성상의 은혜를 구하는 자가 이루 셀 수 없을 정도로 많으니, 도리로 헤아려 보건대 매우 온당하지 못합니다. 차후에는 일체 엄히 신칙하여 비록 향당(鄕黨)의 공의(公議)가 다른 사람을 위해 효행을 논열(論列)하는 경우라 하더라도 응당 도백(道伯)에게 정장(呈狀)하여 장계로 보고하기를 청하게 해야 할 것이니, 그 말하는 바가 과연 실상과 다르지 않다면 도백이 세수(歲首)에 초계(抄啓)할 때 어찌 공의를 채택하지 않겠습니까. 이것으로 각 도(道)에 신칙하여 정식으로 삼아 알게 해서 감히 효행 등의 사연으로 번거롭게 상언하는 일이 없도록 한다면 거의 외람

60 경솔하고……계사 : 1789년(정조13) 2월 21일 정사에서 당시 우의정으로 있던 번암이 아뢴 내용이다. 《承政院日記》《日省錄》

된 속습(俗習)의 한 가지 단서를 제거할 수 있을 것입니다.

상이 이르기를,

"'효열(孝烈)에 대한 일로 상언하는 것은 전 영상이 아뢴 바로 인하여 연전(年前)에 과연 구별하여 정식으로 삼은 것이 있다. 이는 대개 외람되고 잡스러운 일로 분수를 범하는 경우를 금지하되 한 가지 통로를 남겨 두려는 뜻에서 나온 것이었는데, 지금 외람되고 잡스러운 일로 분수를 범하는 것이 더욱 심해졌으니 우상이 아뢴 말이 매우 적절하다. 차후에는 세수에 도백이 장계로 보고하는 일이 아니면 부모를 위한 것이든, 다른 사람을 위한 것이든 막론하고 감히 상언으로 호소하지 못하게 하라.'라는 내용으로 경외(京外)에 엄히 신칙하라."

하였다.

평안 병영이 거두어들인 채전을 은으로 바꾸어 약산산성에 봉장해 두기를 청하는 계사[61]

請平安兵營捧債錢換銀椿置藥山山城啓

본영의 재화는 모두 비상시에 필요한 것이니, 거두어들인 6만 냥은 또한 적지 않습니다. 만일 이것을 전(錢)으로 유치(留置)한다면 뒤에 오는 자가 또다시 빚을 놓아 이자를 떼어 쓰고 공화(公貨)는 여전히 포흠(逋欠) 나는 지경으로 돌아가게 하지 않는다고 어찌 보장하겠습니까. 만일 그렇게 된다면 이전의 노력이 애석할 뿐만 아니라 큰 관방(關防)의 군수(軍需)에 반드시 수습할 수 없는 근심이 생길 것이니, 어찌 한심하지 않겠습니까.

신의 생각은 이렇습니다. 우선 거두어들인 6만 냥을 모두 은(銀)으로 바꾸어 약산산성(藥山山城)에 봉장해 두고 장계로 보고하는 일이 아니면 감히 개봉(開封)하지 못하도록 하기를, 한결같이 신이 일전에 아뢴 내용과 같이 다시 엄하게 신칙하소서. 만일 은으로 바꿀 때 감색(監色)에게 속아서 7, 8성(星) 되는 조악한 은으로 구차히 수를 채운다면 그 죄는 절로 해당 수신(帥臣)에게 돌아가서, 비록 세월이 오래 지난 뒤라도 그 연조(年條)를 상고해 보면 해당 수신이 누구였는지를 절로 알 수 있을 것이니, 각별히 성심을 다하라는 내용으로 미리 신칙을 더하소서. 아직 거두어들이지 못한 3만여 냥은 이미 징수할 곳이

61 평안……계사 : 1789년(정조13) 윤5월 11일 정사에서 당시 우의정으로 있던 번암이 아뢴 내용이다. 《承政院日記》《日省錄》

없으니, 죄도 없이 애처로운 상황에 처한 사람은 이웃과 족당(族黨)이 아니겠습니까. 윤탁(尹鐸)이 가호(家戶)의 수를 줄였던 의리[62]는 결코 이와 같이 해서는 안 될 것입니다. 이후에 이어서 수신이 되는 자로 하여금 용도를 조절하고 절약하여 1년 안에 1만 냥으로 한정하여 자비곡(自備穀)[63]을 마련해서 보충하게 한다면 3, 4년이 지나지 않아 절로 모두 채울 수 있을 것이니, 그렇게 되면 궁핍한 백성에게는 충분히 다시 소생할 은혜가 될 수 있고, 군수는 영구히 소실되는 근심을 거의 면할 수 있을 것입니다.

상이 이르기를 "아뢴 대로 하라." 하였다.

62 윤탁(尹鐸)이……의리 : 춘추 시대 윤탁이 진양(晉陽)의 수령이 되어 조 간자(趙簡子)에게 "세금을 많이 거두어들일까요, 나라의 보장(保障)이 되도록 할까요?"라고 했을 때 조 간자가 "보장이 되도록 하라."라고 하자, 윤탁이 민호(民戶)의 수를 줄인 다음 세금을 줄여 주어 백성들의 신망을 얻었다는 고사에서 온 말이다.《通鑑節要 周紀》

63 자비곡(自備穀) : 각 읍의 수령, 병사(兵使), 감목관(監牧官) 등이 스스로 마련하여 진휼에 대비하는 곡식으로, 자비미(自備米)라고도 한다.

정종로를 6품에 조용하기를 청하는 계사[64]

請鄭宗魯六品調用啓

광릉 참봉(光陵參奉) 정종로는 문장공(文莊公) 정경세(鄭經世)의 봉사손(奉祀孫)으로, 방금 특교(特敎)로 인하여 이미 초사(初仕)에 제수되었습니다. 그런데 듣건대 그 경술(經術)과 문학(文學)이 한 시대의 중망을 받는다고 하니, 예사로운 음직(蔭職)으로 대우해서는 안 될 듯합니다. 신의 생각으로는 6품에 조용(調用)하는 것이 실로 사람들을 용동(聳動)하게 하고 권면하는 방도에 합당할 듯합니다. 그러므로 감히 이렇게 우러러 아뢰납니다.

상이 이르기를 "아뢴 대로 하라." 하였다.

64 정종로(鄭宗魯)를……계사 : 1789년(정조13) 8월 6일 정사에서 당시 우의정으로 있던 번암이 아뢴 내용이다. 《承政院日記》《日省錄》

연석에서 하문한 것 때문에 임성을 정경으로 증직하기를 청하는 계사[65]

因筵中下詢請任珹贈以正卿啓

신은 당시 마침 초야에 있었으므로 여러 신하의 실적(實績)에 대해 들어 아는 것이 없습니다. 다만 듣건대 임성이 창졸간에도 직분을 다하여 수립(樹立)한 것이 탁월해서 작년에 시호를 내린 신하들에게 부끄럽지 않다고 하니, 정경(正卿)으로 증직하는 것이 실로 충신을 포상하는 은전(恩典)에 부합하겠습니다.

상이 이르기를 "정경으로 증직하라." 하였다.

65 연석(筵席)에서……계사 : 임성(任珹)은, 본관은 풍천(豐川), 자는 성진(聖眞), 호는 수암(羞庵)이다. 1755년(영조31) 문과에 급제하고 세자시강원 설서(世子侍講院說書)가 되어 대리청정을 하는 장헌세자를 측근에서 보필하였다. 1762년 사서로 있을 때, 세자의 열 가지 비행을 열거한 나경언(羅景彦)의 상소를 보고 영조가 크게 노하여 세자를 죽이려고 하자 검열(檢閱) 임덕제(林德躋), 설서 권정침(權正忱) 등과 함께 살려 줄 것을 간청하였으나 뜻을 이루지 못하였다. 세자가 죽은 뒤, 세자를 소홀히 보필하였다는 이유로 파직되었다가 1765년 장령(掌令)에 제수되고 교리, 승지 등을 역임하였다. 1775년 대사간에 임명되었으나 사양하였고, 뒷날 이조 판서에 추증되었다. 시호는 충희(忠僖)이다. 1789년(정조13) 9월 1일 정사에서 당시 우의정으로 있던 번암이 아뢴 내용이다. 《承政院日記》《日省錄》

또 하문한 것 때문에 정순검과 김이곤을 품계에 따라 증직하기를 청하는 계사[66]

又因下詢請鄭純儉金履坤隨品貤贈啓

정순검과 김이곤 두 사람에 대해서는 실로 그 사실(事實)을 상세히 알지 못합니다. 그러나 지난날 판돈녕부사 윤숙(尹塾)이 이미 목격한 사람으로서 제기하여 아뢴 바가 있어 자손을 녹용(錄用)하라는 명을 내리기까지 하셨으니, 이제 와서 품계에 따라 증직하는 것을 아낄 필요는 없을 듯합니다.

상이 이르기를 "모두 증직하라." 하였다.

66 또……계사 : 정순검(鄭純儉)은, 본관은 동래(東萊), 자는 성종(聖從)이다. 1735년(영조11) 증광 문과에 병과로 급제하였다. 1738년에 설서(說書)가 되고, 지평(持平), 정언(正言), 교리(校理) 등을 역임하였다. 1761년 대사간을 지냈는데, 1762년에 왕세자를 폐하라는 교지를 반포할 수 없다고 완강히 버티다가 파직되었다. 이후 1789년(정조13) 9월 이조 참판에 추증되었으며, 100여 년이 지난 1900년(광무4) 8월에 정2품 자헌대부(資憲大夫) 내부대신 겸 홍문관학사(內部大臣兼弘文館學士)에 추증되었다. 시호는 충헌(忠憲)이다. 김이곤(金履坤)은, 본관은 안동(安東), 자는 후재(厚哉), 호는 봉록(鳳麓)이다. 경사(經史)에 밝고 시문(詩文)에 능하였다. 만년에 음보로 세자익위사 시직(世子翊衛司侍直)으로 기용되었다. 1762년 사도세자(思悼世子)가 화를 입었을 때 궐내로 달려가 통곡하였는데, 뒤에 그 죄로 파직되었다. 1789년(정조13) 9월 1일 정사에서 당시 우의정으로 있던 번암이 아뢴 내용이다. 《承政院日記》《日省錄》

수어청의 군미를 지나치게 많이 징수하는 일에 대해 신칙하기를 청하는 계사[67]

請申飭守禦軍米濫徵啓

군교(軍校)가 이미 습조(習操)에 참가하였는데 군미(軍米)까지 징수하는 것은 마땅히 한번 변통해야 하니, 수신(守臣)의 견해 또한 신과 같았습니다. 다만 3600여 섬의 미(米)를 지금의 국가 재정으로 다른 도(道)에서 마련해 내는 것은 당장 연석(筵席)에서 여쭈어 정할 수 있는 일이 아니니, 이 일은 후일을 기다려 다시 상량해야 할 것입니다.

군졸들이 해마다 군미를 봉납할 때 기총(旗摠)과 대총(隊摠)[68]이 거두는 군미가, 정한 수의 두 배인 것을 매번 근심하여 원통함을 호소하는 사람들이 길을 가득 메우는 일이 생기기에 이르렀습니다. 신의 생각은 이렇습니다. 기읍(畿邑)의 수령으로 하여금 직접 징수하고 상경하여 수어청(守禦廳) 낭청의 입회하에 함께 말(斗)로 되어 봉납하게 하면 전처럼 지나치게 많이 소비되지는 않을 것 같으니, 이것을 정식(定式)으로 삼아 신칙하는 것이 좋을 듯합니다.

상이 이르기를 "아뢴 대로 하라." 하였다.

67 수어청의……계사 : 1789년(정조13) 5월 29일 정사에서 당시 우의정으로 있던 번암이 아뢴 내용이다. 《承政院日記》《日省錄》

68 기총(旗摠)과 대총(隊摠) : 조선 후기의 군사 편성 단위인 기(旗)와 대(隊)의 지휘관을 말한다. 1영(營)은 5사(司), 1사는 5초(哨), 1초는 3기(旗), 1기는 3대(隊), 1대는 한 마을의 군정을 단위로 조직하였다. 《增補文獻備考 卷113 兵考 敎閱 五禮儀講武儀》

남원과 함양 등에서 땅을 떼어 운봉에 붙이는 일에 대해 허락하지 말기를 청하는 계사[69]

請勿許南原咸陽等地割付雲峯啓

일전에 황산 비각(荒山碑閣)을 수호(守護)하는 일 때문에 도신(道臣)이 장계(狀啓)를 올려, 남원(南原)과 함양(咸陽)에서 각각 2개 면(面)을 떼어 운봉(雲峯)에 붙이는 내용으로 보고한 적이 있었는데, 다시 도신으로 하여금 이치를 따져 장계로 보고하게 하라고 명하셨습니다.[70]

신의 생각은 이렇습니다. 비각을 수호하는 일은 지계(地界)의 넓이와는 본래 상관이 없습니다. 또 일의 형세로 말하건대, 함양의 엄천(嚴川)과 마천(馬川)은 본부(本府)가 고을의 모양새를 갖추게 된 것이 전적으로 이 지역들 덕분이고 남원의 상반암(上磻巖)과 하반암(下磻巖)은 본주(本州)에 관계되는 바가 또한 반드시 작지 않을 것입니다. 따라서 공연히 저쪽에서 빼앗아 이쪽에 주는 것은 사리에 맞지 않습니다. 더구나 엄천과 마천은 바로 영남 땅인데 지금 갑자기 떼어서 호남에 붙인다면 땅을 구획하여 주(州)를 나누는 의미가 과연 어디에 있겠습니까.

도신은 마땅히 그 보장(報狀)을 물려서 이 단락을 빼 버리게 했어야

69 남원(南原)과……계사 : 1789년(정조13) 7월 9일 정사에서 당시 우의정으로 있던 번암이 아뢴 내용이다. 《承政院日記》《日省錄》

70 도신(道臣)이……명하셨습니다 : 1789년 6월 29일 정사에 보이는 전라 감사 윤행원(尹行元)의 장계에 대한 하교에서 이렇게 명하였다. 《日省錄 正祖 13年 6月 29日》

하는데 이렇게 하지 않고 이미 상주(上奏)하였으니, 만일 윤허하신 뒤에 비로소 제기하여 진달한다면 명령을 번복하는 혐의가 있을까 염려됩니다. 그러므로 감히 이렇게 우러러 아룁니다.

상이 이르기를,

"경의 말이 과연 옳다. 어제 연신(筵臣)의 말을 듣고 바로잡아 고치려 하였으나 실행하지 못하였다. 땅을 떼어 주는 일에 대해서는 원래의 전교를 말소하라."

하였다.

재해를 입은 백성의 휼전을 무상으로 지급할지 도로 거둘지에 대해 장계로 보고한 다음 거행하기를 청하는 계사[71]

請災民恤典白給與還捧間狀聞擧行啓

평양(平壤)의 민호(民戶)가 대부분 집채가 떠내려간 일로 선전관(宣傳官)을 파견하여 별향곡(別餉穀)을 풀어 휼전을 거행하도록 하기까지 하셨으니, 성상의 은택이 미치는 바에 누군들 감읍(感泣)하지 않겠습니까. 다만 별향곡을 무상으로 지급하지 않고 혹 도로 거두는 것으로 나누어 하교하셨으니, 신은 저어컨대 이후로 거행하는 데에 헷갈릴까 걱정스럽습니다.

신이 연전에 죽산(竹山)에 있을 때 다음과 같은 말을 들었습니다. 선전관이 성상의 하교로 인해 달려와서 우박의 피해를 입은 백성들을 위유(慰諭)하고 이어 창곡(倉穀)을 분급(分給)한 다음 돌아갔는데, 백성들은 무상으로 지급하는 것으로 여겨 감격하는 마음이 더욱 절실하였습니다. 그러다가 늦겨울이 되었을 때 환곡(還穀)처럼 독촉하여 도로 납부하게 하자, 백성들은 대부분 실망하였고 고을 수령도 민망해하였습니다. 그러나 영문(營門)에서 감히 조정에 청하지 못하여 마침내 변통하지는 못하였습니다.

신은 그 일을 눈으로 직접 보고 마음속으로 성상의 뜻이 반드시 이와 같지 않으리라는 것을 알았지만 어찌할 도리가 없었습니다. "차후로

71 재해를……계사 : 1789년(정조13) 6월 13일 정사에서 당시 우의정으로 있던 번암이 아뢴 내용이다. 《承政院日記》《日省錄》

만일 이러한 일이 있어서 아랫사람들이 헷갈릴 만한 단서가 있으면, 반드시 장계로 보고한 뒤에 거행하라."라는 내용으로 미리 거조(擧條)를 내어 정식(定式)으로 삼는 것이 어떻겠습니까?

상이 이르기를 "아뢴 대로 하라." 하였다.

호서의 군보미를 지나치게 많이 봉납하게 하는 폐단에 대해 엄히 신칙하기를 청하는 계사[72]

請嚴飭湖西軍保米濫捧弊瘼啓

신이 지난달 호서에 갔다 온 후 성상께서 특별히 민폐(民弊)의 유무에 대해 하문하셨는데, 신이 미처 조목조목 대답하지 못하여 늘 가슴속에 잊히지 않는 바가 있습니다. 그래서 감히 다시 아룁니다.

호서에는 두 가지 고질적인 폐단이 있으니 하나는 군보미(軍保米)이고 다른 하나는 증렬미(拯劣米)[73]인데, 군보(軍保)의 매우 안타까운 상황이 거의 증렬미보다 심한 점이 있습니다. 대개 군포(軍布)의 필수(疋數)를 감해 준 뒤로 군보가 봉납하는 바는 미(米) 6말뿐이니, 겉으로 보기에는 매우 고통스러운 상황에 이르지 않을 것 같습니다. 다만 기총(旗摠)과 대총(隊摠)이 한 사람에게 거두는 것이 족히 12, 3말은 되는데, 이와 같이 하지 않으면 군문(軍門)에 상납할 방법이 없기 때문입니다. 이 때문에 백성들은 군보미의 역(役)을 마치 사지(死地)에

72 호서(湖西)의……계사 : 군보미(軍保米)는 정병(正兵)의 보정(保丁)에게 군역(軍役)을 면제해 주는 대가로 받던 쌀을 말한다. 처음에는 군인 한 명에 대하여 두 명의 보인(保人)을 정하고 쌀이나 베, 무명 등을 내게 하여 군인의 생활을 도와주게 하였으나 나중에는 군역에 복무하지 않는 사람들로부터 세금의 하나로 징수하였다. 1789년(정조13) 5월 26일 정사에서 당시 우의정으로 있던 번암이 아뢴 내용이다. 《承政院日記》《日省錄》

73 증렬미(拯劣米) : 증미(拯米)와 열미(劣米)를 말한다. 조운(漕運) 도중 치패(致敗)된 뒤에 건져 낸 쌀이 증미이고, 그 건져 낸 쌀을 쪄서 말리는 과정에서 줄어드는 분량의 실체가 없는 쌀이 열미이다.

나아가는 것처럼 여깁니다. 그 가운데서도 남들에 비해 조금 수량을 갖출 수 있는 자는 반드시 온갖 방법으로 모면하기를 도모하여 다른 신역(身役)으로 옮겨 가고, 오직 가장 궁독(窮獨)하고 불쌍해서 하소연할 곳 없는 처지가 된 후에야 마지못해 이 보미(保米)의 역에 종사하는데, 그들은 걸식을 하기 때문에 사방으로 뿔뿔이 흩어지는 것이 가장 쉬운 일이 될 뿐입니다. 이미 도망한 후에는 그 형세로 볼 때 부득이 군보미의 징수가 이웃과 친족에 미치기 마련이니, 만일 안타까운 점을 논한다면 이보다 더한 것이 어디 있겠으며 고질적인 폐단을 논한다면 또 이보다 더한 것이 어디 있겠습니까.

이미 이와 같은 상황을 알면서도 폐단을 바로잡기 어렵다는 이유로 그대로 버려둔다면 또한 성상께서 다친 사람을 돌보듯이 백성을 보살피는 뜻을 체득하지 못하시는 것입니다. 완전히 바로잡아 고치는 일은 비록 갑자기 논의하기 어렵겠지만, 만일 각 군문에 엄히 신칙하여 그 봉상(捧上)하는 것이 정채(情債)와 함께 혹시라도 폐단의 시작이 되지 않도록 하고, 또한 해당 도(道)의 도신(道臣)으로 하여금 수령을 엄히 단속해서 군보미 거두는 일을 기총과 대총에게 맡기지 말고 직접 감독하여 거두어들이게 하되 응당 봉납해야 하는 6말 이외에 잉여로 거두는 쌀이 1말을 넘지 않게 한다면, 아마도 곤궁한 백성들의 부담을 덜어 주는 방도가 될 수 있을 것입니다.

상이 이르기를,

"내가 이른 아침부터 밤늦게까지 노심초사하는 한 가지 생각은 언제나 선대왕(先大王)께서 군포의 필수를 감해 주어 신역을 고르게 하신 훌륭한 덕을 삼가 계승하는 데에 있다. 오직 이 보미 한 가지 일에 대해 12말에서 6말로 감해 준 것도 바로 선대왕께서 베푼 혜택이 백성들에게 미친 것이니 군포의 필수를 감해 준 것과 다름이 없다. 그러나 필수를 감해 준 목면(木綿)도 오히려 순전(純錢)과는 달라서 길이와 올의 거칠고 고움을 가지고 중간에서 농간 부리는 폐단을 방지하기 어려운데, 더구나 이렇게 미조(米條)로 봉납하는 경우야 더 말할 것이 있겠는가. 이 때문에 반드시 한번 바로잡고자 하지만 방법이 없는 형편이다.

대개 군문이 있으면 자연히 군교(軍校)가 있고 군교가 있으면 자연히 군량이 있기 마련이다. 훈국의 지출은 대부분 호조의 경비에 의존하고 있지만, 금위영과 어영청은 이 보미가 없으면 꾸려 나갈 방법이 없다. 이것이 혁파하고자 해도 혁파하지 못하고 품고 있는 뜻을 시행하지 못하는 까닭인데, 이러한 즈음에 우상이 아뢰는 말을 들으니 더욱 백성들이 안타깝고 측은하다는 생각이 든다. 지금 만일 군량의 제도를 영원히 혁파하기 어렵다고 해서 거두어들일 때 조종하는 폐단까지 아울러 금하지 않는다면, 이른바 보미에 균역(均役)을 시행하기 전 12말을 거두던 때의 폐단이 여전히 남아 있는 것이니, 이 연석(筵席)의 대화를 가지고 거조(擧條)를 내어 본사(本司)에서 특별히 별도로 여러 도에 신칙하라. 이와 같이 신칙한 후에도 만일 폐단을 바로잡은 효과가 없어서 앞으로 암행 어사의 행차에서 적발된다면 방백과 수령이 어찌 그 죄를 피할 수 있겠는가. 이것으로 거듭 밝혀 분부하라."

하였다.

거듭 올린 계사[74]

再啓

신이 방금 호서의 군보미에 대한 일로 우러러 진달했습니다만, 남한산성의 초군(哨軍)에게 역미(役米)를 봉납하게 하는 법에 대해서는 실로 평소에 매우 안타깝게 여기고 있었습니다. 그러므로 감히 이어서 아뢰겠습니다.

총융청과 수어청은 바로 기내(畿內)의 남병영(南兵營)과 북병영(北兵營)에 해당합니다. 그런데 총융청의 경우 대조(大操)[75]가 있는 해에는 군미(軍米)를 감해 주지만, 유독 수어청은 비록 산성의 대조를 거쳤더라도 보미(保米)를 규례대로 거두어들입니다. 대저 보미는 신역(身役)입니다. 그 자신이 이미 간신히 며칠 일정의 습조(習操)에 나왔으니, 역미를 내도록 요구하는 것은 안타까운 일일 뿐만이 아닙니다. 모르겠습니다만 이것이 무슨 명분이며 의리란 말입니까. 더구나 다 같이 기내의 영문(營門)인데 한강 북쪽과 남쪽의 제도가 이처럼 차이가 나는 지경이니, 이는 실로 한번 변통해야 합니다. 더구나 납미(納米)를 봉상(捧上)하는 즈음에 쓸데없는 비용을 더 바치게 하는 폐단이

74 거듭 올린 계사 : 1789년(정조13) 5월 26일 정사에서 당시 우의정으로 있던 번암이 아뢴 내용이다. 《承政院日記》《日省錄》

75 대조(大操) : 대대적인 군사 훈련을 말한다. 《전율통보(典律通補)》〈병전(兵典)〉 교열조(敎閱條)에 "수어청의 경우, 남한산성 3영에서 각각 한 차례 성조(城操)하고, 좌부와 우부를 합하여 한 차례 윤회하게 하고, 또 합하여 대대적인 습조를 한다.〔守廳則使城操於南漢三營各一次, 左右部合一次輪回, 又合爲大操.〕"라고 하였다.

시작된 것이 실로 조금 전에 진달한 호서 군보미의 경우와 조금도 다름이 없는 데야 더 말할 것이 있겠으며, 백성들이 초군을 반드시 죽는 곳으로 여기는 것이 어찌 괴이하다고 할 수 있겠습니까. 그 폐단을 바로잡는 데에 우선은 어떤 좋은 방책이 있는지 알지 못하겠습니다만, 바로잡지 않아서는 안 된다는 것은 명백합니다.

상이 이르기를,

"연석(筵席)에서 물러난 후 수어청에 상세히 묻고[76] 초기로 내게 물어 처리하게 하라."

하였다.

76 수어청에 상세히 묻고 : 대본에는 '該廳'으로 되어 있다. 《승정원일기》와 《일성록》 정조 13년 5월 26일 기사에 근거하여 앞에 '詳問'을 보충하여 번역하였다.

연해읍의 증렬미를 돈으로 대신 봉납하게 하는 데 대한 계사[77]

沿海邑拯劣米以錢代捧啓

연해(沿海) 여러 고을의 폐단은 증렬미(拯劣米)의 안타까움보다 더 절실한 것이 없습니다. 증미(拯米)가 비록 백성들에게 흩어 주었다가 도로 봉납(捧納)하게 하는 것이라고 하지만, 이른바 흩어 주는 미(米)가 반드시 먹을 수 없는 물건인데도 마침내 봉납하기를 독촉할 때는 마치 응당 봉납해야 하는 환곡처럼 하니, 백징(白徵)과 비교해 보아도 오십보백보입니다. 애달프게도 저 곤궁한 백성들이 해마다 포흠(逋欠) 내는 것은 실로 벗어나기 어려운 실정입니다. 그러나 호조에서 엄하게 독촉하기 때문에 수령들은 겁을 먹고 간혹 간신히 갖추어 봉납한 전세(田稅)와 대동세(大同稅)를 이쪽으로 옮겨 시행하고 전세와 대동세는 거듭 독촉하고 이중으로 거두어서 죄과를 모면하려고 하니, 하소연할 곳이 없는 사람은 오직 곤궁한 백성들뿐입니다.

민심은 모두 돈으로 대신 봉납하기를 원하지만, 신은 그 일을 변통하는 것이 어렵다고 생각합니다. 호서에서 돌아와 호조의 신하에게 의논해 보니, 고(故) 상신(相臣) 정홍순(鄭弘淳)이 이미 증렬미를 돈으로 바꾸어 봉납하게 하는 내용으로 진달하여 윤허를 받았다고 하였습니다. 그렇다면 오늘날 마땅히 시행해야 할 일은 곧 전일 거조(擧條)에 대해 계하(啓下)하신 것을 봉행하는 일에 지나지 않을 것입니다. 그러

77 연해읍의……계사 : 1789년(정조13) 5월 26일 정사에서 당시 우의정으로 있던 번암이 아뢴 내용이다. 《承政院日記》《日省錄》

나 신도 이런 거조가 있었다는 것을 알지 못하는데, 하물며 도신과 수령이 어떻게 알겠으며 더구나 소민(小民)들이 어떻게 귀로 들을 수 있었겠습니까. 이는 필시 호조에서 미(米)를 거두어들이는 데 급급하여 외읍(外邑)에 반포하지 않아서 생긴 결과일 것이니, 참으로 매우 개탄스럽습니다.

돈으로 봉납하게 하면 처리하여 마무리하는 데 용이하고 쌀로 봉납하게 하면 번번이 포흠이 쌓이게 될 것이니, 설령 값을 헐하게 정하더라도 오히려 해가 오래되어 포흠이 쌓인 것을 매번 탕감해 주는 것보다야 낫지 않겠습니까. 이렇게 거조를 내어 여러 도에 공문을 보내 알려서 무릇 증렬미에 관계된 것은 곧바로 돈으로 대신 봉납하게 하되, 방방곡곡에 효유(曉諭)하여 한 명의 백성도 알지 못하는 폐단이 생기지 않게 하는 것이 좋을 듯합니다.

당년조(當年條)는 3냥으로 정하고 당년조 이상은 2냥 5전으로 정하며 가장 오래된 연조(年條)는 특별히 2냥으로 허락해 주는 것이, 아마도 무고한 사람을 죽이기보다는 차라리 법대로 집행하지 않았다는 실수를 감내하겠다는 의리[78]에 해가 되지 않을 듯합니다.

78 무고한……의리 : 법관인 고요(皐陶)가 순(舜) 임금의 살리기 좋아하는 덕〔好生之德〕을 찬양한 말로, 《서경》 〈대우모(大禹謨)〉에 "죄가 의심스러울 경우에는 가벼운 쪽으로 처벌하고, 공이 의심스러울 경우에는 무거운 쪽으로 상을 주었으며, 무고한 사람을 죽이기보다는 차라리 법대로 집행하지 않았다는 실수를 감내하려 하셨다.〔罪疑惟輕, 功疑惟重, 與其殺不辜, 寧失不經.〕"라고 한 데서 온 말이다.

강화의 길상 목장에 농경을 허락하는 일에 대한 계사[79]

江華吉祥牧場許耕啓

그동안 수신(守臣)과 태복(太僕)이 길상 목장의 일로 편리한지에 대해 쟁론한 것이 한두 번이 아니었습니다. 그런데 조금 전에 합문(閤門) 밖에서 들으니 사복시 일제조(司僕寺一提調)가 본도(本島)를 백성들이 경작하도록 허락할 수 없다는 내용으로 유사 당상(有司堂上)에게 구두로 전달했다고 하였습니다. 대신의 논의가 이미 이와 같으니 다시 논의하기는 어렵겠습니다. 다만 수신의 장계 내용으로 보건대, 말의 숫자가 이미 줄어서 삼도(三島)에 옮겨 보내더라도 넉넉히 여유가 있고 논을 만들고 밭을 개간하면 수백 섬지기를 얻을 수 있다고 하였습니다. 또 더구나 관방(關防)의 요해처(要害處)가 본 목장보다 나은 곳이 없다고 하니 더 말할 것이 있겠습니까. 평상시에는 식량을 넉넉하게 얻을 수 있고 비상시에는 힘을 얻을 수 있을 것이니, 공적으로 보나 사적으로 보나 굳이 어렵다고 미루고만 있을 일은 아닌 듯합니다.

상이 이르기를,

"'남쪽에서 오는 범선들이 짐을 내려놓는 첫 번째 노정이니 본부(本府)의 큰 관방이자 가장 요해처이고, 500필 남짓 되던 말이 100여 필만 남아 있으니 사복시의 득실로 보아도 손익이 없을 듯하다. 더구

79 강화(江華)의……계사 : 1789년(정조13) 5월 26일 정사에서 당시 우의정으로 있던 번암이 아뢴 내용이다. 《承政院日記》《日省錄》

나 토지를 넓혀 개간하는 일에 대해 섬 백성들의 실정과 바람이 또한 이와 같으니, 지리(地利)와 인화(人和)란 바로 이를 두고 하는 말일 것이다. 장계(狀啓)[80]에서 청한 대로 시행하라. 그리고 특별히 구애되는 문제가 아니면 더 이상 쟁난(爭難)하지 말라.'라는 내용으로 사복시에 이야기하라."

하였다.

80 장계(狀啓) : 이 사안에 대해 이야기하면서 번암이 인용한 강화 유수(江華留守) 윤승렬(尹承烈)의 장계를 가리킨다. 《承政院日記》《日省錄》

가체를 금지하고 부녀자의 관에 대해 논하는 계사[81]

禁髢論婦女冠啓

이번에 가체를 금지한 것이 비록 부녀자의 머리 장식에 관계되기는 하지만 곧 한 시대 왕(王)의 제도이니, 사대부와 여항(閭巷)을 막론하고 바야흐로 족두리를 새로운 제도로 여기고 있습니다. 그러나 어떤 사람은 말하기를 "연석(筵席)에서 이미 화관(花冠)에 대해 금하지 말라는 하교가 있었으니, 화관 또한 마땅히 착용해야 할 것입니다. 이 때문에 족두리를 버리고 화관을 만들어 쓰자는 논의가 성행하고 있습니다."라고 하였습니다. 화관이 비록 확실히 중화(中華)의 제도인지는 알지 못하겠습니다만, 이미 가체와 다르니 반드시 금지하는 물건은 아닙니다. 그러나 만일 족두리와 함께 한 시대에 두 가지가 통행된다면 또한 제도로 정한 본래의 뜻이 아닙니다. 그러므로 감히 아룁니다.

상이 이르기를,

"화관이 금조(禁條)에 실려 있지 않으니 비록 일일이 금단(禁斷)할 필요는 없지만, 원래의 사목(事目)에 이미 족두리를 제도로 정하였으니 이것이 실로 현재 통행되는 정식이다. 새로운 명이 내려졌는데 어찌 이것을 버리고 저것으로 옮겨 갈 수 있겠는가. 더구나 족두리 역시 하나의 중국 제도임에야 더 말할 것이 있겠는가. 경이 아뢴

81 가체(加髢)를……계사 : 1788년(정조12) 10월 15일 정사에서 당시 우의정으로 있던 번암이 아뢴 내용이다. 《承政院日記》《日省錄》

내용으로 다시 더욱 엄하게 신칙하여 기어이 명령을 따르게 하라. 화관의 경우 채색을 입히기도 하고 도금을 하기도 한다 하니, 반드시 사치를 숭상하는 하나의 단서가 된다. 유사 당상이 이미 연석의 하교를 받들었으니, 공조(工曹)와 만드는 장수(匠手) 등에게 분부하여 또한 각별히 엄하게 신칙하라."

하였다.

각 아문에서 관서의 소미를 청하여 옮겨 쓰는 일에 대해 금하기를 청하는 계사[82]

請禁各衙門請得關西小米啓

신은 성상께서 청정(聽政)하시던 초기의 연석에서 관서(關西)의 소미(小米)에 대한 일로 삼가 진달한 적이 있습니다. 관서의 소미는 유정(惟正)[83]인 세곡(稅穀)을 덜어서 본도에 남겨 둔 것이므로, 호조 외에는 으레 시행하도록 허락할 수 없습니다. 그러나 근년 이래로 각 아문에서 청하여 가져다 쓰는 일이 많아서 마음으로 항상 개탄스럽게 생각하였습니다. 세 도(道)에 곡물을 사다가 비축하는 것이 비록 백성을 위하는 뜻에서 나오기는 했지만, 관서의 소미에 대해서는 시행하도록 허락하기가 어려울 듯합니다.

82 각……계사 : 1789년(정조13) 윤5월 22일 정사에서 당시 우의정으로 있던 번암이 아뢴 내용이다. 《承政院日記》《日省錄》

83 유정(惟正) : 유정지공(惟正之供)으로, 백성들이 국가에 바쳐야 할 정수(正數)의 조세(租稅)를 가리킨다.

수령의 선정을 비석에 새기는 일을 금하기를 청하는 계사[84]

請禁守宰善政鐫碑啓

대저 선정을 비석에 새기는 것은 곧 고을 수령이 떠난 뒤에 하는 일입니다. 따라서 그 사람이 수령으로 있는데 그 고을 백성이 벼랑을 갈아 공덕을 칭송하는 글을 새긴 것은 가증스러운 아첨일 뿐만 아니라 후일의 폐단과도 관계가 됩니다. 도신(道臣)이 만일 눈으로 보고 귀로 들었다면 지체 없이 통렬하게 금지했어야 하는데 지금은 드문 일로 간주하여 번거롭게도 성상께 아뢰기까지 하였으니, 읍재(邑宰)는 필시 알지 못했겠지만 도백(道伯)은 경책(警責)하지 않을 수 없습니다. 원춘 감사(原春監司) 이도묵(李度默)을 엄하게 추고(推考)하소서.

비록 외방(外方)의 이른바 선정비(善政碑)를 가지고 말하더라도, 선조(先朝)의 금령(禁令)이 지극히 엄절(嚴截)하였기 때문에 30여 년 동안 백성들이 감히 금령을 범하지 못하였습니다. 그런데 근년 이래로 예전처럼 비석을 다듬어 도로변에 줄지어 세우기를 영부(營府)와 군현(郡縣)을 막론하고, 거의 선생안(先生案)에서 수령을 나열하여 적는 것처럼 하고 있으니, 이는 윗사람에게 아첨하는 풍속 아님이 없습니다. 그리고 또한 허위(虛僞)가 그 사이에 끼여 있지 않으리라고 어떻게

84 수령의……계사 : 당시 원춘도(原春道)의 포폄 계본(褒貶啓本) 가운데 회양 부사(淮陽府使)에 관한 제목(題目)에 "잔약한 승도(僧徒)가 벼랑에다 공덕을 새겼습니다.〔殘衲鐫崖〕"라는 내용이 있었는데, 1789년(정조13) 6월 19일 정사에서 당시 우의정으로 있던 번암이 이와 관련하여 아뢴 내용이다. 《正祖實錄》《承政院日記》《日省錄》

장담하겠습니까. 신의 생각은 이렇습니다. 연한을 정하여 전부 철거하고 선조의 금령으로 거듭 엄하게 신칙하는 일을 결단코 그만두어서는 안 됩니다.

상이 이르기를,

"아뢴 대로 하라. 근래 모든 일에 허위가 풍조를 이루고 있으니, 위에서 시행하는 바는 칭찬을 구하는 일이고 아래에서 일삼는 바는 아첨을 바치는 일이다. 선정비를 세우는 일이 바로 금지해야 할 한 가지 일인데, 더구나 선조의 금령이 지극히 엄절하였으니 더 말할 것이 있겠는가. 따라서 조정의 금령을 업신여기고서 감히 그대로 내버려 두고 금지하지 않은 것은 방백부터 신칙하지 않은 죄가 있다. 그러나 연조(年條)에 분명히 알기 어려운 점이 있으니 우선은 처분하지 않겠다.

묘당(廟堂)에서 거듭 밝혀 여러 도(道)에 공문을 보내 알려서 읍(邑)과 진(鎭)을 엄히 신칙하되, 관문(關文)이 도착한 날로부터 선정비라는 이름이 붙은 것은 전부 즉시 철거하게 하라. 그리고 이후로 다시 금령을 범하는 자는 한결같이 법전에 따라 감죄(勘罪)해서 결단코 용서하지 말라."

하였다.

증직할 때 자품을 뛰어넘도록 허락하지 말기를 청하는 계사[85]

請贈職勿許超資啓

증직하는 법전(法典)은 고위직과 하위직을 막론하고, 만일 특교(特敎)로 품계(品階)를 뛰어넘는 경우가 아니면 한 품계만을 증직하는 것이 바로 법전입니다. 그러나 근래에는 이 법이 사라져서 당하관(堂下官) 이하에 대해서는 고위직과 하위직을 마음대로 조정하여 품계에 구애받지 않고 있으니, 조정에서 옛 전장(典章)을 지키고 관직 제수를 신중히 하는 본래의 뜻과는 어긋나는 점이 있습니다. 차후로는 증직할 때 한 품계만을 더해 주는 법을 거듭 밝혀 옛 전장을 회복하도록 하소서. 또 한 차례 포증(褒贈)된 유생(儒生) 같은 경우는 단지 참하관(參下官)에 증직하고, 가장 드러난 자는 6품직으로 증직하며, 그 가운데 더욱 탁월한 자는 상의 뜻을 여쭌 후에 비로소 대신(臺臣)이나 시종신(侍從臣)에 증직하도록 허락하는 것이 어떻겠습니까?

상이 이르기를 "아뢴 대로 하라." 하였다.

85 증직(贈職)할……계사 : 이 부분은 1789년(정조13) 9월 1일 정사에서 당시 이조판서로 있던 김종수(金鍾秀)가 아뢴 내용인데, 이 글이 번암의 문집에 실려 있는 것은 별도의 조사가 필요하다. 《正祖實錄》《承政院日記》《日省錄》

고 교리 박재원의 증직을 청하는 계사[86]

請故校理朴在源贈職啓

신은 지난날 약원(藥院)에 있으면서 탕제(湯劑)를 의논하여 정할 때에 추모하는 생각이 있었으므로 감히 이에 우러러 아뢥니다. 고(故) 교리 박재원(朴在源)이 예전에 한 통의 소장(疏狀)을 올렸는데,[87] 그 말은 시행되었으나 그 몸은 곤궁하게 죽었으니 식견 있는 사람들의 의론이 모두 측은하게 여기고 있습니다. 연전에 대각에 내린 비답[88]에서 나중에 추증(追贈)하겠다고 허락하셨는데, 아직까지 성명(成命)이 내리지 않고 있습니다. 신의 생각은 이렇습니다. 해당 조(曹)에 분부하여 속히 증직하는 은전(恩典)을 거행하도록 하는 것이 좋을 듯합니다.

상이 이르기를 "아뢴 대로 하라." 하였다.

86 고(故)……계사 : 1789년(정조13) 1월 11일 정사에서 당시 우의정으로 있던 번암이 아뢴 내용이다. 《正祖實錄》《承政院日記》《日省錄》

87 고(故)……올렸는데 : 박재원이 1778년 6월 5일에 상소하여, 홍국영(洪國榮)이 누이를 빈(嬪)으로 들이려는 것을 반대하고, 중궁전(中宮殿)의 건강이 진실로 회임(懷姙)할 수 없는 상태인지를 양의(良醫)를 맞이하여 진찰하고 필요하다면 치료해 보기를 청하였다. 《正祖實錄》《日省錄》

88 대각에 내린 비답 : 대본에는 '臺疏'로 되어 있다. 《정조실록》 13년 1월 11일 기사 및 《승정원일기》와 《일성록》 정조 13년 1월 11일 기사에 근거하여 '疏'를 '批'로 바로잡아 번역하였다. 여기서의 비답은 1787년 10월 23일에 올린 헌납 이은모(李殷模)의 상소에 대한 비답을 가리키는 듯하다.

전랑의 옛 법을 혁파하기를 청하는 계사[89]

請罷銓郎舊法啓

신은 입조(立朝)한 이래로 조경(躁競)이 풍조를 이루고 염치가 날로 없어지는 것을 볼 때마다 전랑과 한림(翰林)의 제도가 옛 전장(典章)에서 회복한 뒤에야 혹 이러한 폐단을 바로잡을 수 있을 것이라고 생각하였습니다. 그런데 전랑의 옛 법을 다시 설치한 후에는 불선한 자를 내치고 선한 이를 등용하는 등의 세도(世道)에 도움이 될 만한 일이 있었다는 말은 들은 적이 없고 단지 다툼의 단서가 날로 심해지고 사의(私意)가 날로 자라나는 것을 보았을 뿐이니, 그제야 조종조(祖宗朝)에서 누차 설치했다가 혁파한 것이 대개 그 폐단의 근원을 분명하게 본 데서 나왔다는 것을 비로소 알았습니다.

또 관원의 임명으로 말하건대, 전랑은 지극히 중요한 직임에 통망(通望)되는 자리입니다. 한번 이 직임을 거치면 비록 총재(冢宰)와 상부(相府)라 해도 조금도 구애되지 않으니, 한 시대에서 설령 합당한 자가 있더라도 응당 몇 사람에 불과할 뿐입니다. 그런데 무시로 체차하고 빈번하게 새로 통망하여 겨우 옥서(玉署)를 거치기만 하면 문득 규례에 따라 번갈아 통망하는 자리가 되고 말았으니, 최초에 설치한 뜻이 어찌 진실로 그러하겠습니까.

성상께서는 이미 이러한 폐단을 살피시어 결원이 있더라도 채우지

89 전랑(銓郎)의……계사 : 1789년(정조13) 12월 8일 정사에서 당시 판중추부사로 있던 번암이 아뢴 내용이다. 《正祖實錄》《承政院日記》《日省錄》

말게 하셨습니다. 그러나 오히려 우물쭈물 머뭇거리는 가운데 연시(延諡)한 자가 있으면 차출하고 일이 끝나면 곧바로 처리하였으니, 나라의 체모로 논해 볼 때 또한 매우 구차스럽습니다. 신의 생각은 이렇습니다. 이러한 사안은 단지 그 이해(利害)의 유무를 논하여 결정해야 할 뿐, 혁파할 만한지 혁파해서는 안 될지 양단간에서 우물쭈물 시일만 끌기를 일삼아서는 안 될 것입니다.

상이 이르기를,

"처음 전랑을 다시 설치할 때부터 단연코 그 무익함을 알았는데, 이미 설치한 뒤에는 혁파하고 싶어도 그렇게 할 수 없어서 시일만 끌며 지금에 이르렀다. 마침 말이 나와서 경의 말을 들으니, 실로 나의 뜻에 부합한다. 명령을 자주 번복하는 것에 어찌 구애되겠는가. 이조 낭청을 다시 설치한 규정을 즉시 혁파하라."

하였다.

서북의 유민들을 돌려보내어 편안히 모여 살게 하기를 청하는 계사[90] 경술년(1790, 정조14)

請西北流民還送安輯啓 庚戌

근래 듣건대 서북의 유민 행렬이 도로 사이에 끊임없이 이어진다고 하니, 전하는 소문이 비록 실정에 지나치다 해도 전혀 없는 일이 아니라는 것은 미루어 알 수 있습니다. 목민관이 만일 성의를 다해 무휼(撫恤)하여, 진휼해야 할 사람은 진휼 대상에 붙이고 환곡을 받아야 할 사람은 환곡을 받을 대상에 붙여서 편안히 모여 살게 하였다면, 저 본토를 편안히 여겨 쉽게 이주하지 않는 백성들이 비록 상을 준다 해도 어찌 제 고향을 버리고 사방으로 흩어졌겠습니까. 생각이 여기에 미치니 참으로 매우 가련하고 측은합니다. 조정에서 이미 들은 이상 이후로 특별히 위유(慰諭)하고 안집(安集)하게 하는 조치가 없어서는 안 됩니다. 다만 사방으로 떠돌아다니는 백성들이 삼삼오오 무리를 지어 어느 도 어느 읍에서 걸식하는지 알 수 없으니, 안으로 오부(五部)와 밖으로 기전(畿甸), 삼남(三南) 혹은 관동(關東) 등 여러 도를 각별히 더 탐문하여 과연 양서(兩西) 및 북로(北路)에서 이리저리 떠돌아다니다가 이른 자가 있으면, 온 가족이 안돈(安頓)하여 살면서 다시 돌아가기를 원치 않는 경우는 제외하고[91] 해당 읍에서 인원을 계산하여 식량을 지

90 서북(西北)의……계사 : 1790년 1월 29일 정사에서 당시 좌의정으로 있던 번암이 아뢴 내용이다. 《正祖實錄》《承政院日記》《日省錄》

91 온……제외하고 : 대본에는 '除全家安頓不願復歸者各'으로 되어 있다. 《승정원일

급하고 장교(將校)를 정하여 앞으로 갈 읍에 넘겨주어서 차례차례 송치하여 본토에 이르러 그치게 하소서. 그리고 그들이 돌아갔을 때 도신이 그 수를 잘 파악하여 본읍(本邑)으로 하여금 더욱 마음을 써서 무휼하여 각각 진휼 대상과 환곡을 받을 대상에 붙이게 해서 여기에 의지하여 안착할 수 있게 한다면, 우리 성상께서 어린 아이를 보호하듯이, 다친 사람을 돌보듯이 백성을 보살피는 덕의(德意)가 거의 저 호소할 데 없는 백성들에게까지 두루 미칠 수 있을 것입니다.

또 듣건대 근래 도신과 수령은 백성이 이리저리 떠돌아다닌다는 소문이 경사(京師)에 알려지지 않게 하기 위하여 혹 장교로 하여금 요로(要路)를 막게 해서 옮겨 가지 못하게 한다고 하였습니다. 이와 같이 하면 앉아서 죽음을 기다리는 길 외에는 다시 다른 도리가 없으니, 백성을 보살피고 사랑하는 정사로 볼 때 어찌 이와 같이 할 수가 있겠습니까. 이것은 엄하게 금지해야 합니다. 그리고 각 읍에서 차례차례 지급하는 양식은 모두 공곡(公穀)으로 회감(會減)[92]하도록 하고, 고향으로 돌아가 안착한 뒤에 그 결과의 수효를 해당 도의 도신(道臣)으로 하여금 조목조목 나열하여 장계로 보고하게 하는 것이 마땅할 것입니다.

상이 이르기를,

"지금 경의 말을 들으니, 서북 백성들의 실정을 대개 미루어 알 만하

기》와 《일성록》 정조 14년 1월 19일 기사에 근거하여 '各'을 '外'로 바로잡아 번역하였다.

92 회감(會減) : 회록(會錄)된 재화를 회안(會案)에서 공용으로 사용한 것으로 회계 처리하여 삭감한다는 의미이다.

다. 이미 들은 이상 이후로 어찌 잠시라도 마음을 놓을 수 있겠는가. 접제(接濟)할 대책에 대해서는 도백에게 각별히 신칙하여 기어코 실효가 있도록 해야 할 것이니, 이것은 별도로 전교(傳敎)를 내리고자 한다.

유민들을 돌려보내 안착하게 하는 일에 대해서는 경이 아뢴 대로 즉시 서울과 지방에 엄히 신칙하되, 양식을 지급하여 넘겨줄 때에 혹 털끝만큼이라도 소홀히 하는 일이 없도록 하라. 경이 이미 연석의 하교를 들었으니, 오부의 자내(字內)는 비국(備局)의 낭청을 나누어 파견하여 효유(曉諭)한 후에 원하는 바에 따라 돌려보내게 하고, 거행한 후의 상황을 초기(草記)하도록 하라.

서북에서 유민을 돌려보내 안착하게 하는 일과 여러 도에서 유민을 넘겨주는 일의 근만(勤慢)에 대해서는 암행 어사 외에 다시 별도로 선전관이나 비국의 낭청을 파견하여 살펴보게 해야 할 것이니, 이러한 뜻도 함께 신칙하라."

하였다.

홍병찬이 상소에서 거론한 사실 때문에 변론을 진달하는 계사[93]

因洪秉纘疏據事實陳辨啓

지난날 홍병찬이, 신이 연석에서 규정(糾正)한 것 때문에 물러나 대응하는 소장(疏狀)을 올렸는데[94] 그 말이 전혀 실상과 상반되었습니다. 신은 이것을 보고 해탄(駭歎)하여 즉시 상소로 진달하여 명백히 분변하고자 하였으나 징토(懲討)가 한창 진행되고 있었기 때문에 이 일을 언급할 겨를이 없었습니다. 그 후에는 시일이 이미 오래 지남에 따라 마침내 지금까지 입을 다물고 가만히 있었지만 당황스럽고 부끄러운 심정은 실로 마음속에 절실하였습니다.

대개 당시에 홍병찬이 신에게 "외부의 의론에 따르면 이조 판서의 천망(薦望)에 누락된 사람이 있다고 합니다."라고 하기에, 신이 누구냐고 물으니 대답하기를 "조시준(趙時俊)과 윤시동(尹蓍東)입니다."라고 하였습니다. 조시준을 언급한 것은 허상이나 마찬가지임을 신이 알지

93 홍병찬(洪秉纘)이……계사 : 1790년(정조14) 1월 29일의 정사에서 당시 좌의정으로 있던 번암이 아뢴 내용이다. 《正祖實錄》《承政院日記》《日省錄》

94 홍병찬이……올렸는데 : 홍병찬이 이조 참판으로 있을 때 당시 우의정이던 번암에게 이조 판서의 천망(薦望)을 받기 위해 갔다가 조시준(趙時俊)과 윤시동(尹蓍東)이 천망에서 누락된 것을 가지고 의논한 적이 있었는데, 1789년 7월 9일 번암이 입시하여 이 일을 보고함으로써 조시위(趙時偉)의 일에 연좌된 조시준을 천망에 들였다는 이유로 파직되었다. 그 후 10월 11일에 홍병찬은 부사직(副司直)으로 있으면서 자신의 처지를 대변하는 상소를 올렸는데, 여기서 대응하는 소장이란 이 상소를 가리킨다. 《正祖實錄》《日省錄》

만 뜻밖에 나온 말이어서 너무도 놀랍고 의아하였습니다. 그래서 대답 없이 잠자코 있었더니 마침내 일어나 절하고 가 버렸습니다. 이 밖에는 한마디도 이야기를 나눈 것이 없었는데, 지금 상소에서는 마치 당시에 여러 가지로 이야기를 많이 나누었는데 마치 신이 고의로 한 행(行)이나 몇 구절을 빼 버린 것처럼 강력히 주장하고 있으니, 어쩌면 그리도 생각이 없단 말입니까.

신이 규정한 것은 본래 홍병찬을 조시준의 패거리라고 말한 것이 아니니, 대응하는 상소에서 그가 미처 다 말하지 못했던 생각을 스스로 드러내더라도 어찌 안 될 것이 있겠습니까. 그렇지만 자기 친구가 견책당하는 것을 막기 위해 하지도 않은 말을 장황하게 해서 자신을 속이고 남을 속이는 데에까지 이르렀으니, 어찌 매우 애석하지 않겠습니까. 비록 그렇지만 신이 여러 관료의 우두머리로 있으면서 이처럼 구설로 인해 번거롭게 해 드렸으니, 모두가 신이 경시를 받아 그런 것입니다. 오히려 어찌 감히 남을 탓할 수 있겠습니까. 이미 상소로 인의(引義)하지 못하였기에 부득이 삼가 이렇게 아룁니다.

상이 이르기를,

"경의 인의는 지나치다. 지금 일의 실상을 듣고 체통으로 헤아려 보니, 신칙하지 않아서는 안 되겠다. 행 부사직(行副司直) 홍병찬을 파직하라."

하였다.

진휼을 마치기 전까지 함경 감사의 잉임을 청하는 계사[95]

請北伯畢賑前仍職啓

지금 함경 감사를 장차 의논하여 천거해야 하는데, 신에게 소회(所懷)가 있으니 어찌 감히 끝내 침묵할 수 있겠습니까. 네 도(道)의 유민(流民) 행렬이 도로에 끊임없이 이어지고 있는 것은 실로 근래에 없던 일이니, 도백이 어찌 엄중한 처벌을 면할 수 있겠습니까. 다만 생각건대 봄 농사가 실로 많고 진휼 정사가 한창 시행되고 있으니 도백이 반드시 그 완급(緩急)을 헤아리고 활협(闊狹)을 정하여 앞으로의 일을 의의(擬議)해야 할 것입니다. 그런데 지금 갑자기 체차(遞差)하여 익숙하지 못한 사람에게 맡긴다면 우리 성상께서 다친 사람을 돌보듯이, 어린아이를 보호하듯이 백성을 보살피는 덕의(德意)가 막혀서 시행되지 못하는 탄식이 있을까 걱정스럽습니다.

신은 기축년(1769, 영조45) 연간에 함경 감사를 맡고 있었는데 마침 흉년을 만나 진휼의 일을 시행하다가 마치기도 전에 죄로 파직되어 돌아왔으니, 한 도의 기민(飢民)이 낭패를 당하여 받아먹을 곳도 잃게 된 실상을 직접 목격하였습니다. 이번에 북도의 일이 마침 또 이와 같으니, 신의 어리석은 소견은 이렇습니다. 새로운 사람은 예전 사람만 못하고 공이 있는 사람을 부리는 것은 허물이 있는 사람을 부리는 것만 못하기 마련입니다. 만일 우선 감죄(勘罪)를 천천히 하고 엄하게 칙교

95 진휼을……계사 : 1790년(정조14) 2월 4일 정사에서 당시 좌의정으로 있던 번암이 아뢴 내용이다. 《承政院日記》《日省錄》

(飭敎)를 내리신다면 뒷날 대양(對揚)하는 방도에 대해 어찌 할 수 있는 심력을 다하여 속죄할 방도를 도모하지 않겠습니까. 전지(傳旨)가 비록 반포되었지만, 민사(民事)가 중하기 때문에 부득이 우러러 진달합니다.

상이 이르기를,

"경의 말은 백성을 위하는 생각에서 나왔고, 또한 경이 경험한 일을 가지고 말하였다. 정원(政院)으로 하여금 전지를 우선 봉입(捧入)하지 말게 해서 과오를 씻고 속죄할 수 있는 방안을 도모하게 하라. 비록 민사를 위해 어쩔 수 없이 우선 참기는 하겠지만, 도내의 유민들이 흩어져 가는 대로 놓아두기를 거의[96] 듣지도 알지도 못하는 것처럼 하였으니 그 죄는 끝내 피하기 어렵다. 진휼이 끝나기를 기다려 의금부로 하여금 잡아다 신문하여 엄히 감처하게 해서 백성을 위하는 일과 뒷날을 징계하는 일이 둘 다 시행되어 어그러지지 않게 할 것이다. 지금부터 신문하여 답변을 받아 내기 전까지는 하루하루가 죄를 이고 견책을 지고 살아가는 날이 될 것이니, 진실로 조금이라도 두려워할 줄 알고 스스로 반성하는 마음이 있다면 비록 소홀히 하고자 한들 그렇게 할 수 있겠는가. 이와 같이 하고도 곤궁한 백성이 소생하지 못하거나 못난 수령이 태거(汰去)되지 않는다면 죄 위에 죄를 더하는 꼴이 될 것이니, 어떤 형전(刑典)으로 다스려야 합당하겠는가. 다만 이 뜻을 삼현령(三懸鈴)으로 엄히 신칙하여 분부하라."

하였다.

96 거의 : 대본에는 '終'으로 되어 있다. 《승정원일기》 정조 14년 2월 4일 기사에 근거하여 '殆'로 바로잡아 번역하였다.

경기 지역의 적도를 처리하는 일이 마땅한지에 대한 계사[97]
畿甸賊徒處置事宜啓

경기 지역의 명화적(明火賊) 무리를 포청(捕廳) 및 양주(楊州)와 광주(廣州)에서 체포하여 수감한 자들이 10여 명이 됩니다. 듣건대 저들은 모두 기영(畿營)에서 꿩을 잡던 놈들로서 원근을 두루 돌아다니며 토식(討食)으로 생활하였는데, 연전에 상께서 민폐를 깊이 진념하시어 꿩 잡는 법을 혁파하자 그 무리가 귀속될 곳이 없어서 마침내 작당하여 적도가 되기에 이르렀다고 하였습니다. 이는 진실로 따질 것도 없겠지만, 그 가운데 방자하게도 양주의 교졸들과 치고받으며 싸워서 마음대로 때려 상처를 입히고 홍삭(紅索)을 탈취해 간 자들에 대해서는 단지 명화적의 죄목으로만 법에 비추어 처결해서는 안 될 것입니다.

신의 생각은 이렇습니다. 경기 감사로 하여금 관내를 순행하다가 양주에 도착하는 날 광장에 백성을 많이 모아 놓고 괴수(魁首) 몇 명을 곧바로 효시(梟示)하게 하고, 설령 협종(脅從)한 자가 있더라도 각각 해당 진영(鎭營)으로 하여금 모조리 죽이게 함으로써 난민(亂民)은 징계되어 두려워할 줄 알게 하고 여염은 진정될 수 있게 하는 조처를 결단코 그만두어서는 안 될 것입니다. "여인의 경우는 적도의 포악한 악행을 방조하여 용서받을 수 없는 자들을 제외하고는 모두 절도(絶島)에 보내어 여종으로 삼게 하고, 충청도와 원춘도(原春道)에서 체포

97 경기……계사 : 1790년(정조14) 2월 19일 정사에서 당시 좌의정으로 있던 번암이 아뢴 내용이다. 《承政院日記》《日省錄》

된 적도 역시 이번의 사례에 의거하여 법을 적용하라."라는 내용으로 해당 도의 도신에게 분부하는 것이 어떻겠습니까?

상이 이르기를 "아뢴 대로 하라." 하였다.

함양의 환곡을 조처하는 일이 마땅한지에 대한 계사[98]

咸陽還穀措處事宜啓

근래 외읍의 환곡이 포흠(逋欠) 났다고 하거나 거칠고 열악하다고 하는 말이 많이 있기는 했지만, 어찌 함양의 일처럼 더없이 놀라운 경우가 있었겠습니까. 10만 섬 가까이 되는 원래의 수량 가운데 봉납할 것과 봉납해서는 안 될 것이라 말하고, 아전이 포흠 내고 백성이 포흠 낸 것이라 말하고, 마땅히 분급(分給)해야 할 것과 마땅히 유고(留庫)해야 할 것이라고 말하여 그 조목조목 나열한 바가 마치 등급을 나눈 것 같지만, 장계의 내용을 자세히 살펴보면 모두 유명무실하다는 것을 명백하게 알 수 있습니다. 이것은 단지 고을의 폐해로만 말해서는 안 되니 참으로 하나의 변괴입니다.

도신(道臣)의 장계가 한번 올라오자 성상께서 놀라고 불쌍히 여기시어 어사(御史)에게 명하여 키질하고 까불러서 10만 섬을 3만 섬으로 줄이라고 유시하기까지 하셨으니, 이는 천고(千古)에 없었던 특별한 은혜이자 이례적인 일입니다. 비록 그렇지만 지금은 중춘(仲春)이 다하려 하는 때이니 민간에 이미 분급한 수량이 필시 2만 섬 안팎은 될 것입니다. 이번에 유시하신 3만 섬이 만일 이미 분급하여 마땅히 봉납해야 할 2만 섬을 포함한 것이라면 키질하고 까불러서 섬수를 만드는 것이 1만 섬만 되더라도 3만 섬의 수량에 모자라지는 않을 것입니다.

98 함양(咸陽)의……계사 : 1790년(정조14) 2월 21일 정사에서 당시 좌의정으로 있던 번암이 아뢴 내용이다. 《正祖實錄》《承政院日記》《日省錄》

그렇지 않고 혹시 이미 분급한 수량은 우선 그냥 놓아두고 키질하고 까불린 것으로 따로 3만 섬을 마련하라는 뜻이라면 추후에 마땅히 봉납해야 할 수량이 도합 5만 섬이 될 것이니, 이는 하나로 결론지어 어사에게 분부하지 않아서는 안 될 것입니다.

또 국법으로 논하건대 도백에 대해 이미 찬배(竄配)하라고 명하셨으니 수령에 대한 의금부의 감죄(勘罪)가 또한 반드시 준엄할 것입니다. 그렇다면 아전 가운데 가장 포흠을 많이 내고 가장 교활하게 농간을 부려서 결코 용서하기 어려운 자에 대해 어사로 하여금 백성을 많이 모아 놓고 군문(郡門)에서 효수(梟首)하게 한 뒤에야, 간악한 아전이 징계되어 두려워할 줄 알게 되고 후일의 폐단을 막을 수 있을 것입니다. 이미 어리석은 견해가 있었기에 감히 아뢰지 않을 수 없었습니다.

성상의 하교에서 비록 3만 섬으로 한정하셨지만, 어사가 내려간 후 본관(本官)과 함께 키질하고 까불러서 섬수를 만들 수 있는 것이 다행히도 3만 섬을 넘으면 정해 놓은 한도에 구애되어서는 안 될 것입니다.

이미 분급한 곡식의 경우, 과연 장계에서 말한 먹을 수 없는 것을 민간에 나누어 주고도 이미 분급했다는 이유로 감해 주는 수량에 포함하지 않고 개창(開倉)한 후에 오직 본래의 수량대로 채워서 봉납하게 한다면, 어찌 소외되었다는 탄식이 없겠습니까. 본관이 필시 직접 분급했을 터이니 그 곡품(穀品)의 허실에 대해 스스로 알 수 있을 것입니다. 이 일은 어사가 편의대로 적용하고 사례를 따라서 제해 줄 만하면 재량껏 제해 주게 하고, 이미 분급하여 마땅히 봉납해야 할 것을 3만 섬의 정해진 수량에 포함할지는 또한 어사로 하여금 편리한 대로 거행하게 하소서. 간악한 아전에게 법을 적용하는 일은, 죽은 사람이야 비록 뒤미처 논죄할 수 없겠지만, 만일 살아 있는 자 가운데 결코 용서하기 어려운 자가 있으면 크게 징계하는 조처를 시행하지 않아서는 안 될 것입니다. 이 또한 어사에게 맡겨서 조치가 합당하게 거행되도록 하는 것이 어떻겠습니까?

상이 이르기를,

"곡총(穀摠)에 관한 일은 아뢴 대로 하라. 요컨대 이미 분급한 것과 통틀어서 3만 섬으로 계산하는 것이 실로 명령을 신실하게 하는 뜻에 합당할 것이다. 이와 같이 대략 처리한 후에 설혹 정실(精實)한 곡식이 이 수량보다 많더라도 어찌 다 써 버릴 수 있겠는가. 어사로 하여금 이대로 잘 알아서 요량하게 하라. 포흠 낸 아전에게 법을 적용하는 문제는, 크게 제도를 개혁하면 마땅히 호되게 징계할 것이니, 조사해 내어 법을 적용하는 일을 호남이나 호서의 전례와 같이 한 뒤에야 은혜와 법이 둘 다 시행될 수 있을 것이다.

어제 전교를 써서 내릴 때에 과연 이 한 조항을 적었는데 다시 생각해 보니, 지난번 호남과 호서의 경우에는 간악한 아전 때문에 곡총이 축나는 결과를 초래하였으므로 주벌하지 않고서는 그 폐단을 바로잡을 수 없었다. 그러나 본군(本郡)의 경우는 수십 년 동안 내려오면서 쌓인 폐단이 점점 불어나서 매우 극심한 지경에 이른 것이다. 아전이 또한 어찌 농간을 부리지 않았겠는가마는, 거슬러 올라가 논하건대 폐단을 쌓고 또 쌓은 도백(道伯)과 기회를 틈타 농간을 부린 수령도, 그 죄가, 납부를 거부한 토호(土豪)나 농간을 부린 아전과 비교하면 서로 우열을 가리기 어렵다고 하겠다. 그러므로 처음에는 포흠을 낸 아전들과 아울러 기필코 사판(仕版)에서 삭제하려 했는데, 지금 경의 말을 들으니 또한 일리가 있다.

그러나 본읍(本邑)의 사정은 멀리서 헤아리기가 어려우니, 어사가 내려간 후에 곡부(穀簿)를 조사하고 폐단의 근원을 두루 탐지하여, 과연 아전의 농간에서 비롯되었고 이전부터 내려와 쌓인 포흠이 징수할 데가 없어서 축난 곡식의 수량이 천 섬, 만 섬을 넘는 것이 양호(兩湖)의 전례와 같다면, 수악(首惡)에게는 법을 적용하고 그 나머지에 대해서는 이로써 등급을 나누어 감률(勘律)하게 하라. 그렇게 하지 않으면 묘당에 상의하거나 사유를 갖추어 장계로 보고하기를 모두 연석에서 하교한 대로 거행하게 하라. 대저 병오년(1786, 정조10) 이전의 곡부가 지금 남아 있지 않는 것이 어찌 간악한 아전들의 소행이겠는가. 틀림없이 교활한 수령들이 범한 짓일 것이다. 어사의 행차 때에 그동안의 수령들이 농간을 부렸는지를 또한 특별히 조사하여 장계로 보고하게 하라."

하였다.

수원부에 전방을 설치하고 사람을 모으는 일이 마땅한지에 대한 계사[99]

水原府設廛募人事宜啓

본부(本府)에 거주하는 백성은 원래 빈궁하여 구읍(舊邑)의 1000호에 가까운 집이 단지 달팽이 껍데기마냥 왜소하고 비좁았으니, 지금 읍을 옮긴 후에 집을 짓고 사는 모양이 다시 예전과 같으면 거의 전혀 모양새를 갖추지 못한 데에 가깝지 않겠습니까. 비록 그렇지만 협소하게 사는 사람에게 강제로 명하여 억지로 큰 집을 세우게 한다면 비록 위협하고 권면하더라도 결단코 시행되지 못할 것입니다.

길거리에 집이 즐비하게 들어서도록 하는 요점은 전방(廛房)이 줄지어 들어서게 하는 것이 가장 좋은 방법입니다. 한(漢)나라 때 장안(長安)의 호걸(豪傑)들을 이주하게 했던 일은 비록 따라 할 수 없겠지만, 지금 우선 서울에서 부유하다고 이름난 집 수삼십 호를 모집한 다음 조정에서 호마다 무변전(無邊錢) 1000냥을 지급하여 신읍(新邑)에다 서로 마주보게 집을 짓게 해서 매매하여 이익을 보는 즐거움이 있게 한 연후에 상항(上項)의 호마다 지급한 돈은 몇 년을 기한으로 차례차례 환납(還納)하게 하면, 조정의 처지에서는 마침내 손해나는 것이 없을 것이고 신읍에는 점차 사람들이 모여들어 도회가 이루어지는 조짐이 있을 것입니다.

99 수원부(水原府)에……계사 : 1790년(정조14) 2월 19일 정사에서 당시 좌의정으로 있던 번암이 아뢴 내용이다. 《正祖實錄》《承政院日記》《日省錄》

그러나 사력(私力)으로 조성할 수 없는 것은 바로 기와입니다. 옛날 당(唐)나라 위단(韋丹)[100]이 강남서도 관찰사(江南西道觀察使)가 되었을 때 사람들을 가르쳐 기와집을 짓게 했는데, 산에서 재목을 취하고 도공(陶工)을 불러 사람들에게 기와 굽는 방법을 가르친 다음 마당에다 재목과 기와를 모아 놓고 비용을 헤아려 팔되 이익을 취하지 않았으며, 음식과 장(漿)을 싣고 가 직접 권면해서 기와집 1만 3700채를 지었습니다. 우리나라는 재력이 중국과 비교될 수 없어서 위단의 일은 비록 쉽게 따라 하지 못하겠지만, 시험 삼아 1만 냥 남짓의 돈을 본주(本州)에 내준 다음 기와를 구워 만들어 사기를 원하는 자에게 매매하게 하되 일절 이익을 취하지 말고 본전만 봉납(捧納)하게 한다면, 기와집을 거의 지을 수 있고 공화(公貨) 역시 본전을 축내지 않을 것이니, 이는 모두 도백(道伯)과 본관(本官)이 조치하기를 어떻게 하느냐에 달려 있습니다.

그 생계의 경우, 별다른 방도가 있는 것이 아닙니다. 읍치(邑治) 근처에 한 달에 여섯 차례 장을 세우도록 명하되 비록 1푼의 동(銅)이라도 일절 수세(收稅)하지 말고 단지 교역만 허용하게 한다면, 소문을 듣고 운집하는 사방의 장사치가 반드시 전주(全州)나 안성(安城)의 성대함보다 많이 못하지는 않을 것입니다. 이와 같이 된다면 거주민은 절로 생업을 즐거워하는 마음이 생길 것이고, 비록 다른 읍의 백성이라도 반드시 모집하기를 기다리지 않고 스스로 찾아오는 자가 있을 것입

100 위단(韋丹) : 당(唐)나라 사람으로 자는 문명(文明)이다. 안진경(顔眞卿)의 외손으로서 안진경에게 학문을 익혔는데, 헌종(憲宗) 때에 용주 자사(容州刺史) 등을 역임하며 학교를 일으키고 농업을 권장하는 등 많은 치적이 있었다.

니다. 신의 생각으로는 만일 읍치의 모습을 일신하고자 한다면 이상의 세 가지 조항에서 벗어나지 않을 듯합니다만, 입시(入侍)한 여러 재신(宰臣)에게 하문하여 처결하시는 것이 좋을 듯합니다.

상이 이르기를,

"백성을 모집하는 방책에 대해 시임(時任) 수령과 전임(前任) 수령에게 물어보니 그 이야기가 번번이 경의 말과 같았고, 지금 연석의 여러 논의도 약간의 차이가 있기는 하지만 대체로 보면 그다지 차이가 없다. 경은 연석에서 물러난 뒤에 이렇게 개괄한 것을 척도(尺度)로 삼아 묘당에서 편리한 대로 거행할 것은 모쪼록 즉시 처결해 주고, 내 생각을 묻지 않을 수 없는 것은 또한 즉시 나에게 물어 처리해서 영구히 전해질 수 있는 실효가 있게 하라."

하였다.

원자의 명호를 정하기를 청하는 계사[101]

請元子定號啓

하늘과 조종(祖宗)께서 묵묵히 보우하사 후사(後嗣)가 탄생하여[102] 신(神)과 사람이 의탁할 곳이 있게 되었으니, 참으로 우리 동방의 억만년토록 끝이 없을 경사입니다. 중궁전(中宮殿)께서 데려다 아들로 삼으시고 원자(元子)의 명호를 정하는 것을 조금도 늦추어서는 안 될 것입니다. 이에 감히 목소리를 함께하여 삼가 청합니다.

상이 이르기를 "아뢴 대로 하라." 하였다.

101 원자(元子)의……계사 : 1790년(정조14) 6월 18일 정사에서 당시 좌의정으로 있던 번암이 아뢴 내용이다. 《正祖實錄》《承政院日記》《日省錄》

102 후사(後嗣)가 탄생하여 : 1790년 6월 18일 신시(申時)에 수빈(綏嬪) 박씨(朴氏)가 창경궁(昌慶宮) 집복헌(集福軒)에서 훗날 순조가 된 원자를 낳았다. 《正祖實錄》《承政院日記》《日省錄》

만부의 후시를 다시 설치하기를 청하는 계사[103]

請復設灣府後市啓

만부(灣府)의 후시(後市)를 설치한 것은 변경 백성들의 생계를 위해서일 뿐만 아니라, 특별히 보내는 사신과 특별히 자문(咨文)을 가지고 가는 사신의 행차를 모두 만부에서 진송(津送)하였으므로 거기에 들어가는 재력(財力)을 전적으로 후시에 의존해 왔으니, 그 유래가 오래되었습니다. 근래에는 역관(譯官)들이 전혀 이익을 보지 못한다는 이유로 대신이 진달하여 혁파했는데, 후시가 역관들에게 설령 작은 이익밖에 주지 못한다 하더라도 결코 이것 때문에 사행(使行)의 행장을 꾸려 보낼 물건이 나올 곳이 없게 해서는 안 될 것입니다. 더구나 듣건대 후시를 혁파한 뒤 첫해에는 역관들이 이익이 있는 듯하였으나 2, 3년이 지나자 조금도 효과가 없었다고 하니, 당초에 혁파했던 것은 이미 의미가 없습니다. 더구나 그 당시 대신이 만일 이처럼 공가(公家)에 해로움이 있다는 것을 알았다면 어찌 이렇게 했을 리가 있겠습니까.

앞으로 특별히 보내는 사신과 특별히 자문을 가지고 가는 사신의 행차가 한 해에 몇 차례가 될지 모르겠지만 만부의 형편이 갈수록 더욱 어려워지고 있으니, 나라의 근심이 되지 않겠습니까. 이는 작은 일이 아니니, 명령을 번복한다는 혐의를 두어 주저해서는 안 될 것입니다.

103 만부(灣府)의……계사 : 1790년(정조14) 7월 25일 정사에서 당시 좌의정으로 있던 번암이 아뢴 내용이다. 《正祖實錄》《承政院日記》《日省錄》 만부는 의주(義州)를 말한다.

신의 생각에는 속히 후시를 다시 설치하는 일은 결코 그만두어서는 안 됩니다. 입시한 여러 당상에게 하문하여 처결하는 어떻겠습니까?

상이 이르기를,

"후시에 관한 일은, 연전에 철폐할 때부터 나는 사실 그 설치하여 시행하는 규정과 전말에 대해 알지 못하였다. 다만 연행(燕行)에 관한 일을 역관이 주인이 되어 맡아 주관하였기 때문에 이미 혁파하는 것이 역관들에게 이익이 된다고 말하였고 보면 만부의 폐단은 오히려 부차적인 문제에 해당한다고 여겼으니, 이것이 혁파하게 된 첫 번째 이유이다. 또 우리나라 산천에서 생산되는 이익이 모두 압록강(鴨綠江) 서쪽과 책문(柵門) 안으로 흘러 들어가서 자국 백성들로 하여금 일용품이 부족하여 어려움을 겪게 하는 것은 심히 나라를 위해 도모하는 방도가 아니라고 여겼으니, 이것이 혁파하게 된 두 번째 이유이다. 이와 같았기 때문에 당시 거조(擧條)에 대한 비답(批答)에서 '상역(象譯)을 혁파하지 않겠다면 후시를 혁파해야 하니, 일국(一國)이 피해를 받는 것보다 일부(一府)가 손해를 받는 것이 낫지 않겠는가.'라고 하교했던 것은, 조정의 본의가 단지 대체(大體)를 보고 말하고자 했던 것이다.

지금 경이 아뢴 말을 들어 보건대, 일의 형세가 이미 이와 같으니 명령을 번복하는 것이 어찌 어렵겠는가. 그렇지만 모름지기 설치하여 시행하는 문적(文跡)을 알아야 그 뒤에 존치와 혁폐의 당부(當否)를 결정할 수 있겠기에, 본사(本司)에 물으니 문적이 없다고 하였다. 따라서 찾아내기를 기다려 열람을 거친 후에 응당 처분을 내려야 하는데, 부역(副譯) 장렴(張濂)이 이미 후시를 다시 설치하기를 청하였다. 그러므로 불러서 물어보게 하였는데 그 대답한 바를 들어 보니 말이 매우 분명치가 않았다. 다시 유사 당상(有司堂上)으로 하여금 후시를 혁파하기 전 최근 몇 년 동안 모세(帽稅)[104]가 수량에 맞게 나왔는지와 다시 설치한 후 세액이 한 푼이라도 줄어들 가능성이 있는지를 상세히 조사하여 초기하게 하라."

하였다.

104 모세(帽稅) : 연경(燕京)에 가는 사신(使臣)의 공용(公用)에 드는 비용은 관(官)에서 모자를 사고 남는 것을 가져다 쓰게 하다가, 영조(英祖)가 이를 혁파하고 사행(使行)이 있을 때마다 사상(私商)에게 모세를 거두어 대신하게 하였는데, 정조 때에 이르러 세액(稅額)이 점점 줄어들어 공비(公費)를 조절할 수가 없게 되자 다시 모세 사목(帽稅事目)을 정하였다.《正祖實錄 1年 6月 11日》이에 대한 시행 규칙은 《만기요람(萬機要覽)》〈재용편(財用編) 5 모세지법(稅帽之法)〉에 자세하다.

과장에서 역서할 때의 잘못된 규례를 금하기를 청하는 계사[105]

請禁場屋易書時謬規啓

근래 대과(大科)의 과장(科場)에서 고시(考試)할 때에 역서하기가 어렵다는 이유로 책문(策文)의 경우 단지 첫머리만을 베껴서 들이게 한다고 하니, 이는 숙유(宿儒)의 훌륭한 글을 가려 뽑을 수 없을 뿐만 아니라 사면(事面)으로 말하더라도 매우 온당치 못합니다. 이번에는 절대로 잘못을 답습하지 말라는 내용으로 신칙하는 것이 어떻겠습니까?

상이 이르기를,

"아뢴 대로 하라. 조목에 따라[106] 대책(對策)을 적게 해서 해박한 식견을 시험하고 바로잡아 조처하는 대책에서 풍모를 살피고자 하는데, 고시를 주관하는 자가 첫머리 한 단락만을 베껴 쓰게 하고 중간 부분까지 아울러 보지 않았으니, 어찌 이런 체단(體段)이 있단 말인가. 더구나 책문은 석의(釋意)가 전적으로 중간 부분에 있으니, 중간 부분을 보지 않는 것은 마치 용을 그리면서 눈동자를 그리지 않는 것과 같다.

105 과장에서……계사 : 1790년(정조14) 7월 25일 정사에서 당시 좌의정으로 있던 번암이 아뢴 내용이다. 《正祖實錄》《承政院日記》《日省錄》

106 조목에 따라 : 대본에는 '軸條'로 되어 있다. 《정조실록》 14년 7월 25일 기사와 《승정원일기》 및 《일성록》 정조 14년 7월 25일 기사에 근거하여 '軸'을 '逐'으로 바로잡아 번역하였다.

대개 책임은 전적으로 시관에게 있지만, 거자(擧子)가 중간 부분 이하에 유의하지 않는 것 역시 바로잡아야 할 급선무에 속한다. 이것으로 먼저 시관에게 신칙한 다음 이어 유생들로 하여금 각각 미리 알게 해서 이번 과거부터는 중간 부분 이하에 전력하게 하라. 그리고 첫머리가 열 줄이 넘는 시권(試券)은 글이 잘 되고 못 된 것을 막론하고 일절 모두 낙과(落科)시키되, 비록 출방(出榜)한 뒤에라도 경들이 가져다 고열(考閱)해서 규례를 어긴 자는 또한 과방(科榜)에서 삭제하고 시관을 논죄하라. 옛사람이 문체에서 세도(世道)를 살필 수 있다고 말하지 않았던가. 그런데 첫머리에서 기운을 다 쏟아 버리니 이것이 무슨 기상(氣像)이란 말인가.

나는 이에 대해 늘 골똘히 생각하고 있었는데, 마침 경이 아뢰었기 때문에 번거롭고 중복되는 것도 혐의하지 않고 이와 같이 부연해서 유시하게 되었다. 더구나 과명(科名)이 다른 과거와는 다르니, 문체와 기상을 반드시 넉넉하게 북돋우고자 하는 것이 반드시 국운을 영구히 보존하는 데에 일조가 될 것이다. 많은 선비들이 이 말을 들으면 감히 받아들이지 않을 수 있겠는가. 또한 고시를 관장하는 경시관(京試官)과 도사(都事) 등에게 하유하게 하라."

하였다.

조미를 선적할 때 보군을 함부로 쓰는 것을 금하기를 청하는 계사[107]

請禁漕米裝載時擅用保軍啓

근래 들으니, 성당창(聖堂倉)의 조미를 선적할 때 쌀섬을 져 나르는 데 드는 가미(價米)[108]를 어느 곳에 사용하는지는 알 수 없거니와, 경내(境內)의 군보(軍保)인 포(布)를 납부하는 백성들로 하여금 그 역(役)을 대신 맡게 한다고 하였습니다. 군보는 물에 익숙한 사람이 아닙니다. 그들이 어찌 등에 쌀섬을 진 채로 사다리를 밟고 올라 물을 가로질러 놓인 요동치는 널판을 왕래할 수 있겠습니까. 이 때문에 부득이 사공에게 품삯을 주고 선적하게 해서 죄책(罪責)을 면하고 있지만 품삯으로 치르는 비용이 자못 1필(疋)을 납부하는 군보의 값보다 많다고 하니, 이보다 더 놀라운 일은 없을 것입니다.

이러한 등의 바르지 못한 규례는 잘못을 답습한 지가 이미 오래되었으니, 지금 일일이 지나간 것을 조사하여 감죄(勘罪)할 수는 없습니다. 그러나 차후로 만일 원래 쌀섬을 져 나르는 데 쓰기 위해 정해진 미(米)로 사람을 고용하여 쓰지 않고 이전처럼 군보를 부린다면, 해당 수령을 중률(重律)로 다스리는 것은 결단코 그만두어서는 안 될 것입니다.

107 조미(漕米)를……계사 : 1790년(정조14) 9월 25일 정사에서 당시 좌의정으로 있던 번암이 아뢴 내용이다. 《日省錄 正祖 14年 9月 25日》

108 가미(價米) : 공물(貢物)이나 신역(身役)을 면하는 대가(代價)로 내는 미곡(米穀)을 말한다.

그리고 염찰하는 책임은 전적으로 영문(營門)에 있으니, 해당 도백에게 엄히 신칙하여 적발되는 대로 장계로 보고하여 논감(論勘)하게 하는 것이 어떻겠습니까?

상이 이르기를,

"아뢴 대로 하라. 가미는 모두 사라져 버리고 보군은 마음대로 부리고 있으니, 이 가운데 한 가지만 있어도 오히려 용서하기 어려운데 더구나 두 가지 죄가 한꺼번에 적발된 경우야 더 말할 것이 있겠는가. 힘없는 백성 가운데 지극히 잔폐하고 가장 곤궁한 경우로는 보군만 한 것이 없으니, 비록 응당 부려야 할 역(役)에서라도 관장(官長)된 자가 진정 조금이라도 어진 마음이 있다면 어찌 차마 규례에 따라 심하게 독촉할 수 있겠는가. 경이 아뢰는 말을 듣고서야 비로소 이런 폐단을 알았다. 만일 특별히 엄하게 신칙하지 않는다면, 아, 저 하소연할 곳 없는 백성들이 어떻게 부담을 덜 수 있겠는가.

또 듣건대 본창(本倉) 외에도 이와 같은 폐단이 있다고 하니, 이미 들은 이상 마땅히 일률적으로 법을 마련하여 통렬히 금해야 할 것이다. 이와 같이 신칙한 뒤에 한 명이라도 군정(軍丁)을 조용(調用)하거나 한 명이라도 보군을 부리는 자는 《대명률(大明律)》의 '함부로 군정을 조용한 데 대한 형률〔擅調軍丁律〕'[109]에 근거하여 논죄하고,

109 대명률(大明律)의……형률 : 《대명률》 권14 〈병률(兵律) 군정(軍政)〉의 천조관군조(擅調官軍條)에 "만일 초적(草賊)의 형세가 급박하지 않을 때, 이런 상황을 먼저 상사(上司)에 보고하지 않거나 비록 상사에 보고하였어도 회신을 기다리지 않고 소속 군마를 함부로 조용한 경우 및 소속 군마를 함부로 내준 경우는 각각 장(杖) 100의 형(刑)에 처하고, 파직한 다음 먼 변방에 보내어 충군한다.〔若無警急, 不先申上司,

즉시 적발하여 보고하지 않는다면 도백을 또한 위령조(違令條)의 '사리(事理)로 볼 때 중대한 죄를 범한 데 대한 율문(律文)'[110]으로 조율(照律)하여 감죄(勘罪)하되 결코 용서하지 말라는 내용으로 의금부에 분부한 다음 수교(受敎)에 기재하라."

하였다.

雖已申上司, 不待回報, 輒於所屬擅調軍馬, 及所屬擅發與者, 各杖一百, 罷職發邊遠充軍.〕"라고 하였다.

110 위령조(違令條)의……율문(律文) : 《대명률》 권26 〈형률(刑律) 잡범(雜犯)〉의 위령조에는 "무릇 금령(禁令)을 어긴 경우는 태 50의 형에 처한다.〔凡違令者笞五十〕"라는 율문만 보이고 "사리로 볼 때 중대한 죄를 범한 경우〔事理重者〕"에 대한 율문은 기재된 것이 없다. 반면 《대명률》 권26 〈형률 잡범〉의 불응위조(不應爲條)에 "무릇 당연히 해서는 안 되는 일을 했을 경우는 태 40의 형에 처하는데, 사리로 볼 때 중대한 죄를 범한 경우는 장 80의 형에 처한다.〔凡不應得爲而爲之者笞四十, 事理重者杖八十.〕"라고 하였으니, 여기서 말한 '위령조'는 '불응위조'의 오기로 보인다.

동지중추부사에 단부한 사람의 경우 그 선조는 사족을 구별하여 추증하기를 청하는 계사[111]

請單付同樞區別士族推榮啓

신은 이번에 동지중추부사에 단부(單付)한 사람의 선조를 추증한 일에 대해 어리석은 견해가 있어서 감히 이렇게 우러러 아룁니다. 금년에 있었던 나라의 경사[112]에 대해 반드시 그 기쁨을 표시하고자 하는 마음이 어찌 끝이 있겠습니까. 이 때문에 조관(朝官) 가운데 70세 이상 된 사람에 대해서는 모두 삼망(三望)을 갖추어 의망(擬望)하고 나서 하비(下批)한 후에[113] 3대를 추증하라고 허락하셨으며, 사서인(士庶人) 가운데 80세 이상 된 사람에 대해서는 모두 동지중추부사에 단부하라고 허락하셨습니다. 대체로 단부하는 경우에는 단지 그 사람에게만 고신(告身)을 줄 뿐 추증을 허락하지 말도록 하는 것이 바로 원래부터 바뀌지 않은 전조(銓曹)의 법규입니다. 그런데 정원(政院)이 법례(法例)에 익숙하지 못하여 단부한 자들에게 내리는 교지(敎旨)의 끝에다 "3대를 추증한다.〔三代推恩〕"라는 말을 곧바로 써넣었으니, 착오가 이

111 동지중추부사에……계사 : 1790년(정조14) 10월 20일 정사에서 당시 좌의정으로 있던 번암이 아뢴 내용이다. 《正祖實錄》《承政院日記》《日省錄》

112 금년에……경사 : 1790년 6월 18일 신시(申時)에 수빈(綏嬪) 박씨(朴氏)가 창경궁(昌慶宮) 집복헌(集福軒)에서 원자(元子)를 낳은 일을 가리킨다.

113 모두……후에 : 대본에는 '皆許備三望後'로 되어 있다. 《정조실록》 14년 10월 20일 기사와 《승정원일기》 및 《일성록》 정조 14년 10월 24일 기사에 근거하여 '三望' 뒤에 '下批'를 보충하여 번역하였다.

보다 심한 경우는 없을 것입니다.

성상께서는 나라의 경사를 함께하고자 했기 때문에 차마 도로 거두어들이지 못하고 다만 선조(先朝) 때 잠시 한 번 시행했던 전례[114]를 준행하게 하시어, 사족과 상한(常漢)을 막론하고 무릇 단부하는 데 해당하는 자에 대해서는 일체 그 선대까지 동지중추부사로 추증하게 하셨으니, 참으로 매우 드문 성은(聖恩)이었습니다. 다만 생각건대 사족과 상한에게 동일한 품계를 추증하면 영광으로 여기게 하려 했던 일이 도리어 억울한 단서가 될 수도 있을 것입니다. 만일 이것을 염려하여[115] 아경(亞卿), 아윤(亞尹), 동추(同樞) 등과 같은 직함으로 등위(等威)를 나누어 추증할 것 같으면, 팔도에서 올라오는 장계가 그 형식이 일정하지 않아서 혹 품관(品官)과 사족을 함께 기록하는 경우도 있을 것이고 혹 사족과 중서(中庶)를 함께 기록하는 경우도 있을 것이고 혹 사족과 중서와 상한을 혼동하여 기록하는 경우도 있어서 구별할 수가 없을 터이니, 전조에서 비록 그 가운데에서 등위를 나누어 추증하려 해도 그 형세로 볼 때 방법이 없을 것입니다.

신의 생각은 이렇습니다. 그 당시 단부한 관교(官敎) 가운데 추증한다는 내용으로 하교를 잘못 전한 승지[116]는 현고(現告)를 받은 다음

114 선조(先朝)……전례 : 영조는 1756년(영조32) 11월 16일 정사에서, 동조(東朝)의 칠순을 맞아 경외의 사서(士庶) 가운데 70세 이상 된 사람을 대상으로 특별히 단부하기를 명하였는데, 하루 만에 부망(付望)한 사람이 거의 6000여 명에 이르렀다.《英祖實錄 32年 11月 16日》 동조는 숙종의 계비인 인원왕후(仁元王后) 김씨(金氏)이다.

115 만일 이것을 염려하여 : 대본에는 '若此'로 되어 있다.《정조실록》 14년 10월 20일 기사와《승정원일기》 및《일성록》 정조 14년 10월 20일 기사에 근거하여 '若' 뒤에 '慮'를 보충하여 번역하였다.

파직하고, 동지에 의망된 사람을 제외하고 추후로 단부된 경우는 법례에 따라 증직하지 말되, 사족 가운데 문벌이 있는 자를 전조에서 혹시라도 추후에 발견했을 경우에는 비록 이미 단부된 뒤라 하더라도 다시 삼망을 갖추어 낙점을 받게 하는 것이 또한 불가하지는 않을 것입니다. 이와 같이 하면 조정의 처지에서는 이미 처음에 허락했다가 이내 취소하는 혐의가 없을 것이고 사족의 처지에서는 실로 한 도(道)의 막대한 영광이 될 것입니다. 또 두 전조에서 이례(吏隷)를 각 도에 보내는 폐단도 없애기를 기약하지 않아도 절로 없어질 것입니다. 이 일에 관계된 것이 또한 작지 않으므로 반복하여 상량(商量)하다가 부득이 번거롭게 진달합니다.

상이 이르기를,

"경의 말이 매우 사리에 맞으니, 모두 아뢴 대로 하라. 이와 같이 하면 사족 가운데 마땅히 현직(顯職)에 추증할 만한 사람은 가설동지(加設同知)의 자리로 삼망을 갖추어 낙점을 받은 후에 즉시 추증할 수 있을 것이니, 비록 이중으로 시행하는 데에 가깝기는 해도 또한 간절하게 바라는 사족들의 심정을 크게 위로할 수 있을 것이다. 또한 전조로 하여금 잘 알고 거행하게 하라."

하였다.

116 하교를……승지 : 대본에는 '誤傳之承宣'으로 되어 있다. 《정조실록》 14년 10월 20일 기사와 《승정원일기》 및 《일성록》 정조 14년 10월 20일 기사에 근거하여 '傳' 뒤에 '下教'를 보충하여 번역하였다.

나라에 경사가 있을 때 소장을 올려 경하하는 일은 그달이 다 지나가면 그만두게 하기를 청하는 계사[117]

請邦慶時疏章稱賀盡月乃止啓

나라에 경사가 있을 경우 소장(疏章)의 첫머리에 경하의 말을 적는 것은 정례(情禮)로 볼 때 그만둘 수 없는 일입니다. 그러나 옛날에는 경재(卿宰)들이 그렇게 하였지 하급 관리들은 감히 그렇게 하지 못했는데, 근래에 번문(繁文)이 날로 기승을 부려 옛 규례가 점차 무너지고 있습니다. 비록 당금의 소장으로 말하더라도, 나라에 경사가 생긴 이후 지금 이미 몇 달이 지났지만 첫머리에 경하의 말을 적는 것은 한결같이 처음 경사가 생겼을 때처럼 하고 있어서 일은 형식적인 글에 가깝게 되고 예(禮)는 설만(褻慢)하게 되고 말았으니, 이와 같이 해서 그만두지 않는다면 비록 해가 바뀐 뒤에라도 누가 기꺼이 자기부터 그만두려 하겠습니까.

신의 생각은 이렇습니다. 지금부터 소장을 작성할 때는 반드시 이와 같이 해서는 안 된다는 내용으로 조정의 신하들에게 신칙하고, 비록 차후로 경사를 만나 소장을 올려 경하하더라도[118] 그달이 다 지나가면 그만두게 하라는 내용을 영구히 정식으로 삼는 것이 사의(事宜)에 합

117 나라에……계사 : 1790년(정조14) 10월 20일의 정사에서 당시 좌의정으로 있던 번암이 아뢴 내용이다. 《正祖實錄》《承政院日記》《日省錄》

118 경사를……경하하더라도 : 대본에는 '過慶賀'로 되어 있다. 《정조실록》 14년 10월 20일 기사와 《승정원일기》 및 《일성록》 정조 14년 10월 20일 기사에 근거하여 '過'를 '遇'로 바로잡고 '慶' 뒤에 '疏'를 보충하여 번역하였다.

당할 듯합니다. 그러므로 감히 이렇게 우러러 아룁니다.

상이 이르기를 "아뢴 대로 하라." 하였다.

조참일에 나라를 세운 규모에 대해 진달하고 이어 정직한 사람을 등용하고 모든 부정한 사람을 버리기를 청하는 계사[119] 신해년(1791, 정조15)

朝參日陳立國規模仍請擧直措枉啓 辛亥

금년은 바로 우리 조정이 개국한 지 400년이 되는 해입니다. 전하께서 1월에 인정문(仁政門)에 임어(臨御)하시어 백관(百官)의 조참(朝參)을 받으셨으니, 밟고 서신 곳은 열성(列聖)께서 임어하신 자리이고 행하신 것은 그 당시의 예(禮)입니다. 성상께서 열성을 대하는 마음이 어느 때인들 그렇지 않겠습니까마는, 금년의 오늘에 이르러서는 크게 창업의 어려움을 생각하고 더욱 수성(守成)의 어려움에 진념하여 열성조(列聖祖)의 업적을 계승함으로써 우리의 굉대(宏大)한 기업(基業)을 실추하지 않으려고 생각하시는 마음이 더욱 어떠하겠습니까. 그러나 성상께서 스스로 힘쓰시는 바와 신하들이 우러러 면려하는 바는 별반 신기한 도리가 있는 것이 아닙니다. 소공(召公)은 성인(聖人)이었지만 군왕(君王)에게 고한 말은 '빨리 덕을 공경하는 것〔疾敬德〕'[120]과 '백성들과 화합하는 것〔諴小民〕'[121]이라는 여섯 글자에 불과할 뿐이

119 조참일(朝參日)에……계사 : 1791년 1월 11일 정사에서 당시 좌의정으로 있던 번암이 아뢴 내용이다. 《承政院日記 正祖 15年 1月 11日》

120 빨리……것 : 빨리 덕(德)을 공경하는 것을 백성들과 화합하는 근본으로 삼는다는 의미로, 소공이 성왕(成王)에게 고하기를 "아, 하늘 또한 사방의 백성을 불쌍히 여겨, 돌아보아 덕을 힘쓰는 자에게 명하셨으니, 왕은 빨리 덕을 공경하소서.〔嗚呼! 天亦哀于四方民, 其眷命用懋, 王其疾敬德.〕"라고 한 데서 온 말이다. 《書經 召誥》

었으니, 나라를 다스리는 요체를 이 밖에 다른 것에서 구하는 경우는 신이 들어 보지 못하였습니다. 전하께서는 가장 총명하고 한결같은 생각으로 학문에 힘쓰시니 빨리 덕(德)을 공경하는 것은 더욱 힘쓰기를 기다릴 필요가 없고, 백성을 보살피기를 다친 사람을 돌보듯이 하여 거행하지 않는 일이 없으시니 백성들과 화합하는 것 역시 더욱 권면하기를 기다릴 필요가 없을 것입니다. 다만 생각건대 옛날의 현명한 임금도 재위한 지 오래되면 처음에는 부지런하다가 끝에는 태만하게 되어 앞뒤의 정사(政事)가 마치 다른 사람이 시행한 것 같았던 경우가 없지 않았습니다. 전하께서 만일 우리나라가 이미 안정되었고 다스려졌다고 여기시어 밤낮으로 정무(政務)를 보는 사이에 소홀한 점이 있을 것 같으면 한 삼태기의 흙이 모자라 공을 이루지 못할 터이니,[122] 어찌 애석하지 않겠습니까. 부디 전하께서는 이 점을 항상 염두에 두시기 바랍니다.

신은 이로 인하여 또 감히 한 가지 어리석은 견해를 아뢸 것이 있습니다. 우리 조정이 나라를 세운 규모는 삼대(三代)에 있어서는 오직 희주(姬周)를 배웠고 후세에 있어서는 조송(趙宋)을 본받았습니다. 이

121 백성들과 화합하는 것 : 백성들과 화합하는 것을 국운이 영원하기를 하늘에 기원하는 근본으로 삼는다는 의미로, 소공이 성왕에게 고하기를 "아, 왕은 비록 나이가 어리나 하늘의 원자이시니, 크게 소민들을 화(和)하여 이제 아름답게 하소서.〔嗚呼! 有王, 雖小, 元子哉, 其丕能諴于小民, 今休.〕"라고 한 데서 온 말이다. 《書經 召誥》

122 한……터이니 : 작은 실수로 공을 그르친다는 뜻으로, 《서경》 〈여오(旅獒)〉에 "작은 행실을 함부로 하다가는 마침내 큰 덕에 누가 되어, 아홉 길 산을 쌓는 데 공이 흙 한 삼태기에 이지러지는 것과 같다.〔不矜細行, 終累大德, 爲山九仞, 功虧一簣.〕"라고 한 데서 온 말이다.

때문에 예악(禮樂)과 문물(文物)이 찬란하게 구비되어서 왕자(王者)가 나오면 반드시 와서 그 법을 본받을 것이니, 아아 성대합니다. 다만 예악과 문물은 시간이 오래 지나게 되면 그 흐름이 반드시 쇠약하고 위축되기 마련이니, 주공(周公)이 제(齊)나라에 대해서와 태공(太公)이 노(魯)나라에 대해서 마치 촛불로 비추어 보고 하나하나 숫자로 계산하듯이 후세에 그렇게 되지 않을 것이라고 점쳤던 것[123]은 다만 이치는 속일 수 없기 때문이었습니다. 시험 삼아 주(周)나라와 송(宋)나라로 말하건대, 주나라의 경우 소왕(昭王) 시대에 쇠약한 기운이 이미 드러났다가 얼마 지나지 않아 동쪽으로 천도하고 나서는 위아래가 차례를 잃어서 천자(天子)가 당(堂)을 내려와 제후(諸侯)를 맞이하는 일[124]이 있기까지 하였고, 송나라의 경우 인종(仁宗) 이후 송나라 왕실이 미약해졌다가 남쪽으로 천도하기에 이르러서는 마침내 더 이상

123 주공(周公)이……것 : 주공이 태공에게 제나라를 어떻게 다스릴지 물었을 때 태공이 "어진 이를 높이고 공적을 앞세우겠다.〔尊賢而尙功〕"라고 대답하자 주공은 "후세에 반드시 찬역과 시해하는 신하가 있을 것이다."라고 말하였고, 태공이 주공에게 노나라를 어떻게 다스릴지 물었을 때 주공이 "어진 이를 높이고 친한 이를 친히 하겠다.〔尊賢而親親〕"라고 대답하자 태공은 "후세에 나라가 쇠약해질 것이다."라고 말하였는데, 이에 대한 안설(按說)에서 "제나라가 공적을 높였으므로 전화(田和)가 찬역으로 등극하여 강씨(姜氏)에 제사를 지내지 않았고, 노나라는 친한 이를 친히 여겼으므로 삼환(三桓)이 권력을 독차지하여 공실(公室)이 미약해졌다. 두 공(公)의 말이 모두 들어맞았으니, 선견지명이 있다고 하겠다."라고 논평하였다.《史略 卷1 春秋戰國 魯》

124 천자(天子)가……일 :《예기(禮記)》〈교특생(郊特牲)〉에 "제후가 천자를 조현(朝見)하는 예는 천자가 당을 내려오지 않고 제후를 맞이하는 법이니, 천자가 당을 내려와 제후를 맞이하는 것은 천자가 예를 잃은 것이다. 이렇게 천자가 예를 잃은 것은 주나라 이왕 때부터 시작되었다.〔覲禮, 天子不下堂而見諸侯, 下堂而見諸侯, 天子之失禮也, 由夷王以下.〕"라는 내용이 보인다.

국세를 떨치지 못했으니, 예악과 문물이 그 후대에 쇠약해지는 것은 분명하게 드러나는 과거의 증거가 이와 같습니다.

오직 우리 조정은 비록 오래된 나라이지만 그 기운이 오히려 왕성하여 하늘이 전하처럼 성스럽고 신명한 분을 태평한 운세가 400년 동안 지속되는 때에 태어나게 하였으니, 나라의 복조(福祚)가 갈수록 더욱 성대해지리라는 것을 절로 분명하게 알 수 있습니다. 주나라 왕실이 800년 동안 지속된 것은 전적(典籍)에서 성대하게 칭송한 일이지만, 그 통치한 지역이 천하의 광대한 땅이었고 신하로 삼은 것이 강대한 제후들이었기 때문에 복세(卜世)가 마침내 800년에 이르렀으니 그 형세가 혹 그러하였던 것입니다. 우리나라의 경우 한쪽 귀퉁이에 치우쳐 있으면서 성스럽고 신명한 임금이 서로 계승하고 있으니, 면면하게 이어지는 큰 복록이 어찌 반드시 800년을 기약하여 그치겠습니까. 비록 천년만년을 이어 가더라도 많다고 할 수 없을 것입니다. 신의 어리석은 걱정은 오직 자신도 모르는 사이에 차츰차츰 나아가서 쇠약하고 위축되었던 주나라와 송나라의 전철을 밟을까 하는 것입니다.

오늘날의 조정은 외면에서 보면 임금이 높고 신하가 낮아서 머리를 조아리고 부복(俯伏)해서 예방(禮防)이 질서 정연해 보이지만, 그 내면을 살펴보면 일이 자신의 이해(利害)에 관계될 경우 임금과도 승부를 다투어서 군주의 위엄이 점점 낮아지고 조정의 기강이 날마다 무너지고 있습니다. 따라서 신은 생각하기를, 바깥 도적은 염려할 바가 아니고 근심할 만한 일은 혹 나라의 형세가 쇠약해지는 탄식이 있을까 하는 것입니다. 신이 이렇게 말하는 이유는 전하께서 법을 엄격하게 하고 형벌을 준엄하게 해서 아랫사람들 위에 군림하기를 바라는 것이 아닙니다. 공자(孔子)께서 말씀하기를 "정직한 사람을 들어 쓰고 모든 부정한 사람을 버리면 부정한 자를 정직하게 만들 수 있다."라고 하였습니다. 삼가 엿보건대 성상께서는 정직한 사람을 들어 쓰는 데에 명철하지 못한 것이 아닙니다. 오직 부정한 사람을 버리는 한 가지 일에 끝내 투철하지 못하여 언제나 흔적을 남기지 않는 방법으로 원만하게 다스리고자 도모하십니다. 이는 참으로 큰 성인의 포용하는 뜻에서 나왔습니다만, 아래에 있는 사람이 혹 엄외(嚴畏)하는 마음이 적은 것은 반드시 여기에서 비롯되지 않았다고 할 수 없을 것입니다. 신하가 엄외하지 않고서 그 나라가 위축되고 쇠약한 데에 이르지 않는 이치는 없습니다. 신년의 대조회(大朝會)에서 구차한 행사의 말단에 관한 일은 번거롭게 아뢸 만한 것이 못 되므로, 감히 평소 속에 담아 두었던 근심을 미천한 충심으로 삼아 아뢰니, 부디 성상께서는 유념하여 채납하시기 바랍니다.

상이 이르기를,

"경의 말이 매우 좋다. 마땅히 체념(體念)하겠다."

하였다.

시전의 도고를 혁파하기를 청하는 계사[125]

請革罷市廛都賈啓

이번에 정월 초하루를 맞아 백성들에게 고충이 되는 일을 바로잡고 백성들에게 혜택이 되는 일을 시행하여 조금이라도 성상의 뜻을 대양(對揚)할 도리를 생각해 보았는데, 만일 백성들에게 고충이 되는 일을 논한다면 도고가 가장 크고 만일 백성들에게 혜택이 되는 일을 논한다면[126] 도고를 혁파하는 일이 가장 시급합니다. 대개 우리나라의 난전(亂廛)에 대한 법은 전적으로 육의전(六矣廛)이 나라의 일에 수응하는 대가로 그들로 하여금 이익을 독차지하게 하기 위해 제정하였습니다. 근래에는 민심이 예전만 못하여 오직 욕심만을 따르고 있으니, 하는 일 없이 빈둥거리는 무뢰배들이 삼삼오오 떼를 지어 제 맘대로 가게 이름을 붙여 놓고 무릇 사람들의 일용품에 관계되는 여러 가지 물건을 각자 주관하지 않는 자가 없습니다. 크게는 말에 싣고 배에 선적한 물건에서부터 작게는 머리에 이고 손에 든 물건에 이르기까지 길목에 사람을 잠복시켰다가 싼값에 강제로 사들이는데, 물건 주인이 만일 말을 듣지 않을 경우에는 문득 난전이라 지목하고 결박하여 형조와 한성부에 몰아넣은 다음 모진 형벌을 가하게 하고야 맙니다. 그러므로

125 시전(市廛)의……계사 : 1791년(정조15) 1월 25일 정사에서 당시 좌의정으로 있던 번암이 아뢴 내용이다. 《正祖實錄》《承政院日記》《日省錄》

126 만일 백성들에게 혜택이……논한다면 : 대본에는 '若欲惠民'으로 되어 있다. 《승정원일기》 정조 15년 1월 25일 기사에 근거하여 '欲'을 '論'으로 바로잡아 번역하였다.

물건을 소지한 사람들은 비록 본전에 밑지는 경우가 있더라도 어쩔 수 없이 눈물을 흘리며 팔고 떠나게 되는 것입니다.

이렇게 한 뒤에는 그 물건들을 제각기 가게에 벌여 놓고 두 배의 값을 불러 이익을 취하는데, 평민들이 사지 않으면 그만이겠지만 만일 사지 않을 수 없는 상황에 처한 사람이라면 그 가게를 버려두고는 문득 다른 곳에서 구할 수가 없습니다. 이 때문에 그 값이 나날이 올라서 신이 젊었을 때에 들은 것과 비교해 보면 세 배 또는 다섯 배보다도 더 물건이 귀해졌습니다. 근래에는 심지어 채소와 옹기까지 또한 가게 이름이 있어서 개인적으로는 사고팔 수 없으니, 백성들이 음식을 먹을 때 소금이 없는 것은 우선 논하지 않더라도 제수를 장만하여 조상의 제사를 지낼 길이 없는 곤궁한 선비도 왕왕 있습니다. 이는 다름이 아니라 전적으로 도고를 금지하지 못한 결과인데, 오직 이 도고는 조정에서 금지하면 마땅히 중지되겠지만 오히려 입을 다물고 아무 말도 하지 못하는 이유는 단지 도고를 하는 간악한 백성의 원성이 자신에게 돌아올까 두려워하는 것에 지나지 않을 뿐입니다. 옛사람이 말하기를 "한 지방에서 곡소리 나는 것이 한집안에서 곡소리 나는 것과 비교하여 어떠하겠는가?〔一路哭 何如一家哭〕"[127]라고 하였습니다. 간교한 백성들이 삼삼오오 떼를 지어 남몰래 저주하는 것을 피하기 위해 도성에 사는 수많은 사람들의 고통스러운 형편을 한번 구제하지 않는다면,

127 한……어떠하겠는가 : 송(宋)나라 범중엄(范仲淹)이 재상으로 있을 때 각 지방 감사(監司)들의 명부를 가져다 놓고 무능한 관리의 성명에 표시를 하여 차례차례 경질하였는데, 당시 추밀사(樞密使) 부필(富弼)이 "어르신께서는 붓 한 번 대시는 것이지만 한집안에 곡소리 나는 것을 어찌 아시겠습니까."라고 하자, 범중엄이 한 말이다. 《五朝名臣言行錄 卷7 參政范文正公》

나라를 위해 원망을 떠맡는 의리가 과연 어디에 있겠습니까.

마땅히 평시서(平市署)로 하여금 수삼십 년 이래 자잘하게 새로 설치한 가게 이름을 찾아내어 모조리 혁파하게 하고, 형조와 한성부에 분부하여 육의전 외에 난전으로 지목하여 잡아들인 자들에 대해서는 형벌을 시행하지 말게 할 뿐만 아니라 잡아온 자들에게는 반좌법(反坐法)을 적용하게 해야 할 것입니다. 그렇게 한다면 상고(商賈)는 여러 가지 물건을 사고파는 이익이 있을 테고 백성은 생계가 곤궁해지는 근심이 없을 것입니다. 그리고 그 원망은 신이 스스로 감당하겠습니다.

상이 이르기를,

"아뢴 대로 하라. 백성의 습속이 옛날만 못한 지가 오래되었다. 만에 하나 명령이 시행되더라도 한미한 선비와 곤궁한 백성이 실제의 혜택을 입지 못하고 시전(市廛)의 삶이 날로 궁핍해진다면 이는 매우 고민스러운 일이다. 더구나 도성 안의 각 시전은 나라의 일에 수응하는 곳이 많으니, 조금 전에 한 판부사(韓判府事 한익모(韓翼謨))가 난전을 혁파하는 일로 연석(筵席)에서 아뢴 일을 인용하여 유시한 것은 바로 이런 뜻이었다. 경은 연석에서 물러난 뒤에 유사(有司)를 맡고 있는 신하들과 함께 물정을 널리 알아보되 각별하게 소상히 알아보고, 알맞은 도리를 힘써 찾아내어 유구하게 실효를 볼 수 있도록 하라."

하였다.

호남에서 납육으로 꿩을 진상하는 일의 폐막에 대해 아뢰는 계사[128]

陳湖南臘雉進上弊瘼啓

마침 납육(臘肉)의 일로 민간에 폐해를 끼친다는 말을 들었기 때문에 감히 아룁니다. 무주(茂朱)에서는 납육으로 멧돼지 한 마리를 2년에 한 번씩 봉진(封進)하는데, 으레 영고전(營庫錢) 100냥 및 본부(本府)의 회감미(會減米) 7섬 7말 5되를 경내(境內)의 포수에게 지급해서 사냥하여 잡도록 거행하였습니다. 그러다가 지난 무신년(1788, 정조12)에 상께서 특별히 백성들의 고통을 진념하여 산돼지 한 마리를 생치(生雉) 80마리로 대체하도록 드러내어 정식(定式)으로 삼게 하시니, 명령이 내려온 초기에 백성들은 모두 기뻐하면서 고을의 폐단이 이로부터 바로 사라질 것이라고 여겼습니다.

그 후 진상할 때가 되자 꿩 80마리를 일시에 잡는 것이 곤란하고, 시일이 지나는 사이에 또 썩어 상하는 것이 걱정되었습니다. 이에 영주인(營主人)에게 맡겨 널리 구하고 사들이도록 해서 기일을 어기지 않게 하자, 꿩값이 폭등하고 품귀 현상이 생겨서 마리당 가격이 3냥 5전까지 올랐으니 그 수가 도합 280냥이 되었습니다. 여기서 상항(上項)의 영고전과 회감미를 계산하여 제하고 나면 부족한 수가 160냥이나 되는데, 더 들어가는 값은 다시 나올 곳이 없었습니다. 이 때문에 백성들이

128 호남(湖南)에서……계사 : 1791년(정조15) 2월 20일 정사에서 당시 좌의정으로 있던 번암이 아뢴 내용이다. 《正祖實錄》《承政院日記》《日省錄》

모두 원통함을 호소하여, 어떤 사람은 전처럼 산돼지로 봉진하기를 원하고 어떤 사람은 꿩 한 마리당 2냥으로 가격을 정한 다음 경공(京貢)으로 만들기를 원하였습니다.

무주가 이와 같으니, 다른 것으로 대신 바치게 하는 호남의 고을이 무주와 바라는 것이 같지 않으리라고 어찌 장담할 수 있겠습니까. 해당 도의 도신에게 관문을 보내 물어서, 다른 것으로 대신 바치게 하는 고을이 얼마나 되는지, 그 폐단이 얼마나 심한지를 하나하나 장계로 보고한 뒤에 상량(商量)하여 상께 여쭈어 처리하게 하는 것이 어떻겠습니까?

상이 이르기를,

"처음에는 다른 것으로 대신 바치게 하는 여러 도에 관문을 보내 물은 뒤에 좋은 쪽으로 나에게 물어 처리하게 하고자 하였다. 그러다가 다시 생각해 보니, 납육으로 봉진하는 산돼지를 꿩으로 대신 바치게 하는 것이 조금이라도 민폐가 있을까 오히려 염려가 되었다. 그래서 총치(銃雉), 응치(鷹雉), 자치(雌雉)를 특별히 구별하지 말고 통틀어 봉진하게 하였으니, 이는 힘없는 백성들을 위해 곡진하게 폐단을 염려하는 고심에서 나온 것이다. 그런데 영읍(營邑)에서 이 뜻을 제대로 받들어 펴지 못해서 혜택이 아래에까지 미치지 못하여 폐단이 도리어 전보다 더 심해졌으니, 어찌 매우 놀랍고 통탄스러운 일이 아니겠는가.

경의 말을 듣기 전에도 오히려 경공으로 만드는 내용으로 연석에서 말하는 사람이 있었는데 지금 경이 아뢴 바가 이와 같으니, 바로 잡는 일에 대해서 어찌 관문을 보내 묻기를 기다리겠는가. 대체로 모든 일은 전례를 따르면 된다. 더구나 꿩은 생선과 마찬가지인 데야 더 말할 것이 있겠는가. 말린 숭어 명색은 호서(湖西)에서 진상하는 삭선(朔膳) 가운데 힘없는 백성에게 폐해를 끼친다는 이유로 예전에 고(故) 상신(相臣)의 건의로 인하여 가미(價米)로 선혜청에서 곧장 각 전(殿)과 궁(宮)에 바치게 하였으니, 힘없는 백성을 위하는 성조(聖祖)의 성대한 덕과 큰 은혜에 호서의 백성들이 지금까지도 혜택을 입고 있다.

납육으로 진상하는 꿩이 어찌 이것과 다르겠는가. 설령 전례가 없고 폐단이 없더라도 제도를 새로 만들어 시행할 수 있는데, 전례에 근거할 만한 폐단이 있기가 저와 같다. 경은 연석에서 물러간 후에 한결같이 말린 숭어를 가미로 봉진한 전례에 따라 선혜청 당상과 함께 참작하여 수효를 마련하고, 다른 것으로 대신 바치게 하는 각 해당 여러 도에 관문을 보내 편리한지를 물으라. 이어 선혜청으로 하여금 별단을 갖추어 하나로 결론지어 초기하고 《탁지정례(度支定例)》 및 《공선정례(貢膳定例)》에 기재하게 하라."

하였다.

왜인에게 지급하는 단삼을 왜역에게 내주는 일에 대해 논하는 계사[129]

論給倭單蔘出付倭譯啓

단삼(單蔘)에 대한 일로 마침 언단(言端)이 있었기에 감히 우러러 아룁니다. 왜인에게 지급하는 단삼은 무인년(1758, 영조34)부터 시작하여 왜역청(倭譯廳)으로 하여금 담당해서 준비하게 하였습니다. 당초에 절목을 정할 때에는 매년 강계(江界)에서 봉납하는 체삼(體蔘) 35근과 미삼(尾蔘) 25근을 호조에서 거두어들이는 대로 즉시 왜역(倭譯)에게 지급하여 애초에 저장해 두지 않았으니, 대개 냉고(冷庫)에 유치(留置)해 두었다가 햇볕에 말리는 때를 놓치면 매번 색이 변하고 벌레가 먹는 근심이 있었기 때문입니다.[130]

근년 이래 단삼을 유치해 두기도 하고 지급하기도 하였는데, 유치해 둔 것은 한번 무더위를 지나고 나면 바로 부패하여 전혀 쓸 수 없어서 영영 버려야 했으니 공가(公家)의 손실이 실로 적지 않았고, 껍질만 조금 남은 것을 억지로 왜역들에게 지급하였으니 공적으로나 사적으로

129 왜인(倭人)에게……계사 : 단삼은 해마다 왜(倭)에서 오는 송사(送使)들에게 지급하는 예단삼(禮單蔘)을 말한다. 강계에서 호조로 상납한 것을 호조에서 왜학 역관들에게 주어 왜관으로 가져가 전달하게 하였다. 《承政院日記 正祖 12年 8月 18日》 1791년(정조15) 2월 20일 정사에서 당시 좌의정으로 있던 번암이 아뢴 내용이다. 《承政院日記》《日省錄》

130 매번……때문입니다 : 대본에는 '每有色渝蟲損之患故'로 되어 있다. 《승정원일기》 정조 15년 2월 20일 기사에 근거하여 '故' 뒤에 '也'를 보충하여 번역하였다.

나 미치는 피해가 이보다 큰 것이 없었습니다.

이제부터는 본조(本曹)에 현재 유치해 둔 삼(蔘) 및 앞으로 강계에서 바치는 것은 당초의 절목대로 모두 왜학청(倭學廳)에 내주게 해서, 그들로 하여금 원통함을 호소하는 데 이르지 않게 하고 공화(公貨)가 손실되는 일이 없게 하는 것이 좋을 듯합니다. 이렇게 호조에 분부하는 것이 어떻겠습니까?

상이 이르기를 "아뢴 대로 하라." 하였다.

번암집

제31권

啓계

호조와 선혜청에서 비용을 미리 지불하는 일을 엄히 금하기를 청하는 계사[1] 신해년(1791, 정조15)

請嚴禁度支惠廳預下啓 辛亥

신이 일찍이 호조를 맡고 있을 때 재용(財用)이 고갈되는 폐단의 근원에 대해 자세히 조사해 보니, 비용을 미리 지불한 것이 빌미가 되지 않은 적이 없었습니다. 대개 비용을 미리 지불하는 것을 '인등[引等]'이라고 하는데, 마땅히 갚아야 할 분기가 되어서도 반드시 온갖 방법으로 청탁하기를 도모하여 다시 해당 분기의 예산을 받아 냈으니, 이른바 이전에 미리 지불한 비용은 마침내 구유재(舊遺在)[2]가 되어 비록 장부에 있기는 해도 실제로는 무용지물이었습니다. 이와 같았기 때문에 각 항목의 재용이 점차 고갈되었으니, 호조가 이와 같고 보면 선혜청 또한 알 만합니다.

호조와 선혜청은 바로 조정의 중신들이 주관하는데 국가의 예산이 중하다는 것을 생각하지 못하고 늘 잘못을 답습하였으니, 이보다 더 개탄스러운 일은 없습니다. 이제부터 이후로는 엄히 금방(禁防)을 세워서 호조와 선혜청을 막론하고 만일 비용을 미리 지불하는 일이 있으

1 호조와……계사 : 1791년 2월 29일 정사에서 당시 좌의정으로 있던 번암이 아뢴 내용이다. 《正祖實錄》《承政院日記》《日省錄》

2 구유재(舊遺在) : 유재(遺在)로 처리된 지 여러 해가 된 분량을 말한다. 유재는 호조에서 공인(貢人)들에게 공가(貢價)를 먼저 지급하고 공물(貢物)을 납품받은 뒤에 회계 처리하는 과정에서 나오는 용어로, 납품받은 양이 적어 채우지 못한 물종(物種)으로 남아 있는 것을 말한다. 《萬機要覽 財用編3 戶曹貢物》

면, 묘당에서 들리는 대로 감처하기를 청하여 경계하고 권면하는 바탕으로 삼는 것을 그만두어서는 안 될 듯합니다.

상이 이르기를,

"아뢴 대로 하라. 대저 이러한 등의 일에서 유사(有司)를 맡은 신하가 감히 사심을 부리지 못하도록 하는 것은 전적으로 묘당에 달려 있으니, 묘당이 살펴서 금지하면 유사를 맡은 신하가 자연 두려워하고 꺼리는 마음을 갖게 되기 때문이다. 지금 경의 말을 들으매 깊이 묘당의 체모를 얻었으니, 매우 옳은 말이다.

호조와 선혜청에서 비용을 미리 지불하고 파는 폐단은 이로부터 혹 조금 줄어들겠지만 가장 문제가 되는 것은 균역청의 일이라고 핑계 대는[3] 간교한 폐단이니, 이는 비록 묘당이라 해도 속기가 쉽다. 마땅히 폐단의 원인부터 바로잡아야 하니, 먼저 균역청에서 물건을 사는 일부터 물려가 해당 당상과 상의해서 엄히 과조(科條)를 세우고 별도로 초기하여 정식으로 삼으라."

하였다.

3 핑계 대는 : 대본에는 '托事'로 되어 있다. 《정조실록》 15년 2월 19일 기사와 《승정원일기》 정조 15년 2월 19일 기사에 근거하여 '事'를 '辭'로 바로잡아 번역하였다.

의빙을 핑계로 건너온 차왜에게 책유를 내린 다음 돌려보내기를 청하는 계사[4]

請議聘差倭責諭還送啓

근래 동래 부사(東萊府使)의 장계를 보니, 의빙이라는 핑계를 대면서 규례 외에 건너온 왜인이 있었습니다. 의빙이라는 말은 실로 전에 없던 것이니, 왜인들의 정상(情狀)이 교활하기가 너무도 괘씸합니다. 동래 부사에게 분부하여 각별히 책유를 내리고 속히 돌려보내게 하는 일을 결코 그만두어서는 안 됩니다. 일이 변경의 실정에 관계되므로 감히 이렇게 우러러 아뢉니다.

상이 이르기를 "아뢴 대로 하라." 하였다.

4 의빙(議聘)을……계사 : 1791년(정조15) 12월 25일 정사에서 당시 좌의정으로 있던 번암이 아뢴 내용이다. 《承政院日記》《日省錄》

고 집현전 교리 구인문에게 포증해 주기를 청하는 계사[5]

請褒贈故集賢校理具仁文啓

장릉(莊陵)을 위해 위용(威勇)을 세운 여러 신하를 숭현(崇顯)의 지위로 포상하신 것은 오늘에 이르기까지 더 이상 유감이 없습니다. 그 가운데 집현전 교리 구인문이 청맹(靑盲) 행세를 하며 종신토록 스스로 벼슬하지 않다가 온천에 목욕하러 간다는 핑계로 영월(寧越)에 가서 문안드린 일은 그 높고 굳은 충절이 죽음으로 섬겼던 여러 신하에 비하여 특별히 손색이 없으니, 지난날 정신(廷臣)의 상소에 대한 비답에서 특별히 그 이름을 거론하신 것은 영예가 막대하였습니다. 다만 그 자손들이 여러 신하의 경우처럼 추증의 은전을 받지 못한 것 때문에 소외되었다는 탄식이 없지 않으니, 풍성(風聲)을 수립하는 방도로 볼 때 특별히 증직하는 은전을 시행하는 것이 마땅할 듯합니다. 그러므로 감히 이렇게 우러러 아룁니다.

상이 이르기를 "아뢴 대로 하라." 하였다.-총재(冢宰)에 추증된 후 다시 증시(贈諡)를 청하여 윤허를 받았다.-

5 고(故)……계사 : 1791년(정조15) 3월 5일 정사에서 당시 좌의정으로 있던 번암이 아뢴 내용이다. 《正祖實錄》《承政院日記》《日省錄》

각 읍 저치미의 사의에 대해 논하는 계사[6]

論各邑儲置米事宜啓

선혜청이 청해 얻은 곡물을 수조안(收租案)에 더해 넣어서 다 배로 운송하고 저치미(儲置米)[7]의 경우 모두 환곡으로 대신 떼어 두게 하였으니, 이는 유사(有司)를 맡은 신하가 경비를 염려하여 이렇게 부득이한 정사를 시행한 데에서 나왔습니다. 그러나 다시 도정(搗精)할 때에 폐해를 끼치는 것은 말하지 않아도 알 수 있으니, 이미 폐해를 끼친다는 것을 안 이상 다친 사람을 돌보듯이 백성을 보살피는 이런 성세(聖世)를 맞아 어찌 경비가 염려된다고 하여 바로잡아 구제할 방도를 생각하지 않을 수 있겠습니까.

4분기의 용하(用下)는 비록 환미(還米)로 구획(區劃)할 수 있다 하더라도, 선가미(船價米) 등 여러 조목은 지금부터 반드시 거두어들인 신미(新米)를 본읍에 저치해 두었다가 책응(策應)하라는 내용으로 선혜청에 분부하는 것이 어떻겠습니까?

6 각……계사 : 1791년(정조15) 4월 5일 정사에서 당시 좌의정으로 있던 번암이 아뢴 내용이다. 《正祖實錄》《承政院日記》《日省錄》

7 저치미(儲置米) : 불시의 공용(公用)에 대비하여 비축하던 쌀을 말한다. 대동법이 실시되면서 거둔 쌀 가운데 선혜청으로 올려보내지 않고 각 고을에 저치(儲置)해 둔 대동 저치미(大同儲置米)와 전병선(戰兵船)의 수리 비용 명목으로 비축해 둔 선저치미(船儲置米)가 있었는데, 선저치미는 환곡으로 운용하는 것이 허용되었으나, 대동 저치미는 환곡으로 운용하는 일 등이 금지되었다.

상이 이르기를,

"아뢴 대로 하라. 대저 거두어들인 조(租)를 각 도에 나누어 내려 줄 때에 많은 양을 열읍(列邑)에 저치해 두게 한 것은 옛사람의 깊은 뜻을 엿볼 수 있다. 낭관이 각 도에 나누어 내려 줄 내용을 대략 구성한 다음 기록하여 당상(堂上)에게 보내면 세 번 올려도 세 번 다 물리쳐서 기어이 많이 저치하게 한 뒤에야 그만두었으니, 이 일이 미담으로 전해 오고 있다. 그러나 옛날과 지금은 사정이 달라져서 장납(裝納)이 점차 더욱 증가하였고 이 때문에 연전에 특별히 신칙하는 하교를 내렸으니, 선혜청에서는 반드시 사안의 완급을 헤아려 거행했어야 한다. 그런데 지금 전 감사의 말[8]을 들으매 참으로 이런 일이 있었으니 대단히 말이 되지 않는다.

경은 연석에서 물러난 뒤에 신칙하는 하교를 내린 이후 작성된 수조반강(收租頒降)의 문서들을 가져다 상고해 보아서, 만일 신미를 써야 할 곳에 구미(舊米)를 떼어 준 일이 있으면 해당 당상을 초기(草記)로 논죄(論罪)하라. 그것이 아니면 필시 선혜청에서 편중되게 떼어 주었거나 각 고을에서 바꾸어 써서 그렇게 되었을 것이다. 이와 같지 않다면 어찌 다시 도정하는 폐해가 민간에 미칠 리가 있겠는가. 이렇든 저렇든 간에 경은 유념하여 엄히 신칙해서 영남 백성들로 하여금 실재의 효과를 입을 수 있게 하고, 조정의 본의가 항상 여기에 온 마음을 기울이고 있다는 것을 알게 하라."

하였다.

8 전 감사의 말 : 1791년(정조15) 4월 5일 윤대(輪對)를 거행할 때 전 경상도 관찰사 이조원(李祖源)이 아뢴 말을 가리킨다.

가산산성에서 관리하다 축낸 돈을 도신으로 하여금 차례차례 보충하게 하는 일에 대해 논하는 계사[9]

論架山逋錢令道臣鱗次充補啓

영남의 가산산성(架山山城)은 위급할 때 도내에서 가장 믿을 만한 곳이기 때문에 전곡(錢穀)을 쌓아 두고 도신이 직접 점검하였으니, 그 법의(法意)가 어찌 공연한 것이겠습니까. 근래 가산산성의 전곡 문서(錢穀文書)[10]를 보건대, 쌓아 둔 전화(錢貨)가 애초에는 21만여 냥이었지만 단지 각각의 사람들이 빌려 가서 거두어들이지 못했다는 내용으로 시일이 지나면서 현록(懸錄)된 것이 수만 냥뿐만이 아니었으니, 현재 창고의 비축분은 하나도 남아 있지 않았습니다.

무릇 창고의 재화를 지키는 감색(監色)들이 쥐나 개처럼 훔치는 경우는 간혹 있습니다만, 각각의 사람들이 빌려 갔다고 말하였고 보면 감색 무리들이 훔친 경우는 아니라는 것을 알 수 있습니다. 따라서 이는 그동안 도신들이 수령의 세력과 사사로운 안면에 구애되어 그들이 청하는 대로 빌려주고 나서 그들이 핑계 대는 대로 맡겨 두고 보고하지 않았다가 마침내 해를 넘겨서 그대로 받아 낼 수 없는 장부가 되기에 이른 것에 지나지 않습니다. 이것이 그동안 전해 내려온 폐습이므로

9 가산산성(架山山城)에서……계사 : 1791년(정조15) 2월 29일 정사에서 당시 좌의정으로 있던 번암이 아뢴 내용이다. 《正祖實錄》《承政院日記》《日省錄》

10 전곡 문서(錢穀文書) : 대본에는 '文書'로 되어 있다. 《승정원일기》 정조 15년 2월 29일 기사에 근거하여 앞에 '錢穀'을 보충하여 번역하였다.

비록 시임 도신에게 책임을 물을 수 없기는 하지만, 대개 제대로 관리하지 못한 것은 그동안 도신들이 공무 수행을 소홀히 했던 소치 아님이 없으니, 통탄스러운 심정을 견딜 수 있겠습니까.

평안 병영(平安兵營)의 경우 겨우 군수전(軍需錢) 3, 4만 냥이 포흠(逋欠)에 들어간 것을 징수해 낼 방법이 없어서 조정에서 차후로 부임하는 병사(兵使)로 하여금 해마다 5000냥을 비축하여 그 수를 채우고 나서 그만두게 하였습니다. 그렇다면 가산산성의 전곡 또한 군수(軍需)입니다. 평안 병사로 하여금 시행하게 했던 일을 어찌 유독 영남 병영에 대해 망설일 까닭이 있겠습니까.

지금부터 영남 병영에 분부하여 도신으로서 추봉(秋捧)을 하는 자는 매년 5000냥을 산성에 보내 쌓아 두고 봉부동(封不動)으로 만들게 한 다음, 그 상황을 본사(本司)에 보고하여 근만(勤慢)을 고과(考課)하도록 하라는 내용으로 영구히 정식으로 삼아 시행하게 하소서. 그리고 위에서 이른바 각각의 사람들이 빌려 가서 거두어들이지 못한 것 또한 마땅히 거두어들일 만한 곳이 있을 터이니, 또한 매년 자비(自備)한 것으로 차례차례 보충하여 당초의 21만 냥의 수량이 맞추어지면 이와 같이 한 뒤에 그만두게 하는 것이 불가하지는 않습니다. 이후로 도신이 다시 혹 사사로운 안면에 구애되어 흩어 빌려주는 폐단이 있으면 해당 도신을, 들리는 대로 연석(筵席)에서 아뢰어 엄하게 감처하도록 하는 것을 결코 그만두어서는 안 됩니다. 마침 영남 병영의 문부(文簿)를 보고 개탄스러운 심정을 견디지 못하여 감히 이렇게 우러러 아뢥니다.

상이 이르기를 "아뢴 대로 하라." 하였다.

호남 조운의 폐단을 바로잡기를 청하는 계사[11]

請湖南漕弊釐正啓

호남 조운의 폐단을 바로잡는 데 대한 일입니다. 성당창(聖堂倉)의 전해 내려오는 고질적인 폐단은 도신의 장계 가운데 자못 상세하게 논열(論列)하였으니[12] 그 폐단을 바로잡는 요도(要道) 같은 경우는 함열 현감(咸悅縣監)으로 하여금 아산(牙山)의 사례같이 세곡(稅穀)을 받아 영운(領運)하게 하는 것입니다.

이전에도 여러 번 이런 뜻을 말하였지만, 신의 생각에는 근래 기강이 해이해져서 조정의 명이 내려져도 유명무실해지는 경우가 대부분이었기에 만일 영운을 명해도 혹 육로를 통해 가는 폐단이 있다면 애초에 명을 내리지 않는 것만 못합니다. 지금은 도신의 장계가 이처럼 지극히 수고로우니, 이는 조정에서 허가하지 않을 일이 아닙니다. 내년 봄부터 함열 현감으로 하여금 세곡을 받아 조선에 타서 조정의 명을 준수하게 하되, 혹시라도 싫어하여 피하지 못하게 하라는 내용으로 특별히 도신에게 신칙해야 할 것입니다.

충청도 수군우후(忠淸道水軍虞候)가 원산(元山)에서 조선(漕船)을 점열(點閱)하는 것은 원래 전해 내려오는 예전의 규례입니다. 이미

11 호남(湖南)……계사 : 1791년(정조15) 12월 25일 정사에서 당시 좌의정으로 있던 번암이 아뢴 내용이다. 《正祖實錄》《承政院日記》《日省錄》

12 도신의……논열(論列)하였으니 : 1791년 12월 25일 정사에서 번암이 인용했던 전라 감사 정민시(鄭民始)의 장계 내용을 말한다.

안흥(安興)을 혁파한 뒤에 우후가 원산으로 나가서 조선을 점열하는 것은 바로 예전의 규례를 회복하는 일이니, 이대로 시행하는 것이 실로 사리에 맞을 것입니다.

조선이 경강(京江)에서 돌아갈 때 호조 낭청이 조창(漕倉)의 차원(差員)과 함께 강어귀에 나가 선척(船隻) 및 조졸(漕卒)을 점열하여 동시에 출발시켜야 한다[13]고 청한 일은 또한 빈 배를 고의로 부수는 일을 예방하자는 뜻에서 나왔습니다. 그러나 호조 낭청이 함께 점열하는 것은 일이 번거로운 듯하니, 차원으로 하여금 각별히 점고(點考)하게 해서 선주(船主)가 뒤로 처지는 폐단이 없게 하고, 만일 고의로 파선(破船)시켰다가 진상이 포착되는 경우가 있으면 차원을 논죄하겠다는 뜻으로 미리 신칙하는 것이 좋을 듯합니다. 이것으로 분부하는 것이 어떻겠습니까?

상이 이르기를 "아뢴 대로 하라." 하였다.

13 호조……한다 : 대본에는 '點閱發送'으로 되어 있다. 의미가 확연하게 통하지 않아 《승정원일기》 정조 15년 12월 25일 기사에 보이는 전라 감사 정민시(鄭民始)의 장계 내용에 근거하여 '戶曹郎廳與漕倉差員, 出往江頭, 點閱船隻及漕卒, 同時發送'으로 바로잡아 번역하였다.

강계 본 고을에서 잉여분의 삼을 사는 것을 금하기를 청하는 계사[14]

請禁江界官貿剩蔘啓

강계의 삼폐(蔘弊)는 지금 이미 바로잡아 개혁하였습니다. 다만 생각건대 차후로 혹 삼에 풍년이 드는 때를 만나면 공납(公納)하는 30근 외에 다시 잉여분이 생기는 것이 또한 이상하지는 않을 것입니다. 그러나 이것을 본 고을에서 예전처럼 관리하여 원래 정한 가격인 4냥 2전으로 사들이게 한다면, 이는 부사(府使) 자신이 이익을 독점하고 실질적인 혜택이 백성에게 미치지 못하게 되는 것입니다. 만일 그렇게 된다면 이것이 어찌 조정에서 강계 백성들을 위해 애써 폐단을 바로잡은 뜻이겠습니까.

지금부터 이후로는 엄히 과조(科條)를 세워서 30근 외에는 많고 적음을 막론하고 무릇 잉여분이 있거든 본 고을에서 사들이지 못하게 하고, 모두 삼을 캔 백성들에게 맡겨 그들이 마음대로 매매하게 하소서. 이와 같은 내용을 정식으로 삼은 뒤에 만일 범하는 자가 있으면, 도신(道臣)이 특별히 탐문을 더한 다음 즉시 장계로 보고하여 탐욕을 징계하는 형률을 시행하는 것을 결단코 그만둘 수 없습니다. 그러므로 감히 이렇게 우러러 아뢰니다.

14 강계(江界)……계사 : 1791년(정조15) 11월 14일 정사에서 당시 좌의정으로 있던 번암이 아뢴 내용이다. 《正祖實錄》《承政院日記》《日省錄》

상이 이르기를,

“아뢴 대로 하라. 이와 같이 거조(擧條)를 내고 정식으로 삼은 뒤에 다시 혹 범한 자가 있는데 즉시 적발하지 못한다면 해당 수령이 처벌을 받는 외에 해당 도신도 그 책임을 면하기 어려울 것이다. 또한 그때 파견된 어사가 그 근만(勤慢)을 고과(考課)해야 할 것이다. 이것을 절목(節目)에 기재하고, 이어 본부(本府)로 하여금 전에 내린 거조 및 이 거조와 절목을 게판(揭板)하여 늘 보게 하라는 내용으로 분부하라.”

하였다.

강계의 민호가 삼을 재배하도록 신칙하기를 청하는 계사[15]
請飭江界民戶種蔘啓

강계의 백성들이 유리(流離)하여 흩어지는 것은 오로지 삼폐(蔘弊) 때문이고, 삼폐가 해마다 더해지는 것은 오로지 삼의 산출이 이전만 못하기 때문입니다.[16] 삼이 비록 영초(靈草)이기는 하지만 또한 인력으로 배양하여 채취할 수 있으니, 근래 영남에서 가삼(家蔘)을 재배하는 것으로 미루어 보면 그 이치를 또한 징험할 수 있습니다.

강계는 본래 삼이 자라기에 알맞은 토양이고 민가가 대체로 산에 의지해 있으니, 집 뒤가 원(園)이 아니라 바로 산입니다. 지금 만일 고을에서 민호(民戶)를 신칙하여 삼을 재배하는 것을 업(業)으로 삼게 한다면 집 뒤에서 재배하는 것이 산삼(山蔘)과 반드시 다르지 않을 터이니, 삼정(蔘政)에는 조금이나마 보탬이 있을 것이고 힘없는 백성에게는 이익이 있을 것입니다. 가삼에 대한 법이 어찌 영남에서만 좋은 결과를 독차지하게 할 수 있겠습니까.

백성들이 어리석어서 처음으로 시작하기는 어려울 것이니 고을에서 반드시 이런 내용으로 신칙하여 농사를 권장하고 양잠을 권장하듯이 하면, 그런 뒤에야 거의 유명무실하게 되지 않을 것입니다. 이것으로

15 강계(江界)의……계사 : 1791년(정조15) 2월 20일 정사에서 당시 좌의정으로 있던 번암이 아뢴 내용이다. 《正祖實錄》《承政院日記》《日省錄》

16 강계의……때문입니다 : 대본에는 '江民之流散, 專由於蔘產之不及前矣.'로 되어 있다. 《승정원일기》 정조 15년 2월 20일 기사에 근거하여 '散' 뒤에 '專由於蔘弊, 而蔘弊之歲增,'을 보충하여 번역하였다.

도백에게 관문을 보내 신칙해서 해당 읍에 거듭 유시하게 한 다음 주의하여 거행하게 하는 것이 사리에 합당할 듯합니다.

상이 이르기를 "아뢴 대로 하라." 하였다.

식목에 소용되는 상수리[17]를 돈으로 대신 내는 것이 폐단을 끼치는 문제에 대해 논하는 계사[18]

論植木所用橡實代錢貽弊啓

금년에 상수리〔橡實〕가 민간에 폐해를 끼치는 것은 신이 또한 대략 들어서 알고 있습니다. 성상께서 원침(園寢)을 지정(卜定)하는 데 들어가는 재용(財用) 때문에 힘없는 백성들에게 조금도 폐해를 끼치지 않으려 하시니, 누군들 공경하여 경탄하지 않겠습니까. 그러나 지극히 사소하고 미세한 상수리가 마침 흉작이 되어 모르는 사이에 이렇게 민읍(民邑)의 폐해가 되었으니, 이미 들은 이상 제때에 바로잡아 구원하지 않을 수 없습니다.

본색(本色)으로 징봉(徵捧)한 것은 다시 논의할 필요가 없거니와, 가전(價錢)으로 대신 거둔 것은 민호에 돌려주고 본색이든 가전이든 간에 아직 마무리하지 못한 것은 해당 도신에게 분부하여 나누어 정한 수를 제감(除減)하게 하는 것이 마땅할 듯합니다.

상이 이르기를,

"아뢴 대로 하라. 본원(本園)의 일에 속하는 사안이니 혹 조금이라도

17 소용(所用)되는 상수리 : 대본에는 '所橡實'로 되어 있다. 아래 내용에서 '昨秋植木所用橡實'이라고 한 것에 근거하여 '所' 뒤에 '用'을 보충하여 번역하였다.

18 식목(植木)에……계사 : 1791년(정조15) 2월 20일 정사에서 당시 좌의정으로 있던 번암이 아뢴 내용이다. 《承政院日記》《日省錄》

민폐(民弊)가 없어야 한다. 고심이 혹 아랫사람을 신복(信服)하게 할 수 있을까 생각했는데, 사소하고 미세한 상수리의 일 하나 때문에 강원도의 민폐가 이런 지경에까지 이르렀으니 그 말을 들으매 매우 두렵다. 그러나 이미 들은 이상 잠시라도 그 폐해를 그대로 둘 수는 없다. 즉시 묘당으로 하여금 삼현령(三懸鈴)으로 공문을 띄워 해당 도에 알리게 하되, 이미 봉납한 것 외에는 비록 본색이라 하더라도 즉시 도로 내주게 하라. 그리고 이미 바친 것 가운데에서도 백성들이 준가(準價)를 받지 못한 것은 또한 공곡(公穀)으로 회감하도록 분부하고, 가전으로 대신 봉납한 것 또한 즉시 하나하나 도로 내주게 하라.

원역(園役)에 대한 일을 어찌 조금이라도 소홀히 할 수 있겠는가. 각 읍에서 거행한 것이 부지런하였는지 태만하였는지는 경이 특별히 더욱 탐찰(探察)하여, 만일 부지런히 거행하지 않은 폐단이 있으면 비변사 낭청을 파견하여 몰래 적간한 다음 발견되는 대로 즉시 본사(本司)에 수본(手本)을 바치게 하고, 본사에서 초기(草記)로 논감(論勘)하게 하라.

작년 가을 식목에 소용된 것은 상수리 1포당 미(米) 1포로 대신 지급하는 것을 과연 규식대로 수량에 맞추어 지급하였는가? 또한 해당 도백으로 하여금 각 해당 읍에 엄히 신칙하게 하되, 설령 간악한 짓을 용납해 준 곳이 있더라도 특별히 명령이 내려지기 전으로 간주하여 즉시 수량에 맞추어 추심해 지급하도록 각별히 엄히 신칙하라. 차후로 본도에 지정하는 것은 다시 하교를 기다려 하도록 본사에서 잘 알게 하라."

하였다.

양처 소생의 역노는 단지 역리로 올려 주는 것만 허락하기를 청하는 계사[19]

請驛奴良産只許陞吏啓

신해년(1731, 영조7) 이후로 공천(公賤)과 사천(私賤) 가운데 양처(良妻) 소생에 대해 모두 양인(良人)이 될 수 있도록 허락한 것은 바로 선조(先朝)에서 정한 제도입니다.[20] 그러나 《속대전(續大典)》에는 유독 역졸(驛卒)에 대해서만 양처 소생일 경우에는 자원(自願)에 따라 시행한다고 기록되어 있습니다.[21] 그런데 각 역(驛)에서는 "자원에 따른다.〔從願〕"라는 말은 자원에 따라 양인이 될 수 있게 허락하는 것이 아니라 곧 자원에 따라 역리(譯吏)로 올려 주는 것을 가리킨다고 생각하였습니다. 그러므로 신해년에 입법한 초기부터 또한 양처 소생의

19 양처(良妻)……계사 : 1791년(정조15) 4월 30일 정사에서 당시 좌의정으로 있던 번암이 아뢴 내용이다. 《正祖實錄》《承政院日記》《日省錄》

20 신해년……제도입니다 : 1730년 12월 26일 경기 암행 어사 김상성(金尚星)이 군역(軍役)과 인족(隣族)의 폐해를 통절히 진달하고 이어 모든 노비의 양처 소생은 공천과 사천을 막론하고 모역(母役)에 따르게 하여 양정(良丁)의 수효를 늘릴 것을 청하자 "금년부터 소생은 영갑(令甲)으로 정하여 공천과 사천을 막론하고 모역에 따르게 하라." 라고 전교하였다. 《英祖實錄 6年 12月 26日》

21 속대전(續大典)에는……있습니다 : 《속대전》〈형전(刑典) 공천〉에 "역노(驛奴)로서 공천과 사천에게 장가들어 소생이 남자이면 부역을 좇게 하고 여자이면 모역을 좇게 하며, 양녀에게 장가들어 소생이 역역을 자원하는 경우에는 종량례에 의거하여 역리로 올려 주고 그 자녀는 일체 역에 속하게 한다.〔奴娶公私賤所生, 男從父役, 女從母役, 娶良女所生, 驛役自願者, 依從良例, 陞驛吏, 其子女, 一體屬驛.〕"라고 하였다.

역졸이 양인이 되는 것을 허락받은 경우는 없었고, 단지 자원에 따라 역리로 오른 경우만 있었을 뿐입니다.

대개 국가가 중요하게 여기는 것은 역로(驛路)보다 더한 것이 없으니, 만일 양인이 되는 것을 허락한다면 역역(驛役)에 종사하는 사람이 없을까 걱정이 됩니다. 그러므로 법을 세운 뜻은 아마도 여기서 나온 듯합니다. 지금 듣건대 동북(東北) 지역의 각 역에서는 양처 소생의 역졸들이 "자원에 따른다."라는 두 글자를 구실로 삼아 대부분 역역을 버리고 양인이 되고자 호소하는 경우가 분분하다고 하니, 어찌 전일에 시행하지 않은 사례를 처음 만들어서 역로가 갈수록 더욱 쇠잔해지는 폐단을 초래할 수 있겠습니까. 이것은 한번 진달하여 바로잡지 않을 수 없습니다. 지금부터 이후로 "자원에 따른다."라는 두 글자는 단지 역리로 올려 주는 한 가지 경우에만 적용하게 해서 다시는 도피를 일삼는 근심이 없게 하는 것이 어떻겠습니까?

상이 이르기를 "아뢴 대로 하라." 하였다.

호남의 치공 보인이 바친 돈을 각각 해당 고을에 지급하기를 청하는 계사[22]

請湖南雉貢保人各給該邑啓

여러 도에서 생치(生雉)를 진상하는 일에 대한 폐단을 바로잡으라는 명으로 인하여 선혜청에서 별단(別單)을 올려 아뢰었습니다. 호남의 치공 보인을 아울러 혁파하라고 명하신 것은 일의 체모가 정대하고 혜택이 넘치는 조치이니, 신은 실로 경앙(敬仰)하였습니다. 다만 보인이 바친 돈을 도신으로 하여금 처리하게 하라고 하교하셨는데, 이와 같이 한다면 그 돈의 명색(名色)이 예전처럼 경솔하게 처리되지 않으리라고 또한 어찌 보장할 수 있겠습니까.

신의 생각은 이렇습니다. 이미 치공을 혁파한 이상 그 보인이 바친 돈을 각각 해당 고을에 지급하여 황구첨정(黃口簽丁)과 백골징포(白骨徵布)의 대신으로 채워 보태게 한다면 그 실질적인 혜택이 이루 다 말할 수 없을 것입니다.

상이 이르기를 "아뢴 대로 하라." 하였다.

22 호남의……계사 : 1791년(정조15) 7월 16일 정사에서 당시 좌의정으로 있던 번암이 아뢴 내용이다. 《承政院日記》《日省錄》

균역청에서 미리 물건을 사는 폐단에 대해 논하고 이어 비용을 미리 지불하는 일을 금하기를 청하는 계사[23]

論均廳預貿之弊仍請禁預下啓

선혜청과 호조에서 비용을 미리 지불하는 폐단에 대해서는 엄하게 과조(科條)를 세우고 따로 초기(草記)하여 정식(定式)으로 삼으라는 내용으로 명하셨습니다.[24] 균역청의 봉하 문서(捧下文書)를 가져다 상고해 보니, 매년 미(米)의 부족분이 2만 4000섬이었는데 그 가운데 1만 4000섬은 선혜 삼남청(宣惠三南廳)의 대동미(大同米) 중에서 전선(全船)으로 가져다 쓴 후 공미(貢米)를 사다가 다시 갚았고 그 나머지 부족분 1만 섬 또한 공미를 사서 수용(需用)에 충당했으며, 목(木)의 부족분은 240~250동(同)이었는데 역시 공목(貢木)을 사서 수용하였습니다. 그러므로 판로(販路)를 열어 놓기 위해 으레 미리 물건을 사는 법이 있었던 것입니다.

그러나 과도하게 미리 물건을 사는 폐단은 또한 막지 않을 수 없었기 때문에 고 상신(相臣) 정홍순(鄭弘淳)이 30개월로 기한을 정하였으니,

23 균역청에서……계사 : 1791년(정조15) 5월 24일 정사에서 당시 좌의정으로 있던 번암이 아뢴 내용이다. 《承政院日記》《日省錄》

24 선혜청과……명하셨습니다 : 1791년 2월 29일 내린 전교에 의하면, 엄히 과조를 세우고 별도로 초기하여 정식으로 삼게 한 것은 균역청에서 미리 물건을 사는 폐단에 대한 명이었고, 호조와 선혜청에서 비용을 미리 지불하는 폐단에 대해서는 엄히 금방(禁防)을 세워서 들리는 대로 감처하기를 청하라고 명하였다. 《樊巖集 卷31 嚴禁度支惠廳預下啓》

지금 굳이 별도로 과조를 세울 필요는 없습니다. 30개월의 규례를 거듭 엄중히 하되, 혹여 전혀 이납(移納)할 곳이 없어서 어쩔 수 없이 조금 더 변통해야 할 때에는 균역청으로 하여금 묘당에 의논하게 해서 연석(筵席)에서 상께 여쭌 뒤에 기한을 물리도록 한다면, 이것이 빌미가 되어 혼잡한 일이 발생하는 구멍은 막기를 기약하지 않아도 저절로 막힐 것입니다. 이로써 분부하여 정식으로 삼아 시행하게 하소서.

기타 무릇 사목(事目)에 관계된 부분 이외에 미(米), 태(太), 목(木), 포(布)가 전환된 명색은 일절 엄히 금지하고, 적발되는 대로 당상과 낭청을 논감(論勘)하게 하소서. 각 관사에 급대(給代)할 것을 미리 내려 주는 경우 또한 하나의 고질적인 폐단이니, 특교(特敎)로 판하(判下)하는 것 외에는 수효의 다과를 막론하고 일절 금단하여, 기한이 되기를 기다려 내주라는 내용으로 일체 엄히 신칙함으로써 규례를 흔들어 바꾸고 위반하는 폐단이 없게 하는 것이 어떻겠습니까?

상이 이르기를 "아뢴 대로 하라." 하였다.

각 관사에서 이례를 더 차출하는 일을 금하기를 청하는 계사[25]

請禁各司加出吏隷啓

이처럼 각 관사(官司)의 경용(經用)이 바닥난 시기에 하례(下隷)를 정수 이외에 더 차출하는 것은 그 폐단이 이루 말할 수 없을 정도입니다. 근년 이래로 사욕이 이기고 법이 해이해져서 무릇 권설도감(權設都監)의 이례를 앞에서 마음대로 부리는 경우가 있더라도 당상이 사사로운 안면에 구애되어 용인하고, 도감을 혁파할 때에는 문득 모두 자원(自願)에 따라 미(米)와 포(布)를 다루는 아문(衙門)과 각 군문(軍門)에 송부(送付)해서 그 수가 얼마나 많은지 알 수가 없으니, 예전에 없다가 지금은 있는 요포(料布)가 실로 각 아문에서 하나의 큰 고질적인 폐단이 됩니다.

차후로는 비록 도감을 설치하더라도 일이 끝나는 날 이례를 분속하는 규례에 대해 한결같이 엄히 신칙하고, 이와 같이 정식으로 삼은 후에 다시 만약 잘못을 답습한다면 나누어 송부하고 받아 배치한 해당 당상에 대해서는 동일하게 논죄하여 결단코 너그럽게 용서해서는 안 될 것입니다. 이러한 내용으로 거조(擧條)를 내어 미리 신칙하는 것이 어떻겠습니까?

25 각……계사 : 1791년(정조15) 2월 29일 정사에서 당시 좌의정으로 있던 번암이 아뢴 내용이다. 《正祖實錄》《承政院日記》《日省錄》

상이 이르기를,

"아뢴 대로 하라. 나는 다음과 같이 말한다. 각 관사의 비용이 끝도 없이 소비되는 것은 우선 논하지 않더라도, 이례로 말하건대 예전에 10인이 먹던 것을 지금 20인이 먹는 셈이니 그들의 처지에서 보면 나누어 먹는 것이 어찌 모두 먹는 것만 같겠는가. 차후로 다시 옮겨 소속시킬 하례에 대해 '더 차출하겠다.〔加出〕'라는 두 글자를 제기하여 말하는 자는 그들을 받아 배치한 당상, 낭청과 함께 곧바로 제서유위율(制書有違律)[26]로 논죄하라는 내용으로 의금부에 분부하고 이를 기록하게 하라."

하였다.

26 제서유위율(制書有違律) : 왕의 명령을 위반한 데 대한 율문이다. 《대명률(大明律)》〈이율(吏律) 제서유위〉에 "무릇 제서를 봉행함에 어기는 자는 장 100에 처하고, 황태자의 영지를 어기는 자는 같은 처벌을 하고, 친왕의 영지를 어기는 자는 장 90에 처하며, 명령의 뜻을 잘못 판단한 자는 각각 3등을 감한다.〔凡奉制書有所施行而違者杖一百, 違皇太子令旨者同罪, 違親王令旨者杖九十, 失錯旨意者各減三等.〕"라고 하였다. 제서는 황제가 내리는 명령서의 일종이다.

땔감 장수의 간사한 폐단으로 인하여 거듭 도고를 엄히 금할 것을 청하는 계사[27]

因柴商奸弊申請嚴禁都賈啓

근래 인심이 옛날 같지 않아서 오로지 이익을 독점하는 것만 일삼고 있으니, 이에 도고라는 이름이 생겨났습니다. 도고를 혁파하지 않으면 백성의 풍속을 바로잡을 수 없고 백성의 생산을 넉넉하게 할 수 없으며 장사치들을 통하게 할 수 없고 저자를 번성하게 할 수 없습니다. 소성에서 그동안 내린 금령이 거듭 엄중하였지만 간교하게 농간을 부리는 구멍을 없애지 못하여 교활하게 속임수를 쓰는 폐단이 더욱 심해졌습니다. 비록 이번의 땔나무에 관한 정사로 말하더라도 도성 안이 뒤숭숭하여 편안히 살 수 없을 정도가 되었으니, 실로 포도청에서 교졸(校卒)을 보내 간교한 우두머리를 체포해 오지 않는다면 땔나무값이 어찌 하루가 못 되어 예전 수준으로 회복될 이치가 있겠습니까.

신이 이로 인하여 생각하건대, 지금의 백성들은 국법을 두려워하지 않고 오직 조금이라도 두려워하는 것은 포도청뿐입니다. 만일 백성을 다스리고자 한다면 도고를 혁파하지 않을 수 없고, 만일 도고를 혁파하고자 한다면 포도청에 맡기지 않으면 이 폐단이 제거될 리가 만무합니다. 그러나 만일 포도청으로 하여금 오로지 이 일을 관장하게 한다면 또한 다시 폐단이 생길 염려가 없지 않습니다. 지금부터는 어떤 물종

27 땔감……계사 : 1791년(정조15) 6월 20일 정사에서 당시 좌의정으로 있던 번암이 아뢴 내용이다. 《正祖實錄》《承政院日記》《日省錄》

(物種)에 대해 도고를 한다는 말이 묘당에 보고되면 묘당에서 포도청에 분부하여 기찰(譏察)한 다음 도둑을 다스리는 장(杖)으로 쳐서 다스리게 하고, 포도대장이 만일 들은 말이 있을 경우에는 또한 어떤 물종에 대한 도고를 기찰하지 않을 수 없다는 내용으로 묘당에 보고하여 묘당의 허가를 받은 연후에 법대로 다스리게 한다면 거의 혹 명이 시행되어 도고가 금지될 가망이 있을 터이니, 이로써 정식으로 삼는 것을 결코 그만두어서는 안 될 것입니다.

비록 그렇지만, 백성으로 하여금 개과천선하여 죄에서 멀어지게 하는 것은 성스러운 임금이 힘쓸 바이니, 그물과 덫으로 몰아넣는 것[28]이 어찌 하고자 하는 일이겠습니까. 비록 이전에 이것으로 농간을 부렸던 자들이라도 이 명(命)이 한번 나간 뒤에 능히 스스로 두려워할 줄 알아서 옛 버릇을 완전히 고친다면, 그들은 자연 양민이 될 것이고 묘당 역시 일을 줄일 수 있을 것입니다. 옛날 성스러운 왕이 상위(象魏)에 법령(法令)을 현시(顯示)했던 전례[29]에 의거하여 지금 입법(立法)한

28 그물과……것 : 무지한 백성을 법망으로 몰아넣는다는 의미이다. 공자(孔子)가 "사람들은 모두 자신이 지혜롭다 말하지만 고확과 함정의 가운데로 몰아넣어도 피할 줄을 알지 못하며, 사람들은 모두 자신이 지혜롭다 말하지만 중용을 택하여 1개월도 지키지 못한다.〔人皆曰予知, 驅而納諸罟擭陷阱之中而莫之知辟也, 人皆曰予知, 擇乎中庸而不能期月守也.〕"라고 한 데서 온 말이다.《中庸章句 第7章》고(罟)는 그물이고 확(擭)은 덫이다.

29 상위(象魏)에……전례 : 옛적에 궁궐 문 밖에 법령을 높이 게시하여 백성으로 하여금 그 내용을 알게 한 일을 말한다. 상위는 중국에서 궁궐 문 밖에 마주 보게 세운 한 쌍의 건축물로, 여기에 국가의 교령을 현시했다고 한다. 상은 법상(法象), 위는 높다는 뜻이다.《주례(周禮)》〈천관총재(天官冢宰) 대재(大宰)〉에 "이에 치상의 법을 궐문에 걸어서 만백성에게 치상을 보게 하였다.〔乃縣治象之法于象魏, 使萬民觀治象.〕" 하였다.

내용을 한문과 한글로 써내어 큰 길거리와 사대문(四大門)에 게방(揭榜)해서 여항(閭巷)의 백성들로 하여금 법을 몰라 죄에 걸려드는 근심을 면할 수 있게 하는 것이 마땅할 듯합니다.

상이 이르기를,

"아뢴 대로 하라. 도고의 폐단을 이루 다 말할 수 있겠는가. 지금 옛날 같지 않은 백성들의 습속으로 보건대 그 간교한 폐단이 더욱 심해지는 것은 듣지 않아도 알 수 있는데, 지금 경의 말을 듣고 보니 듣지 못했던 이야기를 더욱 잘 들었다. 이대로 금령을 설치하되 미리 효유(曉諭)하도록 하라.

그러나 묘당은 평시서(平市署)와 다르고 형조와 한성부와 포도청은 또한 도둑을 다스리는 관사이니, 경이 이른바 묘당에서 포도청에 분부하여 조사한 다음 다스리게 해야 한다고 운운한 말은 예사롭고 사소한 일들을 계속 이와 같이 해야 한다고 말한 것은 아닐 것이다. 모름지기 일전의 땔나무에 관한 정사 등과 같이 절대로 금지하고 가장 단속해야 할 일이니, 법사(法司)[30]가 판단할 바는 아니지만 일반 백성들에게 견디기 어려운 일이 된 연후에는 이 금령을 적용할 수 있는 것이다. 그들로 하여금 모두 분명하게 알아서 애초에 법을 어기는 사람이 없게 한다면 지금 금령을 설치하는 거조는 종이 위의 공연한 말이 될 것이니,[31] 이렇게 되면 어찌 공적으로나 사적으로나

30 법사(法司) : 형조와 한성부(漢城府), 포도청 등 법(法)을 집행(執行)하는 관아(官衙)를 통틀어 일컫는 말이다.

31 종이……것이니 : 대본에는 '不可爲紙上之空言'으로 되어 있다. 《정조실록》 15년

큰 다행이 아니겠는가.

대저 상위(象魏)에 법령을 현시하는 것은 바로 '형벌은 형벌을 시행할 일이 없기를 기약한다.'[32]라는 의미이다. 그러나 법을 어기는 자는 난민(亂民)이고 간민(奸民)이다. 일반 백성을 위해 난민과 간민을 엄중하게 다스리는 것이 비록 부득이하다고 말하지만 또한 어찌 그만둘 수 있는 일이겠는가. 이러한 뜻으로 민간에 거듭 효유하라."

하였다.

6월 20일 기사와 《승정원일기》 및 《일성록》 정조 15년 6월 20일 기사에 근거하여 '可'를 '過'로 바로잡아 번역하였다.

32 형벌은……기약한다 : 《서경》 〈여형(呂刑)〉의 '상서로운 형벌〔祥刑〕'에 대한 채침(蔡沈)의 주(註)에 "형벌은 흉한 도구인데 상서롭다고 말하는 것은, 형벌은 형벌을 시행할 일이 없기를 기약해서 백성들이 중에 화합하면 그 상서로움이 이보다 더 큰 것이 없기 때문이다.〔夫刑凶器也, 而謂之祥者, 刑期無刑, 民協于中, 其祥莫大焉.〕"라고 한 데서 온 말이다.

궁인 이씨에게 칭호를 내려 주기를 청하는 계사[33]

請宮人李氏錫號啓

신이 연전(年前)에 여항(閭巷)에 전하는 이야기를 들었지만 감히 말하지 못한 것은 오늘 성상의 하교와 같습니다. 며칠 전에 비로소 그 전하는 이야기가 와전되었다는 말을 얼핏 들었으나 그래도 석연치가 않았는데 지금 성상의 하교를 듣고서야 그 본말을 알게 되었으니, 그 탁월한 정절은 전고(前古)에서 찾아보아도 비교할 만한 사람이 드물 것입니다. 상께서 이미 이 일에 대해 들은 이상 표창하여 장려하는 데에 아까워하실 것이 무에 있겠습니까. 아름다운 칭호를 내려 궁중과 외정(外廷)으로 하여금 기릴 수 있게 해야 할 것입니다. 이와 같이 탁월한 일에 대하여 특별한 은전이 있지 않으면 또한 보고 듣는 이를 감동하게 해서 풍교를 부지하고 진작할 수 없으니, 그 가택(家宅)에 정표(旌表)를 내리는 것도 그만두어서는 안 될 듯합니다.

상이 이르기를,

"수칙(守則)은 여관(女官)의 아름다운 칭호이니 이것으로 하비(下批)하면 관질(官秩)이 종2품에 견줄 수 있을 것이다. 그러나 정표를 내리는 한 가지 일은 판윤의 말[34]이 일리가 있다. 귀주(貴主)의 집에

33 궁인(宮人)……계사 : 1791년(정조15) 7월 16일 정사에서 당시 좌의정으로 있던 번암이 아뢴 내용이다. 《正祖實錄》《承政院日記》《日省錄》

34 판윤의 말 : 1791년 7월 16일 정사에서 판윤 홍억(洪檍)이 정표를 내리는 일을

대해서도 오히려 이런저런 의론이 있는데 더구나 막중한 데에 관계되는 일이야 더 말할 것이 있겠는가. 이것은 어렵고도 신중히 해야 할 일이어서 경들에게 두루 물은 것이다. 또 정표를 내리는 떳떳한 규식은 충신과 열녀에게만 해당되니, 이 두 가지 경우의 칭호가 모두 어떻게 되겠는가. 충분히 신중을 기해 처리하는 데에 달려 있다. 단지 아무개의 집이라고 써서 이 마을에 들어오고 이 문을 지나는 사람들로 하여금 아무개가 사는 집이 이곳이라는 것을 알게 한다면 이것으로 가할 것이다. 즉시 선공감(繕工監)으로 하여금 월암(月巖) 와옥(蝸屋) 앞에 문병(門屛)을 만들게 하고 '수칙모씨지가(守則某氏之家)'라는 편액을 달게 하라. 오늘 연석의 말은 한 통을 적어 내서 조지(朝紙)에 반포하도록 하라."

하였다.-신해년(1791, 정조15) 7월 16일 대신과 예조 당상 및 한성부 당상에게 입시하라고 명하고 상이 하교하였는데, 그 대략에,

"지난번 오부(五部)에 혼인을 권면하는 일로 인해, 비로소 성문 밖에 과년한 처녀가 있는데 그 일을 감히 제기하지 못하고 그 말을 차마 전하지 못할 처지이며 그 나이는 쉰으로 이웃 마을에 그 소문이 퍼지고 관부에서도 그 사실을 알고 있다는 말을 들었다. 나는 그 말을 들은 뒤로 거의 침식을 잊었는데, 만일 전한 사람의 말과 같다면 '일을 만났을 때 단지 정당하게 처리해야 할 뿐이니 사소한 절목(節目) 사이의 일이야 어찌 다 고려할 수 있겠는가. 그러나 그 난처한 점 같은 경우는 어찌 한 가지뿐이겠는가.'라고 마음속으로 생각하였다. 그런 까닭에 이 말을 들은 뒤로 심려가 많이 되어 한밤중에 여러 번 일어나곤 하였다. 그러다가 그저께 늙은 궁인(宮人)을 보내고서야 비로소 자세한

경솔하게 논의해서는 안 된다고 아뢰었다. 《正祖實錄》《承政院日記》《日省錄》

내용을 들었는데, 대개 세상에서 이른바 늙은 여인은 그 사람의 어머니가 아니고 이모였다. 그 사람은 어려서 부모를 여의고 오직 이모에게 의탁하였는데, 그 이모는 호조의 계사(計士)를 지낸 자의 처였다. 지아비가 죽고 일찍 과부가 되어 바느질로 생활해 나가다가 경진년(1760, 영조36)에 궁중으로 들어와 일을 했으니, 바로 한어(漢語)에 이른바 협적(挾的)[35]에 해당하였다. 그 사람 또한 당시에 따라 들어와 궁인이 되어 잠시 가까이서 모신 적이 있었다. 그러나 궁중에서 누가 알겠는가. 얼마 지나지 않아 그 이모가 궁을 나갔는데, 그 사람도 빈궁하여 스스로 살아갈 방도가 없어서 역시 따라 나가게 되었다. 얼마 후 모년(某年)[36]을 만났으니, 당시 겨우 16세였다. 마침내 작정하고 스스로 폐인이 된 다음 한번 반 칸의 방 안에 누워서는 잠방이 차림으로 이불로 몸을 감싼 채 하늘의 해도 보지 않고 사람도 만나지 않았다. 대소변도 거기에서 보고 먹고 마시는 것도 거기에서 하면서 30년을 하루같이 변함없이 지냈는데, 지금은 45세이다. 이웃에서 그 정절을 시험하기 위해 고의로 불을 놓았는데, 불이 지붕 끝까지 번져도 미동도 하지 않자 이웃 사람들이 그제야 더욱 경복(敬服)하고는 앞다투어 불을 꺼서 죽지 않을 수 있었다. 따라서 그 뛰어난 사적은 비록 《삼강행실(三綱行實)》에 올리더라도 옛사람에게 부끄럽지 않을 정도이다. 나는 당초 전하는 말에 감히 말할 수 없는 점이 있어서 한없는 심려를 다 쏟았다. 그러다가 이것이 사실이라는 말을 들은 뒤에 한편으로는 상쾌하게 기쁜 마음이 있었고 한편으로는 진심으로 감탄하였으니, 상쾌

35 협적(挾的) : 궁인직(宮人職)에 임명되지 못하고 궁중에서 일하는 여자를 가리킨다. 궁중법(宮中法)에 남에게 시집간 여자는 궁인직에 임명될 수 없기 때문이다. 《研經齋全集 卷55 草榭談獻2》

36 모년(某年) : 1762년(영조38)으로, 사도세자가 죽은 해를 가리킨다.

하였던 것은 의심이 풀렸기 때문이고 감탄하였던 것은 그 정절 때문이었다. 또 정려로 포상하는 은전을 내려 풍성(風聲)을 수립하고 싶은데 여관(女官)의 아름다운 칭호에 '수칙'이라는 두 글자가 있으니, 진실로 이것으로 칭호를 내려야 마땅할 것이다. 그리고 또 그 마을에 정표하고 싶은데 일의 체모로 볼 때 어떠한가? 예의(禮意)에는 또한 어떠한가? 경들은 각각 의견을 진달하라."

하였다.-

영남 어사의 장계로 인하여 전후의 도신을 논감하기를 청하는 계사[37]

因嶺南繡啓請勘前後道臣啓

연조(年條)와 현고(現告)[38]를 상고해 보니, 당초에 돈과 목(木)을 빌려주는 것을 허락한 도신(道臣)은 모두 이미 죽었으므로 지금 논할 것이 없고, 그 이후에 환작(還作)하지 않은 도신은 무자년(1768, 영조44)부터 경술년(1790, 정조14)까지 한 사람도 해당되지 않는 자가 없었습니다.[39] 따라서 관방(關防)의 비상시에 대비하는 공화(公貨)를 이렇게 소홀하게 관리한 것은 너무도 놀랍습니다. 더구나 어사가 돌아와서 이식(利息)하는 것을 정지하고 기한을 정해 받아들여야 한다고 아뢴 이후로 점차 거두어들였다면 거의 두서가 잡혔을 텐데, 한결같이 그대로 방치하여 일찍이 유의하지 못한 자는 더욱 죄가 없을 수 없습니다. 묘당에서 조사하지 않았으면 그만이겠지만, 이미 조사하였으니 결코 그대로 두어서는 안 될 것입니다.

이식하는 것을 정지하고 기한을 정한 이후로 도신 가운데 마침 흉년을 만나 장계로 정봉(停捧)하기를 청한 자 및 비록 받아들여야 할 숫자

37 영남(嶺南)……계사 : 1791년(정조15) 6월 20일 정사에서 당시 좌의정으로 있던 번암이 아뢴 내용이다. 《正祖實錄》《承政院日記》《日省錄》

38 현고(現告) : 범죄나 잘못을 저지른 사람의 이름을 지적하여 보고하는 서류, 또는 고한 내용을 말한다.

39 한……없었습니다 : 대본에는 '無人不入'으로 되어 있다. 《승정원일기》와 《일성록》 정조 15년 6월 20일 기사에 근거하여 '人' 앞에 '一'을 보충하여 번역하였다.

를 채우지는 못했지만 그나마 받아들인 자는 모두 우선 용서하고, 그 나머지 부임한 지 1년이 되도록 아무런 말이 없는 자와 전혀 관심을 기울이지 않은 자들은 현고를 바치게 한 다음 책임을 물어 파직(罷職)하는 것을 결코 그만둘 수 없습니다. 교졸(校卒)과 백성 들의 해묵은 빚 가운데 이미 탕감하는 은혜를 입은 것 이외에 영부(營府) 및 각 읍에서 빌려준 것은, 돈과 목을 막론하고 그 기간이 오래된 것을 따지지 말고 일체 올해를 기한으로 하여 전수(全數)를 도로 거두어들인 다음 그 상황을 첩보(牒報)하라는 뜻으로 도신에게 엄히 신칙하는 것이 어떻겠습니까?

상이 이르기를,

"아뢴 대로 하라. 일전에 경상 감영의 채무를 탕감하는 일에 대해 경과 전 경상 감사가 연석(筵席)에서 아뢰는 말을 들으니 모두 받아들여서는 안 된다고 하였다. 그러므로 이웃과 족친을 침탈할 때 그 폐해가 죄 없는 백성에게 돌아갈까 염려되어 비록 그 문권을 태워 버리게 했지만, 이 밖에 이 조(條)와 저 조를 막론하고 관장(官長)에게 빌려주었다고 하는 본영의 공화를 어찌 논하지 않는 대상에 뒤섞어 넣어서 자신을 살찌우는 버릇을 조장할 수 있겠는가. 이것이 오늘 연석에서 경들과 의견을 주고받는 까닭이다.

민폐(民弊)를 제거하는 것은 절로 민폐를 제거하는 것이고, 공화를 중시하는 것은 절로 공화를 중시하는 것이다. 이러한 내용으로 거조(擧條)를 낸 다음 도백을 엄히 신칙하여 올해를 기한으로 수습하여 정리한 뒤에 보고하게 하라. 그리고 보고가 올라오기를 기다려 본사(本司)에서 초기(草記)하고 비변사 낭청을 파견하여 무작위로 표본을 뽑아 고찰하게 하되, 만일 힘쓰지 않은 자가 있거든 해당 도신을 의금부로 하여금 잡아다 신문한 다음 감죄(勘罪)하게 하라." 하였다.

함창의 명을 거역한 유생에 대해 정배하기를 청하는 계사[40]
請定配咸昌方命儒生啓

신이 예궐(詣闕)하는 길에 3, 4명의 향유(鄕儒)가 문장(文狀)을 가지고 길가에 서 있는 것을 보고 가져다 살펴보니, 대체로 다음과 같았습니다. 대개 작년 능행(陵幸) 때 함창의 유생이 공 부자(孔夫子)와 주문공(朱文公)의 영정(影幀)을 모시는 사우(祠宇)를 신설(新設)하고 사액(賜額)을 청하는 내용으로 길가에서 정소(呈疏)하였는데,[41] 상께서 비록 가져다 읽어 보지는 않으셨지만[42] 본사(本事)를 살펴 엄정한 책유(責諭)를 내리고는 즉시 철파(撤罷)하게 하셨습니다. 그런데 이른바 유생이라는 자들이 전교(傳敎)를 따르지 않고 감히 건물을 경영하여 일하는 소리가 바야흐로 장황하였습니다. 이에 도내의 사림(士林)이 조령(朝令)에 복종하지 않는 것에 분통을 터뜨리고 도내에 통문(通文)을 돌리기까지 하여, 본읍 경내의 사자(士子)들이 모두 부황(付黃)[43]의 징벌(懲罰)을 받아 과거 응시가 정지되었습니다. 이 때문에

40 함창(咸昌)의……계사 : 1791년(정조15) 3월 5일 정사에서 당시 좌의정으로 있던 번암이 아뢴 내용이다. 《正祖實錄》《承政院日記》《日省錄》

41 길가에서 정소(呈疏)하였는데 : 대본에는 '呈疏毁謗'으로 되어 있다. 《승정원일기》와 《일성록》 정조 15년 3월 5일 기사에 근거하여 '毁謗'을 '路傍'으로 바로잡아 번역하였다.

42 가져다……않으셨지만 : 대본에는 '雖不卽覺'으로 되어 있다. 《승정원일기》와 《일성록》 정조 15년 3월 5일 기사에 근거하여 '卽覺'을 '取覽'으로 바로잡아 번역하였다.

43 부황(付黃) : 유생에 대한 징벌(懲罰)로, 유생이 저지른 비행(非行)의 내용을 황지

그 가운데 의견을 달리했던 자들이 뒤섞여 처벌을 받지 않고자 먼 길을 마다 않고 와서 호소하기에 이른 것입니다.

공자와 주자에 대한 서원(書院)을 신설하는 것은 예(禮)에 어긋나고 일에 불경한 것입니다. 더구나 신칙하는 전교에서 의리로 책유하시어 알아듣고 고치게 하였는데, 명색이 유생이라는 자가 어찌 감히 보고도 못 본 척 방자하게 제 생각대로만 행동해서 이렇게 명을 거역한단 말입니까. 묘우(廟宇)는 설령 건립(建立)했다 하더라도 즉시 헐어 버리고 영정(影幀)은 즉시 이성서원(尼城書院) 안에다 봉안하게 해야 할 것입니다. 정소의 논의를 주도하고 역사(役事)를 감독한 해당 유생에 대해서는 유벌(儒罰)[44]만 시행해서는 안 되니, 각별하게 엄히 다스려 정배(定配)하라는 내용으로 도신에게 분부하여, 명령을 두려워하지 않는 먼 지방의 습속을 징벌하는 것을 결코 그만두어서는 안 될 것입니다. 그러므로 감히 이렇게 우러러 아룁니다.

상이 이르기를,

"아뢴 대로 하라. 비록 상소에 대한 비답을 내려 신칙하여 유시하지는 않았지만, 신유년(1741, 영조17)에 조정에서 금한 이후로는 의리상 감히 멋대로 신설할 수가 없다. 더구나 공 부자는 소왕(素王)이므

(黃紙)에 적어서 유적(儒籍)에 붙이고, 일정 기간 과거 응시를 정지시키는 것을 말한다.

44 유벌(儒罰) : 성균관의 유생이 유가(儒家)의 규범(規範)에 어긋나는 행위를 하였을 때, 그 유생에 대하여 자치적으로 제재를 가하는 징벌이다. 묵삭(墨削), 명고 영삭(鳴鼓永削), 부황 영삭(付黃永削), 영손 손도(永損損徒), 영출재(永黜齋) 등이 있었는데, 이를 한번 당하면 유생은 과거에 나아갈 수 없었고, 영원히 선비로 호칭되지 못하였다. 《新編太學志 5章 儒罰》

로 왕작(王爵)으로 높이고 왕례(王禮)로 제사 지내고 있으니 '서원' 이라는 두 글자는[45] 너무도 무엄하고 대단히 무식하다. 지난번 상소에 대한 비답이 은미하고도 완곡하였던 것은 불설(不屑)의 가르침[46]과 다스리지 않음으로써 다스리는[47] 뜻에서 나왔다. 그렇고 보면 도백과 수령이 되어서 그들이 하는 대로 맡겨 두고 즉시 금단(禁斷)하지 못하였으니, 단지 해당 유생만 처벌하고 그만두어서는 안 된다. 도백은 추고하고, 해당 수령은 의금부로 하여금 잡아다 신문하여 죄목(罪目)을 정하게 하라."

하였다.

45 서원이라는 두 글자는 : 대본에는 '書院'으로 되어 있다. 《정조실록》 15년 3월 5일 기사와 《승정원일기》 및 《일성록》 정조 15년 3월 5일 기사에 근거하여 뒤에 '二字'를 보충하여 번역하였다.

46 불설(不屑)의 가르침 : 상대방을 탐탁지 않게 여겨 거절함으로써 그의 마음을 경각시키는 가르침을 말한다. 《맹자》 〈고자 하(告子下)〉에 "가르침에 또한 방법이 많으니, 내가 탐탁지 않게 여겨서 거절함으로써 가르치는 것은 이 또한 가르침일 뿐이다.〔教亦多術矣, 予不屑之教誨也者, 是亦教誨而已矣.〕"라고 한 데서 온 말이다.

47 다스리지 않음으로써 다스리는 : 소식(蘇軾)의 〈왕자불치이적론(王者不治夷狄論)〉에 "오랑캐는 중국의 정치로써 다스릴 수는 없다. 비유하자면 마치 새나 짐승과 같아서, 그들이 크게 다스려지기를 추구한다면 반드시 큰 혼란에 빠지게 될 것이다. 옛날의 훌륭한 임금들은 그들이 그렇다는 것을 알았으니, 이 때문에 다스리지 않는 방법으로 그들을 다스렸던 것이다. 따라서 그들을 다스리는 데 다스리지 않는 방법을 쓴 것은 바로 그들을 철저히 다스리는 방법이 되었던 것이다.〔夷狄, 不可以中國之治治也. 譬若禽獸然, 求其大治, 必至於大亂. 先王, 知其然, 是故以不治治之, 治之以不治者, 乃所以深治之也.〕"라고 한 데서 온 말이다. 《古文眞寶 後集》

임진년(1592, 선조25)에 순절한 사람 윤경원에게 증직을 더하고 시호를 내리기를 청하는 계사[48]

請壬辰殉節人尹慶元加贈賜諡啓

지난번에 경기 감사가 아뢴 바로 인하여 삭녕(朔寧)의 순절한 사람 윤경원에게 시호를 내리는 것이 마땅한지 아닌지 대신들에게 문의(問議)하게 하셨습니다. 임진년 왜적이 대규모로 쳐들어왔을 때 윤경원이 몸소[49] 하얗게 날이 선 칼날을 무릅쓰고 싸우다가 군중에서 위용(威勇)을 세우고 순절한 일은 심대(沈岱)와 강수남(姜壽男) 등의 충신들과 동공일체(同功一體)가 됩니다. 그런데 심대와 강수남에게는 모두 이미 시호가 내려진 반면 윤경원은 도헌(都憲)에 증직되었다는 이유로 시법(諡法)에 응하지 못해서, 같은 사당 안에 어떤 이는 시호를 받고 어떤 이는 시호를 받지 못했으니, 이는 일이 미진하게 처리된 것입니다.

48 임진년에……계사 : 윤경원(尹慶元)은, 본관은 칠원(漆原), 자는 선여(善餘), 시호는 충장(忠壯)이고, 호조 판서를 지낸 윤탁연(尹卓然)의 아들이다. 1582년 사마시(司馬試)에 입격하였고, 양성 현감(陽城縣監)을 지냈다. 1592년 임진왜란이 일어나자 백의종군하여 경기 관찰사 심대(沈岱)의 명령을 받아 군량을 풍덕(豐德)으로 수송하였는데, 심대가 삭녕(朔寧)에서 사민(士民)을 모집하여 수도를 회복하고자 할 때 합류하였으나 미리 탐지한 왜병의 기습 공격을 받아 심대 등과 함께 전사하였다. 1593년 조정에서 비록 전공을 세우지는 못하였으나 그의 위국충절을 가상히 여겨 도헌에 증직(贈職)하고 정려(旌閭)를 내렸다. 1791년(정조15) 11월 20일 정사에서 당시 좌의정으로 있던 번암이 아뢴 내용이다. 《正祖實錄》《承政院日記》《日省錄》

49 몸소 : 대본에는 '敢'으로 되어 있다. 《승정원일기》와 《일성록》 정조 15년 3월 5일 기사에 근거하여 '躬'으로 바로잡아 번역하였다.

지금 성상께서 지난 일에 느끼는 바가 있어서 사당을 세우고 제사를 내리는 날을 맞아 더욱이 특별히 표장(表章)하는 조치가 있어야 할 것입니다. 신의 생각으로는 고(故) 충신 윤경원에게 증직을 더하고 시호를 내리는 일을 그만두어서는 안 된다고 여깁니다. 그러므로 감히 이렇게 우러러 아룁니다.

상이 이르기를 "아뢴 대로 하라." 하였다.

고 현감 김홍익에게 증직을 더하고 시호를 내리기를 청하는 계사[50]

請故縣監金弘翼加贈賜諡啓

윤경원(尹慶元)에게 시호를 내리는 일로 인하여 신은 또 아뢸 말이 있습니다. 고 충신 김홍익은 바로 고 명신(名臣) 김홍욱(金弘郁)의 동생입니다. 병자년(1636, 인조14)의 난리를 만나 연산 현감(連山縣監)으로서 관찰사 정세규(鄭世規)가 근왕(勤王)하는 행렬을 따라가서 험천(險川)에 진을 치고 있었는데, 적의 기병이 돌격해 오자 주먹을 휘두르며 칼날에 맞서 싸웠습니다. 그러고 적을 나무라며 굴복하지 않다가 마침내 진 앞에서 횡사하기에 이르렀는데 인장(印章)을 가지고 있던[51] 소동(小童)이 시신을 껴안고 같이 죽었으니, 그 늠연(凜然)한 충의(忠義)는 백대 뒤에도 족히 사람으로 하여금 경의(敬意)를 일으키게 할 만합니다. 하지만 그 당시에 같이 순절한 신하들은 모두 시호를 내리는

50 고(故)……계사 : 김홍익(金弘翼)은, 본관은 경주(慶州), 자는 익지(翼之), 호는 묵재(默齋)이고, 시호는 충민(忠愍)이다. 1614년(광해군6) 사마시에 입격하였고, 의금부 도사, 공조 좌랑, 연산 현감 등을 역임하였다. 1636년에 병자호란이 일어나자 관찰사 정세규의 모병 소식을 듣고 의병 2400여 명을 모집하였는데, 이들을 이끌고 남한산성으로 가던 중 적이 쏜 화살에 맞아 순절하였다. 사후에 좌승지와 이조 판서에 증직되었다. 1791년(정조15) 11월 20일 정사에서 당시 좌의정으로 있던 번암이 아뢴 내용이다. 《正祖實錄》《承政院日記》《日省錄》

51 인장(印章)을 가지고 있던 : 대본에는 '知印'으로 되어 있다. 《정조실록》 15년 11월 20일 기사와 《승정원일기》 정조 15년 11월 20일 기사에 근거하여 '知'를 '持'로 바로잡아 번역하였다.

은전(恩典)을 입었는데 유독 이 사람에게만 미치지 않았으니, 실로 일이 미진하게 처리된 것입니다.

일찍이 충신의 자손들이 입시했을 때에 상께서 특별히 그 후손에게 "그대 선조의 시호는 무엇인가?"라고 물었는데 "아직 시호를 받지 못했습니다."라고 대답하였습니다. 그 이후로 그 자손들이 더욱 원통하게 여기고 있으니, 조정에서 절의(節義)에 표장(表章)하는 도리로 볼 때 한결같이 시간만 보내고 있을 수는 없습니다. 신의 생각에는 김홍익에 대해 특별히 증직을 더하고 시호를 내리도록 명하는 것이 마땅합니다.

상이 이르기를 "아뢴 대로 하라." 하였다.

태학의 식당에서 서얼도 나이순으로 앉게 하기를 청하는 계사[52]

請太學食堂一名序齒啓

태학의 식당에서 신분의 귀천을 따지지 않고 한결같이 나이의 순서대로 앉게 하셨으니,[53] 성조(聖朝)에서 모든 백성을 차등 없이 대하는 정사에 신은 실로 흠탄하였습니다. 대개 천자(天子)의 원자(元子)도 오히려 일반 백성들과 더불어 나이순으로 강학(講學)을 받는데, 양반과 서얼은 비록 귀천의 차이가 있기는 하지만 원자와 일반 백성의 관계에 비교해 보면 그 등급의 높고 낮음이 천양지차일 뿐만이 아닙니다. 그런데 만일 원자가 양반과 같은 줄에 서는 것을 부끄러워한다면 예의(禮意)로 헤아려 보건대, 어찌 사리에 어긋나지 않겠습니까. 대저 조정에서는 재주를 위주로 하니, 서류(庶類)로서 과연 재주가 있다면 막아서 지체되게 하는 것은 하늘이 인재를 태어나게 한 뜻이 아닐 것입니다. 나라의 습속이 수백 년 동안 답습해 온 일을 신은 늘 잘못되었다고 생각했는데, 더구나 유생이 나이순으로 앉는 것에 대해 어찌 당연히 행해야 할 일이라고 여기지 않겠습니까. 다만 집안에서 적자와 서자는

52 태학(太學)의……계사 : 1791년(정조15) 5월 8일 정사에서 당시 좌의정으로 있던 번암이 아뢴 내용이다. 《正祖實錄》《承政院日記》《日省錄》

53 태학의……하셨으니 : 1791년 4월 16일 희정당(熙政堂)에서 초계 문신(抄啓文臣)의 친시(親試)와 일차 유생(日次儒生)의 전강(殿講)을 행할 때, 성균관의 식당에서 서얼들을 남쪽 줄에 따로 앉게 하는 문제에 대해 지적하고 성균관 대사성 유당(柳戇)에게 바로잡아 고치라고 전교하였다. 《日省錄 正祖 15年 4月 16日》

절로 등위(等威)가 있으니, 또한 문란해지게 해서는 안 됩니다.

서울에 사는 사람들은 자연히 인식하는 바가 있을 테고 또 적자의 집안은 반드시 수모를 당하지 않을 것이니, 달리 염려할 필요가 없습니다. 그러나 먼 지방의 경우, 태학에서 나이순으로 앉는다는 이유로 집안의 분수와 의리를 문란하게 해도 무방하리라고 여긴다면 그 폐단은 말로 다 할 수 없는 점이 있을 것입니다. 이 한 가지 문제에 대해 한번 분명하게 효유하여 조정과 사가(私家)는 각기 정해진 한계가 있다는 사실을 분간하여 깨우치게 해야 할 것이니, 이는 그만둘 수 없는 일인 듯합니다.

상이 이르기를,

"천자의 원자가 일반 백성 가운데 뛰어난 자들에 비하여 그 등급이 천양지차와 같지만 그 예(禮)는 상고 시대에도 있었으니, 이것은 진실로 숭상해야 한다. 우리나라는 오로지 예의(禮義)를 숭상해서, 세자가 입학할 나이가 되었을 때 생원과 진사 제유(諸儒)가 명륜당(明倫堂)의 동쪽 뜰과 서쪽 뜰을 나누어서 나이순으로 줄지어 서 있으면 세자가 문으로 들어와 나이에 따라 양보한 뒤에야 비로소 당(堂)에 올라가 강학을 받게 되니, 그때 서얼인지 아닌지 일찍이 구별하지 않았다. 그런데 오히려 식당의 도기(到記)에만 아직 옛일을 답습하는 잘못된 규례가 있으니, 태학에 들어갈 때 시행하는 규례를 적용하여 식당에서 나이순으로 앉게 한다면 대저 누가 불가하다고 하겠는가.

지난번 유생의 전강(殿講)을 행하는 날에 말이 나와서 마침 대사성에게 신칙한 적이 있었는데, 그 후로 듣건대 이미 모두가 나이순으로 앉는다고 하였으니 제생들이 예를 아는 것이 참으로 기쁘다. 오늘 연석(筵席)에서 경이 아뢴 말 또한 매우 좋다. 학교는 절로 학교이고 가정은 절로 가정이다. 만약 혹 이 일을 끌어다가 저 일에 원용하여 분쟁의 단서를 만든다면, 지금 백 년 동안 흘러 내려온 습속을 바로잡은 좋은 뜻이 도리어 폐단을 만드는 빌미가 될 것이다. 모름지기 묘당에서 중외(中外)에 통지하여 각각 예로써 접대하고 분수에 따라 스스로 몸가짐을 단속하여 화태(和泰)한 복을 다 함께 누린다면 어찌 참으로 아름답지 않겠는가. 아울러 이러한 뜻을 알게 하라."
하였다.

민가를 매입하는 정식에 대한 계사[54]

閭家買入定式啓

지난번에 부관(部官)이 민가를 빼앗아 들어간 일 때문에 한 차례 소요가 일어나서 자세하게 특교를 내려 분명하게 성상의 뜻을 보이셨으므로 소요가 조금 그쳤습니다. 다만 이 일은 완전히 그만두게 할 수도 없고 또한 매번 소요가 일어나게 할 수도 없습니다. 신의 생각에는 반드시 한계를 정한 연후에야 부관은 의혹이 없을 수 있고 곤궁한 양반은 죄를 면할 수 있을 것입니다. 옛날에는 민가를 빼앗아 들어가는 것이 과연 여항(閭巷)의 고질적인 폐단이었기 때문에 금령이 매우 엄격하였습니다. 그러나 지금은 민간의 습속이 전과는 판이해서 양반이 설령 빼앗아 들어가고자 하더라도 빼앗기고 법조(法曹)에 호소하지 않을 사람이 누가 있겠습니까. 따라서 지금의 '빼앗아 들어간다.〔奪入〕'라는 두 글자는 종전대로 그냥 놓아두고 고치지 않은 것에 불과하지, 실상은 실제로 그런 일이 없습니다.

그러나 곤궁한 양반은 돌아갈 곳이 없어서 게딱지만 한 초가집을 매매하여 들어가더라도 오히려 또한 빼앗아 들어갔다는 누명을 쓰게 되니 억울한 일입니다. 비록 기와를 덮은 집으로 말하더라도 칸수가 많지 않으면 게딱지만 한 초가집이나 매한가지입니다. 지금부터는 초가집은 전혀 따지지 말고 기와집도 10칸까지는 따지지 말며, 이 외에는

54 민가를……계사 : 1791년(정조15) 7월 16일 정사에서 당시 좌의정으로 있던 번암이 아뢴 내용이다. 《正祖實錄》《承政院日記》《日省錄》

비록 11칸이라도 부관은 칸수를 계산한 후에 경조(京兆)에 보고하여 법대로 처리하게 하소서. 그렇게 하면 사서 사는 사람이 또한 마땅히 이와 같이 하면 죄가 되고 저와 같이 하면 죄가 되지 않는다는 것을 알게 될 것이니, 그런 뒤에야 거의 성왕(聖王)이 상위(象魏)에 법령(法令)을 현시(顯示)했던 정사[55]가 될 수 있을 것입니다. 이미 어리석은 견해가 있어서 감히 이렇게 우러러 아룁니다.

상이 이르기를 "아뢴 대로 하라." 하였다.

55 성왕(聖王)이……정사 : 411쪽 주29 참조.

균역청과 선혜청의 아전들이 장용영을 빙자하여 쌀을 사들임으로써 공인에게 폐해를 끼치는 일에 대해 논하는 계사[56]

論均廳惠廳吏藉賣壯營貿米貽弊貢人啓

공인(貢人)과 도성 백성들의 근간에 대해서는 원통함을 호소하는 소리가 들리게 해서는 안 되는데, 더구나 그 원통함을 호소하는 것이 공연히 천만부당한 장용영(壯勇營)을 끌어다 언급하였으니, 신이 이미 들은 말이 있는 이상 어찌 한번 통렬하게 진달하지 않을 수 있겠습니까. 대저 장용영은 바로 근년에 신설한 군영(軍營)이니, 그 이면을 모르는 외부의 사람들은 혹 접제(接濟)할 때 반드시 경비가 많이 들 것이라고 염려합니다. 그러나 신은 삼가 자세히 살펴보아 상세하게 알고 있습니다. 장용영의 설시(設施)는 상께서 오래도록 정력을 쏟고 용도를 절제하여 오로지 위에서 덜어 아래에 보태 주는 것을 위주로 하는 정사에서 나오지 않은 것이 없습니다. 대개 그 군병(軍兵)의 접제조(接濟條)는 혜청미(惠廳米)와 균청미(均廳米)를 값을 주고 사들이는 수량이 모두 1만 섬 가까이 되는데, 혜청조(惠廳條)가 7000섬이고 균청조(均廳條)가 2000섬으로 도합 1만 섬에 가깝습니다. 그러니 만일 모두 균역청의 상정가(詳定價)[57]대로 정식으로 삼아서 3냥(兩) 7전(錢)[58]으로 사들인

56 균역청과……계사 : 1791년(정조15) 9월 3일 정사에서 당시 좌의정으로 있던 번암이 아뢴 내용이다. 《正祖實錄》《承政院日記》《日省錄》

57 상정가(詳定價) : 호조, 선혜청, 균역청 등에서 전세, 대동, 공물, 신공 등의 명목으로 미(米), 태(太), 전미(田米), 목(木), 포(布) 등을 돈〔錢〕이나 은(銀), 혹은 다른 물품으로 대신 환산하여 상납받을 때 또는 각종 급대(給代), 매매, 회계 처리 등을

다면 본영으로서는 소득이 어찌 매우 많지 않겠습니까. 다만 공인에게 폐단이 되는 것을 진념(軫念)하여 혜청조 7000여 섬은 일체 모두 6냥으로 사들이게 하셨습니다. 그러나 균청조의 경우 겸료환래조(兼料換來條) 700여 섬을 비록 균역청의 상정가대로 정식으로 삼아 3냥 7전으로 사들인다 해도 이것은 각처 환정군(換定軍)의 겸료조(兼料條)[59]를 군총(軍摠)과 바꾸어 온 것이고 보면 균역청의 처지에서는 장용영과 각 영(營)을 막론하고 쌀을 내는 것은 마찬가지이니, 이것은 사들인 것으로 논할 수 없습니다. 6, 7년 전의 신록조(新錄條) 1000여 섬은, 곧 강화도 군물(軍物)의 별비조(別備條) 가운데에서 우선 가져다 쓰는 데에 불과하니, 이것은 또한 무슨 관계가 있겠습니까.

혜청조를 매입하는 것으로 말하건대, 그 근본을 따져 보면 모두 내탕고(內帑庫)의 절용(節用) 중에서 나왔는데, 1섬의 값을 6냥으로 정식으로 삼기에 이른 것은 쌀을 사들인 이래로 처음 있는 예입니다. 장용영을 창설하신 성의(聖意)는 오로지 경비 및 공인에게 조금이라도 방

할 때, 각 도(道)에서 환곡(還穀)을 돈으로 대신 상환받을 때 등에 적용하도록 정해 놓은 기준 가격을 말한다.

58 3냥(兩) 7전(錢) : 대본에는 '三兩三錢'으로 되어 있다.《승정원일기》와《일성록》 정조 15년 9월 3일 기사에 근거하여 뒤의 '三'을 '七'로 바로잡아 번역하였다.

59 겸료조(兼料條) : 겸료는 훈련도감의 마군(馬軍)과 보군(步軍)으로서 겸사복(兼司僕)으로 승진한 자에게 원래의 급료 이외에 더 지급하던 급료를 말한다. 원래의 급료와 겸료를 호조에서 지급하다가, 1758년(영조34)에 훈련대장 홍봉한(洪鳳漢)과 호조판서 이성중(李成中)의 건의에 따라 호조에서는 원래의 급료만 지급하고 겸료는 훈련도감에서 마련하여 지급하도록 하였다. 그러나 시대에 따라 겸료를 다시 호조와 균역청에서 분담하여 지급하기도 하였다.《萬機要覽 軍政編2 訓鍊都監》《承政院日記 英祖 34年 10月 16日, 38年 12月 9日, 47年 11月 3日》

해가 되지 않게 하기 위해서이니, 이 뜻을 만일 잘 대양(對揚)하지 못해서 혹 폐단이 생긴다면 그 분하고 안타까운 바가 마땅히 어떠하겠습니까.

근래 들으니 호서청(湖西廳)에서 공물(貢物)을 지급할 때, 공인은 시가(時價)대로 미전(米廛)에 팔고자 하지만 균역청이 전민(廛民)을 잡아 다스려서 사 가지 못하게 하고 강제로 공인으로 하여금 반드시 균역청에 팔게 하는데, 아전들이 공인들에게 번번이 말하기를 "장용영에서 새로 1만여 섬을 균역청에서 샀기 때문에 부득이 이와 같이 하는 것이다.……"라고 한다고 하였습니다. 대개 상항(上項)에서 이른바 겸료조와 신록조의 명색(名色)이 균역청에 있기 때문에 이것이 그대로 칼자루가 되어 거짓으로 부풀린 명목으로 공인들을 위협하고 있으니, 공인들이 어떻게 혜청조가 얼마나 되고 균청조가 얼마나 되는지 분별할 수 있겠습니까. 또 어떻게 당초에 설시한 본래의 뜻이 저와 같이 근고(勤苦)하였다는 것을 우러러 체인(體認)할 수 있겠습니까. 호서의 공물만 그러한 것이 아닙니다. 근래 장용영을 빙자하는 폐단이 많이 있는데, 이것 때문에 공인들이 모두 본영에서 강제로 사들이는 것처럼 알고 원통함을 호소하는 소리가 소문으로 전해지는 경우도 있으니, 아전들의 소행이 어찌 너무도 고약하지 않습니까. 이뿐만이 아닙니다. 균역청에서 미리 사는 것을 30개월로 제한하여 연석(筵席)에서 아뢰어 정식(定式)으로 삼았는데, 성상께서 비답으로 내리신 판부(判付)에서도 30개월에 지나지 않았습니다. 그런데도 매매할 때 간사한 폐단이 층층이 생겼으니, 섬당 1전은 비록 이전부터 내려오는 인정조(人情條)라 하더라도, 근래에는 혹 3, 4전을 떼어 주는 폐단이 있기도 하였습니다. 이에 공인들은 견딜 수가 없는데 해당 아전들은 이러한 일에 대해서 또한 반드시 "본영에 이송하는 수량이 많아서 이렇게 부득이한 일을 하는 것이다."라고 말을 하니, 더욱이 어찌 놀랍고 원통하지 않겠습니까.

또 듣건대 이른바 분주인(分主人)의 무리 및 원공인(原貢人) 가운데 내실이 없는 자 서너 놈이 해당 아전과 한통속이 되어 제사(題辭)를 받아 중간에서 훔쳐 먹는데도, 도성 안에 있는 원공인은 듣지도 못하고 알지도 못해서 마침내 파산하는 근심이 있다고 합니다. 지극히 원통하고 불쌍한 그들의 형편이 이보다 심한 경우는 없으니, 미리 사는 폐단이 이미 이와 같습니다. 근래 또 포(布)를 미(米)로 바꾸는 잘못된 규례가 나와서 지난달에는 100여 동(同)을 공인에게 내주었는데, 지금 만일 그대로 맡겨 두고 불문에 부친다면 공인의 말에 대해서는 의혹을 풀 수가 없고 선혜청의 폐단은 바로잡을 수가 없습니다. 신의 생각은 이렇습니다. 신이 아뢴 것을 조지(朝紙)에 반포하여 각 공인들로 하여금 모두 사실이 그렇지 않다는 것을 알게 하고, 선혜청에 게판(揭板)하여 낭리(郎吏)들로 하여금 늘 조심하고 두려워하는 한결같은 마음을 보존하게 하는 것을 결코 그만둘 수 없습니다.

상이 이르기를,

"아뢴 대로 하라. 각 영의 급대(給代)[60]를 위해 균역청에서 공미(貢米)를 미리 사는데 이것이 이른바 이납(移納)이다. 이납의 폐해는 공인들에게 가장 고질적인 폐막이 될 뿐만 아니라 도성 백성들에게

60 급대(給代) : 인원이나 물품을 원래 공급하던 곳에서 어떤 이유로 공급할 수 없게 되었을 때 다른 곳에서 대신 공급하는 것을 말한다.

도 그 폐단은 말로 다 하기 어려울 정도이다. 비록 곡식이 여러 해 동안 풍년이 들더라도 이렇게 균역청에서 이납하는 규정이 있으면 쌀 1말(斗)당 3전씩 치는 일은 이미 가망이 없을 것이니, 이것이 내가 한결같은 생각으로 늘 염려하여 반드시 이 고질적인 폐막을 바로잡고자 하는 까닭이다.

근년에 장용영을 창설한 것이 특별히 상량하여 그렇게 한 것이 아니라고 어찌 보장하겠는가. 그렇지 않았다면 즉위한 초기의 윤음(綸音)에서 어찌[61] 균청미가 군문(軍門)에 끼치는 폐단이 많다는 것을 먼저 제기하였겠는가. 중외(中外)에서는 짐짓 장용영 제도가 미진하게 만들어졌기 때문에 그 근본 취지를 이해하지 못하는 것이 비록 그럴 법하다마는, 선혜청의 당상으로 있는 자가 이렇게 임금의 뜻을 받들어 펴지 못하고 있으니 이는 과연 어떤 사람인가. 조정의 본래 취지는 경이 거조(擧條)에서 이미 상세하게 말하였다.[62] 만일 경의 말이 없었다면 공인과 도성 백성 들이 어떻게 알 수 있겠는가. 경이 아뢴 대로 이 거조를 즉시 묘당에서 베껴서 각 공인에게 반포하고 이어 본사(本司) 및 선혜청에 게판하게 하되, 경은 모름지기 각 공인의 두목(頭目)을 불러들여 상세하게 효유해서 조정에서 그들을 위하는 본래의 취지를 알게 하라.

균역청에서 이납하는 폐단의 경우 초봄에 일절 엄금하고 30개월

61 어찌 : 대본에는 없다. 《정조실록》 15년 9월 3일 기사와 《승정원일기》 정조 15년 9월 3일 기사에 근거하여 '何'를 보충하여 번역하였다.

62 이미 상세하게 말하였다 : 대본에는 '旣詳之'로 되어 있다. 《정조실록》 15년 9월 3일 기사와 《승정원일기》 및 《일성록》 정조 15년 9월 3일 기사에 근거하여 '之' 앞에 '言'을 보충하여 번역하였다.

의 정해진 기한을 철저히 지키게 하였는데, 정해진 기한 안에 간사한 폐단이 또 이와 같아서 장용영에서 쌀을 사는 것이라고 가탁(假托)하니 너무나 통탄스럽고 고약할 뿐만이 아니다. 또 포를 미로 바꾸는 한 가지 일 같은 경우는 설령 연전에 해당 당상의 거조가 있었더라도 이것을 옮겨 저것을 보충해 줄 때에 진실로 마음을 다해 공무를 봉행하였다면 또한 어찌 이러한 폐단이 있었겠는가. 선혜청의 해당 당상과 낭청을 우선 의금부로 하여금 엄히 심문하여 구초(口招)를 받아내게 하고, 이납을 엄금한 이후로 당상이든 낭청이든 간에 만일 깨끗하지 못한 일을 직접 범하는 경우가 있으면 즉시 법에 따라 엄히 다스리라. 비록 혹 하배(下輩)에게 속아서 죄를 저지르는 경우가 있더라도 각별히 엄히 감죄(勘罪)하여 일벌백계로 삼도록 하고, 금부(禁府)의 당상들을 엄히 신칙하여 즉시 개좌(開坐)해서 거행하게 하라. 특교로 구초하게 하였으니 일의 체모가 지엄하다. 만일 한번이라도 사사로운 안면에 구애되어 엄히 조사하여 사실을 알아내지 못한다면 좌기에 나온 해당 당상을 우선 통렬히 징계할 것이니, 이로써 일체 엄히 신칙하라."

하였다.

서양학을 엄하게 금하기를 청하는 계사[63]

請嚴禁西洋學啓

세도가 날로 떨어지고 인심이 함닉되어 이른바 혹세무민하는 서양학이 또다시 나왔습니다. 일전에 올린 대간(臺諫)의 논계(論啓)로 보건대, 호남의 한두 사람이 윤리를 어그러뜨리고 법도를 업신여겨 스스로 이적 금수(夷狄禽獸)의 지경에 빠진 자들은, 말하자니 입이 더러워지고 글로 쓰자니 붓이 더러워집니다. 어찌 성명께서 다스리시는 세상에 이렇게 윤상(倫常)의 변고가 있을 것이라고 생각이나 했겠습니까. 그런데 성상의 비답이 이미 엄하고도 간곡하여 깊이 정학(正學)을 부지(扶持)하고 사설(邪說)을 물리치는 요도(要道)를 얻었으니, 신은 실로 흠탄(欽歎)하였습니다.

대개 원기(元氣)가 굳세고 알차면 객사(客邪)가 침범할 수 없으니, 정학은 원기와 같고 양학(洋學)은 곧 객사입니다. 만일 객사를 소멸(消滅)시키고자 한다면 우리의 원기를 부식(扶植)하는 것이 가장 좋은 방법입니다. 성상께서 내리신 하교의 대지(大旨)도 요컨대 여기서 벗어나지 않으니 참으로 더 이상 권면할 것이 없습니다만, 그 진상이 탄로 난 자들은 반드시 속히 엄한 형률을 더한 뒤에야 거의 '중국에서 함께 살지 못하게 한다.〔不與同中國〕'[64]라는 의리에 어긋나지 않을 것

63 서양학(西洋學)을……계사 : 1791년(정조15) 10월 20일 정사에서 당시 좌의정으로 있던 번암이 아뢴 내용이다. 《正祖實錄》《承政院日記》《日省錄》

64 중국에서……한다 : 혹세무민하는 자들과는 같은 세상에 살 수 없다는 뜻이다. 《대

이고 사람들도 법을 두려워해서 절로 징계되는 바가 있을 것입니다.

상이 이르기를 "아뢴 대로 하라." 하였다.

학장구》 전 10장에 "오직 어진 사람이라야 추방하여 유배하되 사방 오랑캐 땅으로 내쫓아, 중국에서 함께 살지 못하게 할 수 있나니, 이를 일러 '오직 어진 사람이라야 남을 사랑할 수 있으며 남을 미워할 수 있다.'라고 하는 것이다.〔唯仁人, 放流之, 迸諸四夷, 不與同中國, 此謂唯仁人, 爲能愛人, 能惡人.〕"라고 한 데서 온 말이다.

재차 올린 계사[65]

再啓

진상이 드러난 자들은 주벌하여 극형에 처하더라도 실로 할 말이 없을 것입니다. 다만 이른바 서학이라는 것은 특별히 형적을 더듬어 찾아낼 만한 단서가 없으니, 사람들이 만일 도발하는 마음으로 서학과 관계없는 사람을 지목하여 "저 사람도 일찍이 여기에 종사하였습니다."라고 말한다면 이는 실로 밝혀내기 어려울 것이고, 반드시 다른 날 세도의 근심거리가 될 것입니다. 이는 오직 성상께서 밝게 살피시는 데 달려 있을 뿐입니다. 어리석은 견해가 이와 같으니 어찌 감히 다 아뢰지 않겠습니까.

상이 이르기를,

"만약 관계없는 사람에 대해 도발하는 계책을 세운다면 이는 떳떳한 법도에 벗어난다. 만일 이러한 등의 폐단이 있거든 경이 또한 드러나는 대로 잡아 아뢴다면, 응당 사실을 조사하여 엄중히 조처하겠다."

하였다.

65 재차 올린 계사 : 1791년(정조15) 10월 20일 정사에서 당시 좌의정으로 있던 번암이 아뢴 내용이다. 《正祖實錄》《承政院日記》

양호의 열읍에서 세곡을 거두어들일 때 모두 예전의 곡자를 쓰기를 청하는 계사[66] 임자년(1792, 정조16)

請兩湖列邑捧稅幷用舊斛啓 壬子

법성창(法聖倉)의 곡자(斛子)는 용량이 정확하게 17말 5되인데 또 곡상(斛上)[67]으로 더하는 수가 있다고 하니, 열읍(列邑)의 곡자를 모두 이에 따라 만들면 백성들의 원망이 반드시 크게 높아질 것입니다. 전라감사는 당초에 관문을 보낸 사람인데 지금은 금년까지 한정하여 개조하지 못하게 하니, 시행할 수 없음을 미루어 알 수 있습니다.[68]

성상께서는 백성을 위하는 일에서 반드시 위에서 덜어 아래에 보태주는 것을 급무로 삼고 계시니, 근일 관동의 일로 말하더라도 4개 읍의 세곡(稅穀)을 선운(船運)할 때 그 절실하게 고통이 되는 폐단 때문에 특별히 돈으로 바꾸어 상납하게 하셨습니다. 그런데 지금은 양호의 백성들에게 작은 곡자를 큰 곡자로 바꾸게 하시니, 만백성의 원성은 돌아보지 않고 단지 뱃사람들만 이익을 보는 바탕이 되게 하는 것입니까. 신의 생각은 이렇습니다. 양호의 열읍에는 모두 예전 곡자로 시행

66 양호(兩湖)의……계사 : 1792년(정조16) 2월 14일 정사에서 당시 좌의정으로 있던 번암이 아뢴 내용이다. 《承政院日記》《日省錄》

67 곡상(斛上) : 환곡(還穀)을 상환받을 때 잡비조(雜費條)로 더 거두어들이기 위해 곡(斛)의 윗부분을 덧붙여 높이를 개조한 것을 말한다. 1섬당 곡상으로 3되(升), 가승(加升)으로 3되씩을 더 거둔다. 《萬機要覽 財用編2 收稅 雜費》《續大典 戶典 收稅》

68 미루어……있습니다 : 대본에는 '可以推之'로 되어 있다. 《승정원일기》와 《일성록》 정조 16년 2월 14일 기사에 근거하여 '之'를 '知'로 바로잡아 번역하였다.

하게 하고, 곡자를 개조하라는 영은 속히 도로 거두어들이는 것이 마땅합니다.

상이 이르기를 “아뢴 대로 하라.” 하였다.

공자의 후손에게 별도로 우대를 베푸는 일에 대한 계사[69]

孔聖後裔別施優待啓

공자의 후손에 대해 성상께서 반드시 별도로 우대하는 예(禮)를 시행하고자 하시니, 이는 성덕(聖德)을 베푸는 일입니다. 더구나 우연히 공자 탄신일을 만나 능히 선조(先朝)에서 녹용(錄用)하라고 했던 유지(遺志)를 체인(體認)하셨으니,[70] 또한 사적(史籍)에 빛나는 일이 될 만합니다. 다만 성상께서 하문하신 여러 조목을 반복해서 생각해 보니 구애되는 점이 실로 많습니다. 오직 집을 주고 요미(料米)를 지급하는 것이 거의 편리하고 합당할 듯하지만, 반드시[71] 최초에 우리나라로 나온 공소(孔紹)[72]의 적장손을 그 가주(家主)로 삼은 연후에야 공씨(孔

69 공자의……계사 : 1792년(정조16) 8월 21일 정사에서 당시 좌의정으로 있던 번암이 아뢴 내용이다. 《正祖實錄》《承政院日記》《日省錄》

70 선조(先朝)에서……체인(體認)하셨으니 : 1792년 8월 21일 내린 전교에서, 1734년(영조10) 공자의 후손인 공학수(孔學洙)에게 별료(別料)를 지급하여 녹용하라는 명을 내렸는데도 지금까지 그 명을 받들지 못한 것을 지적한 뒤에, 선조의 유지를 받들어 공자의 탄신일에 그 후예를 녹용하는 은전을 거행하는 데 대해 대신들의 의견을 물었는데, 바로 이 일을 가리킨다.

71 반드시 : 대본에는 '又'로 되어 있다. 《정조실록》 16년 8월 21일 기사와 《승정원일기》 및 《일성록》 정조 16년 8월 21일 기사에 근거하여 '必'로 바로잡아 번역하였다.

72 공소(孔紹) : 공자의 53대손으로, 창원 공씨(昌原孔氏)의 시조이다. 초명은 소(昭)였으나 고려 광종의 이름을 피하여 '소(紹)'라 하였다. 원(元)나라 순제(順帝) 때 한림 학사에 임명되었는데, 공민왕 때 왕비 노국대장공주(魯國大長公主)를 배종하여 고려에 와서 문하시랑평장사(門下侍郎平章事)가 되고 창원백(昌原伯)에 봉해졌다.

氏) 성을 가진 사람들로 하여금 잡다한 말을 하지 못하게 할 수 있을 것입니다. 그런데 그 장파(長派)가 중간에 매우 쇠미해져서 영남 지역에 뿔뿔이 흩어져 산다고 하니, 세파(世派)의 문헌을 근거하여 믿기가 어려운 점이 있습니다. 설혹 참으로 장파가 있고 의심할 만한 점이 없다 하더라도 먼 지방에서 농사지으며 안착하여 살고 있던 사람이 처자식을 데리고 갑자기 조정에서 준 반촌(泮村)의 집에서 살게 된다면 굶주리지 않을 수 있겠습니까. 만일 그렇다면 그들을 위해 우대하는 일이 도리어 해가 될 염려가 없지 않으니, 이것이 매우 편치 못한 일입니다.

신의 생각은 이렇습니다. 공소의 후손을 찾는 것은 끝내 반드시 폐단이 있을 것이고, 공서린(孔瑞麟)[73]은 곧 우리나라의 명현(名賢)이니 그의 후손을 수용하는 것이 마땅함을 얻을 듯합니다. 더구나 공학수(孔學洙)는 공서린의 직파(直派)이기 때문에 선조의 승전(承傳)이 이와 같이 극진하였던 데야 더 말할 것이 있겠습니까. 그러나 전관(銓官)들이 시종 잘못을 답습한 것이 몹시 개탄스러우니, 지금 공학수의 손자를 등용하는 것은 공자를 추념하고 선조의 유지를 우러러 따르는 방도가 될 수 있을 것입니다. 이는 공신(功臣)이 승습(承襲)하는 것과는 다르니, 부형(父兄)을 버려두고 자질(子姪)을 취하는 것을 혐의의 단서로 삼을 필요는 없을 것입니다.

73 공서린(孔瑞麟) : 1483~1541. 본관은 창원(昌原), 자는 희성(希聖)·응성(應聖), 호는 휴암(休巖), 시호는 문헌(文獻)이다. 1507년(중종2) 식년 문과에 갑과로 급제하였다. 기묘사화로 인해 조광조(趙光祖)와 함께 투옥되었다가 곧 풀려났는데, 그 후 기묘사화 때 화를 입은 선비들의 무죄를 주장하다가 여러 번 관직을 삭탈당했다. 대사헌, 경기 관찰사, 황해도 관찰사 등을 역임하였다.

상이 이르기를,

“우선 예조로 하여금 용인(龍仁)에 사는 고(故) 대사헌 공서린의 후손을 소견(召見)해서 그 직파에 해당하는 사람의 이름을 물은 뒤에 이치를 따지고 사유를 갖추어 초기하게 하면 마땅히 하나로 결론을 지어 하교하겠다. 고 대사헌 공서린은 공자의 후손으로 일찍이 우리나라의 명현이 되었으니, 열성조께서 숭상하고 장려하신 조처가 지극하였다. 그러나 그 집안사람들이 세력이 없어서 행장(行狀)을 짓지 못했기 때문에 아직까지 연시(延諡)[74]를 거행하지 못하고 있으니, 이는 녹용하라는 명이 있었는데도 60년이 지나도록 끝내 수용(收用)하지 못한 것과 무엇이 다르겠는가.

우리나라는 명색이 예의가 있는 나라이다. 그런데 이른바 벼슬아치와 사대부 들이 왕명을 대양(對揚)하는 것이 도리어 중국에서 성인을 높이는 것만 못하니, 참으로 이른바 ‘이웃 나라에 알려지게 해서는 안 되는 일〔不可使聞於隣國〕’[75]이라 할 것이다. 그런데 중국 사

74 연시(延諡) : 선시관(宣諡官)이 시호를 받들고 오면 본가(本家)에서 시호를 받는 이의 신주(神主)를 모시고 나와 행하는 의식(儀式)을 말한다.

75 이웃……일 : 말을 꺼내기도 부끄러운 일이라는 뜻이다. 춘추 시대 노(魯)나라의 자사(子思)가 위(衛)나라 임금에게 구변(苟變)을 천거하며 500승(乘) 군대의 장수가 될 만하다고 하자, 위나라 임금은 구변이 관리로 있을 때 백성에게 세금을 거두면서 남의 달걀 2개를 먹었기 때문에 쓰지 않겠다고 하였다. 이에 자사가 말하기를 “성인이 사람을 관리로 등용하는 것은 장인이 나무를 사용하는 것과 같아서 그 장점은 취하고 단점은 버립니다. 이 때문에 구기자나무나 가래나무가 몇 아름이 될 정도로 크면, 몇 자 정도 썩은 부분이 있어도 훌륭한 장인은 이를 버리지 않는 것입니다. 지금 임금님께서는 전쟁이 난무하는 세상에 살고 계십니다. 맹수의 발톱 같고 어금니 같은 날랜 용사를 뽑으면서 달걀 2개 때문에 방패 같고 성 같은 든든한 장수를 버리시니, 이것은 이웃

람들은 오히려 우리나라의 속습(俗習)이 이처럼 미련한 줄도 모르고 공자가 탄신한 구갑(舊甲)을 만나면 반드시 기념하는 성대한 의전(儀典)이 있을 것이라고 믿고 있다. 그래서 작년에 사행(使行)이 연경(燕京)에 들어갔을 때 공자의 후손이 우리나라 사람을 찾아와서 직접 성인의 유상(遺像)을 전하며 우리나라로 받들고 돌아오게 하였으니, 더욱이 어찌 매우 부끄럽지 않겠는가.

동쪽으로 온 사람은 곧 공소이다. 공소가 가지고 온 세보(世譜)가 비록 우리나라의 인쇄본이 있기는 하지만, 신중을 기하는 도리로 볼 때 다시 곡부(曲阜)의 공씨 종족에게 계보의 진본을 구하지 않을 수 없다. 그렇게 한 뒤에 운각(芸閣 교서관(校書館))에서 인쇄하여 반포하는 것이 실로 일의 체모에 합당하다. 이번에 가는 서장관(書狀官)은 당하 각신(堂下閣臣) 중에서 차출하여 보내도록 하라. 이 제독(李提督 이여송(李如松))의 계보도 오히려 성심껏 탐문하니 중국 사람들이 듣고 감동하여 1본을 보내 주어서, 사우(祠宇)를 건립하여 계보를 보관한 조처가 있기까지 하였다. 더구나 성인의 계파야 더 말할 것이 있겠는가. 이날을 맞아 이런 하교를 하는데 또한 어찌 범연(泛然)하게 말할 수 있겠는가."

하였다.

나라에 알려져서는 안 될 일입니다."라고 한 데서 온 말이다. 《資治通鑑 卷1 周紀1 安王 25年》

강계에서 공납하는 삼의 잉여분을 처리하는 일의 편의에 대해 논하는[76] 계사[77]

江界貢蔘剩餘區處便宜論啓

강계에서 상납하는 인삼은 30근을 정수(定數)로 삼고 그 나머지는 모두 경공(京貢)으로 만들었는데, 그 후에 신은 삼 농사에 풍년이 들었을 때는 반드시 30근 이외의 잉여분이 있을 것이기에 이것이 도리어 훗날 강계 부사가 이익을 독점하는 밑천이 될까 염려하였습니다. 그래서 지난달 연석(筵席)에서 진달하여, 삼의 봉납(捧納)이 만일 30근을 채우면 나머지 잉여분은 많고 적음을 막론하고 모두 채취한 백성들에게 내주어서 자기들끼리 매매하게 하라는 내용으로 거조(擧條)를 낸 다음 공문을 보내 알렸습니다.

방금 강계 부사가 사적으로 보낸 편지를 보니 "조정에서 백성을 위하는 뜻은 매우 감탄스럽습니다만, 만일 이 법이 시행된다면 도리어 본부(本府)에 폐단이 생기는 것을 면치 못할 듯합니다. 대개 강계의 경내에서는 감히 삼을 사사로이 매매하지 못하기 때문에 백성들이 비록 밭머리에서 삼을 채취하였더라도 관부로 달려 들어가 관에서 정식으로 정한 값의 돈을 받아 가지 않을 수 없으니, 이 때문에 경사(京司)에 상납

76 편의에 대해 논하는 : 대본에는 '便宜'로 되어 있다. 이 책의 다수 용례에 근거하여 뒤에 '論'을 보충하여 번역하였다.

77 강계(江界)에서……계사 : 1792년(정조16) 8월 21일 정사에서 당시 좌의정으로 있던 번암이 아뢴 내용이다. 《正祖實錄》《承政院日記》《日省錄》

하는 것이 완전히 부족하지는 않았습니다. 그런데 지금 만약 그들이 스스로 매매하는 길을 열어 준다면 크게 이윤을 남길 수 있으니, 삼을 캐는 백성들은 반드시 온갖 수단을 동원하여 숨겨 두어서 간계를 부릴 것입니다. 만일 그렇게 된다면 설령 삼 농사가 풍년이 들더라도 30근의 수량은 채울 도리가 전혀 없을 것입니다. 매매하는 법은 이전처럼 엄히 금지하되, 30근 이외의 잉여분은 실제의 수량대로 호조에 보내 봉납하고 한편으로 이 내용을 비국(備局)에 보고해서 제사(題辭)를 받아 두었다가, 혹 삼 농사가 흉년이 들어 30근을 채우지 못할 때를 만나면 전날 더 봉납한 수량으로 경사에서 그 부족분을 채우게 한다면 실로 사의에 합당할 것입니다."라고 하였습니다.

신이 이로 인하여 생각해 보니 강계 부사의 말이 일리가 없지는 않습니다. 다만 생각건대 자신을 통제하여 공무를 수행하는 사람이 아니면 설령 잉여분이 있더라도 결코 사실대로 다 보고할 리는 없을 것입니다. 또 호조에 받아 두더라도 해마다 흠축(欠縮)났다고 하는 일이 허다할 뿐만 아니라 필경에는 모두 없어질 근심이 간혹 많이 있으니, 이는 신이 겪어 본 일이어서 그 폐단을 잘 알고 있습니다. 그러므로 감히 이렇게 우러러 아룁니다만, 실로 어떻게 하면 매우 좋은 방법이 될지는 모르겠습니다.

강계 부사가 말한 대로 정수 이외의 잉여분은 모두 보장(報狀)을 작성하여 올려보낸 후에, 곧바로 왜학청(倭學廳)에 넘겨주어서 쌓아 두게 한다면 공공연히 흠축나는 근심은 자연 할 필요가 없을 것이니, 이렇게 분부하는 것이 좋겠습니다. 그러나 이후로 혹 강계 부사가 다 보고하지 않고 자신의 이익으로 삼고자 하는 경우가 있으면, 도신은 반드시 철저하게 염찰하여 조정에 장계로 보고하고, 탐오(貪汚)를 저지른 데 대한 형률로 다스리겠다는 내용으로 엄하고도 분명하게 통지해서 경계하여 신칙하는 실효가 있게 하는 것이 어떻겠습니까?

상이 이르기를 "아뢴 대로 하라." 하였다.

청포전의 모자값[78]에 대해 옛 제도를 거듭 밝혀서 팔포 이외의 명목은 들여보내게 하기를 청하는 계사[79]

請靑布廛帽價申明舊制包外入送啓

지난번 신축년(1781, 정조5) 연간에 상께서 청포전 사람들의 생계가 곤란한 것을 진념(軫念)하여 관모(官帽)의 공용조(公用條) 1000척(隻) 이외에 잉여분 200척에 대해서는 전인(廛人)으로 하여금 가은(價銀)을 마련해서 연시(燕市)에서 사 오게 하되, 만부(灣府 의주(義州))에 세금을 납부하지 않고 마음대로 매매하여 본전(本廛)이 살아갈 밑천으로 삼도록 특별히 허락하셨으니,[80] 그들의 처지에서는 실로 드문

78 모자값 : 대본에는 '帽債'로 되어 있다. 문맥에 근거하여 '債'를 '價'로 바로잡아 번역하였다.

79 청포전(靑布廛)의……계사 : 모자값은, 연경(燕京)에 가는 사신(使臣)의 공용(公用)에 드는 비용을 관(官)에서 모자를 사고 남는 것을 가져다 쓰게 하였는데, 영조(英祖)가 이를 혁파하고 사행(使行)이 있을 때마다 사상(私商)에게 모세(帽稅)를 거두어 대신하게 하였다. 정조 때에 이르러 세액(稅額)이 점점 줄어들어 공비(公費)를 조절할 수가 없게 되자 다시 모세 사목(帽稅事目)을 정하였는데, 이를 말한다.《萬機要覽 財用編5 稅帽之法》 팔포(八包)는, 조선 초기 세종(世宗) 연간에 사신과 그 원역(員役)들은 사행 중의 여비와 무역 자금으로 은화를 가지고 갔는데, 1628년(인조6)에 은화 대신 인삼 10근을 1포(包)로 계산하여 80근을 휴대하게 한 것을 가리킨다. 그 후 1662년(현종3)에 다시 인삼이 귀해지자 은화로 팔포를 채우게 하면서 인삼 1근을 25냥으로 절은(折銀)하여 당상관은 은화 3000냥, 당하관은 2000냥이 팔포가 되었다. 은화가 더 귀해진 영조 연간에는 피잡물(皮雜物) 등까지 팔포의 물종에 포함시켰다.《度支志 外篇16 八包事實》《萬機要覽 財用編5 燕行八包》 1792년(정조16) 8월 21일 정사에서 당시 좌의정으로 있던 번암이 아뢴 내용이다.《正祖實錄》《承政院日記》《日省錄》

은택이었습니다.

당시의 절목 가운데 "자체적으로 마련한 가은을 실제의 수량대로 비국(備局)에 정장(呈狀)하면 비국에서 관문을 보내어 팔포의 명목 이외에는 월송(越送)하게 한다."라고 분명하게 기재하였으니, 후일을 치밀하게 염려했다고 할 수 있습니다. 그러나 근년 이래 전인들이 갑자기 간계를 내어 애당초 가본(價本)을 1문(文)도 보내지 않고 역관들과 몰래 모의하여 "전(廛)의 모자값을 아무개 아무개 역관의 팔포 안에 넣었습니다."라고 하면서 외면상으로 숨기려 하고 있으니, 전처럼 팔포의 명목 이외로 월송한다는 내용으로 비국에 정장하고 비국에서 관문을 보내기는 했지만 그 실상은 월송할 것이 없는 것입니다. 그러다가 대저 사행이 돌아올 때가 되면 공공연히 공용조의 모척(帽隻)을 자신들이 사 온 것이라고 말하면서 마음대로 실어 갔으니, 그 속을 세세하게 따져 보면 공용조가 아무 근거 없이 전인들에게 그냥 지급된 것이었습니다. 이 때문에 공용조가 해마다 감축되어 몇 년이 지나지 않아 운향고(運餉庫)가 그 기능을 잃어버리게 되면 사행의 책응(策應)에 손을 쓸 수가 없게 될 터이니, 앞으로의 걱정이 참으로 작지 않습니다.

작년 겨울에 만윤(灣尹 의주 부윤(義州府尹))이 팔포 명목 이외의 은자(銀子)에 대해 조사하였는데, 애당초 내려오지 않아서 그 상황을 비국에 논보(論報)하였습니다. 금년 봄 책문(柵門)으로 돌아왔을 때는

80 지난번……허락하셨으니 : 1781년 11월 16일 모자전(帽子廛)의 상언(上言)으로 인하여 매년 세금을 내지 않는 모자 200척(隻)을 사 올 수 있게 허락하였다. 그 뒤 1783년에는 세금을 내는 모자〔稅帽〕 1000척 외에 추가로 사 오는 모자〔加帽〕 200척에 대해서는 두 번의 사행 여부를 따지지 않으며 세금을 내는 모자 1000척의 수량을 채웠는지도 구애받지 말도록 하였다. 《承政院日記 正祖 5年 11月 16日, 7年 9月 5日 · 15日》

만윤이 세금 없는 모자의 명목을 전인에게 내주지 않으려고 여러 차례 논보하였기 때문에 신이 형조에 분부하여 전인을 대상으로 정상을 상세히 조사하게 하였습니다. 그랬더니 전인들이 홀연 말하기를 "계묘년(1783, 정조7) 연간에 공시 당상(貢市堂上)이 저희 전인들의 모자값을 역관의 팔포 안에 부쳐 보내겠다는 내용으로 진달하고 윤허를 받아서 팔포의 명목 이외로 월송하는 것처럼 비국에 정장하였으니, 이는 바로 저희들이 옛 규례를 답습한 결과 착오가 있었던 것입니다."라고 하였습니다.

형조 판서가 이미 공초의 내용을 받고 또 그 문적을 상고하여 분명하게 신에게 보내어 보여 주었기 때문에 신은 믿어 의심치 않고, 공시 당상이 반드시 전인에게 사사로운 정(情)이 있어서 이렇게 부정한 일을 저질렀다고 생각하여, 파출할 것을 청하려고 하였습니다. 그런데 나중에 그 당시의 문서를 상고해 보니, 공시 당상이 요청한 것은 곧 공용의 모자에 대해 비록 1000척의 수를 채우지 못하더라도 전모(氈帽)[81]를 공용으로 허가하여 팔포 속에 월송하게 해 달라는 것이지, 가은을 팔포 속에 월송하겠다는 말은 아니었습니다. 따라서 이것은 형조 판서가 전인들에게 속은 것이지 공시 당상의 잘못이 아니었습니다.

지금은 전인들의 정상이 이미 다 드러났으니, 금년 사행부터는 최초의 절목을 거듭 밝혀서 반드시 전인들로 하여금 자체적으로 마련한 가본을 팔포의 명목 이외로 보내게 하되 만윤이 특별히 조검(照檢)을

81 전모(氈帽) : 대본에는 '原帽'로 되어 있다. 《정조실록》 16년 8월 21일 기사와 《승정원일기》 및 《일성록》 정조 16년 8월 21일 기사에 근거하여 '原'을 '氈'으로 바로잡아 번역하였다.

더해서 비록 1문이라도 혹 없는 것을 있다고 하는 일이 없도록 하고, 그들이 돌아왔을 때에는 들여보낸 가본의 많고 적음에 따라 그 모척을 지급하게 하소서. 가령 그들이 10척의 값만 보냈으면 10척을 인정하고 100척의 값만 보냈으면 100척을 인정해서, 감히 값은 적은데 모자는 200척의 원수를 기준으로 하지 못하게 한 뒤에야 공용조를 공공연하게 떼어 가는 염려가 없을 것입니다. 말이 번거롭고 자질구레한 데 가깝지만 공용에 대한 일은 관계되는 바가 매우 중요하기 때문에 이와 같이 진달하니, 만윤에게 분부하시어 유념하여 거행하게 하는 것을 그만두어서는 안 될 듯합니다.

상이 이르기를 "아뢴 대로 하라." 하였다.

고 찰방 이시경에 대해 정문을 내려 포상하기를 청하는 계사[82]

請旌褒故察訪李蓍慶啓

고(故) 상신(相臣) 이양원(李陽元)이 임진왜란 당시에 명을 받고 유도(留都)하다가 피를 토하고 죽었는데, 그의 아들 이시경이 소촌 찰방(召村察訪)으로 있으면서 또 정유재란을 당하여 힘껏 싸워 왜적을 죽이다가 전장에서 장렬하게 죽어서 화살로 초혼(招魂)하고[83] 장사 지냈으니, 고 상신의 자손록(子孫錄) 및 《소촌선생안(召村先生案)》에 당시의 일이 분명하게 기록되어 있습니다. 그 충절이 이와 같은데도 정문(旌門)을 내려 포상하는 절차를 지금까지도 시행하지 못하고 있으니, 참으로 한 가지 흠이 되는 일입니다. 그 문에 정문을 내림으로써 풍성(風聲)을 수립할 수 있게 허락하신다면 실로 성대(聖代)의 풍교(風敎)에 보탬이 될 것입니다.

상이 이르기를 "아뢴 대로 하라." 하였다.

82 고(故)……계사 : 1792년(정조16) 9월 5일 정사에서 당시 좌의정으로 있던 번암이 아뢴 내용이다. 《正祖實錄》《承政院日記》《日省錄》

83 화살로 초혼(招魂)하고 : 전쟁 중에 군사가 죽어서 복(復), 즉 초혼할 때 쓸 옷이 없어 화살로 초혼한다는 말이다. 《예기》 〈단궁 상(檀弓上)〉에 "주루에서 화살로 초혼하는 것은 대체로 승형의 전쟁에서 시작된 것이다.〔邾婁復之以矢, 蓋自戰於升陘始也.〕"라고 하였다.

훈련도감의 화약을 훔친 도적에 대해 엄히 조사하기를 청하는 계사[84]

請嚴覈訓局火藥偸出賊人啓

신은 훈련도감의 화약에 대한 일로 아뢰고자 하였는데, 달이 이미 바뀌도록 병 때문에 연석(筵席)에 나아오지 못하여 지금에야 비로소 대략 아뢰게 되었으니, 지체한 죄를 스스로 용서할 수가 없습니다.

달포 전에 훈련도감의 화약 편수가, 찧어 놓은 화약 가운데 봉상(捧上)하지 않은 700여 근(斤)을 훔쳐 낸 다음 화승(火繩)으로 화약고의 구멍에다 불을 붙여서, 환하게 타 들어가는 화승의 불꽃이 거의 창고 안에까지 미쳤습니다. 그런데 마침 순경(巡更)하던 자가 놀라서 소리치고 화약고의 문을 발로 차 부순 덕분에 간신히 불을 끌 수 있었으니, 생각해 보고 또 생각해 보아도 놀랍고 두려운 마음을 진정할 수가 없습니다.

천도(天道)가 밝게 드러나 죄인을 잡고 보니, 훔친 700근 중에 약간은 시장에 내다 팔고 나머지 수백 근은 그의 누이 집에 보관해 두었는데, 누이는 바로 서명두(徐命斗)라는 자의 첩(妾)이었습니다. 그가 화약을 보관해 둔 곳이 은밀한 장소가 아니었던 것은 훔친 자취를 감추려는 계책에 불과한 듯합니다만, 소문이 시끄럽게 퍼져 나가는 것은 집집마다 다니며 깨우치기가 어렵습니다. 도적에게 진실로 응당 사형을

84 훈련도감의……계사 : 1792년(정조16) 9월 5일 정사에서 당시 좌의정으로 있던 번암이 아뢴 내용이다. 《正祖實錄》《承政院日記》《日省錄》

시행해야 하거니와, 서명두와 그의 첩을 훈련대장이 이미 엄중하게 가두어 두었으니, 훈련대장으로 하여금 엄히 심문하여 분명히 조사해 내게 하지 않을 수 없습니다.

상이 이르기를 "아뢴 대로 하라." 하였다.

유수부를 조치하는 사의에 대한 계사[85] 계축년(1793, 정조17)
留守府措置事宜啓 癸丑

본부(本府)는 지금 제도를 창립하는 초기에 해당하니, 무릇 설시(設施)에 관계되는 일은 모두 상에게 여쭈어 재결(裁決)을 받지 않을 수 없습니다. 그러나 유영(留營)의 용도를 추가로 더 마련하는 일과 이아(貳衙)를 설치할 때 들어가는 물력(物力)과 경외(京外)에 공문을 보내는 식례(式例) 같은 것은 모두 비변사에서 이제 막 강구하여 확정하였으니, 신이 더 이상 번거롭게 여쭐 필요가 없습니다. 다만 고을의 사무를 주관하고 재결하는 것은 상영(上營)과 이아 중에서 반드시 하나로 귀결시킨 연후에야 고을의 일이 분산되지 않고 민정(民情)도 현혹되지 않을 것이니, 이 문제는 때에 맞추어 상의 뜻을 여쭙지 않을 수 없습니다.

대개 체모(體貌)로 말하건대, 고을의 사무는 크고 작은 일을 막론하고 모두 판관(判官)에게 위임하고 유수는 대체(大體)만을 유지하도록 하는 것이 그 체통을 높이는 데에 해가 되지 않을 것입니다. 다만 생각건대 본부는 여러 도의 군읍(郡邑) 가운데 가장 물산이 풍부하고 지역이 광대한데 판관은 군수를 역임한 사람에 지나지 않습니다. 재능을 얼마나 갖춘 사람인지 비록 미리 알기는 어렵지만 이력이 일천한 음관

85 유수부(留守府)를……계사 : 1793년 1월 24일 정사에서 당시 수원 유수(水原留守)로 있던 번암이 아뢴 내용이다. 《承政院日記 正祖 17年 1月 24日》《일성록》에는 1793년 1월 26일 기사에 수록되어 있다.

(蔭官)으로는 쉽게 제압하기가 어려울 듯하니, 차라리 유수로 하여금 여러 사무를 주관하게 하고 판관은 유수의 명을 받들어 보좌하게 하는 편이 나을 것입니다. 그렇게 하면 자연히 일반 백성들로 하여금 그 위엄을 꺼리게 할 수 있을 것이니, 송도(松都)와 강화의 규례도 이와 같습니다.

백성의 정소(呈訴)는, 자잘한 것은 모두 이아에 바치고 그 가운데 혹 큰일이 있으면 의송(議送)하는 예에 따라 유수부(留守府)에 바치게 하는 것이 적합할 듯합니다. 사객(使客)에게 지공(支供)하는 일 같은 경우, 유수부에서 담당하여 처리하게 하는 것이 실로 일의 체모에는 손상이 되겠지만, 지금 이아로 하여금 거행하게 하고자 한다면 재력을 반드시 넉넉하게 마련한 연후에야 거의 후일의 폐단이 없을 것입니다. 신이 우려하는 점은 재력을 갑자기 마련해 내기가 어렵다는 것이니, 전처럼 유수부에 소속시켜도 달리 폐단이 발생하지는 않을 듯합니다. 이는 비변사에서 얼마나 상세하게 마련하느냐에 달린 문제이니, 신은 하나로 결론지어 여쭈어 정하고자 하지 않겠습니다.

본부는 방어영(防禦營)이기 때문에 전부터 방영청(防營廳)이 있었으니, 방영청의 하속(下屬)과 별군관(別軍官) 12인이 모두 요미(料米)를 받고 돌아가며 입번(入番)하였습니다. 하지만 지금은 방영이 혁파되었으니, 방영청의 이름도 따라서 혁파해야 합니다. 다만 생각건대 요미를 받아 생계를 꾸려 오던 수많은 사람들을 하루아침에 아무런 이유도 없이 모두 태거(汰去)하는 것은 조정에서 곡진하게 본부의 장교와 하속을 보호하는 취지가 아닙니다. 또 판관은 영하(營下)에 주재해 있으니, 아전과 관노(官奴)야 돌아가며 차례를 정하여 사역할 수 있겠지만, 장교의 경우에는 수하(手下)에 사람이 없어서 또한 반드시 궁색하고 고민스러운 점이 있을 것입니다. 신의 생각은 이렇습니다. 방영청을 열교청(列校廳)이라 고쳐 부르고 이아에 부속시켜서 부리게 하되, 청식(廳式)은 혹 이전의 규식을 고치지 못하도록 하소서.

토포청도 방영청과 마찬가지로 혁파해야 하지만, 본부가 도둑을 단속하는 정사(政事)도 소홀히 할 수 없습니다. 또 송도 역시 금도청(禁盜廳)이 있으니, 본부에서 어찌 토포사(討捕使)를 이송하였다는 이유로 토포청까지 아울러 철거(撤去)할 수 있겠습니까. 토포청은 전처럼 그대로 두고 도둑을 막는 정사는 중군(中軍)으로 하여금 착실히 거행하게 하는 것이 사리에 합당할 듯합니다.

신이 데리고 가는 편비(編裨)는 송도의 예에 따라 마땅히 5원(員)으로 정해야겠지만, 제도를 정하는 초기에 그 면모를 일신하지 않을 수 없으니, 비록 예전에 병사(兵使)를 지낸 자일지라도 계청(啓請)하고자 합니다. 그리고 유수부로 승격되고 난 뒤에는 유(流) 이하를 스스로 판결하는 예[86]가 있으니, 검률(檢律)이 없어서는 안 됩니다. 따라서 검률 1원도 마땅히 계하받아야 합니다. 이로써 해당 조에 분부하는 것이 어떻겠습니까?

상이 이르기를 "아뢴 대로 하라." 하였다.

86 유수부로……예 : 《경국대전》〈형전(刑典) 추단(推斷)〉에 의하면, 형조, 개성부, 관찰사는 유(流) 이하를 직접 판결할 수 있으며 각 아문(衙門)은 태(笞) 이하를 직접 판결할 수 있다고 하였다. 그 뒤에 강화부가 유수부로 승격되었으므로 《속대전》에서는 강화부도 유 이하를 직접 판결할 수 있도록 규정하였고, 광주부와 수원부가 유수부로 승격된 뒤에도 《대전회통》에 동일한 규정이 추가되었다.

화성의 성루를 영건할 때 재목을 얻는 일에 대해 청하는 계사

華城城樓營建時請得材木啓

본부(本府)에 성을 축조하는 것은 그만둘 수 없는 일에 관계되고 이미 하교를 기다리라는 명이 있었으니, 삼가 조정의 명령을 기다려야 할 뿐입니다. 신은 한 달 전 연석에 나왔을 때 삼가 돌을 떠 내고 회를 굽는 일은 우선 미리 대비해 두는 것이 좋겠다는 하교를 받았기 때문에 본영(本營)으로 돌아온 이후 편안히 쉴 겨를도 없이 회석(灰石)은 값을 주어 사들이게 하였습니다. 그리고 석역(石役)은 이미 지난달 17일에 시작하여 두 곳을 설치하였으니, 일소(一所)는 부치(府治)에서 3리쯤 떨어진 곳이고 이소(二所) 또한 7, 8리 거리에 지나지 않습니다. 30일 사이에 떠 내어 가지고 온 돌이 이미 500덩어리에 가까운데, 뉘어 놓으면 무지개 같고 크기는 집채만 한 것들을 동문(洞門)의 아래 위에 언덕처럼 쌓아 두었으니, 진실로 하늘이 베풀고 귀신이 비장(秘藏)하여 오늘을 기다린 것이 아니라면 그 공력(功力)이 순조롭고도 무난한 것이 어찌 여기에 이를 수 있었겠습니까. 지금 만일 수십 일의 역역(力役)을 들여 남북 양 대문으로 들여놓는다면 넉넉하여 근심이 없을 것입니다.

신의 생각은 이렇습니다. 성을 축조하는 일은 마땅히 다시 하교를 기다려 거행해야 하겠지만 문루(門樓)의 역사(役事)는 성을 축조하는 일에 비하여 더욱 어려운 일이니, 만일 문루의 공역을 끝마친다면 성을 다져 축조하는 역사는 곧 그다음에 할 일일 뿐입니다. 돌을 운반하는 길은 지금 바야흐로 밤낮으로 마련하고 있습니다. 그러나 가장 중요한 것은 양 문의 2층 누각에 들어가는 재목인데, 이는 사양산(私養山)에서 구할 수 없습니다. 시작하지 않았으면 그만이겠지만 이미 시작하였으니, 그 형세로 볼 때 우러러 조정에 청하지 않을 수 없습니다. 안면도(安眠島)는 해운(海運)하는 길이 너무 멀지도 않고, 더구나 작년에 바람에 꺾인 재목을 반드시 다 발매(發賣)[87]하지는 않았을 듯하니, 이때에 이르러 만일 떼어 주도록 허락받는다면 큰 역사에 거의 실마리가 잡힐 것입니다. 그 들어가는 바는 신이 일을 잘 아는 노교(老校) 및 여러 목공과 함께 재결하고 또 재결하며 정밀하고 다시 정밀하게 해서 삼가 아래쪽에 기록해 두었습니다. 다만 실어 운반하는 일에 대해 만일 장사꾼의 배가 출항하기를 기다리고자 한다면 몇 년이 걸리더라도 마무리하기 어려울까 염려되니, 반드시 들어갈 양을 헤아려 병방선(兵防船)으로 발송해야 합니다. 그렇게 한 뒤에야 일제히 도착해서 큰 역사의 공기가 늦춰지지 않게 할 수 있습니다.

본영(本營)에서 의당 일을 주간할 비장(裨將)과 장교(將校)를 파견해야 하겠지만, 이는 국가의 큰 역사(役事)이니 어찌 비장과 장교로 하여금 그 일을 전적으로 담당하게 할 수 있겠습니까. 재목을 베어 배로 운반할 때 수신(帥臣)이 직접 대조하여 점검하고 도신(道臣) 역시 감독하여 살펴서, 허다한 간사한 폐단을 끊게 하는 것을 결단코 그만둘 수 없습니다. 나무를 벨 때의 양료(糧料)와 배가 있는 곳까지 끌고 내려오는 데 드는 사력(事力)과 선격(船格)의 양료로 들어가는

87 발매(發賣) : 관(官)에서 공적인 물품, 즉 진휼곡, 환곡, 풍락송, 공명첩 등을 민간에 내주어 파는 일을 말한다.

비용은 본영에서 준비하여 보낼 길이 전혀 없으니, 이것은 본도(本道)로 하여금 적당한 명색의 곡물 중에서 적절하게 헤아려 떼어 주게 해서 함께 일을 이루는 방도로 삼는 것이 매우 편리하고 좋을 듯합니다.

정시에 초시를 설행하는 것이 합당한지에 대한 계사[88]

庭試設初試當否啓

정시에 초시를 설행하는 것은 인재를 선발하는 데에 도움은 없고 시골 유생들이 오랫동안 서울에 체류해야 하는 폐단만 있습니다. 신의 생각은 이렇습니다. 비록 초시를 설행하지 않더라도 절로 방해되는 일은 없지만, 만일 그렇게 한다면 반드시 그날 바로 창방(唱榜)해야 합니다. 그런데 과장(科場)에서 그날 바로 창방하는 것은 사람들의 이목에 분명하게 보여 준다는 점에서는 괜찮겠지만 실로 과장에서 선비를 뽑는 의리가 아닙니다. 지금 만일 춘당대(春塘臺) 정시로 거행하고 고관(考官)으로 하여금 성의를 다해 고열(考閱)해서 비록 하루 이틀이 걸리더라도 구애받지 말고 오직 인재를 얻는 데에만 마음을 쓰게 한다면, 폐단만 있고 이로움은 없는 초시보다는 나은 점이 있을 듯합니다.

88 정시(庭試)에……계사 : 1793년(정조17) 11월 22일 정사에서 당시 영중추부사로 있던 번암이 아뢴 내용이다. 《正祖實錄》《承政院日記》《日省錄》

제주 목사 이철운을 처리하는 사의에 대한 계사[89]

濟州牧使李喆運處置事宜啓

이철운(李喆運)이 했던 네 글자의 말[90]은 대신(臺臣)이 필시 직접 들은 것은 아닐 테고 마땅히 말을 전한 사람이 있었을 것입니다. 말을 전한 사람과 같이 들은 사람의 성명을 반드시 자세히 알아야 어사가 제주목(濟州牧)에 도착한 후 철저히 따져 물을 수 있으니, 이는 대신에게 물어보지 않을 수 없습니다. 다만 생각건대 어사가 따져 물었을 때 말을 전한 자가 만일 "애당초 이런 일이 없었습니다."라고 한다면 대신에게는 마땅히 반좌율(反坐律)[91]을 적용해야 할 듯합니다. 그러나 대질하여 하나로 결론을 내지 않고 곧바로 반좌율을 적용하는 것은 끝내 나라의 체모가 아니니, 이른바 말을 전한 자는 의금부로 잡아와서 대신과 한번 대질하지 않을 수 없습니다. 또 혹 말을 전한 자가 "이철운이

89 제주……계사 : 1793년(정조17) 11월 13일 정사에서 당시 영중추부사로 있던 번암이 아뢴 내용이다. 《承政院日記》《日省錄》

90 이철운(李喆運)이……말 : 제주 목사(濟州牧使) 이철운이 사람들 앞에서 "국사가 가소롭다.〔國事可笑〕"라고 말한 것을 가리키는데, 1793년 11월 11일에 장령(掌令) 강봉서(姜鳳瑞)가 올린 상소에서 언급하였다. 그 상소에 의하면 이철운은 진휼(賑恤)의 공에 대한 포상이 자신에게 미미하게 돌아오자 불만을 품고 이렇게 말했다고 한다. 《日省錄 正祖 17年 11月 13日》

91 반좌율(反坐律) : 남을 무고(誣告)한 사람에게 적용하는 형률이다. 억울함을 호소한다고 하면서 남을 무고한 자에게는 장(杖) 100을 치고 유(流) 3000리에 처하였고, 역모(逆謀)의 혐의로 남을 무고하면 부대시참(不待時斬)을 적용하였다. 《大典會通 刑典 推斷, 告尊長, 訴冤》

이렇게 말하는 것을 제가 과연 귀로 들었습니다."라고 한다면 이철운으로서는 자백할 리가 만무하니, 그 형세로 볼 때 또 부득이 이철운 및 말을 전한 자를 대질해서 하나로 결론을 내게 한 연후에야 죄목(罪目)을 정할 수 있을 것입니다. 그러나 어사가 비록 왕명을 받들었다 하더라도 의금부에서 국문하는 것과는 일의 체모가 조금 다르니, 전 목사를 본주(本州)의 관정(官庭)으로 잡아들인 다음 본주의 백성들과 대질해서 형신(刑訊)하게 되면 후일의 폐단이 너무도 클 뿐만 아니라 나라의 체모를 높이는 방도로 봐도 결코 이와 같이 해서는 안 됩니다. 일이 만약 점점 커져서 이런 지경에 이르게 되면 이철운과 말을 전한 자를 또한 잡아다가 의금부로 하여금 엄히 국문하게 하지 않을 수 없으니, 앞으로 보나 뒤로 보나 의금부가 아니면 분명하게 조사할 수 없습니다.

다만 분명하게 조사하는 일이 어려운 것이 아니라, 비장(裨將)과 장교(將校)와 이속(吏屬)을 막론하고 공연히 바다를 건너 의금부의 옥에 구속되면 그 폐단은 마땅히 끝이 없을 것입니다. 비록 그렇기는 하지만 일이 이미 이 지경에 이르렀으니, 이와 같이 처리하는 것 이외에는 다시 다른 방도가 없을 듯합니다. 교화를 받은 백성으로서 성주(城主)를 장률(贓律)에 몰아넣은 것 같은 일은, 신의 어리석은 견해로는 너무도 온당치 못하다고 여깁니다. 수천 명의 목숨이 굶어 죽었다는 말을 듣고 성상께서 깜짝 놀라 피차를 비교하여 헤아려 보면 절로 죄의 경중이 있을 것이라는 하교를 내리시기에 이르렀으니 '성주와 교화를 받은 백성〔城化〕'이라는 두 글자는 이제 와서 다시 논할 필요가 없습니다. 다만 후일 360개 주(州)의 백성들이 만일 이것을 전례로 삼는다면 풍속이 날로 더욱 각박해져서 목민자(牧民者)가 장차 백성을 다스릴 수 없을 터이니, 이것이 또한 마음을 쓰지 않을 수 없는 점입니다.

화성의 누로와 치첩, 수문 등 및 기지를 견고하게 쌓는 일에 대한 계사[92]

華城樓櫓雉堞水門等及基址堅築事啓

성역(城役)이 내년 봄으로 다가왔으니, 배설하고 축조하는 모든 절차를 미리 강구하여 정하지 않을 수 없습니다. 남쪽과 북쪽의 석축(石築)은 다시 논의할 필요가 없겠습니다만, 동쪽과 서쪽은 그 기지(基址)가 대부분 주봉(主峯)과 안산(案山)을 점하고 있기 때문에 의논하는 자들이 모두 토축(土築)이 편리하다고 합니다. 하지만 다시 생각해 보면 주봉과 안산은 하늘이 만든 땅이니 그 흙을 굴착하여 산의 맥(脈)을 손상해서는 안 됩니다. 따라서 형세로 볼 때 마땅히 멀고 먼 지역에서 흙을 채취해 와야 하는데, 만일 그렇게 한다면 공역의 비용이 도리어 석축보다 많아질 것입니다. 그리고 성의 체모로 말하건대 석축이 토축보다 나은 것은 그 이치가 분명하니, 동쪽과 서쪽 역시 남쪽과 북쪽의 예에 따라 일체 석축으로 하는 것이 좋을 듯합니다.

성이 있는데 치첩과 초루(譙樓)가 없으면 성이 없는 것과 마찬가지이니, 이미 그렇다는 것을 안 이상 지금 한 가지라도 빠뜨려서는 안 됩니다. 우리나라 선배들의 유집(遺集) 가운데 또한 이 일에 대해 논급(論及)한 곳이 많으니, 일을 주관하는 신하로 하여금 널리 상고하고 상세히 논의하게 해서 소루(疎漏)함을 면하게 하는 것이 또한 좋겠습

92 화성(華城)의……계사 : 1793년(정조17) 12월 6일 정사에서 당시 영중추부사로 있던 번암이 아뢴 내용이다. 《承政院日記》《日省錄》

니다. 가장 중요한 문제는 수세(水勢)를 소통시키는 것으로, 끝내 관심을 두어야 할 일인데, 신의 생각은 이렇습니다. 모처(某處)부터 모처까지 석교(石橋)를 놓되 견실하여 움직이지 않도록 힘써야 하니, 그런 뒤에 그 위에 성을 쌓아 평지에 쌓은 성과 이어 붙이면 물이 범람하는 근심은 조금 없앨 수 있을 듯합니다. 그리고 공역의 비용도 수문(水門)이나 홍예(虹蜺)의 제도에 비교하면 훨씬 힘을 덜 수 있기 때문에 이렇게 강구하여 정하는 것이 또한 좋을 듯합니다. 만일 제일 중요한 도리를 말하자면 빨리 쌓으려 애쓰고 화려하게 쌓으려 애쓰지 말고 기초를 튼튼히 쌓아서 백년이나 천년이 지나더라도 혹 흔들려 움직이는 일이 없도록 해야 하니, 그렇게 한다면 바야흐로 위급한 일이 생겼을 때 힘을 얻을 수 있을 것입니다. 그 밖에 사소한 절목에 관한 일은 오직 감동(監董)하는 신하가 상황에 따라 변통하는 데 달려 있을 뿐이니, 돌아보건대 어찌 반드시 연석(筵席)에서 모두 번거롭게 말씀드릴 필요가 있겠습니까.

상이 이르기를,

"경의 말이 모두 좋다. 아뢴 대로 하라. 모든 일은 먼저 대체(大體)가 수립되어야 하니, 그런 뒤에 규모를 정하고 차례차례 절목에 관한 일들을 조치해야 할 것이다. 감동 당상(監董堂上)을 이미 차하(差下)하라고 명하였으니, 봄이 시작된 뒤에 즉시 역사를 시작하게 하라. 성을 축조하는 일의 대체는 형편에 따르는 것이 가장 좋으니, 해당 당상은 가까운 시일 내에 내려가서 기지를 정하되 둥글거나 모나거나 보기 좋게 하려고 생각하지 말고 지리(地利)에 근거하여 지세(地勢)를 잘 이용하는 방책을 힘써 따르도록 하라. 성역을 감독하는 일의 대체는 편리하게 물건을 운송하는 데 달려 있으니, 경들은 옛사람들이 남긴, 무거운 물건을 끌거나 들어 올리는 방식에 대해 미리 강구하여 시행하도록 하라. 재력을 모으는 일의 대체는, 우선 떼어 준 것 외에 경상 비용을 번거롭게 쓰지 말고 원납(願納)을 억지로 받아 내지도 말도록 하는 것이니, 양쪽이 모두 편리한 방도를 다시 생각하라. 제식(制式)과 모양(模樣)을 이루는 일의 대체는, 위는 처마처럼 만들고 아래는 돌다리처럼 쌓으며 옹성(甕城)과 초루, 현안(懸眼)과 누조(漏槽) 및 해자(垓字)를 파고 치첩을 설치하기를 지형에 따라 배분하는 것이니, 멀리로는 중국의 법을 본뜨고 가까이로는 고(故) 상신(相臣)[93]의 논의를 취하되 경들 또한 모름지기 널리 상고하고 상세히 헤아려서 후대의 사람들로 하여금 오늘날의 조정에 인재가 있다는 것을 알게 하라."

하였다.

93 고(故) 상신(相臣) : 유성룡(柳成龍)을 가리킨다. 다산(茶山) 정약용(丁若鏞)이 〈성설(城說)〉에서 유성룡의 〈산성설(山城說)〉을 자세히 언급하였고, 정조도 1794년(정조18) 10월 19일에 화성(華城)도, 유성룡이 중국의 성 제도를 모방하여 만든 진주성(晉州城)을 모방하여 견고하게 만들려고 한다고 언급하였다. 《與猶堂全書 1 詩文集 卷10 城說》《西厓集 卷15 山城說》《日省錄 正祖 18年 10月 19日》

경모궁에 존호를 더 올리고 혜경궁에게 존호를 올릴 때에 금인과 옥책을 쓰기를 청하는 계사[94] 갑인년(1794, 정조18)

景慕宮加上尊號惠慶宮上尊號時請用金印玉冊啓 甲寅

책(冊)은 죽책(竹冊)을 쓰고 인(印)은 옥인(玉印)을 쓰는 것이 예(禮)의 뜻[95]으로 헤아려 볼 때 또한 온당할지 모르겠습니다. 신의 생각에는 옥책과 금인으로 거행하는 것이 마땅할 듯합니다. 여러 당상이 지금 바야흐로 입시해 있으니, 하문(下問)하여 처리하시는 것이 어떻겠습니까?

상이 이르기를 "아뢴 대로 하라." 하였다.

94 경모궁(景慕宮)에……계사 : 1794년 12월 9일 정사에서 당시 상호도감 도제조(上號都監都提調)로 있던 번암이 아뢴 내용이다. 《正祖實錄》《承政院日記》《日省錄》

95 예(禮)의 뜻 : 대본에는 '禮儀'로 되어 있다. 《정조실록》 18년 12월 9일 기사와 《승정원일기》 및 《일성록》 정조 18년 12월 9일 기사에 근거하여 '儀'를 '意'로 바로잡아 번역하였다.

삼일포에 개간을 도모하여 소나무를 베어 버린 자들 및 서울과 지방의 해당 관원을 논죄하는 일에 대한 계사[96]

三日浦圖墾斫松人等及京外該員論罪啓

고성(高城)의 삼일포는 곧 관동(關東)의 제일가는 명승지로 선인(先人)들이 모두 십주(十洲)[97]와 삼도(三島)[98]에 비견하였으니, 그 땅을 등한시해서는 안 되는 것이 분명합니다. 그런데 전하는 말에 의하면, 어떤 무뢰배들이 경사(京司)의 관문(關文)을 도모하여 얻어 내어 삼일포를 허물고 논으로 만들고자 해서 이미 그 일을 시작하였는데, 먼저 삼일포 주변 명사(鳴沙)의 낙락장송들을 한 그루도 남김없이 다 베어 버렸다고 합니다. 비록 비국(備局)에서 관문을 보내 엄히 금한 것으로 인하여 그 일이 마침내 중단되기는 했지만, 이미 베인 소나무는 예전 모습을 회복할 수가 없습니다. 당초에 무뢰배들이 설혹 이처럼 얼토당토않은 계획을 가지고 있었다 하더라도 지방관이 엄히 금하였다면 어찌 감히 제멋대로 이렇게 할 수 있었겠습니까.

더구나 삼일포는 고을과의 거리가 10리도 채 되지 않으니, 일의 형세

96 삼일포(三日浦)에……계사 : 1794년(정조18) 7월 17일 정사에서 당시 영중추부사로 있던 번암이 아뢴 내용이다. 《正祖實錄》《承政院日記》《日省錄》

97 십주(十洲) : 도교에서 말하는 바다 가운데 있는 선경(仙境)으로, 조주(祖洲), 영주(瀛洲), 현주(玄洲), 염주(炎洲), 장주(長洲), 원주(元洲), 유주(流洲), 생주(生洲), 봉린주(鳳麟洲), 취굴주(聚窟洲)를 가리킨다.

98 삼도(三島) : 도교에서 말하는 바다 가운데 있는 선경으로, 봉래(蓬萊), 방장(方丈), 영주(瀛洲)를 가리킨다.

로 말하건대 본관(本官)이 그 일에 대해 듣지 못했을 리가 없습니다. 따라서 이는 비단 무뢰배들의 죄일 뿐만 아니라 실로 본관의 죄입니다. 그자들이 비록 이익만을 탐하고 그 나머지는 보지 못했다 하더라도 진정 조정을 두려워하는 마음이 조금이라도 있었다면 어찌 감히 이와 같이 할 수 있었겠습니까. 이 일은 비록 대수롭지 않은 것 같지만 관계되는 바가 중요하니, 의당 묘당(廟堂)으로 하여금 엄히 조사하게 해서, 강원도의 무뢰배들 가운데 일을 꾸며서 먼저 선동한 자는 각별히 법에 비추어 엄히 다스리게 하고, 경사에 만일 실제로 관문에 도장을 찍어 내준 자가 있으면 해당 관원은 품계의 높고 낮음을 따지지 말고 역시 엄히 견책(譴責)을 더하게 하며, 지방관은 해당하는 자를 찾아내어 찬배(竄配)의 율문(律文)을 시행하고 그 몸을 금고(禁錮)해서 다시는 수령이 되지 못하게 해야 할 것입니다. 그렇게 한 연후에야 거의 조금이나마 악을 억누르는 방법이 될 수 있을 것입니다. 그러므로 감히 이렇게 우러러 아룁니다.

상이 이르기를,

"아뢴 대로 하라. 삼일포는 곧 관동의 명승 가운데 제일가는 명승지이다. 나라에 조금이라도 기강이 있었다면, 이런 꾀를 내고 이런 일을 계획하여 소나무 숲을 베어 버리고 그 땅을 개간하고자 하는 자들이 어찌 감히 경사의 관문을 도모하여 얻어 내고 마음먹은 짓을 자행하여 진고(陳告)하는 간악한 짓을 할 수 있었겠는가. 더구나 연래로 엄하게 과조(科條)를 세워 안으로 궁방(宮房)에서부터 밖으로 각 영(營)과 관사에 이르기까지 토지를 진고한 자에게는 4분의 1을 상으로 지급하는 규례를 영구히 혁파하였으니, 계하(啓下)받아 공문을 보내 알린 경우를 제외하고는 시행하게 할 수 없는 것이다. 그러니 삼일포는 우선 막론하고 비록 반일포(半日浦)라 할지라도 어찌 멋대로 개간할 수 있겠는가.

이미 들은 이상 범범하게 처리할 수는 없다. 먼저 본사에서 공문을 보낸 곡절을 상세히 조사하여 초기하고, 해당 지방관은 의금부로 하여금 엄히 신문하여 구초(口招)를 받아서 경이 아뢴 대로 감처(勘處)하게 하며, 금하지 못하여 금법을 범하게 한 도백은 현고(現告)를 바치게 하여 엄히 감처하도록 하라. 간교한 짓을 자행한 자들은 형조와 강원도로 하여금 엄히 형문하여 공초(供招)를 받아 내어 보고하게 한 뒤에, 본사에서 등급을 나누어 초기하여 통렬히 다스리도록 하라."

하였다.

평시서로 하여금 전세를 헤아려 감하게 하기를 청하는 계사[99]

請令平市署量減廛稅啓

일전에 상참(常參)을 행하는 연석(筵席)에서 한성부 판윤이 어물전(魚物廛)을 육의전(六矣廛)에서 빼자는 내용으로 진달한 적이 있었습니다. 지금 찬물(饌物)이 매우 귀해진 때를 만나 이것이 진정 조금이라도 폐단을 구제하는 방법이 된다면 유사(有司)를 맡은 신하가 진실로 의당 결단하여 거행해야 합니다. 다만 생각건대 통동발매(通同發賣)[100]하게 한 뒤에 난전(亂廛)은 혁파되었는데 세금을 납부하는 것은 여전하니, 각 시전이 원망하지 않을 수 없는 것은 어쩌면 괴이한 일도 아닙니다.

신의 생각은 이렇습니다. 평시서 제조(平市署提調)로 하여금 평시서의 등록(謄錄)을 살펴보고 무릇 긴요하지 않은 명색과 수용(需用)하는 물종 가운데 없애도 될 만한 것은 대신(大臣)에게 나아가 의논해서 적절하게 헤아려 존치하거나 혁파하게 하고, 매달 내는 각 시전의 세전(稅錢)은 간략한 쪽으로[101] 줄여 주게 한다면 조정의 명령은 할 말이

99 평시서(平市署)로……계사 : 1794년(정조18) 11월 1일 정사에서 당시 영중추부사로 있던 번암이 아뢴 내용이다. 《承政院日記》《日省錄》

100 통동발매(通同發賣) : 1791년 번암의 건의로 시행된 통공발매정책(通共發賣政策)을 말한다. 육의전을 제외한 일반 시전(市廛)이 소유하고 있던 금난전권(禁亂廛權)을 폐지하고 비시전계(非市廛系) 상인들의 상업 활동을 용인한 정책이다. 《민족문화대백과사전》

있을 것이고 백성의 마음은 조금 위로할 수 있을 것입니다. 말이 나온 것으로 인하여 감히 이렇게 우러러 아룁니다.

상이 이르기를,

"아뢴 대로 하라. 묘당으로 하여금 평시서 제조와 상의하여 바로잡은 뒤에 초기하게 하라."

하였다.

101 간략한 쪽으로 : 대본에는 '增略'으로 되어 있다. 《승정원일기》와 《일성록》 정조 18년 11월 1일 기사에 근거하여 '增'을 '從'으로 바로잡아 번역하였다.

상참일에 군덕을 면려하는 계사[102]

常參日仰勉君德啓

전하께서 재이(災異)를 만나 수성(修省)하는 일로 새벽에 정전(正殿)에 임하고 상참(常參)과 빈대(賓對)를 겸하여 시행하시는 것은 부지런히 정무(政務)를 살핌으로써 위로 천심(天心)을 기쁘게 하기 위해서이니, 신은 실로 흠앙(欽仰)하고 감탄합니다. 다만 삼가 생각건대 전하께서 일념으로 부지런히 정무를 살펴 그렇지 않은 날이 없고 그렇지 않은 때가 없으시니, 신은 매양 전하께서 부지런히 정무를 살피는 것이 분수(分數)를 너무 지나쳐서 혹시라도 성궁(聖躬)을 보양하는 데에 방해되고 옥체를 상하시지나 않을까 염려스럽습니다. 이런 관점으로 말하자면, 신하들이 우러러 권면하는 바가 반드시 부지런히 정무를 살피는 데 있는 것은 아니고 전하께서 더욱 면려하는 것 또한 반드시 부지런히 정무를 살피는 데 있는 것은 아닙니다. 비록 옛날의 성인(聖人)이라도 스스로 살펴보았을 때는 또한 반드시 부족한 부분이 있었으니, 하늘은 서북쪽으로 기울어지고 땅은 동남쪽으로 꺼진 것[103]이 바로 그 징험입

102 상참일(常參日)에……계사 : 1791년(정조15) 10월 9일 정사에서 당시 좌의정으로 있던 번암이 아뢴 내용이다. 《正祖實錄》《承政院日記》《日省錄》

103 하늘은……것 : 옛날에 공공씨(共工氏)가 전욱(顓頊)과 황제 자리를 놓고 싸우다가 성이 나서 부주산(不周山)을 머리로 들이받자 하늘을 받치고 있던 기둥이 부러지고 땅을 묶어 둔 밧줄이 끊어졌다. 그래서 하늘은 서북쪽으로 기울어져서 해와 달과 별들이 서북쪽으로 쏠리고 땅은 동남쪽으로 꺼져서 모든 하천들이 동남쪽으로 흐르게 되었다고 한다. 《列子 湯問》

니다. 지금 일에 따라 수성하여[104] 백척간두(百尺竿頭)의 위태로운 상황에서 한 걸음 더 나가고자 하신다면 성상의 자질 가운데 조금 부족한 부분을 따라서 맹렬히 살펴 더욱 면려하는 것이 가장 좋을 것입니다.

《시경》의 기욱장(淇澳章)은 성인(聖人)의 기상을 잘 형용하여 더 이상 미진함이 없으니, 《증전(曾傳)》에서 인용하여 한 말[105]이 어찌 공연한 것이겠습니까. '여절여차(如切如磋)'와 '여탁여마(如琢如磨)'는 전하께서 학문에 힘쓰시는 공부가 항상 여기에 있으니, 신이 어찌 흠앙하지 않겠습니까. 그러나 그 아래의 '엄밀하고 굳세며〔瑟兮僩兮〕'라는 한 구절에 대해 주자(朱子)가 해석하기를 "슬은 엄밀한 모양이고 한은 굳센 모양이다.〔瑟嚴密貌 僩武毅貌〕"라고 하였으니, 성인의 일이 비록 인(仁)에 그치는 것을 지극한 선(善)으로 삼지만 굳센 것은 아니고 인(仁) 역시 공연히 행할 수 없는 것입니다.

삼가 보건대 성상께서 무릇 정사에 관한 명령을 시행하고 조처하실

104 수성하여 : 대본에는 '側省'으로 되어 있다. 문맥에 근거하여 '側'을 '修'로 바로잡아 번역하였다.

105 증전(曾傳)에서……말 : 《대학장구》 전 3장에서 "《시경》에 이르기를 '저 기수(淇水) 모퉁이를 보니, 푸른 대나무가 무성하구나. 문채나는 군자여, 잘라 놓은 듯하고 간 듯하며, 쪼아 놓은 듯하고 간 듯하다. 엄밀하고 굳세며, 빛나고 점잖으니, 문채나는 군자여, 끝내 잊을 수 없도다.' 하였으니, 여절여차는 학문을 말한 것이요, 여탁여마는 스스로 행실을 닦음이요, 슬혜한혜는 마음이 두려워함이요, 혁혜훤혜는 겉으로 드러나는 위의요, 문채나는 군자여 끝내 잊을 수 없다는 것은 성덕과 지선을 백성이 능히 잊지 못함을 말한 것이다.〔詩云: 瞻彼淇澳, 菉竹猗猗! 有斐君子. 如切如磋, 如琢如磨. 瑟兮僩兮, 赫兮喧兮, 有斐君子, 終不可諠兮. 如切如磋者, 道學也, 如琢如磨者, 自修也, 瑟兮僩兮者, 恂慄也, 赫兮喧兮者, 威儀也, 有斐君子終不可諠兮者, 道盛德至善, 民之不能忘也.〕"라고 한 내용을 가리킨다. 《증전》은 증자(曾子)의 전이라는 뜻으로, 《대학》을 말한다.

때 부족한 부분은 끝내 '굳세다〔武毅〕'라는 두 글자에 있다고 생각됩니다. 굳센 부분에서 부족하기 때문에 왕의 기강이 날로 가벼워지는 근심이 있고 나라의 정사가 위축되는 조짐이 많으니, 이와 같은데 어찌 "빛나고 점잖다.[106]"라고 하고 "끝내 잊을 수 없도다.[107]"라고 했던 효과를 바랄 수 있겠습니까. 신은 충심으로 삼가 '굳세다'라는 두 글자를 가지고 우러러 수성(修省)의 요도(要道)를 돕는 바이니, 오직 성상께서는 단의잠(丹扆箴)[108]으로 여겨 항상 여기에 생각을 두신다면, 신은 비록 물러나 시골에 있더라도 더 이상 여한이 없을 것입니다.

상이 이르기를,

"경의 말은 정문일침(頂門一鍼)의 따끔한 충고라 할 만하다. 대저 시상(時象)이 이와 같은 것은 왕의 기강이 진작되지 못했기 때문이니, 그 파급되는 폐단이 절로 위축되는 데로 귀결될 것이다. 그러나 지금 세상은 옛날과 달라서 이른바 사대부들의 모양새가 꼭 한겨울에 따뜻한 방 안에서 이불을 껴안고 추위에 떠는 병든 노인과 같으니, 이러한 상황에서 서릿발 같은 위엄을 지나치게 시행한다면 어찌 다만 하초불황(何草不黃)의 탄식[109]이 있을 뿐이겠는가. 이런 이유

106 점잖다 : 대본에는 '諠兮'로 되어 있다. 《시경》 〈위풍(衛風) 기욱(淇奥)〉에 근거하여 '諠'을 '喧'으로 바로잡아 번역하였다.

107 잊을 수 없도다 : 대본에는 '不可諼兮'로 되어 있다. 《시경》 〈위풍 기욱〉에 근거하여 '諼'을 '諠'으로 바로잡아 번역하였다.

108 단의잠(丹扆箴) : 임금이 집무하는 곳에 설치하는 붉은 병풍에 쓴 경계의 글을 이르는데, 당(唐)나라 이덕유(李德裕)가 경종(敬宗)에게 붉은 병풍에 경계의 글 여섯 수를 지어 올린 데서 연유하였다. 《舊唐書 李德裕列傳》

로 품어 주고 적셔 주는 은택이 병통이 된다는 것을 알면서도 대승기탕(大承氣湯)[110] 같은 처방을 쓸 수 없었으니, 한밤중에 일어나 생각할 때마다 화들짝 놀라지 않은 적이 없었다. 하늘이 거듭 우레의 경계를 내려서 임금이 수성하는 때에 면려하는 의리를 성대하게 말해 주니, 그 말은 바로 나의 병증(病症)에 대한 귀하고 좋은 처방이다. 마땅히 유념하겠다."

하였다.

109 하초불황(何草不黃)의 탄식 : "어느 풀인들 누렇게 시들지 않겠는가."라는 말로 《시경》 〈소아(小雅) 하초불황〉에 나오는 구절이다. 이 시는 주(周)나라가 망하려 할 때 전쟁과 노역이 계속되자 길 떠나는 자가 원망하고 괴롭게 여겨 지은 것이라고 하였다.

110 대승기탕(大承氣湯) : 막힌 장(腸)을 소통시키는 약으로 급한 증세에 처방하는 강한 약이다. 주희(朱熹)가 긴급한 정세에 완만하고 느긋한 정책을 쓰는 잘못을 비유할 때 대승기탕을 써야 할 일에 사군자탕(四君子湯)을 쓴다며 비판한 적이 있다. 《晦庵集 卷34 答呂伯恭》

허형의 과명에 대해 논하는 계사[111] 을묘년(1795, 정조19)

論許珩科名啓 乙卯

허형의 과명에 대한 일[112]은 삭과(削科)하든지 삭과하지 않든지 간에 조정에서 한번 판결해야 하는데, 지금 몇 년이 지나도록 생겨나지도 않고 사멸하지도 않는 죄과(罪科)에 두었으니, 일이 매우 온당치 못합니다. 대개 허형이 온 식구와 함께 포천(抱川)에 거주한 것은 누가 모르겠습니까. 그런데 단지 거주한 햇수가 세 번의 식년(式年)에 미치지 못한다는 이유로 지난번 양주(楊州)와 포천의 과거에 입격한 후 사람들의 비난이 강하게 일어났고, 심지어 삭과한 다음 찬배(竄配)하기를 청하기까지 하였습니다. 그러므로 상께서 그 당시의 양주 목사(楊州牧使)를 의금부로 잡아다가 그 곡절에 대해 신문하게 하셨는데, 양주 목사 이민채(李敏采)의 공초(供招)에 "허형이 포천에 거주한 것은 분명한 사실이기 때문에 포천에서 성책(成冊)을 마련하여 월송(越送)하였습니다. 이 때문에 허형의 이름이 별단(別單)의 성책 가운데 입록(入錄)되어 있는 것이니, 과장에 들어간 것은 그가 함부로 달려간 것이 아닙니다.……" 하였습니다. 그래서 공죄(公罪)로 감죄(勘罪)하고 풀

111 허형(許珩)의……계사 : 1795년 4월 9일 정사에서 당시 우의정으로 있던 번암이 아뢴 내용이다.《承政院日記》《日省錄》

112 허형의……일 : 1792년 9월 23일 양주와 포천의 유생과 무사에 대한 시취(試取) 때, 포천에 사는 유생 허형이, 세 번의 식년 동안 호적에 이름이 오르지 않으면 과거에 응시할 수 없다는 규례를 어기고 함부로 응시하여, 방목(榜目)에 들었다가 처벌되었다.《日省錄 正祖 16年 10月 2日》

어 주라고 명하고,[113] 찬배하라는 전지는 마침내 내리지 않으셨습니다. 그런데 그의 과명이 아직도 삭과할지 삭과하지 않을지 간에 돌아갈 곳이 없는 상태로 있으니, 그 말을 들은 사람들은 가엾게 여기지 않는 이가 없습니다. 그러므로 감히 이렇게 우러러 아룁니다.

상이 이르기를,

"그 당시에 비록 정배(定配)되었더라도 풀어 돌려보낸 뒤에 그 과방이 그대로 있으니, 마땅히 창명(唱名)해야 할 것이다. 더구나 정배한 것까지 아울러 시비를 가리지 못한 상태이니, 공죄임을 알 수 있다. 그런데 이번 식년 전시(殿試) 때 깨우쳐 주지 못했으니, 예조는 일을 살피지 못한 죄를 면하기가 어렵다. 해당 당상을 추고하고, 허형은 올해 가을의 전시에 응시하는 것을 허락하는 내용으로 분부하라."

하였다.

113 공죄(公罪)로……명하고 : 대본에는 '命以公罪放送'으로 되어 있다. 문맥을 살피고 《일성록》의 다수 용례에 근거하여 '放送'을 '勘放'으로 바로잡아 번역하였다.

수어사를 혁파하는 일에 대해 논하는 계사[114]

論罷守禦使啓

우리나라의 군제(軍制)에는 경군문(京軍門)이라는 명목이 있는 곳이 많게는 5, 6곳에 이르니, 경상 비용이 어떻게 바닥나지 않을 수 있겠으며, 백성의 생활이 어떻게 곤궁하지 않을 수 있겠습니까. 그 가운데 수어사는 본래 남한산성(南漢山城)을 절제(節制)하는 직임인데 공연히 경청(京廳)을 설치하고 도성에 머물러 있으니, 제반 비용으로 남한산성의 재물만 낭비할 뿐 국가에는 이익이 없습니다.

지금 밤낮 마음으로 헤아리고 오랜 시간 상량하여 경청을 혁파하는 것으로 성상께서 과감하게 결단을 내리셨으니, 신은 실로 우러러 보좌하기에도 겨를이 없습니다. 어찌 다른 견해가 있겠습니까. 이와 같이 하면 부윤(府尹)은 자연 감하(減下)해야 합니다. 수어사를 혁파하고 유수(留守)를 차출하여 부윤의 녹봉을 받고 부윤의 일을 행하게 하되, 무릇 예전에 경청을 유지하는 데 소모되던 비용을 일절 없앤다면 달로 계산하고 해로 계산해 볼 때 이익이 많을 것입니다. 이런 내용으로 묘당에서 절목(節目)을 작성해 내도록 하는 것이 어떻겠습니까?-당시 수어 경청(守禦京廳)이 남한산성에 출진(出鎭)하고 있었기 때문에 별도로 윤음을 내린 적이 있다.-

114 수어사(守禦使)를……계사 : 1795년(정조19) 8월 18일 정사에서 당시 우의정으로 있던 번암이 아뢴 내용이다. 《正祖實錄》《承政院日記》《日省錄》

고산 찰방을 자주 체차하는 것에 대해 허락하지 말기를 청하는 계사[115] 병신년(1776, 정조 즉위년)[116]

請高山察訪勿許數遞啓 丙申

우상(右相)이 변방 고을의 관원을 자주 체차하는 것이 염려스럽다는 내용으로 아뢰었는데, 신 역시 말이 나온 김에 진달할 일이 있습니다. 고산은 북로(北路)의 첫 번째 역이어서 관계되는 바가 가볍지 않습니다. 다만 근래 조폐(凋弊)가 유독 심하여 장차 역참(驛站)이 끊어지게 생겼으니, 그 폐단은 전적으로 찰방이 자주 체차되기 때문입니다. 그러나 자주 체차되는 것은 또한 곡절이 있으니, 대개 고산 역참의 정황은 단지 찰방이 도임한 이후 노비를 점고(點考)하는 데 있을 뿐인데, 이전에는 1년에 한 차례씩 점고하여 그동안 내려오는 역규(驛規)가 되었습니다. 그러다가 고(故) 재신(宰臣) 정언충(鄭彦忠)이 찰방으로 있을 때 점고가 역속(驛屬)에게 폐단을 끼치는 것을 염려하여 한 명의 찰방이 단지 한 번의 점고를 행하는 것으로 개정하였으니, 그 뜻은 점고가 해마다 행해지지 않게 하려는 것이었습니다.

그러나 이와 같이 개정한 뒤에 찰방의 구임(久任)이 아무런 이익이 없게 되자 한 번 점고를 행하고 나면 문득 체차되기를 도모하였기에

115 고산……계사 : 1776년 12월 20일 정사에서 당시 예조 판서로 있던 번암이 아뢴 내용이다. 《承政院日記》《日省錄》

116 병신년 : 대본에는 '丙辰'으로 되어 있다. 《승정원일기》와 《일성록》 정조 즉위년 12월 20일 기사에 근거하여 '辰'을 '申'으로 바로잡아 번역하였다.

새로운 찰방을 맞이하고 예전의 찰방을 보내는 일이 한 해에 늘 서너 차례가 있었으니, 이른바 노비를 점고하는 일도 이에 따라 체차되는 수와 같이 행해졌습니다. 이와 같이 하는 즈음에 역졸(驛卒)들이 감당하지 못하고 역참의 모양새가 갈수록 더욱 쇠잔해지는 것은 형세로 볼 때 피할 수 없었습니다. 이미 그 폐단을 안 이상 어찌 오고 가는 대로 맡겨 두어서 왕명(王命)을 전하는 중요한 지역이 수습할 수 없는 지경에 이르게 할 수 있겠습니까.

신의 생각은 이렇습니다. 지금 이후로 엄하게 과조(科條)를 세워서, 해당 찰방에 대하여 죄파(罪罷)와 폄파(貶罷) 외에는 임기를 다 채울 때까지 전조(銓曹)에서 무단히 내직으로 옮기지 못하게 하고 도신이 의례적으로 장계를 올려 파출(罷黜)하지 못하도록 한다면, 자주 체직되는 폐단을 거의 바로잡을 수 있을 것입니다. 그러므로 감히 이렇게 우러러 아뢥니다.

각 품계의 자급을 올려 줄 때 이조에서 구근한 것은 구애하지 말기를 청하는 계사[117]

請各品陞資勿拘吏曹久勤啓

하교하신 대로 선조(先朝) 수십 년 이래 각 품계의 자급을 올려 줄 때의 등록(謄錄)을 소급하여 고찰해 보니, 상의 특교(特敎)나 대신이 연석에서 진달한 것으로 인하여 자급을 올려 준 일이 있었습니다. 그러나 모두 조정에서 구근(久勤)한 신하가 그 대상이었지, 달리 이조 당상을 차례에 따라 품계를 올려 천전(遷轉)시킨 일은 없었습니다. 대저 나라의 도목 정사(都目政事)[118]는 품계를 올려 발탁하는 것보다 더 중요한 일이 없습니다. 상께서 특지(特旨)를 내려 선발하는 경우 이외에 재능과 범절이 차례를 무시하고 등용할 만한 자가 아니면, 중요한 자리나 한가한 관사를 막론하고 반드시 과거(科擧)에 급제한 지 오래되고 이력(履歷)이 많은 자를 진신(搢紳)의 공의(公議)에 따라 비로소 자급을 올려 주어야 하니, 그렇게 한 뒤에야 인재의 등용에 성급하다는 근심이 없어지고 벼슬길에 조급한 기대가 사라질 것입니다. 청조(淸朝)에 현명한 선비가 즐비한 것은 단지 이것 때문입니다.

그런데 어이하여 근년의 규례에는 추가로 의망(擬望)하라는 명이

117 각……계사 : 1795년(정조19) 8월 8일 정사에서 비변사에서 아뢴 내용이다. 《正祖實錄》《承政院日記》《日省錄》

118 도목 정사(都目政事) : 고려와 조선 시대에 관원들의 성적을 종합 심사하여 그 결과에 따라 인사 행정을 행하던 정기적인 단위 기간, 또는 그 정기적인 인사 행정을 가리킨다.

한번 있기만 하면 묘당에서 우러러 책임을 때우는 것이 번번이 이조에서 구근한 사람을 위주로 의망하는 것입니까. 만일 한번 이조 참의를 거치면 수년 뒤에 그 사람을 아경(亞卿)으로 승진시키고 한번 이조 참판을 거치면 수년 뒤에 그 사람을 정경(正卿)으로 승진시키니, 구경(九卿)의 반열을 한 번 오르면 이를 수 있는 자리로 여깁니다. 그러나 불행히도 이조의 벼슬을 거치지 못한 사람은 조정에서 벼슬한 지 수십 년이 지나 비록 머리가 하얗게 센 늙은이가 되더라도 일자반급(一資半級)도 승진할 길이 전혀 없으니, 이는 다른 이유가 없습니다. 단지 이조의 벼슬 한 길이 승진으로 통하고 통하지 않는 갈림길이 되기 때문입니다. 이것이 이미 확고하여 고칠 수 없는 법령이 아니고 보면, 어찌 반드시 굳게 지킬 것이 있겠습니까.

지금부터는 추가로 의망할 때가 되면 이조에서 구근한 사람을 승진시키는 규례를 영구히 혁파하여 이 길을 통해 갑자기 승진하는 통로를 막되, 비록 이조라도 참으로 구근한 사람이 있으면 반드시 구애되지 않아야 합니다. 그리고 상의 뜻으로 특별히 발탁하는 사람은 이 제한에 포함하지 않아야 바야흐로 일의 체모가 엄중해질 수 있고 조급하게 경쟁하는 폐단도 종식할 수 있을 것입니다. 묘당의 신하로 하여금 이렇게 알고 준행하게 해서 한 시대의 제도를 확립하도록 하는 것이 어떻겠습니까?

상이 이르기를 "아뢴 대로 하라." 하였다.

인현서원을 숭봉하는 사의에 대한 계사[119] 정사년(1797, 정조21)
仁賢書院崇奉事宜啓 丁巳

관서(關西)의 유생들이 인현서원의 명호(名號)를 고치게 해 달라고 청하는 일로 재작년에 상소한 뒤에 10인에 가까운 사람들이 아직까지 경저(京邸)에 머무르면서 신이 관례에 따라 자주 서토(西土)를 왕래하는 것 때문에 매번 와서 정원(情願)을 호소하고 있으니 보기에 또한 매우 딱합니다. 신의 견해로는 유생들이 청하는 것이 예(禮)로 볼 때 그럴 만하고 또 조정에서 시행하기 어려운 일도 아니니, 반드시 한결같은 예로 윤허를 미루어서 억울하다는 탄식이 있게 할 필요는 없습니다.

대개 인현서원은 바로 기성(箕聖 기자(箕子))의 영정(影幀)을 봉안한 곳이니 일의 체모가 얼마나 중대합니까. 따라서 '서원'이라고 부르는 것은 무례합니다. 또 서원의 편액에 '선사(宣賜)'라는 두 글자가 적혀 있는데 '선사'는 곧 군주가 신하에게 내린다는 뜻이니, 이는 교정하지 않아서는 안 됩니다. 더구나 편액의 연월(年月)이 광해군 때이니 이것을 영정의 곁에 걸어 두는 것은 끝내 온당치 못한 일입니다. 유생들의 뜻은 '서원'이라는 칭호를 영구히 없앤 다음 '기성영정전(箕聖影幀殿)'이라 개정하고, 당(堂) 이름은 '서륜당(敍倫堂)'이라 하며, 전날의 서원 현판은 거두어 보관하려는 것이니, 그들이 원하는 바가 일리가 없지는 않습니다.

119 인현서원(仁賢書院)을……계사 : 1797년 2월 29일 정사에서 당시 좌의정으로 있던 번암이 아뢴 내용이다. 《承政院日記》《日省錄》

당초에 예조가, 향사(享祀) 때에 희생[120]은 태뢰(太牢)를 쓰고 날짜는 중정일(中丁日)을 쓰는 것으로 계청(啓請)하였는데, 태뢰는 반궁(泮宮 성균관)에서 쓰는 예(禮)이고 중정일은 향현(鄕賢)을 대우하는 규례이니, 이렇게 하면 반상낙하(半上落下)의 허물을 면치 못할 것입니다. 또 효묘(孝廟)께서 평양(平壤)을 방문하셨을 때 몸소 기성의 영정을 배알하고 친히 심원록(尋院錄)[121]에 서명하셨으니 그 필적이 지금까지도 해와 별처럼 빛나고 있습니다. 그런데 받들어 보관하는 곳이 지극히 구차하고 누추하니 소중하게 보관하는 의리에 흠이 있습니다. 유생들이 청하는 바는 곧 향사하는 날짜는 중정일을 상정일(上丁日)로 고쳐서 상정일에 선사(先師)에게 향사하는 예경(禮經)의 의리를 따르고 또 어서각(御書閣) 한 칸을 건립해서 어필(御筆)을 삼가 봉안하는 것이니, 이것은 그들이 원하는 바가 실로 당연하고 또한 시행하기 어려운 일도 아닙니다.

다만 기자묘(箕子墓)를 수위(守衛)하는 여러 가지 절차를 한결같이 신라와 고려의 시조(始祖) 여러 능의 예[122]에 의거하여 거행하게 해

120 희생 : 대본에는 없다. 《승정원일기》와 《일성록》 정조 21년 2월 29일 기사에 근거하여 '牲'을 보충하여 번역하였다.

121 심원록(尋院錄) : 서원을 다녀간 사람들의 이름을 적은 방명록을 말한다. 대본에는 '審院錄'으로 되어 있다. 문맥에 근거하여 '審'을 '尋'으로 바로잡아 번역하였다.

122 신라와……예 : 신라 시조 박혁거세의 사당인 숭덕전(崇德殿)은 참봉 1원을, 경상도에서 박씨(朴氏) 성을 가진 사람으로 배치하고 복호(復戶) 22결을 배정하였으며, 고려 태조의 왕릉인 현릉(顯陵)은 구역을 200보(步)로 하고 그 구역 내에는 경작이나 매장을 금단하고 3년에 한 번씩 본조 낭청이 적간하였으며 수릉군(守陵軍)은 3명을 두었다. 그리고 역대 시조 및 고려 태조 왕릉 소재지의 수령은 매년 이를 보살펴 전토를 경작하거나 땔나무를 벌채하는 일이 절대 없도록 하였고, 역대 제왕의 능침에 식물을

달라는 청에 대해서는, 신이 또한 어떻게 제도를 정해야 예의 뜻에 어긋나지 않고 사람들의 정서에 유감이 없도록 할 수 있을지 알지 못하겠으니, 감히 하나로 결론지어 우러러 아뢰지 못하겠습니다. 도신으로 하여금 편리한지 아닌지를 참작하여 헤아려서 상세하게 장계로 보고하게 하고, 다시 상에게 여쭈어 처리하게 하는 것이 좋을 듯합니다.

상이 이르기를 "아뢴 대로 하라." 하였다.

경작하거나 짐승을 방목한 자에 대해서는 장(杖) 80의 형에 처하였다. 《典律通補 禮典 陵廟》《大典會通 吏典 外官職》《正祖實錄 18年 4月 27日》

호남에서 유랑하며 빌어먹는 사람들의 신역을 줄여 주고 기근을 진휼하는 일에 대한 계사[123]

湖南流丐蠲役賑飢啓

근래 호중(湖中)을 왕래하는 사람을 통해 들으니, 내포(內浦)의 여러 읍은 넉넉히 흉년을 면할 수 있지만, 겨울로 접어든 이후 호남에서 유랑하며 빌어먹는 사람이 끊임없이 계속 이어져 협야(峽野)와 촌락(村落)을 막론하고 도처에 머물러 진을 치고 있어서 원래의 거주민들이 실로 이루 다 감당할 수 없는 근심이 있다고 하였습니다. 호남은 비록 한 도의 전역이 참혹하게 흉년이 든 것은 아니지만 연해 수십 개 읍이 이미 모두 우심재읍(尤甚災邑)[124]이 되었으니, 혹은 신역(身役)에서 도망하고 혹은 관적(官糴 환곡)을 피해서 가족을 이끌고 도로에서 떠돌아다니는 것은 형편으로 볼 때 그럴 법합니다. 성조(聖朝)에서 갓난아이를 보호하듯이 백성을 다스리는 정사로 볼 때 어찌 그들이 굶주림에 쓰러지는 것을 좌시하고 말 수 있겠습니까.

신의 생각은 이렇습니다. 호남의 도신과 수령을 엄히 신칙하여 줄여 줄 수 있는 것은 줄여 주고 의당 진휼해야 할 자는 진휼해서 소문을

123 호남(湖南)의……계사 : 1797년(정조21) 12월 13일 정사에서 당시 좌의정으로 있던 번암이 아뢴 내용이다. 《正祖實錄》《承政院日記》《日省錄》

124 우심재읍(尤甚災邑) : 재실(災實)의 등급 가운데 하나로, 가장 피해가 심한 지역을 의미한다. 나라에 흉년이 들었을 경우 각 도의 감사가 소관하는 각 고을에 대해 우심재읍(尤甚災邑), 지차읍(之次邑), 초실읍(稍實邑)으로 등급을 나누어 보고하는 장계를 올렸다.

듣고 도로 모여들 수 있게 한다면, 혜택이 아래에까지 미쳐서 주객이 모두 곤궁해지는 상황은 면할 수 있을 것입니다. 이러한 내용으로 특별히 신칙하는 것이 어떻겠습니까?

상이 이르기를,

"올해의 농사 형편과 백성의 형세는 세금 독촉에 시달리는 데다가 먹을 것을 찾아 나서기까지 하여 반드시 이렇게 유랑하여 다른 지역으로 가는 근심이 생겼으니, 일념으로 걱정하여 잊히지 않는 마음을 어찌 잠시라도 늦춘 적이 있었겠는가. 그런데 지금 경의 말을 듣고 보니 불쌍하고 측은한 마음이 더욱 절실하다. 이미 들은 이상 어찌 차마 가족을 이끌고 다른 곳으로 가게 내버려 둘 수 있겠는가. 그러나 연전의 관서(關西)의 일과 같이 하여 혹 쇄환(刷還)하는 일이 있기라도 한다면 도리어 그 본성을 따르는 방도가 아니다. 양남(兩南)의 도신을 엄히 신칙하여 구제하고 진휼하는 방도에 각별히 힘쓰게 해서, 유민(流民)과 거주민으로 하여금 소문을 듣고[125] 도로 모여들어 편안한 마음으로 정착하여 사는 실효가 있게 하라. 도백과 수령이 성실하게 거행하였는지에 대해서는 절로 고찰(考察)하는 조치가 있을 것이니, 아울러 이러한 뜻으로 분부하라."

하였다.

125 소문을 듣고 : 대본에는 '聞'으로 되어 있다. 《정조실록》 21년 12월 13일 기사와 《승정원일기》 및 《일성록》 정조 21년 12월 13일 기사에 근거하여 뒤에 '風'을 보충하여 번역하였다.

지은이 **채제공(蔡濟恭)**

1720년(숙종46)~1799년(정조23). 조선 후기의 문신으로, 본관은 평강(平康), 자는 백규(伯規), 호는 번암(樊巖)·번옹(樊翁)이며, 시호는 문숙(文肅)이다. 1743년 정시 문과에 병과로 급제하여 승문원 권지부정자에 임명되면서 관직 생활을 시작하였다. 1748년 11월 영조의 특명으로 시행한 한림 소시(翰林召試)에서 수석을 차지하여 예문관 검열과 대교가 되었고, 이후 대사간, 한성부 판윤, 병조 판서, 예조 판서, 호조 판서 등을 역임하였다. 1780년 역적 홍국영과의 친분, 사도세자에 대한 신원 주장으로 공격을 받자 사직하고, 명덕산(明德山)과 노량(鷺梁) 등지에서 은거하였다. 1788년 우의정이 되었으며 2년 후 좌의정으로 승진하면서 3년간 혼자 정승을 맡아 국정을 운영하였다. 영조가 사도세자의 죽음을 후회하여 기록한 〈금등(金縢)〉을 정조와 함께 보관할 유일한 신하로 채택될 만큼 두 국왕의 깊은 신임을 받았으며, 정조의 탕평책을 추진한 핵심적인 인물이었다. 사후인 1801년 황사영 백서 사건(黃嗣永帛書事件)으로 관작이 추탈되었다가 1823년 영남만인소로 신원되었다. 문장은 소차(疏箚)에 능했고, 시풍은 위로는 이민구(李敏求)·허목(許穆), 아래로는 정약용(丁若鏞)으로 이어진다고 한다.

옮긴이

양기정(梁基正)

고려대학교 한문학과를 졸업하고 성균관대학교에서 문헌정보학으로 석사 학위를 받았다. 민족문화추진회 국역연수원을 졸업하였고, 한국고전번역원에 재직 중이다. 《한국문집총간》 기획과 편찬, 《승정원일기》, 《명재유고》, 《성호전집》, 《번암집》, 《송자대전》 번역에 참여하였다. 교주서로 《남명집교주》가 있고, 저서로 《생각, 세 번》, 《景, 자연을 노래하다》(이상 공저) 등이 있다.

전백찬(全百燦)

경북대학교 대학원에서 한문학과 박사과정을 수료하였다. 경북대학교·영남대학교·계명대학교 등에서 강의하였다. 한국고전번역원에 재직 중이다. 《성호전서》, 《창계집》, 《죽석관유집》, 《일성록》 등의 번역에 참여하였고, 〈태재 유방선의 시세계〉, 〈송목관 이언진의 작가의식〉, 〈정제두 경학의 철학적 기저〉 등의 논문을 발표하였다.

번암집 8

채제공 지음 | 양기정 전백찬 옮김

2021년 12월 31일 초판 1쇄 발행

발행인 신승운 | 발행처 한국고전번역원
등록 2008. 3. 12. 제25100-2018-000049호
주소 (03310) 서울시 은평구 진관1로 85
전화 02-350-4800 | 팩스 02-350-4994 | 홈페이지 www.itkc.or.kr

번역 양기정(제28권) 전백찬(제29권~제31권)
연구총괄 양기정 | 연구기획 김지민 | 자문 정선용

책임편집 하현주 | 편집진행 김태훈 신진호 김지수
편집교정 김상순 박성희 박현진 유정님 | 조판 김지현 이순미 | 제작 김형석
디자인 씨디자인 | 인쇄 대유기획인쇄(주)

값 20,000원
ISBN 978-89-284-0862-7 94810
978-89-284-0427-8 (세트)